계절의 변화를 기록하자

(해마다 적어 넣는다)

봄

벚꽃이 피기 시작한 날은?

배추흰나비를 처음 본 날은?

제비를 처음 본 날은?

두꺼비가 울기 시작한 날은?

여름

참매미가 울기 시작한 날은?

백일홍 꽃이 처음 핀 날은?

가을

고추좀잠자리를 처음 본 날은?

참억새의 이삭을 처음 본 날은?

겨울

개똥지빠귀가 처음 나타난 날은?

팔손이나무 꽃이 피기 시작한 날은?

자연도감

자연도감

동물과 식물의 모든 것

사토우치 아이 글 | 마쓰오카 다쓰히데 그림 | 김창원 옮김

책 머리에

우리가 사는 지구에는 동물과 사람뿐만 아니라 곤충이나 새를 비롯해서 여러 생물이 함께 살고 있습니다. 이것을 가장 뚜렷이 느끼는 때는 야외에 나가서 주위에 사람 소리가 들리지 않을 때입니다. 새가 지저귀는 소리, 다람쥐가 놀라서 풀숲으로 몸을 숨기는 소리, 나뭇잎이 떨어지는 소리, 그리고 나비가 날개를 퍼덕이는 소리마저 들릴 때, 문득 이 지구가 우리 인간만의 생활 터전이 아니라는 것을 깨닫고 깜짝 놀라곤 합니다. 지구 위의 모든 생물들이 각각 가지고 있는 생활의 고리는 서로 이어져 있습니다. 우리 인간의 생활 고리도 여기서 벗어나 있지 않습니다. 우리는 이것을 '자연의 생태계'라고 부릅니다.

이 책에는 곤충 등 작은 동물을 비롯해서 조류, 포유류, 파충류, 양서류, 어류, 조개류, 그리고 식물에 이르기까지 모든 생물을 찾아보고 관찰하는 방법에 대해서 쓰여 있습니다. 그런데 이 책에서 예로 든 것은 지구에 사는 생물 가운데 아주 일부분에 지나지 않습니다. 자연 속에는 헤아릴 수 없이 복잡하고 매력 넘치는 삶의 이야기가 여기저기서 벌어지고 있습니다. 생물들이 사는 모습을 안다는 것은 그것만으로도 흥미 있는 일입니다. 이 지구 위의 생물들이 어떤 환경에서, 서로 살기 위한 조건을 어떻게 주고받으며 생명을 이어가는지를 안다는 것은 하나의 놀라움입니다.

생물을 관찰할 때 가장 중요한 일은 같은 지구 위에 사는 동물로서 얼마만큼 상대방 입장에 서서 생각할 수 있는가 하는 점입니다. 자연을 안다는 것은 단지 지식만을 늘리는 일이 아닙니다. 생물을 대하는 이와 같은 마음가짐은 친구들과 어울릴 때나 학교 생활을 하는 데에도 크게 도움을 줄 것이 틀림없습니다.

야외에 나가는 시간을 늘리고 온갖 생물들이 살아가는 모습을 눈여겨봅시다. 자연을 가까이 하며 사는 것이 얼마나 멋진 일인지를 알게 될 것입니다.

옮기고 나서

'도감' 하면 누구나 어릴 때 본 곤충도감을 머리에 떠올립니다. 저도 그렇습니다. 매미, 잠자리, 나비, 딱정벌레 등의 그림이 빽빽하게 들어 있는 책장을 넘기다 보면 시간 가는 줄을 모릅니다. 잠자리만 하더라도 모습이 저마다 다르고 '고추잠자리'니 '나비잠자리'니 해서 이름이 따로 붙어 있는 것을 알아내고 참 재미있다고 느꼈습니다.

저는 이 《자연도감》을 옮기면서 수십 년 전에 가졌던 즐거움을 다시 맛보았습니다. 소금쟁이, 구슬노래기, 물땡땡이, 달랑게, 곤줄박이, 큰도둑놈의갈고리처럼 예쁜 우리말 이름들을 만날 수 있었기 때문입니다. 그리고 오랜만에 불러 보는 고운 이름들과 함께 냇가에서 같이 뛰놀던 친구들의 얼굴도 하나둘씩 떠올랐습니다. 그러나 즐겁기만 했던 것은 아닙니다. 우리 것과 차이가 나는 내용을 가려내는 일이 저를 기다리고 있었으니까요. 그래서 극히 일부이지만 우리 실정에 맞게 내용을 수정하기 위해서 원서에 든 내용을 빼기도 하고 새로운 내용을 더하기도 했습니다.

그리고 생물 이름의 정확성을 기하기 위해서 우리나라 문교부의 《한국동식물도감》, 이창복의 《원색 대한식물도감》, 진선출판사의 《야생화 쉽게 찾기》, 《나무 쉽게 찾기》, 《곤충 쉽게 찾기》 및 일본도감 《學研生物圖鑑》과 山と溪谷社의 《日本の野草》 등을 참고했습니다.

이 책이 바라는 것이 무엇인가는 책 머리에 쓰여 있으므로 되풀이하지 않으렵니다. 부끄러운 이야기지만 저는 이제껏 '자연' 하면 산과 들, 강과 계곡, 하늘의 구름, 별, 그리고 푸른 숲과 아름다운 꽃들을 머릿속에 그리고 있었습니다. 그래서 산길에 버려진 쓰레기를 줍거나 냇물에 처박힌 오물을 치우는 것으로 자연을 보호했다는 자그마한 만족감에 젖곤 했습니다. 자연이란 말에는 사람을 포함해서 이 지구 위의 모든 동식물의 생활을 통틀어 가리키는 뜻이 담겨 있다는 것, 그리고 자연은 어떤 생명체도 편애하지 않는다는 것을 깨닫게 해 준 점에서 《자연도감》은 저에게 잊을 수 없는 책입니다.

차례

책 머리에 ·················· 4
옮기고 나서 ················ 5

떠나기 전에

자연은 하나의 생명체 ············ 12
자연과 인간의 관계 ············· 14
자연과 함께 살아야 할 운명 ········· 16
생물을 잡거나 기르는 것에 대해 ······· 18
자연을 관찰하는 방법 ············ 20
고양이는 쥐를 잡을 때 왜 꼬리 끝을 흔들까 ··· 22

곤충류
그 밖의 벌레

관찰하기 편한 옷차림과 도구 ········ 24
곤충을 관찰할 때 주의할 일들 ········ 26
가까이에 있는 곤충을 찾아보자 ······· 28
곤충을 관찰하는 세 가지 방법 ········ 30
거미   거미줄을 치는 거미와 치지 않는 거미 ···· 32
거미   잡아서 가까이에서 보자 ········ 34
개미   봄철의 결혼 비행 ············ 36
달팽이 뒤쫓아 보자 ················ 38
시궁창에서 사는 곤충 ············ 40
불빛에 모여드는 곤충 ············ 42
나방   나비와 다른 점 ············· 44
뜰에 찾아오는 곤충 ············· 46
밭이나 야산에서 볼 수 있는 곤충 ······ 48
나비   좋아하는 색을 알아본다 ······· 50
나비   잡아서 가까이에서 보자 ······· 52
주위에서 볼 수 있는 벌 ··········· 54
꿀벌   벌들의 사회생활 ············ 56
벌집 ····················· 58
매미   소리와 허물 ·············· 60
매미   사는 모습 ··············· 62
같은 식물에 모여드는 곤충 ········· 64
잡목림에서 곤충을 찾자 ··········· 66
수액에 모여드는 곤충 ············ 68
장수풍뎅이 외뿔 장사 ············ 70

사슴벌레 큰 턱을 가진 곤충 ····· 72
풍이와 풍뎅이 ····· 74
동물의 똥을 먹는 곤충 ····· 76
벌레혹을 만드는 곤충 ····· 78
낙엽 밑에서 곤충을 찾아내자 ····· 80
숨어 있는 곤충을 찾아내자 ····· 82
곤충의 겨우살이 ····· 84
벌레 소리를 들어 보자 ····· 86
우는 모습을 관찰하자 ····· 88
수서곤충 물속에서 사는 곤충 ····· 90
수서곤충 잡아서 자세히 보자 ····· 92
잠자리 알 낳는 모습 ····· 94
사진 찍는 법 ····· 96
생물 달력 ····· 98
곤충을 보러 잡목림에 가자 ····· 99
물결로 장애물을 알아내는 물맴이 ····· 110

조류

관찰에 필요한 도구와 옷차림 ····· 112
새의 날개를 관찰하자 ····· 114
새가 나는 모습 ····· 116
먹이를 먹는 모습과 부리 ····· 118
새의 여러 가시 밀 모양 ····· 120
새들의 특이한 몸짓 ····· 122
이상한 습성을 지닌 새 ····· 124
새들의 결혼과 둥지 만들기 ····· 126
우리 가까이에 있는 새 ····· 128
참새 사람과 함께 산다 ····· 130
까마귀 영리하고 재주 있는 새 ····· 132
제비 봄을 알린다 ····· 134
논밭에서 볼 수 있는 새 ····· 136
종다리 고운 목소리의 주인공 ····· 138
새소리를 듣자 ····· 140
잡목림에서 사는 새 ····· 142
박새 흑백의 귀여운 새 ····· 144

새의 행동 범위 ･･････････････････････ 146
개울가에서 볼 수 있는 새 ･･････････････ 148
오리　사이좋은 수컷과 암컷 ･････････････ 150
개펄에서 볼 수 있는 새 ･･･････････････ 152
도요새　먹이를 잡아내는 도사 ･･･････････ 154
갈매기　천천히 하늘을 난다 ･･･････････ 156
맹금류　사나운 동물 ･････････････････ 158
토해 낸 음식과 발자국 ･･･････････････ 160
철새의 이동 ･･･････････････････････ 162
새가 찾아오게 만들자 1 ･･････････････ 164
새가 찾아오게 만들자 2 ･･････････････ 166
비 오는 날에도 관찰하자 ･････････････ 168
쌍안경 사용법 ･････････････････････ 170
새소리를 녹음하자 ･･････････････････ 172
새를 만나러 나가자 ･････････････････ 174
생물 달력 ････････････････････････ 176
강어귀에 새를 보러 가자 ･････････････ 177
식물의 가시로 먹이를 잡는 새 ･････････ 188

포유류

관찰하기 좋은 옷차림과 도구 ･･････････ 190
관찰할 때 주의할 일 ･････････････････ 192
집 가까이에서 사는 포유동물 ･･････････ 194
들에서 볼 수 있는 쥐 ････････････････ 196
숲에서 사는 쥐 ････････････････････ 198
다람쥐　도토리와의 관계 ･････････････ 200
하늘다람쥐와 날다람쥐　하늘을 난다 ････ 202
박쥐　날아다니는 포유동물 ･･･････････ 204
산토끼　달리기 챔피언 ･･･････････････ 206
너구리　동물과 식물을 모두 먹는 먹보 ･････ 208
족제비　숲 속의 사냥꾼 ･･････････････ 210
여우　귀가 밝고 냄새를 잘 맡는다 ･･････ 212
멧돼지 ･･････････････････････････ 214
사슴　무리 지어 산다 ････････････････ 216
산양　당당한 모습 ･･････････････････ 218

	원숭이　장난꾸러기 동물	220
	똥을 잘 살펴보자	222
	발자국을 따라가 보자	224
	여러 가지 구멍을 살펴보자	226
	생물 달력	228
	동물을 만나러 산에 가자	229
	오랑우탄이 사는 숲	240

파충류·양서류

파충류와 양서류의 관찰 …………… 242
도마뱀과 장지뱀　위험하면 꼬리를 버린다 …… 244
도마뱀붙이　천장에 거꾸로 붙는 마술사 ………… 246
뱀　사람의 미움을 사는 동물 …………… 248
거북　볕을 좋아한다 …………………… 250
개구리 울음소리를 들으러 가자 ………… 252
개구리의 사는 모습 …………………… 254
생물 달력 ……………………………… 256

어류·조개류

관찰하기 좋은 옷차림과 도구 …………… 258
하천을 생각한다 ……………………… 260
하천의 오염도를 조사한다 ……………… 262
강의 상류와 중류에 사는 생물 …………… 264
은어　강과 바다를 오가며 산다 ………… 266
연어　바다를 돌고 강으로 돌아오는 물고기 ……… 268
강 하류에서 사는 생물 ………………… 270
못과 호수에서 사는 생물 ……………… 272
물고기의 생김새와 생활 ………………… 274
개펄에서 사는 생물 …………………… 276
모래펄에서 사는 생물 ………………… 278
갯바위에서 사는 생물 ………………… 280
바닷물 웅덩이를 찾아보자 ……………… 282
상자 물안경을 쓰고 물속을 보자 ………… 284
바닷가 모래밭에 흩어진 물건들 ………… 286
생선 가게에서 볼 수 있는 물고기와 조개 …… 288
생물 달력 ……………………………… 290

식물

갯바위에 있는 생물을 보자 ····· 291
생물의 보물창고, 아마존 강 ····· 302
관찰하기 좋은 옷차림과 도구 ····· 304
집 주위에 있는 잡초 ····· 306
계절이 바뀔 때마다 관찰하자 ····· 308
논밭에서 볼 수 있는 잡초 ····· 310
식물 스케치를 위해서 ····· 312
민들레 우리 가까이에 있는 다정한 꽃 ····· 314
가로수 시원한 그늘을 만들어 준다 ····· 316
봄을 알리는 식물 ····· 318
제비꽃 종류가 많은 얌전한 꽃 ····· 320
덩굴식물 다른 식물에 기대어 자란다 ····· 322
겨우살이 다른 나무에 얹혀사는 암체 ····· 324
동물이나 사람이 옮기는 씨 ····· 326
자연의 힘으로 퍼지는 씨 ····· 328
씨를 뿌려서 키워 보자 ····· 330
도토리와 나뭇잎을 모아 보자 ····· 332
겨울을 나는 식물들 ····· 334
수생식물 물속에서 사는 식물 ····· 336
습원에 자라는 식물 ····· 338
바닷가의 식물 ····· 340
양치류와 이끼 포자로 퍼진다 ····· 342
가까이에 있는 균류를 찾아보자 ····· 344
버섯의 포자 무늬를 떠 보자 ····· 346
집 주위에서 볼 수 있는 버섯 ····· 348
버섯에 대해서 많이 알려면 ····· 350
생물 달력 ····· 352
가을에 식물 관찰을 하자 ····· 353
세계에서 제일 큰 꽃, 라플레시아 ····· 366
찾아보기 ····· 367

* 떠나기 전에 *

자연은 하나의 생명체

에너지를 얻어 살아가는 식물과 동물

생물이 사는 데에는 에너지(힘)가 필요합니다. 그 에너지를 만들어 내는 근원이 무엇일까요? 그것은 이 지구에 내리쬐고 있는 태양의 빛과 열입니다. 식물은 태양의 빛을 직접 이용해서 사는 데 필요한 에너지를 만들어 냅니다. 공기 안에 있는 이산화탄소와 뿌리로 빨아올린 물을 이용해서 햇빛의 힘을 빌려 양분을 만들고 있는 것입니다. 이것을 '광합성'이라고 말합니다. 이 식물을 먹고 힘을 얻는 것이 초식동물이며 그 초식동물을 먹고 사는 동물이 육식동물입니다. 사람은 식물과 동물을 모두 먹습니다.

자연은 수많은 생명이 이어진 고리

이러한 지구 위의 생명의 흐름을 구체적인 생물을 놓고 살펴봅시다. 독수리나 매같이 힘이 세고 덩치가 큰 새들이 살아가기 위해서는 토끼나 들쥐, 작은 새 등 먹이가 있어야 합니다. 독수리 한 마리가 사는 데에도 많은 먹이가 필요합니다. 그리고 토끼나 들쥐, 새들이 살아가려면 또 그들의 먹이, 즉 곤충이나 식물이 있어야 합니다. 그 먹이는 더 많아야 하겠지요. 이렇게 보면 독수리 한 마리가 사는 데에는 나무와 풀이 잘 자란 넓은 숲이 있어야 하고, 마찬가지로 육식을 하는 한 마리의 물고기가 사는 데에는 아주 많은 양의 작은 물고기나 개구리가 먹이로 필요합니다. 그리고 이들 작은 물고기들이 살려면 그들의 먹이가 잘 자랄 수 있는 오염되지 않고 물이 많은 개울이 있어야 합니다.

돌고 도는 에너지

지금으로서는 독수리나 매를 잡아먹는 동물은 없습니다. 그러나 이들도 결국 죽는 것은 틀림없습니다. 죽으면 그 사체는 송장벌레 등 다른 곤충에게 뜯어 먹히며 다른 작은 동물들과 균들에 의해서 먹히고 분해되어 결국 흙으로 되돌아갑니다. 이처럼 지구 위에서 벌어지는 먹고 먹히는 자연의 관계는 커다란 에너지 흐름의 한 모습을 보여 줍니다.

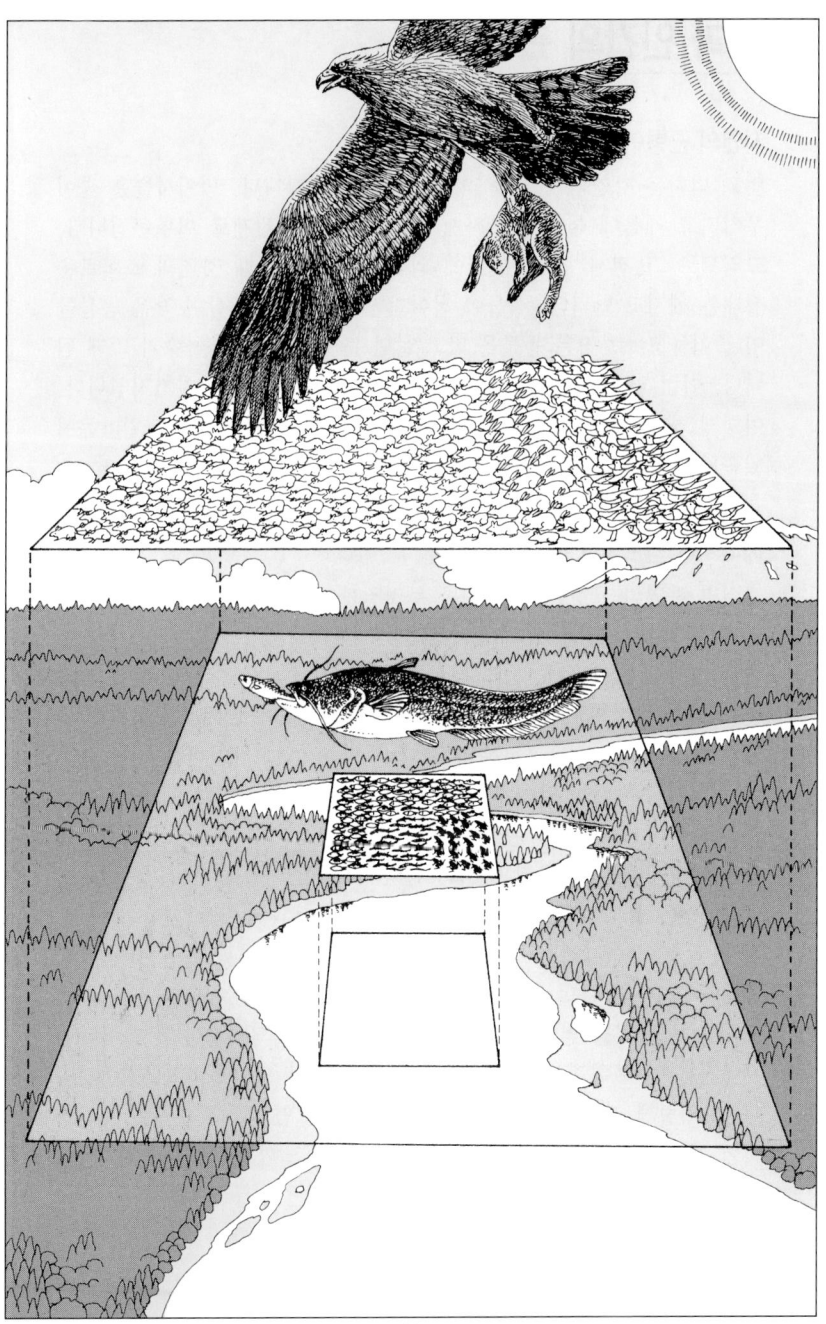

자연과 인간의 관계

자연의 균형이 깨지고 있다

먹고 먹히는 자연의 관계를 '먹이사슬'이라고 합니다. 먹이사슬은 숲이 우거지고 개울에 물이 풍부하게 흐른다는 것을 전제로 이루어집니다. 그러므로 그 전제가 무엇인지에 의해서 무너졌을 때 자연의 조화로운 상태는 깨지고 맙니다. 식물이 적어지면 그것을 먹고 살던 작은 동물들이 줄어들고, 그 작은 동물을 먹고 살던 큰 동물도 살아갈 수가 없게 됩니다. 이런 일이 벌어지는 모습은 땅 위나 물속에서나 마찬가지입니다. 이렇게 해서 지구에서 이미 사라졌거나 사라져 가는 동물은 얼마든지 있습니다.

에너지를 얻으려고 애쓰는 사람들

그러면 자연의 균형을 깨는 것은 무엇일까요? 그것은 안타까운 일이지만 바로 우리들, 사람입니다. 사람은 다른 동물에게는 없는 지식과 기술을 가지고 있습니다. 숲의 나무를 잘라 내어 밭을 만들고 산을 깎아 길을 냈습니다. 들에 살던 멧돼지를 길들여서 가축으로 키웠습니다. 이렇게 하면 먹을 것을 구하는 데 마음이 놓이기 때문입니다. 이런 생활은 옛날처럼 사람이 많지 않던 때는 별문제가 없었습니다. 그러나 지금은 다릅니다. 이제 우리는 먹을 것과 입을 것, 그리고 집, 그 밖의 생활용품을 얻기 위해서 공장 없이는 꼼짝도 못 할 지경에까지 이르렀습니다. 공장을 돌리기 위한 에너지 역시 자연에서 얻어야 합니다. 자연이 몇 천만 년이나 걸려서 저축한 석탄이나 석유 에너지를 마구 써 버려서 이제 걱정을 해야 할 때가 되었습니다. 강물을 막아 댐을 만들고 여기서 전기 에너지를 얻어 이용해 온 지도 벌써 오래되었습니다. 사람들이 에너지를 얻기 위해서 우리 삶의 터전인 자연을 망가뜨리고 있는 것입니다. 이렇게 자연이 훼손되고 맑은 강물이 오염되어 절름발이 자연이 되어 가고 있다는 것을 이제야 겨우 사람들이 느끼기 시작했습니다. 이것은 보통 심각한 문제가 아닙니다.

자연과 함께 살아야 할 운명

우리 삶은 자연과 이어져 있다

옛날에 사람은 자기 먹을 것을 자기 손으로 만들어 먹었습니다. 밭을 갈고 씨를 뿌리고 가꾸어서 농작물을 거두어들였습니다. 그러나 지금은 이런 자급자족의 생활을 하려 해도 할 수가 없습니다. 우리가 매일 먹는 음식이 우리 입에 들어오기까지에는 수많은 사람의 손을 거치게 됩니다. 그러다 보니 우리는 사람만을 생각하고 자연은 눈에 보이질 않습니다. 마치 우리 생활이 자연과는 관계가 없이 이루어지는 것으로 착각을 합니다. 정말 그럴까요? 우리 생활에서 자연과 관계없는 것은 아무것도 없습니다. 앞에서 본 것처럼 물건을 만드는 데 필요한 연료 자체가 자연의 산물입니다.

숲과 물과 우리들

숲(나무)은 태양 에너지를 이용해서 광합성을 하고 산소를 공기 중에 내놓습니다. 새나 동물들의 집이 되고 그들에게 먹이를 마련해 줍니다. 그리고 숲 속의 땅에는 빗물이 스며들어 지하수가 되어 골짜기를 흘러내립니다. 이 냇물에서 우리는 물을 떠서 목을 축이기도 하고 생활용수, 공업용수와 댐을 만들 수 있는 큰 강물을 얻습니다. 그런데 나무를 마구 자르면 어떻게 될까요? 빗물이 땅속에 스며들 새도 없이 흘러내릴 수밖에 없습니다. 이렇게 되면 숲이 살찔 수도 없고 강물이 풍부하게 흐를 수도 없습니다. 그러므로 숲을 망가뜨린다는 것은 숲과 물과 우리가 맺고 있는 밀접한 관계를 끊고 마치 우리 목에 칼을 대는 끔찍한 짓을 저지르는 걸 뜻합니다.

숲과 물과 생물을 지키자

지금 우리나라에 자연림이 그대로 남아 있는 곳은 얼마 안 됩니다. 자연림을 잘라 낸 뒤에 다른 나무를 대신 심는다 하더라도 자연림에 비하면 그 속의 생물은 훨씬 적어질 수밖에 없습니다. 이제 우리는 더 이상 자연을 망가뜨려서는 안 됩니다. 우리 산에서 산양이나 곰 등 야생동물이 오래 전에 자취를 감춘 것은 정말 서글픈 일 가운데 하나입니다.

생물을 잡거나 기르는 것에 대해

생물을 알기 위해서 잡는다

생물들이 사는 모습을 관찰하고 생물이 자연 속에서 어떤 관계를 맺고 있는지를 알기 위해서 야외로 나가 봅시다. 말로 듣는 것과 자기 눈과 코와 손으로 체험하는 것은 크게 다릅니다. 직접 관찰을 해야 더 깊고 확실하게 이해할 수 있습니다. 그런데 야외에서 곤충이나 식물을 채집하는 것은 꼭 필요할 때에만 해야 합니다. 사람은 원래 욕심이 많은 동물이어서 하나만 있으면 될 것도 열을 가지고, 자기는 필요 없는데도 다른 사람이 하면 덩달아 손을 대기도 합니다. 생물 채집도 마찬가지인데 되도록 관찰은 그 자리에서 끝내도록 노력해야 합니다. 한 마리의 잠자리, 한 뿌리의 개망초라도 그것이 생물이라는 점을 잊지 않도록 합시다.

기를 수 있는 것을 골라서

채집해서 관찰하는 것이 생물에 대한 이해를 깊게 하는 방법이지만 그것이 전부는 아닙니다. 생물이란 순간만 사는 것이 아니라 어떤 기간에 걸쳐 사는 것이기 때문입니다. 그러므로 생물이 생활하는 모습을 알려면 길러 보거나 키워 보아야 할 때가 있습니다. 그런데 이런 사육(기르는 일)에는 큰 문제가 있습니다. 생물이 자란 자연환경 그대로 옮겨 놓을 수는 없기 때문입니다. 생물로서는 인공적인 환경에 놓이는 일이 얼마나 불행하고 가엾은 일인지 모릅니다. 이 책에서 예로 든 생물 가운데 잡아서 길러도 별문제가 없는 것으로는 어른벌레(성충)가 되기 전의 곤충과 냇물에 사는 작은 물고기들뿐입니다. 이들은 자연과 비슷한 환경을 만들어서 기를 수가 있습니다. 다음 쪽의 그림을 보고 공기 펌프나 여과 장치를 쓰지 않고 고기를 기를 수 있는 어항을 만들어 봅시다. 동물이나 물고기의 사는 모습을 보기 위해서 동물원이나 수족관을 많이 이용하는 것도 좋은 방법입니다.

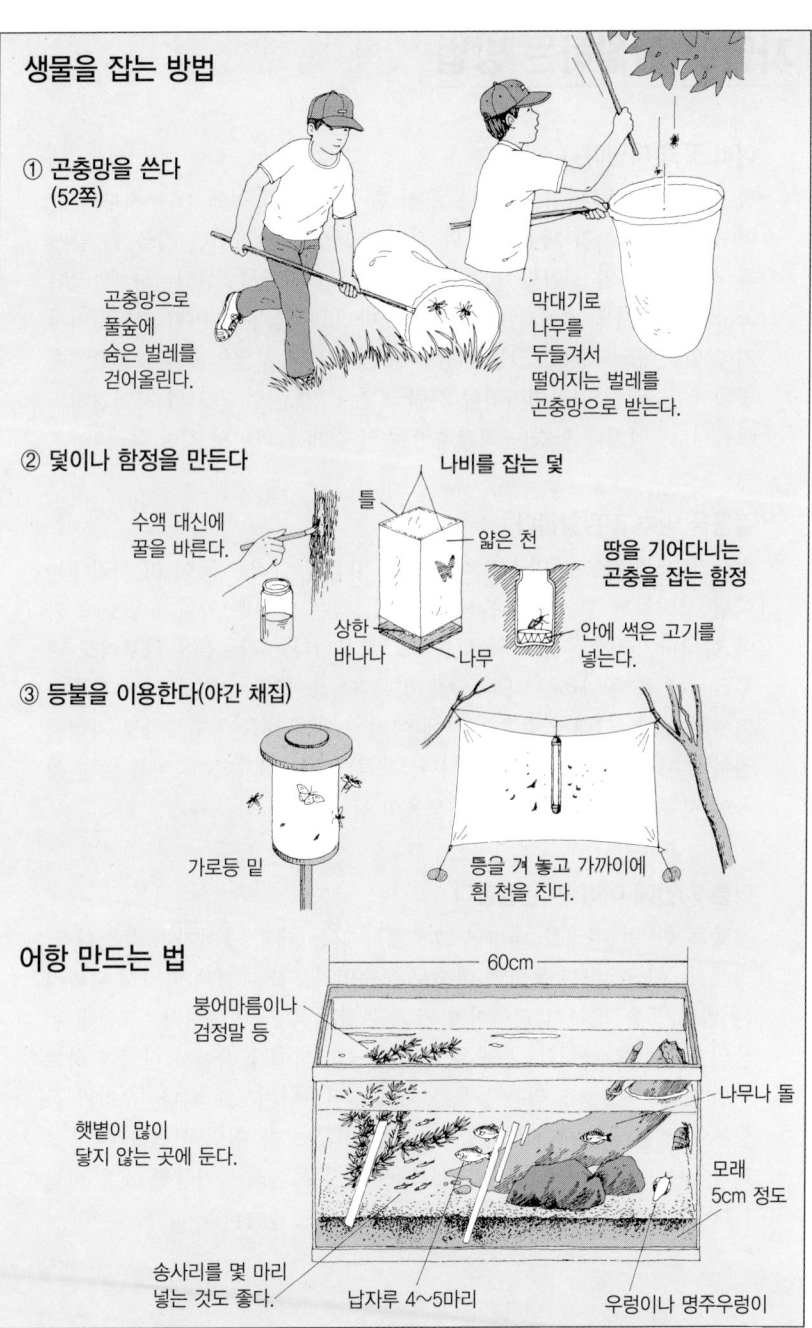

자연을 관찰하는 방법

여러 곳을 다닌다

자, 이제 야외로 나가 볼까요? 우선 먼 데로 가기 전에 집 근처부터 걸어 봅시다. 장소가 바뀔 때마다 자연의 모습도 달라지는 것을 곧 알게 될 것입니다. 열 곳이면 열 가지 자연의 모습이 있는 셈입니다. 환경이 조금만 달라져도 거기서 사는 생물이 바뀌고, 불과 몇 미터밖에 떨어지지 않았는데도 자라고 있는 식물이 다른 이유가 무엇일까요? 그것은 햇빛이 닿는 시간의 차이이거나 사람의 손이 가고 안 가고의 차이인지도 모릅니다. 언제나 환경을 생각하며 주의 깊게 살피면서 걸어 봅시다.

걸음을 멈추고 관찰한다

걷다가 가끔 걸음을 멈추고 식물의 줄기나 잎 그리고 꽃이 이 시간에는 어떤 상태일까 주의해서 봅시다. 이때, 잎은 앞면뿐 아니라 뒷면도 봐야 합니다. 꽃에 곤충이 와 있을지도 모릅니다. 새는 같은 나무라도 나무의 위쪽을 좋아하는 새와 낮은 곳을 더 좋아하는 새 등 저마다 습성이 다릅니다. 그래서 같은 나무에 여러 종류의 새들이 따로따로 자리를 정하고 사이좋게 지내기도 합니다. 새들의 이러한 습성 차이를 알면 그들이 사는 모습을 이해하는 데 도움이 됩니다.

다른 시간에 여러 번 관찰한다

식물은 한 번 뿌리를 내리면 그곳에서 다른 데로 옮아가지 못합니다. 그래서 식물이 하루 동안에 바뀌는 모습이라든가 계절에 따라서 달라지는 변화 등은 그다지 힘들이지 않고 관찰할 수가 있습니다. 그런데 동물의 경우는 다릅니다. 동물은 식물과 달리 먹이를 쫓아서 다녀야 하고 어떤 때는 자기를 노리는 동물을 피해서 달아나기도 합니다. 우리가 동물들이 생활하는 모습을 관찰하는 것은 식물보다 훨씬 어렵습니다. 그러나 동물의 습성을 알고 있으면 그런 관찰도 전혀 불가능한 것은 아닙니다. 오히려 어렵기 때문에 보람을 느낄 때도 많습니다.

고양이는 쥐를 잡을 때 왜 꼬리 끝을 흔들까?

고양이는 쥐를 잡으려고 노리고 있을 때 긴 꼬리를 세우고 끝을 쫑긋쫑긋 움직입니다. 사자도 먹이를 잡으려고 할 때 고양이가 하는 것처럼 꼬리 끝을 움직인다고 합니다. 왜 그럴까요? 무엇을 잡으려고 할 때, 움직이지 않고 가만히 있다가 갑자기 덮치는 것이 좋을 것 같은데 왜 거꾸로 꼬리를 흔들어서 상대에게 미리 자기 동작을 알리는 것일까요?

동물 세계에서 잡고 잡히는 긴박한 상황이 벌어지는 경우에 두 동물이 가까이 설 수 있는 한계선이 있습니다. 이것은 잡히는 쪽에서 말한다면 최소의 안전선, 잡는 쪽에서 말한다면 최대로 접근할 수 있는 거리를 말합니다. 이 한계선은 아슬아슬하게 접근하면서도 결코 겹치지 않고 얼마간 사이가 뜨게 마련입니다. 이 간격을 가리켜 전문용어로 '임계대'라고 하는데, 꼬리를 흔드는 행동은 이 임계대를 돌파하기 위한 예비 행동이라고 동물 행동학자들은 말하고 있습니다. 꼬리는 보통 머리보다 뒤쪽에 있습니다. 상대를 잡는 부위(보통 입)는 대부분 머리에 있으므로 큰 동물의 꼬리는 수십 센티미터나 뒤쪽에 있게 마련입니다. 그래서 꼬리를 흔들어 상대방의 주의를 그곳으로 돌려 아직 거리가 있으니 괜찮다고 마음을 놓게 만드는 속임수라는 것입니다. 이런 행동은 고양이뿐만 아니라 방울뱀도 흔히 하는 것으로 알려져 있습니다.

곤충류
그 밖의 벌레

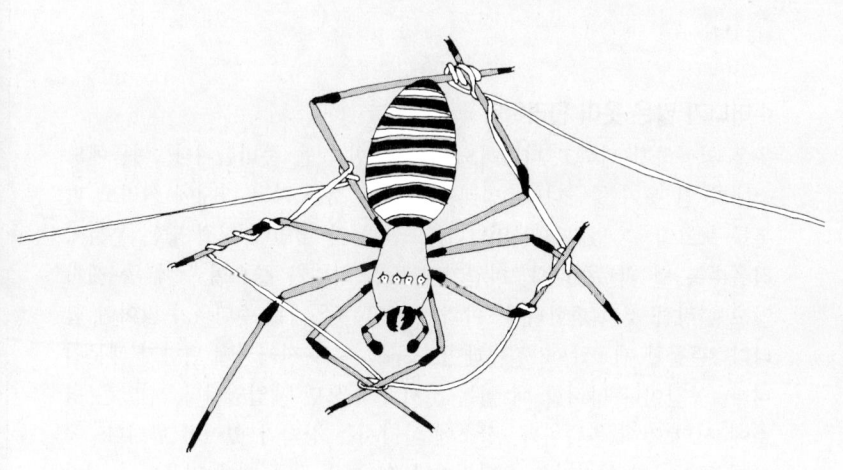

관찰하기 편한 옷차림과 도구

목적에 맞는 도구를 갖춘다

곤충은 절지동물문 곤충강으로 분류됩니다. 곤충은 지구 위의 모든 동물 종류 가운데 약 4분의 3이나 차지할 만큼 다양합니다. 기록된 종류만도 약 80만 종이 넘습니다. 곤충의 몸은 머리, 가슴, 배의 세 부분으로 나누어지며 가슴에 세 쌍의 다리가 있습니다. 그 수로도 알 수 있듯이 우리와 가장 가깝고 쉽게 찾아볼 수 있는 생물입니다. 곤충은 대개 몸집이 작고 재빨리 움직입니다. 경험이 많은 사람이면 날아다니는 나비를 보고도 암컷과 수컷을 알아맞힐 수도 있겠지만 보통은 그렇지 못합니다. 움직이는 곤충을 잡으려면 곤충망을 써야 합니다. 그리고 쏘일 염려가 있는 벌은 잡자마자 병에 옮겨야 마음이 놓입니다. 덫을 해 놓은 자리에는 꼬리표나 종이테이프로 표시를 해 두면 나중에 찾기가 쉽습니다.

주머니가 많은 옷이 편리하다

옷은 활동하기 편하고 더럽혀도 괜찮은 헌 것을 준비합니다. 여름에도 소매가 긴 옷이 좋습니다. 벌레에 물리는 것을 막고 가시에 찔려도 피부를 보호할 수 있기 때문입니다. 또 피부가 햇볕에 직접 닿는 부분이 적을수록 덜 피로합니다. 마찬가지로 긴 바지가 좋으며 몸에 꼭 끼지 않고 헐렁한 것이 편합니다. 야외에서 입는 옷에는 주머니가 많아야 합니다. 관찰할 때 쓰는 자질구레한 도구를 넣고 꺼내기에 편하기 때문입니다. 등산이나 낚시할 때 입는 조끼가 있으면 제일입니다. 신발은 평소에 신던 것이 좋습니다. 장소에 따라서는 장화가 있어야 합니다. 꼭 물에 들어가지 않더라도 흙탕길이나 숲 속을 걸을 때에 마음이 놓입니다. 비옷과 우산은 집을 나설 때 날씨가 좋더라도 잊지 말고 가져가도록 합니다. 미리 가벼운 우산을 준비해 둡시다.

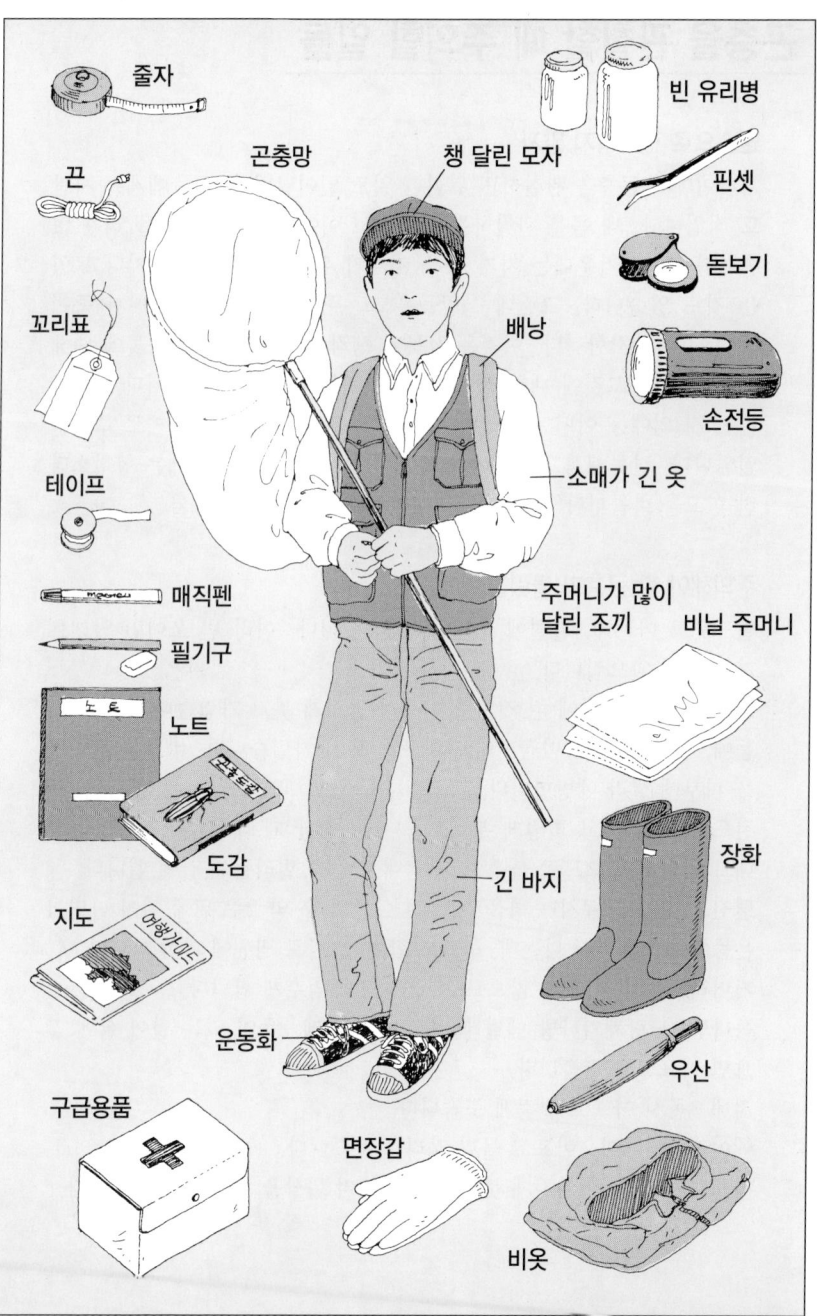

곤충을 관찰할 때 주의할 일들

맨손으로 건드리지 말자

가까이에서 곤충을 관찰하면 위험한 일도 일어납니다. 곤충에게는 사람도 적입니다. 네 몸을 관찰하는 것이라고 이야기해도 알아들을 리가 없습니다. 곤충 가운데는 자기 몸을 지키기 위하여 독을 몸에 지니고 있는 것도 있습니다. 그런데 사람들은 그 곤충에게 독이 있으니까 죽여야 한다고 생각합니다. 이것은 잘못된 생각입니다. 위험한 생물에 대해서는 우리가 그것에 대한 지식을 알고 위험에서 피해야 합니다. 잘 알려진 것 외에는 어떤 곤충이건 맨손으로 잡지 않는 것이 첫째로 주의할 일입니다. 잘못해서 곤충에게 물리거나 독침에 쏘였을 때에는 항히스타민 연고를 바릅니다(털진드기나 거머리에게 물렸을 경우는 제외).

주의해야 할 곤충과 물렸을 때의 증상

벌 – 붓고 아픈데, 말벌에 쏘이면 죽기도 합니다. 여러 번 쏘이면 알레르기 증상을 일으킵니다.
송장헤엄치개 – 벌에 쏜 것처럼 아프며 벌겋게 붓고 가렵습니다.
등에, 흰줄숲모기 – 따끔거리고 아프며 몹시 가렵습니다. 바르는 모기약을 피부에 발라 예방합니다.
진드기 – 따끔하고 벌겋게 부어오릅니다. 그냥 떼 내면 진드기 입이 그대로 남아서 곪으므로 불을 가까이 대서 입을 벌리는 순간에 뗍니다.
털진드기(쯔쯔가무시) – 병을 옮깁니다. 물린 후 약 2주 뒤에 열이 나면서 온몸에 두드러기가 나는데, 죽기도 합니다. 바로 병원에 가야 합니다.
거머리 – 피가 잘 멎지 않으므로 꾹 눌러서 멈추게 합니다.
독나방, 노랑쐐기나방 애벌레, 솔나방 애벌레 – 독이 있는 털이 살에 닿으면 아프고 가렵습니다.
지네 – 몹시 아프고 벌겋게 붓습니다.
애어리염낭거미 – 아프고 물린 자리가 붓습니다.
청색하늘소붙이 – 빨갛게 붓고 물집이 생겨 화상을 입은 것처럼 됩니다.

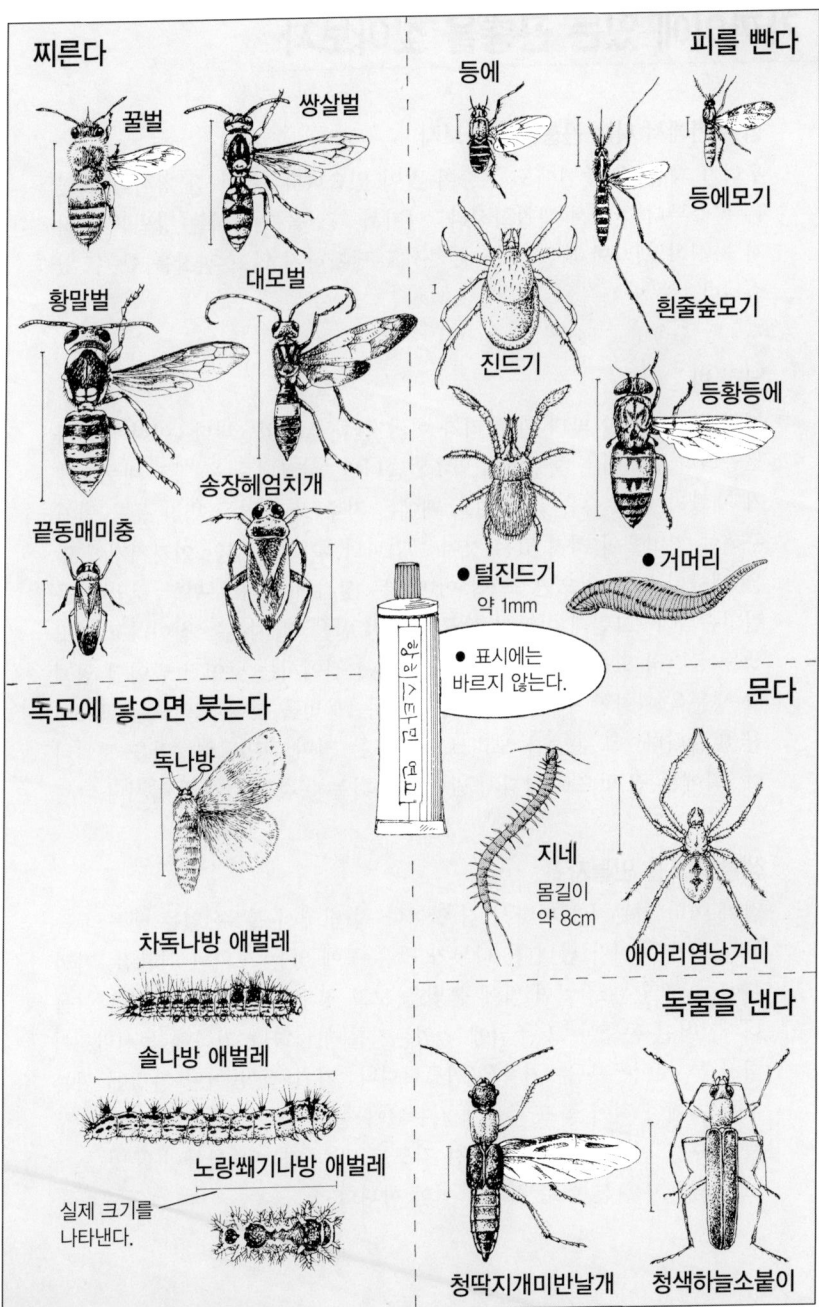

가까이에 있는 곤충을 찾아보자

집 주변에서 사는 곤충을 찾아보자
우리가 사는 집 주변에도 곤충이 많이 있습니다. 우선 집 가까이에 있는 곤충부터 찾아서 관찰합시다. 여기서 자연을 관찰하는 방법을 익혀서 자신이 생기면 다른 장소에 가서도 당황하지 않고 관찰을 할 수 있습니다.

낮과 밤
부엌에서 조그만 파리 한 마리가 이리저리 날고 있습니다. 어디에 앉나 보았더니 싱크대 수챗구멍에 멈추었습니다. 싱크대 문을 열자 바퀴벌레가 재빨리 뒤로 숨습니다. 여느 때에는 자주 쓰지 않는 벽장 문을 열자 구석에 거미줄이 쳐져 있는 것이 보입니다. 이처럼 집안 여기저기에 많은 생물이 살고 있으면 그 집 어머니는 성격이 꽤나 무던한 것임이 틀림없습니다. 그런데 아무리 깔끔하고 집 안을 잘 치우는 집이라고 해도 생물이 전혀 없을 수는 없습니다. 그래서 집에서는 낮이건 밤이건 언제나 생물을 관찰할 수가 있습니다. 밤에는 불빛을 찾아 모여드는 곤충이 참 많습니다. 그 곤충을 노리고 모여드는 거미도 만날 수 있을 것입니다. 밤에는 집 밖으로 나가서 밤에 활동하는 곤충을 관찰해 봅시다.

생물 지도를 만들자
집이 어디 있는지에 따라서 집 안이나 집 밖에서 볼 수 있는 생물의 종류는 크게 차이가 납니다. 나무가 많은 곳에 있는 교외의 외딴집, 가까이에 숲이 있는 집이면 밤에 불빛을 보고 장수풍뎅이나 나방이 날아옵니다. 어떤 곤충이 그 주위에 있었는지를 하나하나 기록해 둡시다. 어디서 본 것이든 모든 기록은 귀중합니다. 자기 집이 어떤 환경에 있는지를 자세히 적어 놓고 주변에 사는 생물들의 생활 모습을 나타내는 생물 지도를 만들어 봅시다. 이런 지도를 만들 때는 생물들이 무엇을 하고 있었는지를 본 대로 적어 넣어야 합니다.

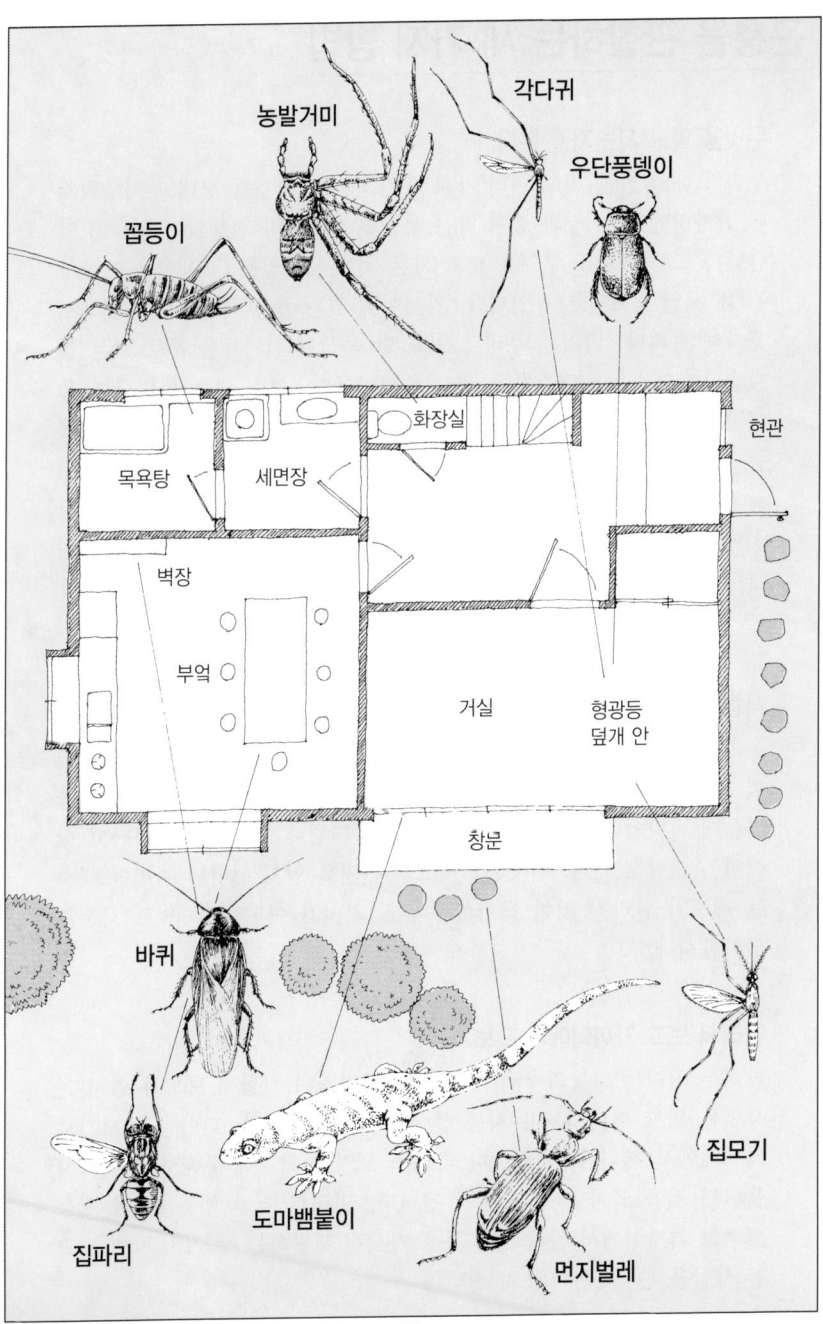

곤충을 관찰하는 세 가지 방법

무엇을 먹고 사는지를 본다

우리가 매일 밥을 먹고 여러 가지 행동을 하며 하루를 보내고 어두워지면 잠자리에 드는 것과 같이 다른 생물에게도 저마다 생활이 정해져 있습니다. 그중에서도 무엇을 먹고 사는지를 아는 일은 그 생물을 이해하는 데 제일 중요한 내용입니다. 가까이에 있는 곤충 하나하나에 대해서 생각해 봅시다. 파리는 우리가 먹고 난 음식 찌꺼기들을 주로 먹는 것 같습니다. 쌀이나 밀가루에 생기는 쌀바구미, 콩을 먹는 콩바구미 등은 우리가 먹는 식량을 가로채서 먹는 셈입니다. 그런데 곤충 가운데에는 우리가 도저히 먹을 수 없다고 생각하는 것을 먹이로 삼고 있는 것도 있습니다. 좀은 집의 어둡고 습기 있는 곳에 살며 풀기 있는 책이나 종이, 옷가지 등을 해치는데 좀의 먹이는 책을 만들 때 사용한 풀입니다. 그 밖에 수시렁좀(수시렁이 애벌레)은 양털이나 견직물 등 동물성 옷을 먹으며, 흰개미는 목재를 갉아 먹고 삽니다.

사람과의 관계를 생각한다

우리의 생활을 침범하는 골치 아픈 곤충을 앞에서 몇 가지 들었지만 이런 곤충을 없애는 생물이 또 있습니다. 거미나 도마뱀붙이가 그런 생물 가운데 하나입니다. 거미를 보면 무조건 더럽다거나 보기 흉하다고 싫어하는 사람도 거미가 무엇을 먹고 사는지를 알게 된다면 거미를 대하는 태도가 달라질 것이 틀림없습니다. 거미가 어떤 것을 먹고 사는지 알아봅시다.

멀리서 보고 가까이에서도 보자

파리든 거미든 그들의 하루의 생활을 쫓아가며 관찰해 보도록 합시다. 무엇을 먹고 어디서 자는지를 알 수 있을 것입니다. 다음은 돋보기로 가까이에서 봅니다. 얼굴이나 다리의 모양을 확대해서 보면 이제까지 몰랐던 것을 알아낼 수가 있게 됩니다. 멀리서 어떤 행동을 하는지를 살피고 가까이에서 몸의 모양 등을 자세히 관찰하는 두 가지 방법은 모든 생물을 관찰하는 기초가 됩니다.

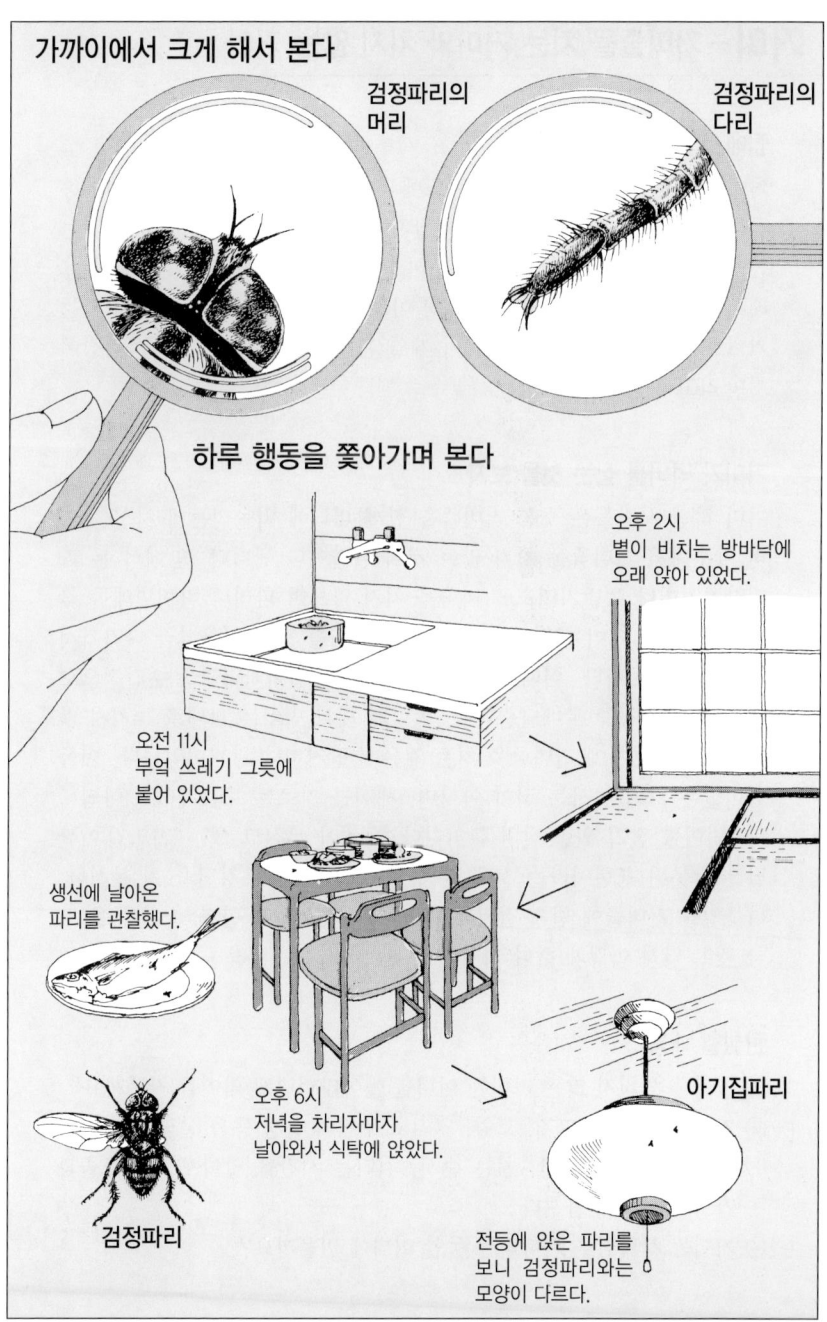

거미 - 거미줄을 치는 거미와 치지 않는 거미

집에서 볼 수 있는 거미

거미가 곤충이 아니라는 것은 학교에서 이미 배웠을 것입니다. 거미 종류는 갑각류(새우, 게 등)와 같은 절지동물과 한무리입니다. 살아 있는 곤충이면 무엇이든 먹으므로 곤충이 있는 데에는 거미도 있습니다. 그래서 거미는 시골뿐 아니라 도시의 어느 집에나 있습니다. 집에서 사는 거미로는 깡충거미와 농발거미가 제일 흔합니다. 깡충거미는 '파리잡이 거미'라고도 합니다.

거미가 먹이를 잡는 것을 보자

거미 하면 사람들은 보통 거미줄을 함께 머리에 떠올리는데 사실은 거미 가운데서 거미줄을 치지 않는 것이 절반이나 됩니다. 앞에서 든 파리잡이거미나 농발거미도 거미줄을 치지 않으며 파리나 바퀴벌레를 찾아서 집 안을 기어 다닙니다. 그러다가 먹이를 보면 살금살금 다가가서 잽싸게 달려듭니다. 이때 먹이와 함께 밑으로 떨어지더라도 순간적으로 실을 뽑아서 공중에 매달립니다. 이렇게 해서 먹이는 절대로 놓치지 않습니다. 집 근처에 거미줄을 치는 것은 호랑거미나 왕거미입니다. 이들 거미줄은 거미가 사는 집이 아니며, 새끼를 기르는 보금자리도 아닙니다. 먹이를 잡기 위한 덫일 뿐입니다. 우리가 무심코 쓰는 '거미집'이란 말은 잘못된 표현이라는 것을 알 수 있습니다. 잠깐 장난을 쳐 봅시다. 나뭇잎을 거미줄에 던져 걸리게 하면 거미가 어떻게 할까요? 그물을 조금 찢고 역시 어떻게 하나 지켜봅시다.

관찰할 내용

① 거미줄을 치지 않는 거미는 어디를 돌아다니면서 먹이를 찾을까요?
② 거미줄의 높이, 크기, 모양, 그리고 주변의 환경 등을 살핍니다.
③ 거미줄을 치는 시간, 치는 순서, 걸리는 시간을 알아보고 세로줄과 가로줄을 만져 봅시다.
④ 거미는 사냥감을 기다리는 동안 어디에 있을까요?

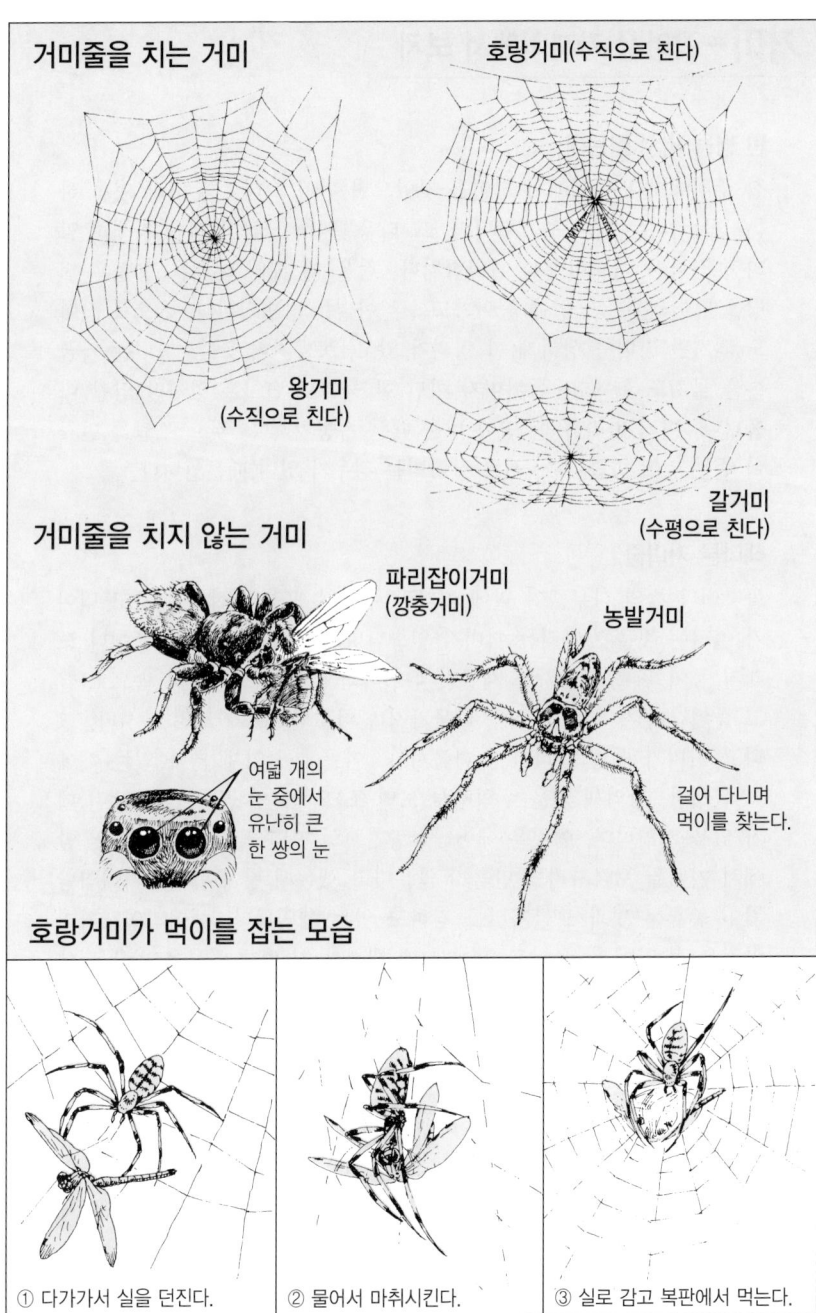

거미 - 잡아서 가까이에서 보자

빈 병을 써서 잡는다

집 주위에서나 야외에서 거미를 찾았으면 먼저 그대로 두고 무엇을 하는지를 살피는 일이 중요합니다. 그 다음 좀 더 궁금한 점을 자세히 알려면 잡아서 가까이에서 관찰합니다. 잡을 때 제일 손쉬운 방법은 빈 병을 덮어씌우든가 안에 들어가도록 몰아넣는 방법입니다. 손으로 잡아도 되지만 거미를 상하게 할 염려가 있고, 농발거미 등 큰 거미는 가끔 손을 물기도 합니다. 독거미가 아닌 한 물려도 별일은 없지만 약간 아픕니다. 여러 마리를 한 병에 넣을 때는 솜뭉치 같은 것으로 칸을 만들어 주는 것이 좋습니다. 서로 잡아먹는 경우가 있기 때문입니다.

색다른 거미줄

돌담이나 뜰의 나무줄기 밑에 기다란 주머니 모양의 집을 만들고 먹이가 걸리는 것을 기다리는 거미가 있습니다. 땅거미입니다. 곤충이나 노래기 등이 위를 기어가면 재빨리 뛰어나와서 먹이를 주머니 속으로 끌고 들어갑니다. 주머니 위를 나뭇가지나 나뭇잎으로 건드려 봅시다. 그리고 거미가 어떻게 하나 살펴봅시다. 여름에 참억새가 나 있는 데에 가 봅시다. 참억새 잎을 주의해서 보면 조그맣게 잎 끝이 돌돌 말린 데가 있을 것입니다. 이것은 애어리염낭거미의 집일 경우가 많습니다. 앞에서 거미는 보금자리를 만들지 않는다고 했는데 땅거미와 애어리염낭거미 종류는 덫과 보금자리를 겸하고 있는 셈입니다. 애어리염낭거미 암컷은 집 안에 알을 낳고 알에서 깬 새끼가 첫 번째 허물을 벗은 뒤에 새끼에게 먹히고 맙니다.

거미의 적

거미의 천적으로는 개구리, 도마뱀붙이, 새들이 있는데 그중에서도 거미만을 노리는 것이 대모벌입니다. 대모벌은 거미 몸에 독침을 찔러 마비시키고 자기 집으로 끌고 와서 거미 몸에 알을 낳습니다. 그 뒤 알에서 깬 대모벌 새끼는 살아 있는 거미 몸을 먹으며 자랍니다.

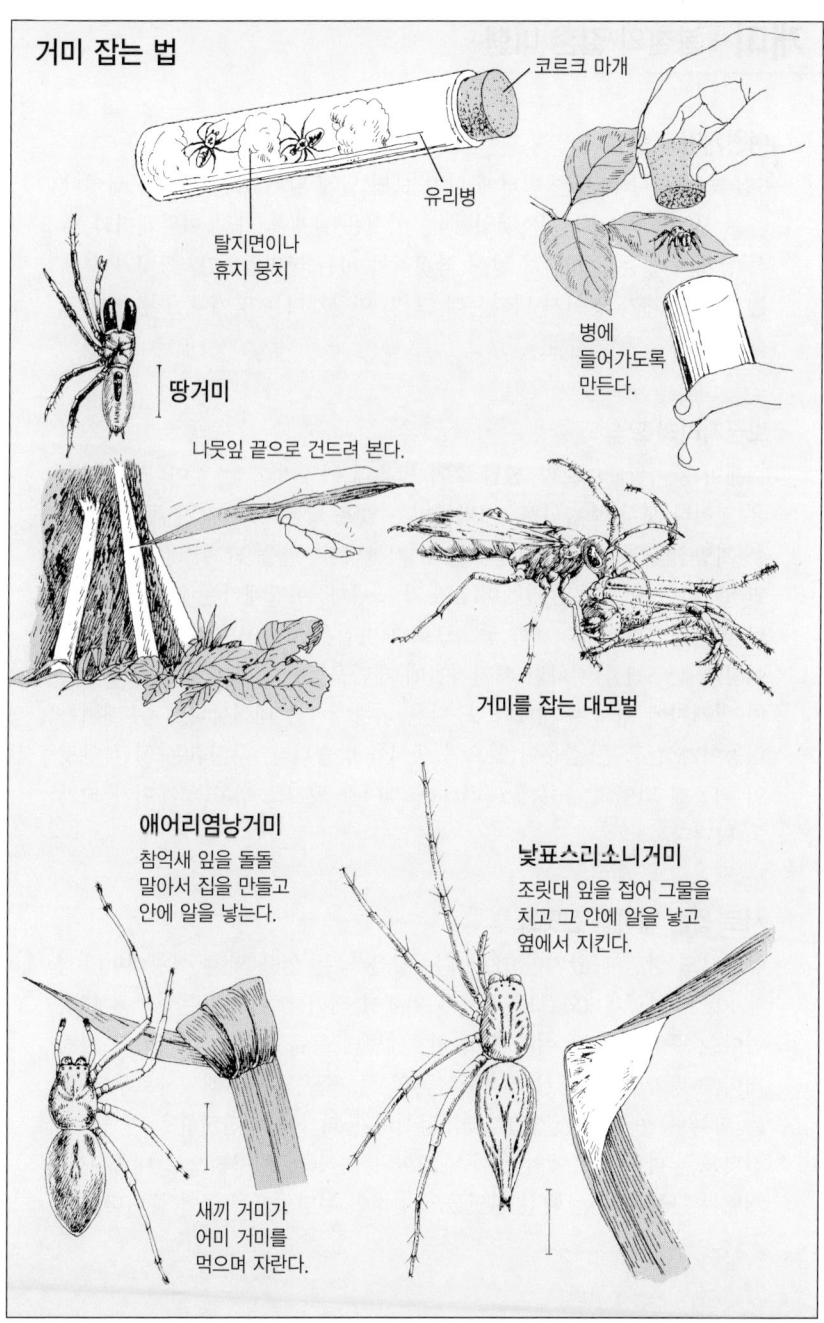

개미 - 봄철의 결혼 비행

여왕개미와 수개미

6월 초 뜰이나 가까운 빈터에 나가 보면 날개 달린 검은 개미가 날아다니는 모습을 볼 수 있을 것입니다. 이것은 날개를 가진 여왕개미와 역시 날개가 있는 수개미가 날며 짝짓기를 하는 장면입니다. 짝짓기 후에는 모두 날개가 떨어져 나가는데 그 뒤 여왕개미는 땅에다 구멍을 파고 그 안에 알을 낳습니다.

보금자리의 모습

수개미는 여왕개미보다 훨씬 수가 많은데 짝짓기를 한 것이나 하지 않은 것이나 모두 죽습니다. 여왕개미는 알을 낳은 뒤에 자기 몸 안에 있는 지방질을 새끼(애벌레)에게 주어 기릅니다. 알을 깐 뒤 60일이 지나면 그 알은 몸이 작은 일개미(암컷)가 됩니다. 여왕개미는 일개미들로부터 먹이를 받고 알을 계속 낳으므로 개미집은 땅속에서 점점 커집니다. 이렇게 4~5년쯤 지나면 여기저기에 개미구멍이 많아지는데 이 무렵이면 일개미에 섞여 수개미와 또 다른 여왕개미가 태어납니다. 수개미는 더듬이가 길고 큰 겹눈이 있으며 생식을 맡습니다. 수정란은 일단 암컷이 되는데 먹이의 종류에 따라 여왕개미가 되기도 하고 일개미가 되기도 합니다.

서로 돕는 개미와 진딧물

앞에서도 잠깐 나왔지만 개미에는 알을 낳는 일을 맡은 여왕개미(수명 약 10년), 여왕개미와 짝짓기하기 위해서 태어난 수개미(수명 약 6개월), 먹이를 구해 오거나 여왕개미, 알, 애벌레 등을 돌보는 일개미와 병정개미(수명 약 1년)가 있는데 주로 꽃의 꿀, 죽은 동물, 진딧물로부터 받는 단물 등을 먹이로 삼습니다. 일개미가 더듬이로 진딧물을 건드리면 진딧물은 나무나 풀에서 빨아서 모아 둔 단물을 밑구멍으로 내줍니다. 개미는 단물을 받는 대신 진딧물의 천적인 무당벌레를 쫓아 줍니다.

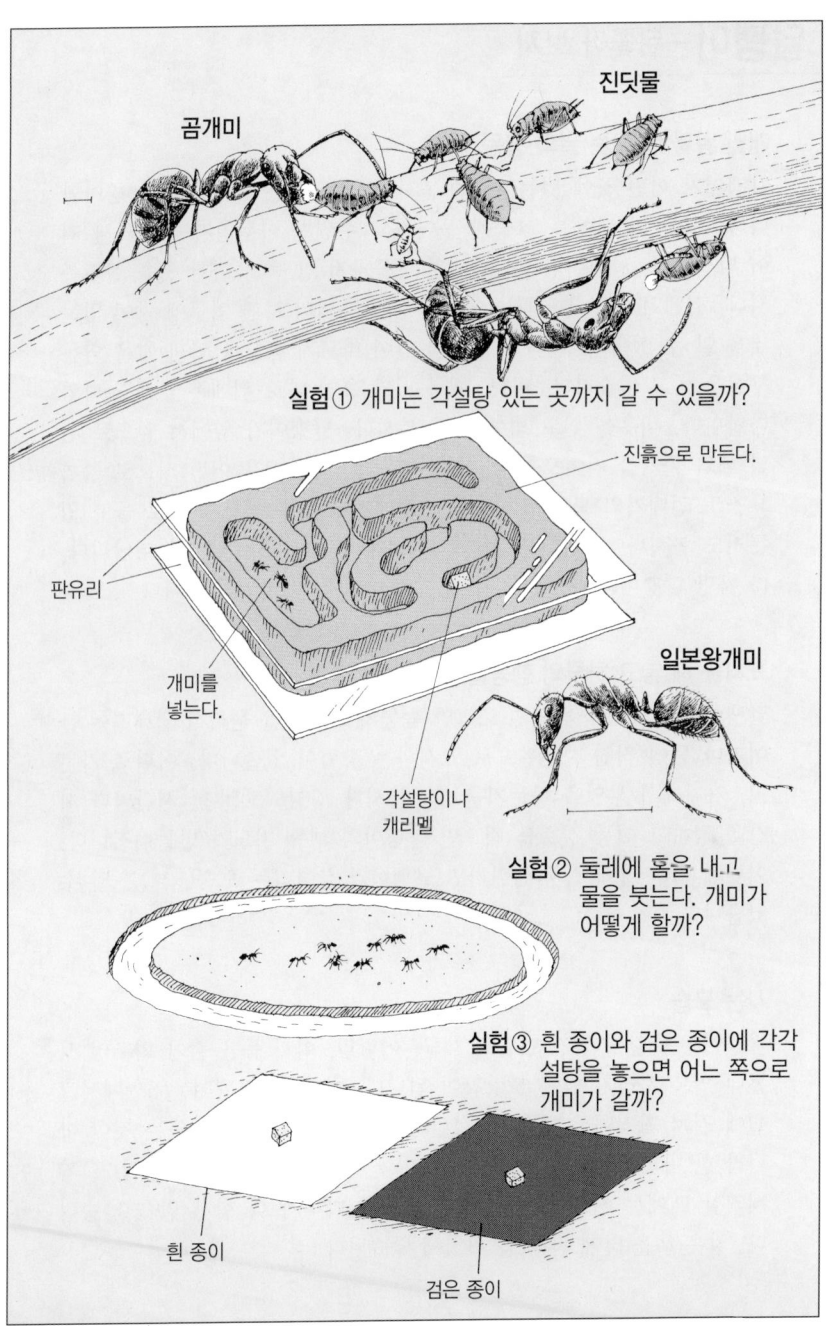

달팽이 - 뒤쫓아 보자

개인 날과 비 오는 날의 행동

달팽이가 어떤 곳에 있는지 찾아봅시다. 달팽이는 축축한 곳을 좋아합니다. 개인 날 낮에는 그늘에 들어가고 주위가 어두워지면 나와서 기어 다닙니다. 낙엽이나 돌, 떨어진 나뭇가지 밑 등 눅눅한 곳을 살펴봅시다. 껍데기(보통 달팽이집이라고 한다)를 자세히 보면 입구에 막이 있는 것을 알 수 있습니다. 막은 껍데기 안이 마르지 않도록 안과 밖을 막는 구실을 하고 있습니다. 비 올 때나 비가 그친 바로 뒤에는 낮에도 나와 다닙니다. 비옷을 입고 밖에 나가 봅시다. 달팽이가 잎에서 잎으로 건널 때와 줄기를 기어오를 때 복족(다리 역할을 한다)을 어떤 식으로 쓸까요? 또 껍데기의 모양이나 나선형 껍데기가 좌우 어느 쪽으로 돌고 있는지도 봅시다. 달팽이는 자라면서 껍데기의 나선형 수가 늘어납니다. 다 자란 달팽이의 나선형은 네 바퀴 아니면 다섯 바퀴가 됩니다.

표시를 해 놓고 하루의 행동을 관찰하자

달팽이에게 표시를 하려면 조그만 솜뭉치에 물감을 묻혀서 껍데기에 붙이거나 등에 직접 사인펜으로 표시하는 방법이 있습니다. 어디로 가는지, 거기에서 무엇을 하는지를 살펴봅시다. 30분 또는 한 시간마다 시간을 정하고 이동 장소를 적으면 달팽이의 행동 지도가 만들어집니다. 이렇게 여러 날에 걸쳐 관찰하면 달팽이가 살아가는 모습(생태)을 알 수 있습니다.

사는 모습

달팽이는 줄같이 생긴 이빨로 세균, 어린잎, 이끼 등을 갉아 먹으며 사는데 먹은 자리가 옅은 도랑같이 됩니다. 다 자란 달팽이는 5월에서 7월에 걸쳐 짝짓기를 합니다. 그런데 암컷과 수컷이 따로 있는 것이 아니라 한 마리의 달팽이가 암수 두 가지 기능을 다 갖추고 있습니다. 짝짓기할 때에는 서로 정자를 교환하고 두 마리가 다 함께 알을 낳습니다. 알은 흙을 얕게 판 다음 거기에 낳습니다.

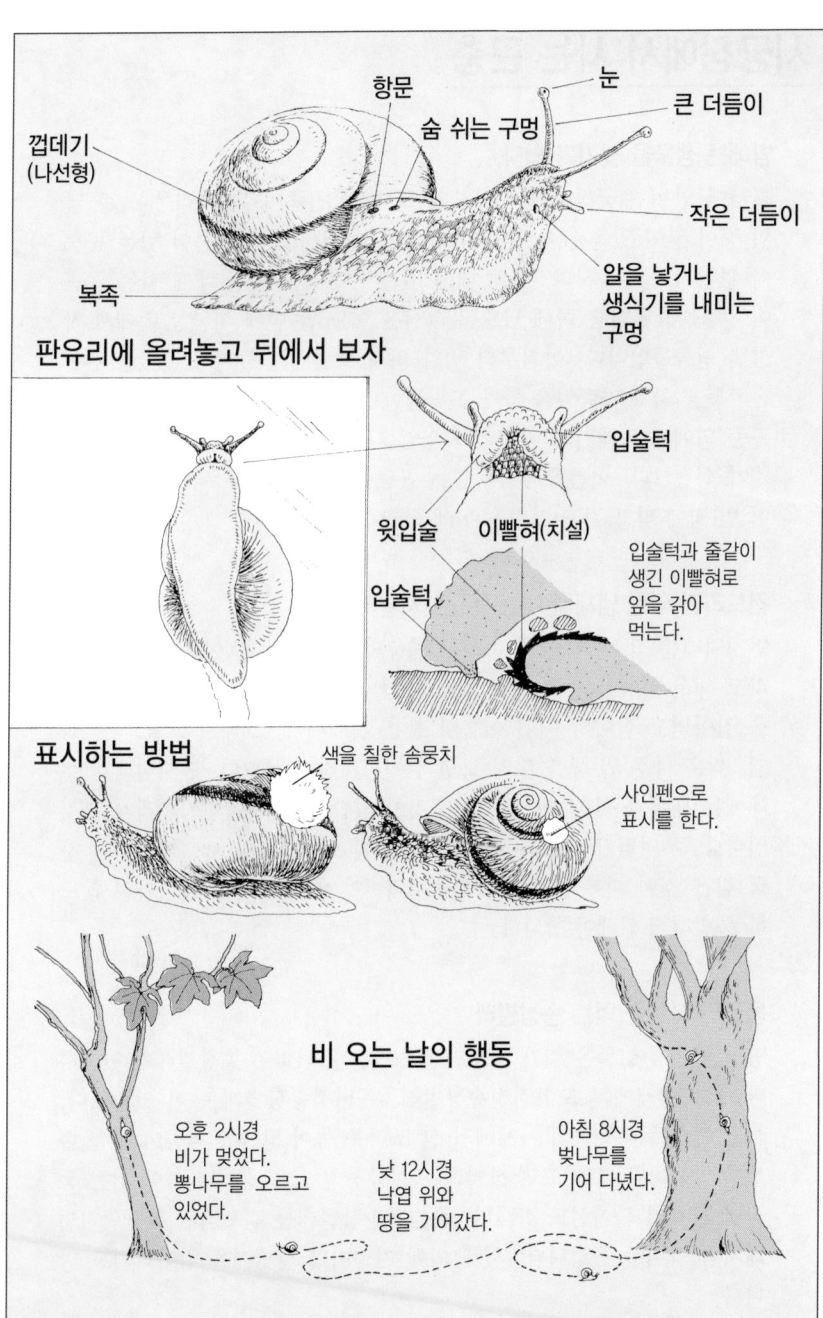

시궁창에서 사는 곤충

밤에는 생물을 찾기가 쉽다

길가에 있는 시궁창을 들여다보면 그 안에 곤죽이 된 더러운 흙과 낙엽 등이 쌓여 있을 때가 많습니다. 잎을 들어내고 밑에 숨어 있는 곤충이 없는지 살펴봅시다. 마른 데에 있는 곤충과 축축한 데에 사는 곤충이 같을까요? 다음 쪽에 나오는 그림은 어느 날 밤에 시궁창 속에서 찾아낸 생물들입니다. 아침부터 비가 와서 도랑에는 물기가 많았습니다. 손전등을 켜고 가랑잎을 들자 곤충들이 여기저기에서 기어 나왔습니다. 곤충 외에도 노래기와 지렁이가 있었습니다. 낮보다도 밤에 생물을 찾기가 쉽습니다. 이름을 알 수 없는 곤충은 핀셋이나 나무젓가락으로 집어 빈 병에 넣고 집에 가져온 뒤에 천천히 관찰합시다.

건드리면 역한 냄새를 내는 폭탄먼지벌레

먼지벌레는 딱정벌레과에 속하는 곤충의 하나입니다. 이름이 먼지벌레라고 해서 먼지를 먹고 사는 것은 아닙니다. 먼지를 먹는 더 작은 곤충을 잡아먹고 살아서 이런 이름이 붙은 것입니다. 그래서 오물, 돌, 낙엽, 썩은 나무 밑 등을 뒤져 보면 먼지벌레가 나옵니다. 먼지벌레 가운데에는 냄새가 역한 가스를 내는 것이 있습니다. 폭탄먼지벌레가 그것입니다. 무엇인가 터지는 소리와 함께 흰 연기를 내는데 불에 데인 자국 같은 것이 피부에 생기기도 합니다. 이 연기가 눈에 들어가지 않도록 특별히 조심해야 합니다.

동물의 사체를 먹는 송장벌레

만일 시궁창에 죽은 쥐가 있으면 거기에는 틀림없이 송장벌레가 있습니다. 송장벌레에는 꼬마검정송장벌레, 큰넓적송장벌레 등이 있습니다. 이들 벌레들은 동물의 사체에서 살 조각을 뜯어 땅속에 파묻어 두는 습성이 있습니다. 그리고 송장벌레는 시궁창 말고도 숲이나 들에 있는 동물의 사체에 붙어서도 삽니다. 큰넓적송장벌레를 건드리면 폭탄먼지벌레처럼 악취를 풍깁니다. 시체 외에 지렁이나 달팽이를 잡아먹기도 합니다.

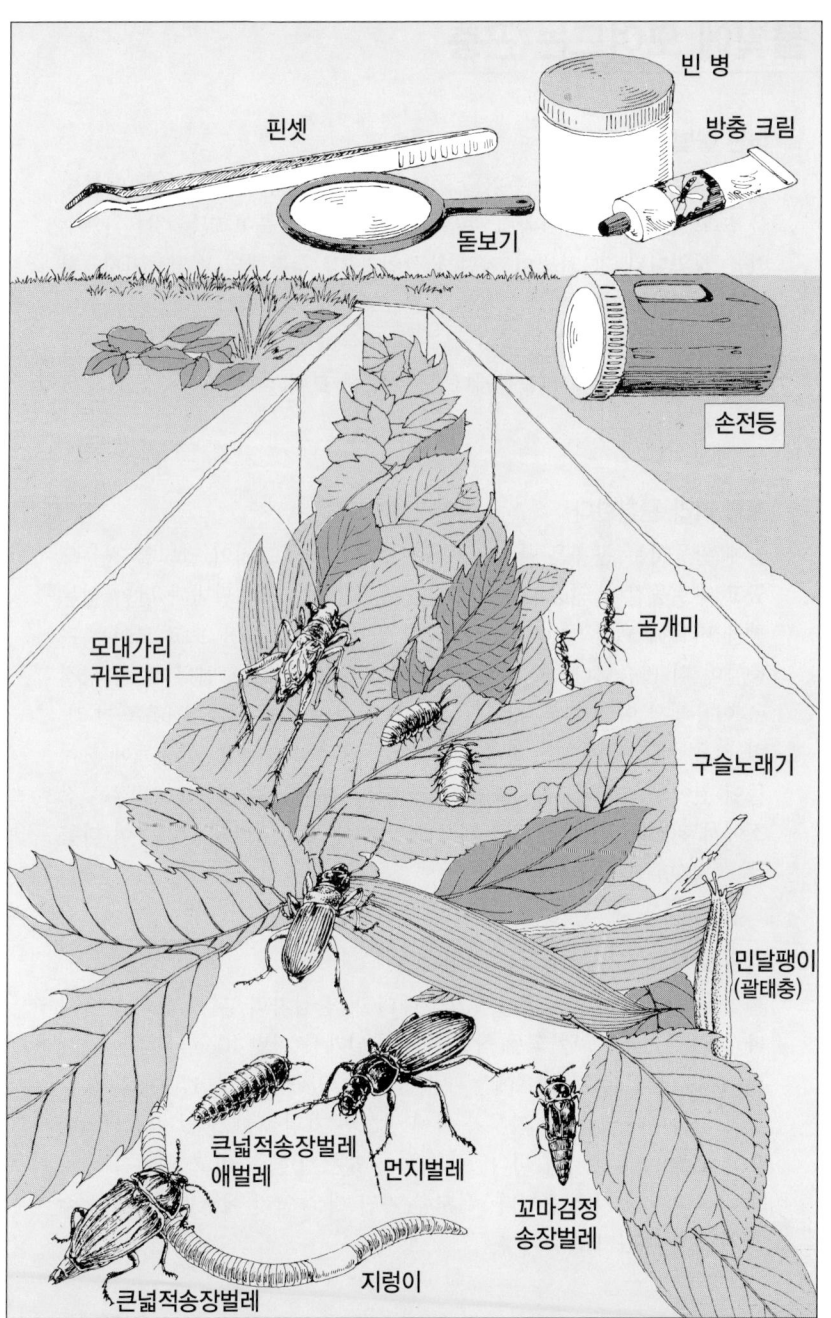

불빛에 모여드는 곤충

어떤 불빛에 모일까

밖이 어두워진 뒤에 집 주위를 둘러봅시다. 현관등이나 가로등의 불빛을 보고 곤충들이 날아와서 주위를 돌거나 등에 붙어 있는 것을 볼 수 있을 것입니다. ①불빛이 어떤 색깔인가요? 주황색의 백열등인지, 흰색의 형광등인지에 따라 곤충이 모여드는 정도가 다릅니다. ②곤충이 불빛 주위를 분주하게 날다가 결국 어떤 곳에 멈추는지, 곤충의 색깔과 멈춘 자리의 색깔을 관찰합시다. ③불빛에 모여든 곤충의 종류를 적어 둡시다.

계절 따라 관찰한다

밤에 활동하는 곤충은 불빛을 보고 모여듭니다. 그것이 달빛일 경우도 있고 가로등같이 인공적인 불빛일 경우도 있습니다. 달밤과 달이 없는 밤을 비교해 보면 알 수 있듯이 달이 없을 때 가로등을 보고 모이는 곤충들이 더 많습니다. 또 푸르스름한 불빛일 때에 잘 모입니다. 이 성질을 이용해서 야외에서 다음과 같은 야간 관찰을 해 봅시다(107쪽 참고). 흰 천을 치고 뒤쪽에서 형광등으로 비추면 불빛을 보고 곤충들이 모여들어 천에 붙습니다. 봄, 초여름, 한여름, 초가을 등 계절 따라 같은 장소에서 관찰을 해 보면 장소는 같지만 그때그때 모여드는 곤충이 다름을 알 수 있을 것입니다.

나방을 보고 겁먹을 필요는 없다

불빛을 보고 모여드는 곤충에 번개매미충, 풀잠자리, 나방 등이 있습니다. 나방은 1cm도 안 되는 작은 것부터 날개를 펴면 10cm가 넘는 것까지 가지각색인데 전 세계에는 수십만 종이 있고 이것을 170여 과로 나누고 있습니다. 나방의 가루가 살에 닿으면 가려울 때가 있지만 나방을 보고 겁낼 필요는 없습니다. 독모(독이 있는 털)를 가지고 있는 독나방 종류는 그리 많지 않습니다. 독모를 가진 것은 암컷 어른벌레뿐이며 수컷은 가지고 있지 않습니다.

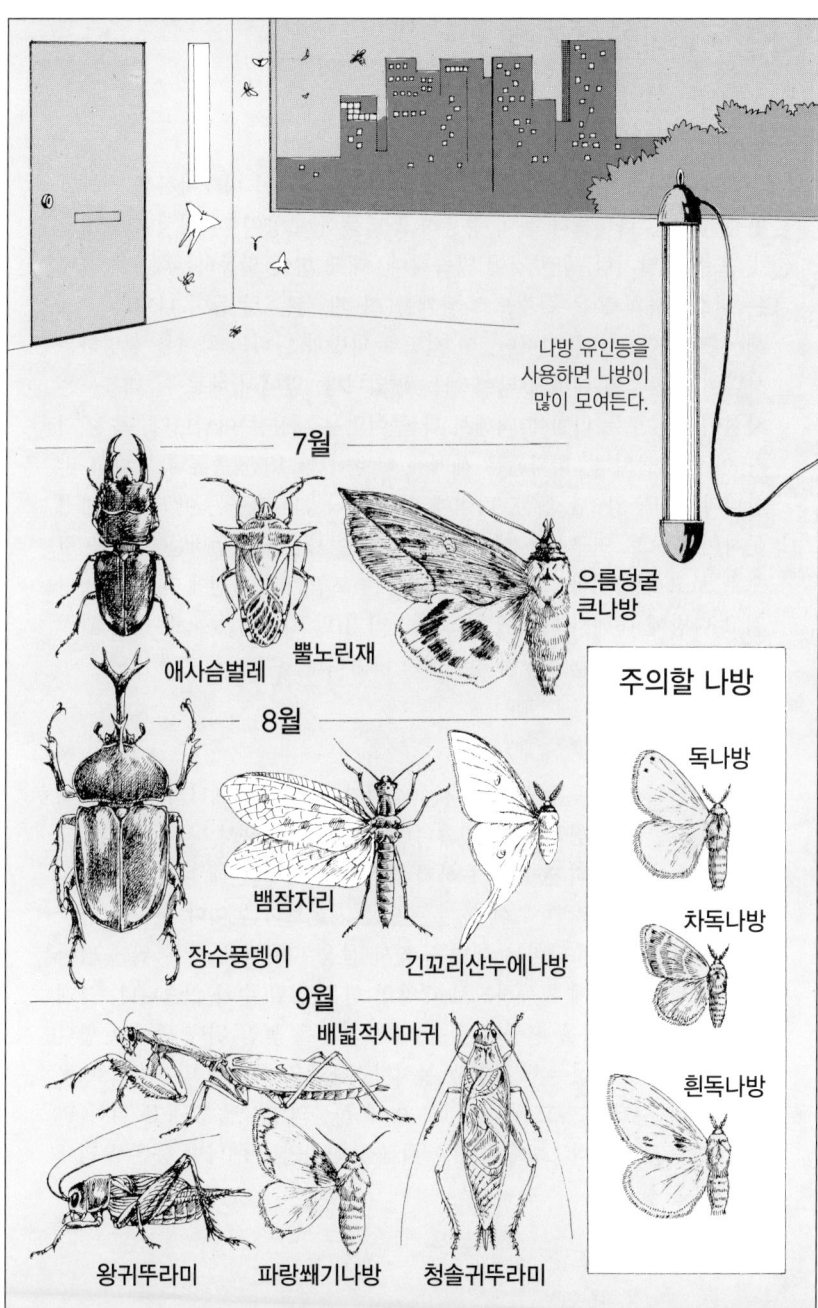

나방 - 나비와 다른 점

모르는 것이 더 많은 나방 연구

나방과 나비는 어떻게 다른 걸까요? 나방은 나비목 나방아목에 속하는 곤충입니다. 나비보다 몸이 통통하고 더듬이 모양이 새 깃털이나 머리빗 또는 톱날처럼 생긴 것이 많습니다. 대개 밤에 활동하는데, 쉴 때에는 비스듬하게 또는 수평으로 날개를 편 채 쉬는 것 등이 나비와 비교해서 크게 다른 점들입니다. 이 정도로 나방과 나비의 차이를 설명하는 사람이면 곤충에 대해서 많이 아는 편입니다. 앞에서 예로 든 내용들은 사실이지만 모든 나방에 대해서 다 들어맞는 내용은 아닙니다. 즉 예외가 아주 많습니다. 학자들은 세계에 나방이 약 18만 종류나 있다고 말합니다(나비는 약 1만 종류). 나비에 비해서 나방의 연구는 아직 충분하지 못하며 앞으로 연구하는 데에 따라 새로운 사실들이 얼마든지 나올 것으로 보고 있습니다. 그러므로 여러분은 도감이나 사전에 나온 설명만 읽고 나방에 대해서 다 알았다고 생각하지 말고 자기 눈으로 직접 관찰해서 새로운 사실들을 많이 찾아내기 바랍니다.

나방 관찰은 밤에

나방이나 나비는 모두 날아다니는데 여기에 쓰이는 에너지의 양이 꽤 많으리라는 것은 짐작할 수 있습니다. 걷는 것과 달리 나는 데에는 그만큼 몸을 부지런히 움직여야 하기 때문입니다. 그런데 나비나 나방은 멈추고 있다가 날려면 우선 몸의 온도를 기온보다 높여야 한다고 합니다. 낮에 활동하는 나비는 햇볕을 쬐서 몸을 따뜻하게 만든 뒤에 날아가지만 나방은 밤에 활동하므로 태양의 힘을 빌릴 수가 없습니다. 그래서 나방은 자기 몸을 흔들어 열을 내서 체온을 높인 뒤에 난다고 합니다. 정말 그렇게 하는지 관찰해 봅시다. 나방은 나비와 마찬가지로 꽃의 꿀이나 수액을 먹고 삽니다. 그 밖에 식물의 잎, 줄기 등을 갉아 먹는 나방도 있습니다. 그래서 해충 취급을 하지만 누에나방 등은 우리에게 도움을 줍니다.

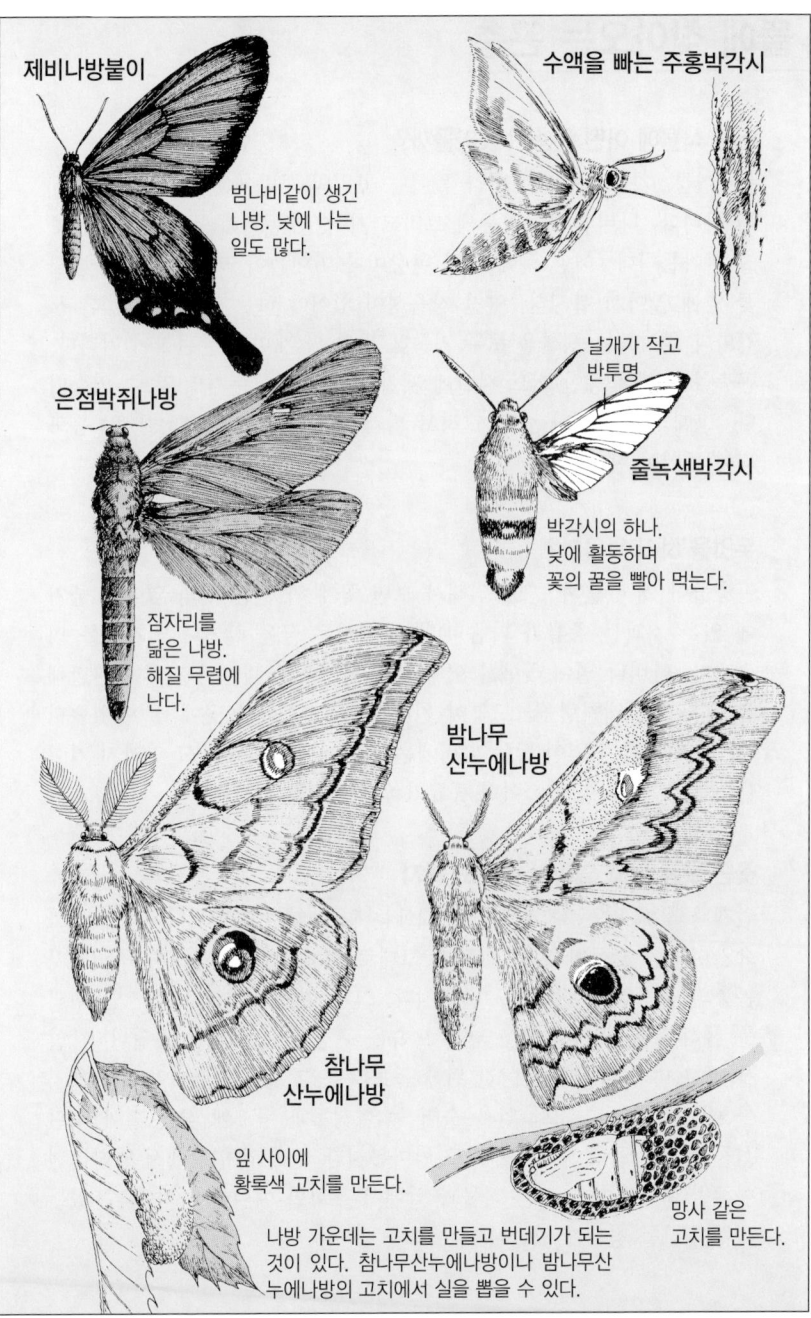

뜰에 찾아오는 곤충

어떤 식물에 어떤 곤충이 찾아올까?

봄, 여름, 가을 등 계절 따라 뜰이나 공원의 꽃밭에는 여러 색깔의 꽃이 핍니다. 나비와 벌, 꽃등에 그리고 거미, 개똥벌레 등이 그 꽃을 보고 날아듭니다. 어떤 꽃에 어떤 곤충이나 거미들이 오는 걸까요? 잠시 꽃 옆에 앉아서 봅시다. 약간 참을성이 있어야 하는 관찰이지만 한 시간마다 찾아드는 생물을 모두 기록해 두면 퍽 재미있는 관찰이 됩니다. 곤충들이 하루 동안 어느 시간에 제일 많이 활동하는지도 알 수 있습니다. 그때의 기온이나 습도 그리고 밝기(해가 나왔는지 흐렸는지 등) 등도 적어 두어야 합니다.

무엇을 하러 왔을까?

곤충들이 왜 왔을까요? 주의해서 보면 꽃에 와 있는 것과 잎이나 줄기에 있는 것과는 종류가 다릅니다. 꽃에서는 꿀을 빨거나 꽃가루를 먹습니다. 나비나 벌이 꽃에 붙어서 어떤 방법으로 먹는지 자세히 관찰해 봅시다. 진달래처럼 꽃 모양이 기다란 꽃은 깊숙한 곳에 꿀이 있습니다. 그 속에까지 입이 닿는 나비에는 어떤 것이 있으며, 그 안까지 기어 들어갈 수 있는 벌에는 어떤 종류가 있을까요?

꽃만 보지 말고 잎이나 줄기도 보자

언제나 꽃에 앉는 나비가 어떤 때에는 잎에 앉기도 합니다. 왜 그럴까요? 이처럼 궁금한 일이 있으면 그대로 넘기지 말고 반드시 주의해서 곤충의 움직임을 관찰하도록 합시다. 그저 쉬는 경우도 있겠지만 허리를 굽히고 힘을 써서 알을 낳는 모습을 구경할 수도 있을 것입니다. 알을 낳고 나서 나비가 날아간 뒤에 돋보기로 그 알을 들여다보고 스케치를 해 둡시다. 그 밖에 알을 슬어 놓은 식물과 평소에 꿀을 빨아 먹던 식물이 같은 종류인지 아닌지도 알아봅시다. 곤충의 입장에서 말한다면 어른벌레의 먹이가 되는 식물과 알에서 부화한 애벌레가 먹을 수 있는 식물이 다를 경우가 있습니다.

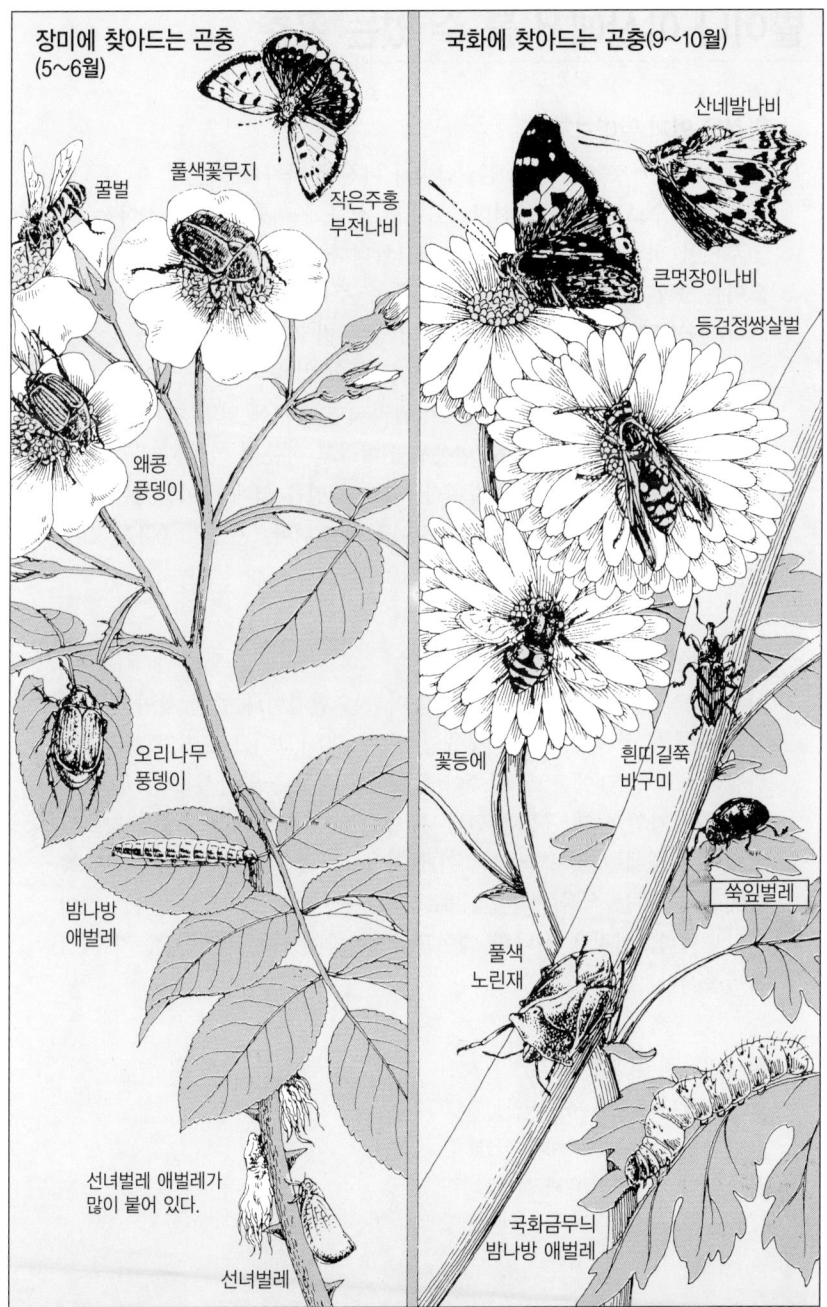

밭이나 야산에서 볼 수 있는 곤충

환경을 먼저 알아보자

집 뜰에서 한 것처럼 이번에는 밭이나 야산에 나가서 그곳에 자라는 식물을 중심으로 관찰해 봅시다. ①어떤 식물에 어떤 곤충이 찾아올까? ②무엇을 하려고 찾아올까 등을 조사합니다. 다음에는 그 장소가 볕이 쪼이는 곳인가 아니면 그늘진 곳인가 등 주위 환경과의 관계를 알아봅니다. 나비의 경우, 흰나비, 호랑나비 등은 밝고 사방이 탁 트인 장소를 좋아하지만 남방제비나비는 그늘진 곳과 양지 바른 곳이 섞인 장소를 좋아합니다. 곤충은 주위의 기온이 달라지면 거기에 맞춰 자기 몸의 온도를 바꿉니다. 이런 동물을 '변온동물'이라고 하는데 이들은 태양의 열을 받으면 체온이 자꾸 올라갑니다. 그래서 열을 쉽게 받아들이는 검은 나비들이 양지 바른 곳을 피하는 것이라고 합니다. 곤충의 종류를 기록할 때에 그 곤충을 찾은 장소를 꼭 적어 둡시다.

곤충은 정해진 식물을 찾아간다

이처럼 조사해 보면 어떤 곤충이 좋아하는 환경이나 즐겨 찾아가는 식물의 종류가 정해져 있다는 것을 알게 됩니다. 그러므로 거꾸로 곤충을 관찰하려고 할 때에는 그 곤충이 좋아하는 식물을 알아서 그 식물 있는 곳을 찾아가면 쉽게 곤충을 만날 수 있습니다. 무턱대고 곤충을 찾느라 여기저기 헤매는 것보다 훨씬 쉽게 찾을 수 있습니다. 아래에 나비 종류에 따라 먹는 식물(애벌레가 먹는 식물)에는 어떤 것이 있는지를 적어 보았습니다. 이것은 하나의 예이므로 그 밖에 다른 것이 있는지 직접 찾아봅시다.

흰나비 - 평지(유채과 식물)
극남노랑나비 - 콩(콩과식물)
호랑나비 - 귤나무(운향과 식물)
굴뚝나비 - 참억새(벼과 식물)

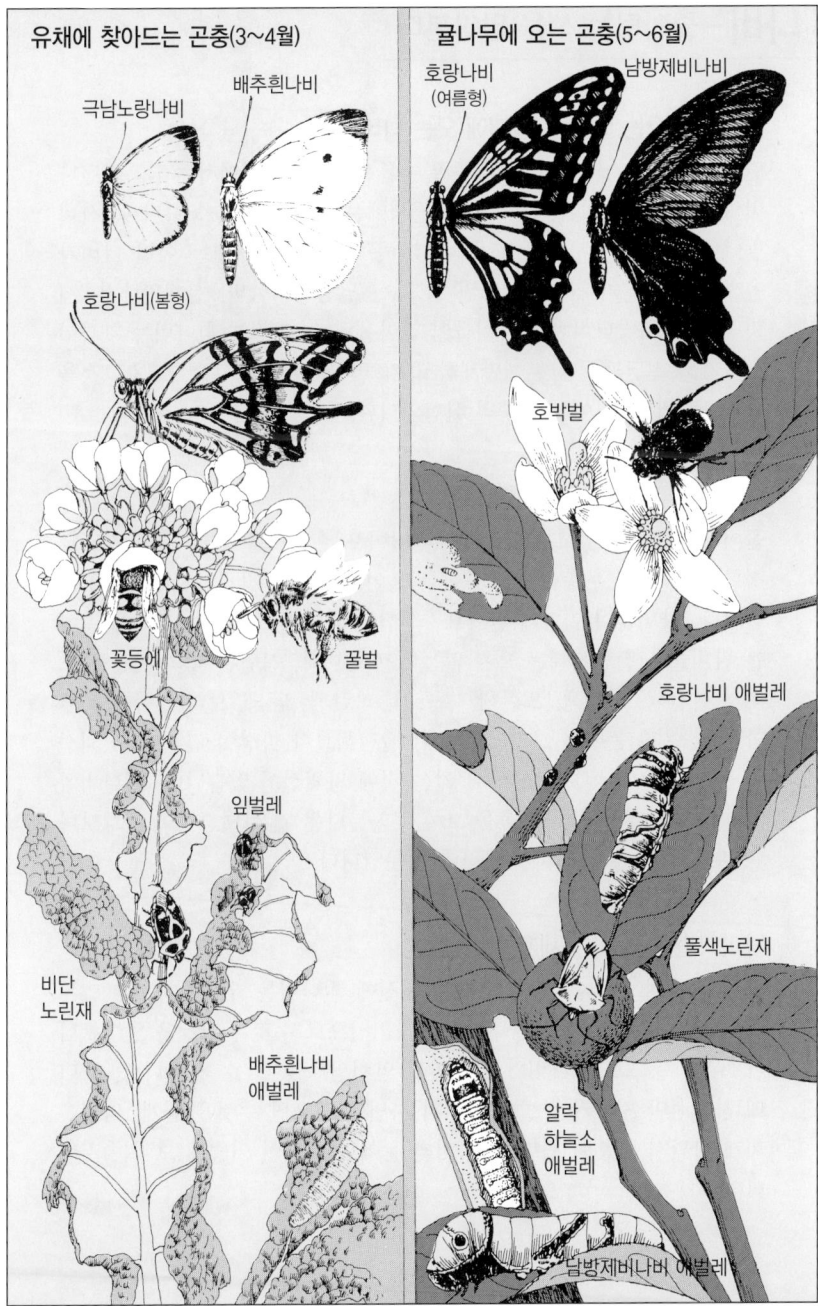

나비 - 좋아하는 색을 알아본다

민들레에 오는 나비, 진달래에 오는 나비

민들레를 보고 날아오는 나비를 알아봅시다. 집 주위에서는 담흑부전나비와 제비나방붙이가, 그리고 밭 근처에는 배추흰나비, 노랑나비, 산네발나비, 작은주홍부전나비 등이 날아듭니다. 진달래에는 어떤 나비가 올까요? 조금 기다리고 있으면 검고 큰 남방제비나비, 산제비나비, 제비나비 등 호랑나비과의 나비들이 찾아옵니다. 그런데 흰나비는 가까이 왔다가도 진달래꽃을 본체만체하고 가 버립니다. 왜 그럴까요? 그것을 알아보기 위한 것이 오른쪽의 실험입니다.

나비가 좋아하는 색에 대한 실험

꽃이 많이 피어 있고 나비가 자주 날아오는 장소를 골라 실험 장소로 정합니다. 두꺼운 종이에 색종이를 붙여서 1~2m 간격을 두고 세워 놓습니다. 나비들이 어떻게 할까요? 실험 결과에 따르면 흰나비과에 속하는 나비들은 빨간색에는 오지 않는다고 합니다. 사람은 빛의 파장을 느껴서 빨간색, 주황색, 노란색, 초록색, 파란색, 남색, 보라색 등을 구별합니다. 우리 눈에는 보이지 않으나 빨간색보다 파장이 긴 것에 적외선이 있으며, 보라색보다 파장이 짧은 것에 자외선이 있습니다. 흰나비가 빨간색에 대해서 아무 반응을 보이지 않는다는 것은 빨간색이나 그보다 더 파장이 긴 것을 느끼지 못하기 때문입니다.

나비의 눈에 보이는 세계

파장이 긴 빨간색이 보이지 않는 대신에 흰나비는 우리가 볼 수 없는 자외선을 볼 수 있다고 합니다. 이 자외선으로 수컷은 암컷을 알아봅니다. 우리 눈으로는 나비가 수컷인지 암컷인지를 알 수 없습니다. 그런데 자외선만 지나가는 필터를 써서 사진을 찍으면 수컷은 검게, 암컷은 희게 나와서 구분이 됩니다. 나비의 눈에는 세상이 이렇게 보이는 것입니다.

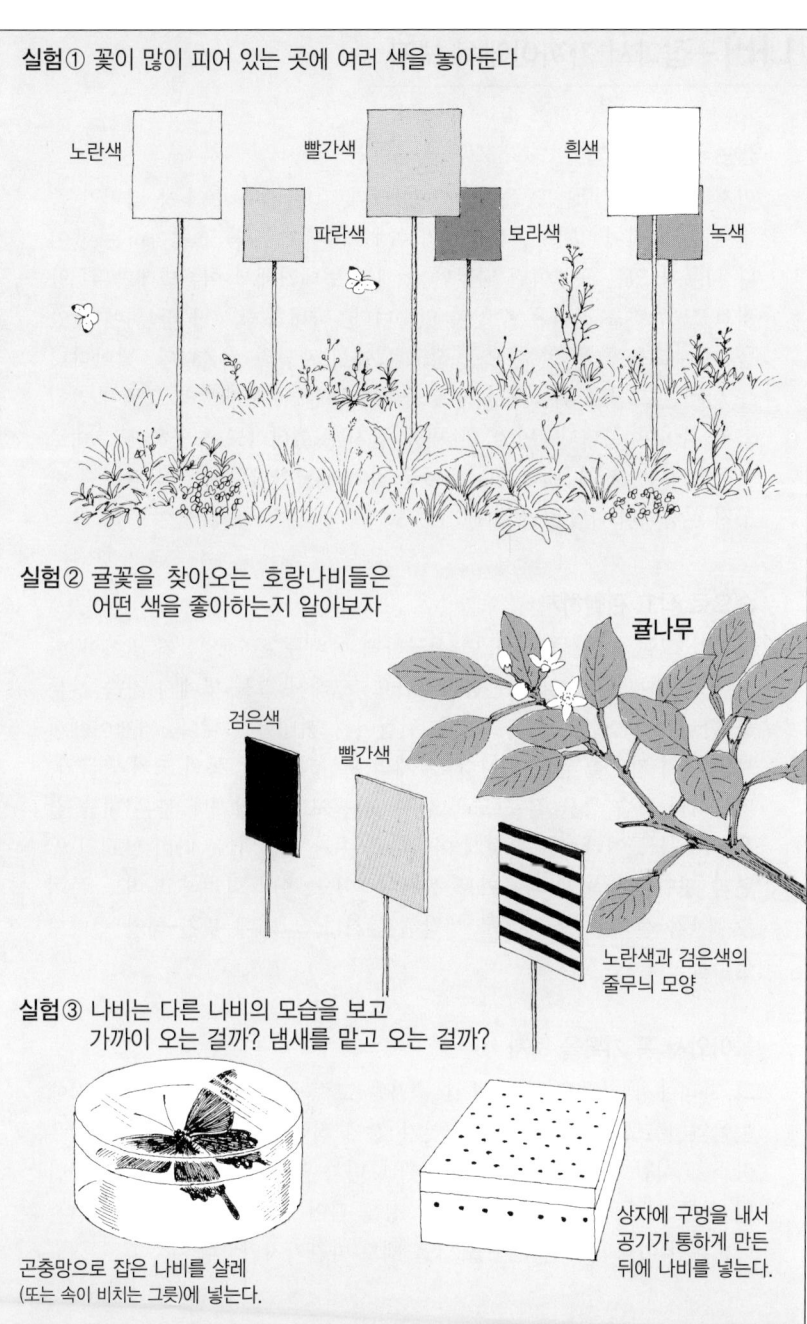

나비 – 잡아서 가까이에서 보자

잡는 장소와 방법

먼저 나비가 잘 오는 곳을 찾아야 합니다. ①꿀이나 수액 등 나비가 즐겨 먹는 음식이 있는 곳(물을 먹기 위해 개울에도 온다) ②좋아하는 풀이나 나무가 있는 곳. 이런 나무나 풀에는 번데기에서 어른벌레가 된 암컷과 그 암컷을 쫓아온 수컷이 있습니다. 나비가 꽃이나 땅 위에 앉았을 때는 그물 끝을 한 손으로 잡고 위에서 재빨리 씌웁니다. 날아다니는 나비는 그물을 휘둘러서 안에 들어가게 한 뒤에 재빨리 그물이 접히도록 감아야 합니다. 만일 한 번에 잡지 못했더라도 느긋하게 그대로 기다립니다. 호랑나비나 흰나비들은 자기가 날아다니는 길을 좀처럼 바꾸지 않습니다(나비 길이 있다).

손으로 잡고 관찰하자

나비가 그물 속에 들어갔으면 성급하게 나비를 손으로 잡지 말아야 합니다. 나비는 아주 약한 곤충이니까요. 그래서 그물 밖에서 가슴 부분을 한 손으로 살짝 잡고 그물을 뒤집어서 꺼내야 합니다. 가까이에서 보면 여러 가지를 알게 됩니다. 날개의 모양과 색깔, 몸의 크기와 굵기, 더듬이의 모습 등을 잘 보도록 합시다. 돋보기로 날개에 붙은 비늘 같은 가루를 들여다보면 그렇게 아름다울 수가 없습니다. 나비 날개의 앞면과 뒷면이 어떻게 다른가도 봅시다. 어느 쪽이 화려하고 어느 쪽이 수수한가 살피고 그 이유를 생각해 봅시다. 날개에 찢긴 데가 없나도 살펴봅시다.

돌아와서 꼭 기록을 하자

그 자리에서 기록을 하면 제일 좋지만 그렇게 하기 어려울 때는 집에 돌아와서 그날 있었던 일들을 잊기 전에 적어 둡시다. ①나비를 잡은 장소 ②시간 ③그때 주위의 상태 ④나비가 앉아 있던 식물의 이름. 만일 식물 이름을 모르면, 식물의 특징을 적어 두거나 그림을 그립니다. 나비뿐만 아니라 다른 곤충을 잡을 때도 마찬가지입니다.

주위에서 볼 수 있는 벌

집 가까이에 있는 벌

정원수로 많이 심는 광나무나 쥐똥나무의 꽃을 보고 조그만 벌들이 날아옵니다. 몸이 온통 노란색 털로 뒤덮인 이 벌 이름은 우수리뒤영벌인데 사람을 거의 쏘지 않습니다. 그러나 집 주위에는 쏘는 벌도 찾아옵니다. 띠호리병벌이 쏘는 것 중의 하나입니다. 그 밖에 말벌이 집을 만들기도 하는데 집을 어떻게 만드는지 관찰하고 기록을 해 둡시다. 관찰할 때에는 벌집을 너무 가까이에서 들여다보지 맙시다. 말벌은 벌 가운데에서 제일 위험하고 쏘이면 죽을 수도 있습니다.

벌이 나는 높이

벌은 곤충 가운데서도 매우 종류가 많은 편입니다. 1mm밖에 안 되는 작은 것이 있는가 하면 4~5cm나 되는 큰 것도 있습니다. 벌을 관찰하기 좋은 곳은 빈터나 강변입니다. 관찰 장소를 정해 놓고 정기적으로 나가 봅시다. 벌은 종류에 따라 날아다니는 높이가 저마다 다릅니다. 다음 쪽의 그림은 그것을 기록한 것인데 직접 밖에 나가서 살펴봅시다.

잡을 때는 조심해서

벌을 가까이에서 관찰하려면 곤충망으로 잡아야 합니다. 벌을 잡으려면 조심해서 준비를 충분히 한 다음 잡아야 합니다. 암컷은 모두 산란관(알을 낳는 관)이 변형되어 생긴 독침을 가지고 있습니다. 곤충망으로 잡은 뒤 유리병에 옮길 때 제일 조심해야 합니다. 잘못하면 쏘입니다. 잡힌 벌은 위험을 느끼고 성이 나 있기 때문에 미리 조심하고 재빨리 옮겨야 탈이 없습니다. 벌은 벌목에 속하는 곤충인데 개미도 벌목에 속합니다. 이것을 보면 벌과 개미는 같은 특징을 지닌 곤충이라는 것을 알 수 있습니다. 벌과 개미 모두 막 같은 날개를 가지고 있으며 배 끝이 가늘게 오므라져 있습니다.

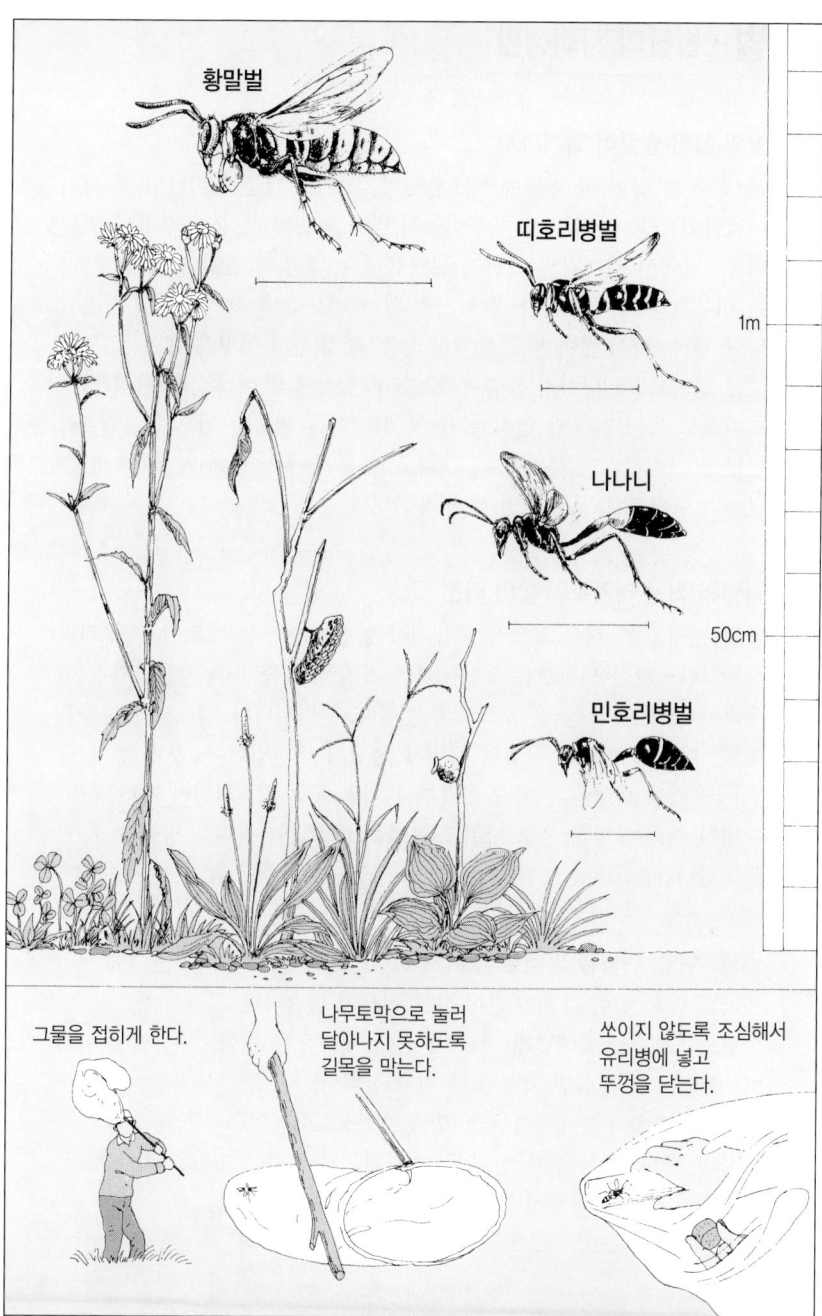

꿀벌 – 벌들의 사회생활

꽃의 꿀이 벌꿀이 되기까지

'꿀벌' 하면 꿀이 곧 머리에 떠오릅니다. 꿀에는 당분과 비타민, 그리고 미네랄이 듬뿍 들어 있으며 우리들이 많이 먹습니다. 봄에 유채나 민들레 꽃 앞에서 기다리면 꿀벌이 날아옵니다. 꿀벌이 빨간 꽃에 오지 않는 이유는 흰나비가 빨간 꽃에 가지 않는 이유(50쪽 참조)와 마찬가지입니다. 꽃을 따서 핥아 봐도 단맛을 느낄 수 없는데 어떻게 해서 꿀은 그렇게 달까요? 이상하지 않습니까? 그것은 꽃에 있는 꿀을 핥은 꿀벌이 벌집으로 돌아와서 입 안의 꿀을 차례로 다른 벌들의 입으로 옮길 때, 단맛이 더해지기 때문입니다. 그리고 벌집 속에 담긴 뒤에 꿀 속의 수분이 날아가므로 꿀은 점점 더 진해집니다.

꿀벌의 집은 대가족의 삶의 터전

꿀벌 중에는 큰 나무 구멍을 이용해서 벌집을 만드는 것도 있고 우리가 흔히 보는 벌집을 만드는 것 등 여러 가지가 있습니다. 양봉업자가 이용하는 꿀벌은 꿀을 잘 모으도록 길들여진 벌입니다. 한 개의 벌통은 몇 만 마리에 이르는 꿀벌의 집이자 생활의 터전입니다. 보기 좋게 정렬된 육각형 방들은 꿀이나 꽃가루를 채워 두는 방, 일벌이 자라는 방, 수벌이 자라는 방 등으로 나뉘고 봄에는 여왕벌이 자라는 방이 따로 만들어집니다.

일벌, 수벌, 여왕벌의 역할

벌마다 맡은 일이 다음과 같이 따로 정해져 있습니다.
일벌 – 벌집 청소, 애벌레 기르기, 꿀과 꽃가루를 모아 오는 일을 합니다. 일벌은 모두 암벌이며 한 달 정도 삽니다.
수벌 – 여왕벌과 짝짓기합니다. 약 한 달 정도 삽니다.
여왕벌 – 알을 낳는 일을 합니다. 수벌과 공중에서 짝짓기한 뒤, 집으로 돌아와서 매일 계속해서 알을 낳습니다. 2~4년 삽니다.

꿀벌

꽃의 꿀을 모으는 일벌

꽃가루를 둥글게 만들어 뒷다리에 붙인 다음 나른다.

꿀은 벌들끼리 차례로 입으로 옮겨 벌집(방)에 채운다. 가득 차면 밀랍으로 뚜껑을 만든다.

꿀을 모으는 일벌과 벌집을 돌보는 일벌이 따로 있다.

일벌

여왕벌

방에 알을 하나씩 낳는다.

수벌

짝짓기를 끝낸 수벌은 벌집에서 쫓겨나서 죽는다.

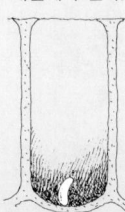

알은 3일째에 애벌레가 된다.

일벌이 먹이를 준다.

밀랍으로 뚜껑을 만들고 안에서 번데기가 된다.

3주째에 알에서 일벌이 태어난다.

일벌

벌집

집단생활을 하는 벌과 혼자 사는 벌

꿀벌은 저마다 맡은 일을 하며 한데 모여 사회생활을 하는데 혼자서는 살지 못합니다. 이 밖에 말벌, 검정말벌, 쌍살벌 등도 꿀벌처럼 큰 집단은 아니지만 역시 한데 어울려서 삽니다. 그러나 그 밖에 대부분의 벌들은 거의 혼자서 삽니다.

장수말벌과 쌍살벌의 집 만들기

봄이 되면 지난해에 짝짓기해서 수정한 암벌이 집을 만들기 시작합니다. 집의 재료로는 나무껍질이나 죽은 나무를 씹어서 침으로 뭉쳐 놓은 것입니다. 육각형의 칸이 점점 늘어나면 암벌은 그 안에 알을 낳습니다. 알에서 깬 애벌레는 어미벌이 갖다 주는 나비나 나방의 애벌레를 먹으며 자랍니다. 어른벌레가 된 벌은 모두 암벌인데 알을 낳을 수 없는 일벌입니다. 이 무렵이 되면 벌집도 점점 커지지만 여왕벌이 계속 알을 낳기 때문에 일벌들도 그 수가 무척 많아집니다. 가을이 되면 수벌과 알을 낳을 수 있는 암벌이 태어납니다. 그 암벌은 벌집에서 떠나 다른 벌집에 있는 수벌과 짝짓기한 뒤, 겨울을 나고 다음 해에 새로운 벌집을 만들기 시작합니다. 수벌은 암벌과 짝짓기를 한 뒤에 곧 죽고 맙니다.

혼자 사는 벌의 집 짓기

혼자서 사는 벌들을 관찰해 봅시다. 어리장미가위벌은 대나무 통 속에 나뭇잎을 잘라서 넣은 다음, 애벌레가 자랄 방을 만든 뒤, 먹이가 될 꽃가루를 저장하고 알을 낳습니다. 나나니나 줄무늬감탕벌도 역시 먹이가 될 나방의 애벌레를 마취시켜 진흙으로 만든 밀실에 넣고 알을 난 뒤에 입구를 진흙으로 막습니다. 나나니 가운데에는 땅에 구멍을 파고 알을 낳는 벌도 있습니다.

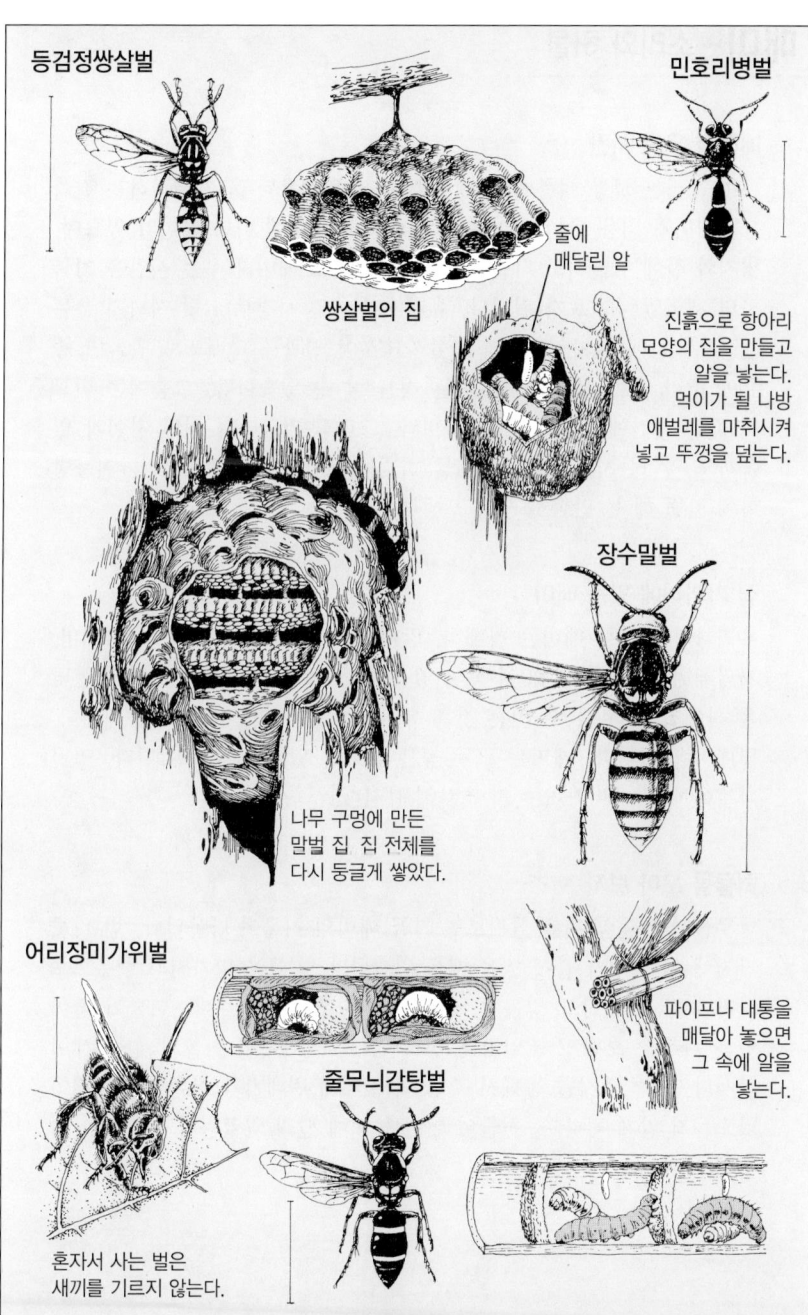

매미 – 소리와 허물

매미가 우는 시간

매미 소리는 보통 여름에 많이 들립니다. 언제부터 울기 시작하는 걸까요? 매미가 처음 우는 소리는 남쪽과 북쪽 지방에 따라 차이가 있으며, 평지와 산에 따라서도 다릅니다. 하루를 두고 매미가 우는 시간을 기록하면 재미있는 자료가 됩니다. 유지매미는 몇 시경부터 몇 시까지 우는 걸까요? 털매미와는 어떻게 다를까요? 이 결과를 그래프로 만들면 종류에 따라 우는 시간도 다르다는 것을 알 수 있습니다. 그중에는 비교적 같은 시간에 우는 것도 있습니다. 그리고 지역마다 어떤 차이가 있을까도 알아봅시다. 이런 조사를 하려면 꽤 여러 날 걸립니다. 여름방학에 한번 해 볼 만한 조사라고 생각합니다.

집 가까이에 있는 매미

우리나라에 사는 매미는 참매미, 말매미, 깽깽매미, 유지매미, 털매미, 저녁매미, 애매미 등 20여 종이 있습니다. 이 가운데에서 집 주위나 낮은 산에서 흔히 볼 수 있는 것은 유지매미, 참매미, 저녁매미, 애매미, 털매미 등입니다. 매미는 모두 높은 나무가 있는 데에서 삽니다. 어떤 나무에 어떤 매미가 있는지 조사해 봅시다.

허물을 모아 보자

나무줄기나 풀잎 뒤를 살펴보면 가끔 매미의 허물이 나옵니다. 한 나뭇가지에 여러 개가 붙어 있을 때도 있습니다. 허물은 망가지기 쉬우므로 상자에 휴지를 깔고 넣는 등 조심해서 다루어야 합니다. 허물이 붙어 있는 나무를 보면 2~3일마다 정기적으로 찾아가서 허물의 수를 세어 봅시다. 이런 조사를 통해서 주로 어느 때에 번데기가 어른벌레가 되어 나오는지 알게 됩니다. 허물이 어떤 높이에 달려 있었는지도 일일이 적어 둡니다.

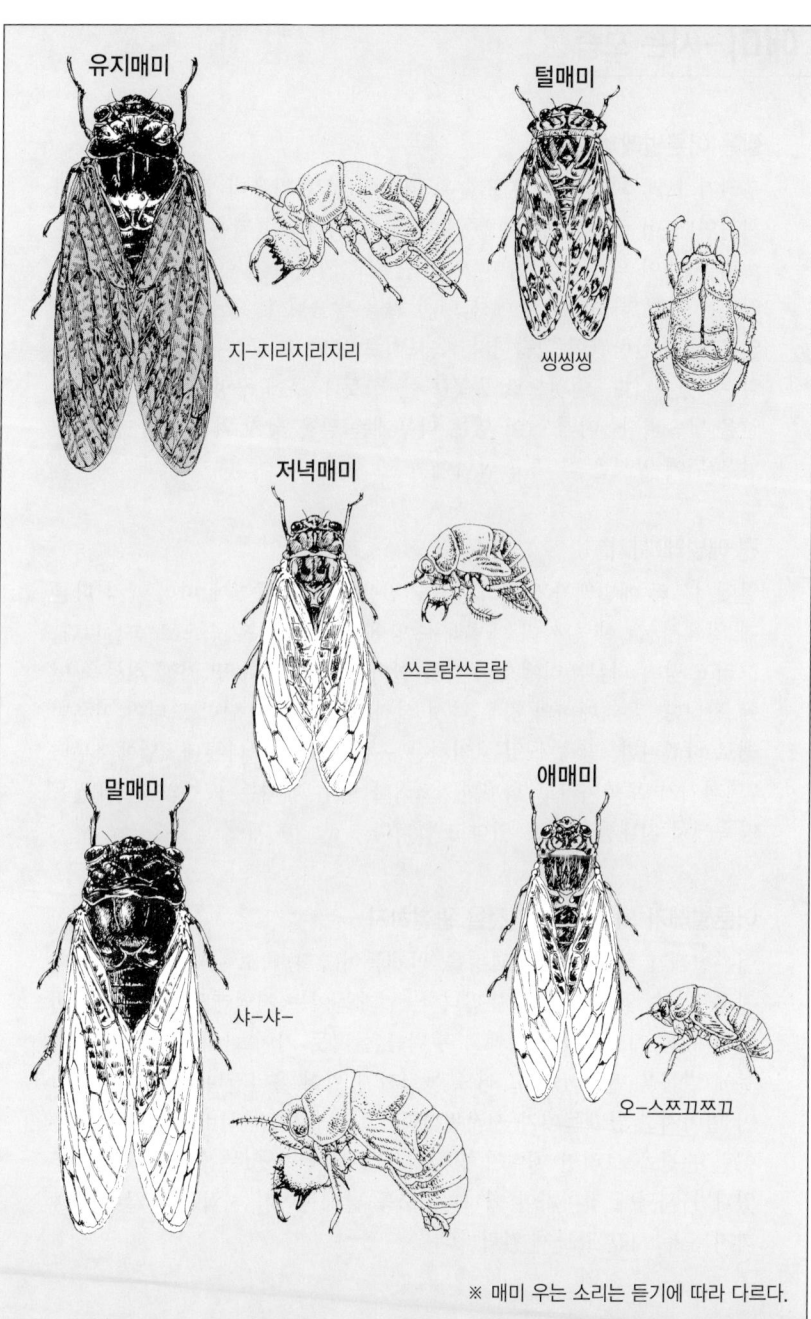

※ 매미 우는 소리는 듣기에 따라 다르다.

매미 - 사는 모습

짧은 어른벌레 시기

우리가 보게 되는 매미의 모습은 매미의 일생 가운데 일부인 어른벌레 시기인데 이 기간은 불과 2주밖에 안 됩니다. 이 짧은 기간에 수컷은 소리를 내어 암컷을 가까이 오게 만들고 짝짓기를 합니다. 얼마 뒤에 암컷은 마른 나뭇가지 등에 붙어서 알을 낳습니다. 암컷 몸에는 밑쪽에 알을 낳는 산란관이 있습니다. 돋보기로 보면 그 끝이 깔쭉깔쭉한 것을 알 수 있습니다. 이것으로 송곳(드릴) 쓰듯 나무에 구멍을 뚫고 그 안에 알을 낳습니다. 이때 살아 있는 나무에는 알을 낳지 않습니다. 알을 다 낳은 뒤에 암컷은 곧 죽고 맙니다.

긴 애벌레 시기

알에서부터 애벌레가 되기까지의 기간은 매미의 종류에 따라 각각 다른데 알에서 깬 한 살짜리 애벌레는 땅에 내려가서 흙 속으로 숨습니다. 그리고 땅속 나무뿌리에서 수액을 빨아 먹고 자라며 몇 차례 허물을 벗게 됩니다. 유지매미의 경우 다섯 살짜리 애벌레가 되면 드디어 어른벌레로 바뀝니다. 땅속에 있는 기간은 종류에 따라서 다른데 2년에서부터 7년까지가 보통이라고 합니다. 그러나 어떤 매미는 17년의 긴 세월을 땅속에서 지내는 경우도 있다고 합니다.

어른벌레가 되어 나오는 것을 관찰하자

어른벌레가 되어 나오는 과정을 '날개돋이(우화)'라고 합니다. 날개가 펴지고 날 수 있게 된다는 뜻입니다. 날개돋이는 저녁에서 밤에 걸쳐 벌어집니다. 애벌레가 구멍에서 주위를 살피듯 기어 나와 흙을 쓴 채 나무에 발톱을 단단히 박고 어느 높이까지 기어 올라갑니다. 얼마 뒤, 등이 벌어지고 날개돋이가 시작됩니다. 그 모습은 참 신비롭기만 합니다. 이런 순간을 보려면 매미가 땅에서 나온 자리가 있는 곳을 미리 봐 두었다가 저녁에 찾아가야 합니다. 보통 날개돋이가 시작되어 끝나는 데까지는 두 시간 정도가 걸립니다.

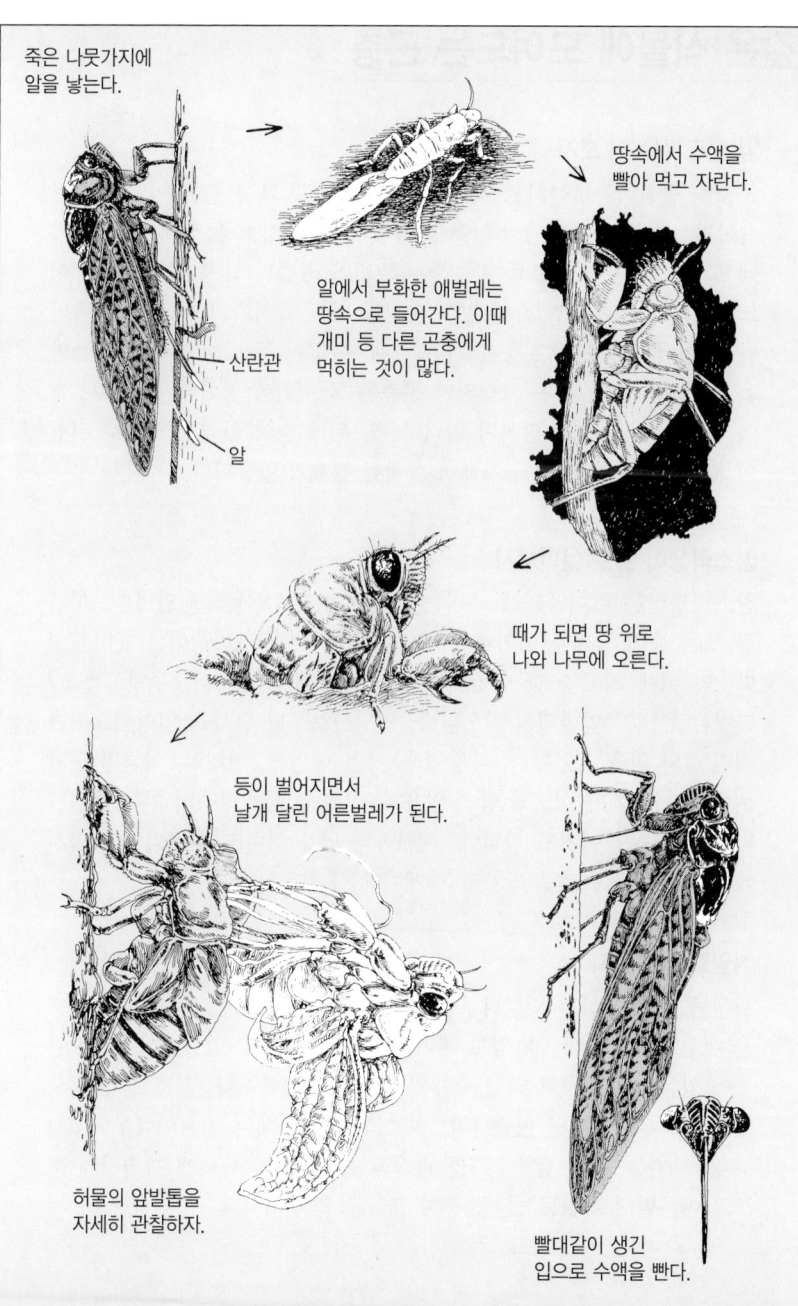

같은 식물에 모여드는 곤충

잎 뒤도 뒤집어 보자

곤충을 관찰하는 데에는 한 곤충을 정해 놓고 그 곤충이 어떤 식으로 살아가는지를 쫓아가며 알아보는 방법과 어떤 장소를 정해 놓고 거기에 모여드는 곤충을 모두 관찰하는 방법이 있습니다. 이 두 가지는 어느 것이 더 좋고 나쁘고 한 것이 아니라 각각 목적에 따라 정하면 됩니다. 식물에 모여드는 곤충을 관찰할 때, 우리는 꽃을 보고 오는 곤충만을 생각하기 쉽습니다. 그렇지만 곤충은 꽃 이외에 잎이나 줄기에도 붙어 있다는 것을 잊지 말아야 합니다. 잎 뒤에 숨어 있기도 하므로 뒤집어 보고 줄기도 하나하나 자세히 살펴볼 필요가 있습니다.

참소리쟁이 잎을 살펴보자

참소리쟁이는 마디풀과에 속하는 다년초(여러해살이 식물)입니다. 해가 잘 드는 들의 습지나 물가에서 자랍니다. 봄에 참소리쟁이를 찾아봅시다. 잎 뒤에 희고 노란 알맹이들이 붙어 있을 것입니다. 무엇일까요? 그것은 등에와 잎벌레의 알입니다. 진딧물로부터 단물을 얻어먹으려고 개미도 와 있을 것입니다. 무당벌레는 알, 애벌레, 번데기, 어른벌레 가운데 어느 시기에 식물과 함께 있을까요? 한편 참소리쟁이 잎은 부전나비의 좋은 음식이기도 합니다. 며칠마다 날을 정하고 찾아와서 달라진 데가 없나 살펴보고 그 모습을 스케치해 둡니다.

칡잎도 살펴보자

칡은 콩과에 속하는 덩굴나무입니다. 덩굴의 속껍질은 '청올치'라 하여 끈 대신으로 씁니다. 칡 잎도 여러 곤충의 집이 되고 있습니다. 어떤 곤충이 있는지 살펴보고 각 곤충들의 관계를 알아봅시다. 서로 돕는 것도 있고 서로 적인 것도 있습니다. 칡 이외에 가을에는 팔손이나무(두릅나무과에 속하는 늘푸른떨기나무)를 관찰해 봅시다. 꽃이 늦게 11월경에 피므로 어른벌레로 월동하는 곤충이 붙어 있을 것입니다.

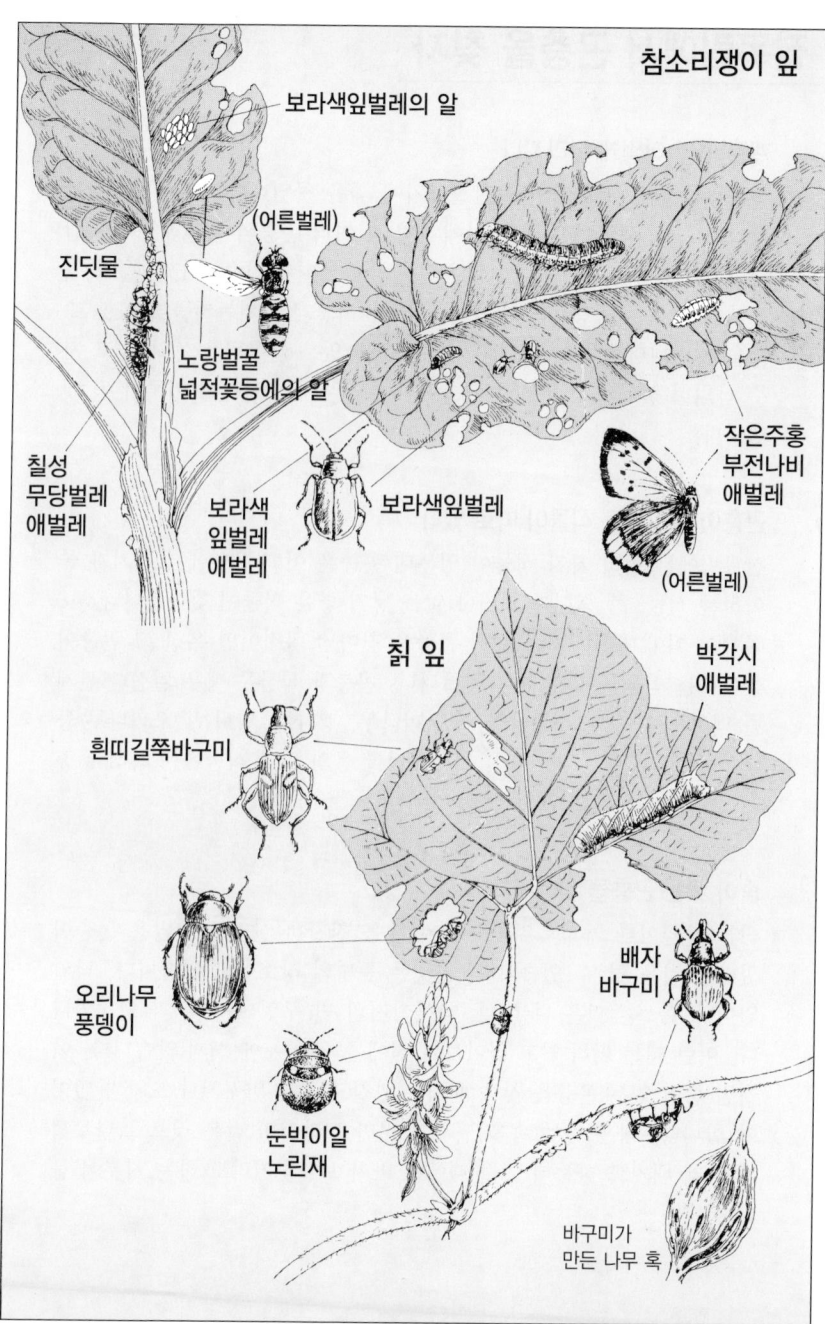

잡목림에서 곤충을 찾자

계절 따라 어떻게 달라지나

잡목림은 1년 내내 자연을 관찰하기에 좋은 곳입니다. 봄에 식물들의 새싹이 돋고 새잎이 자라면 이에 맞춰서 여러 곤충의 애벌레들이 자랍니다. 여름이면 잡목림에서 많은 곤충들을 볼 수 있습니다. 가을과 겨울에 걸쳐서는 곤충들이 다가올 추위를 어떻게 넘기는지를 알아볼 수 있을 것입니다. 집에서 제일 가까운 곳에 있는 잡목림을 정해 놓고 자주 다니며 알아낸 내용을 적어 둡시다. 좋은 자연 관찰의 기록이 될 것입니다.

곤충이 좋아하는 식물이 따로 있다

잡목림에는 여러 가지 식물이 있는데 곤충은 이 가운데에서 자기가 좋아하는 식물, 즉 먹이가 되거나 알을 낳기 좋은 식물에 찾아옵니다. 48쪽에서 이야기한 것처럼 어떤 곤충을 찾아낼 목적이면 우선 그 곤충이 좋아하는 식물을 찾는 편이 빠릅니다. 곤충과 식물은 매우 밀접한 관계를 맺고 있습니다. 졸참나무, 상수리나무, 팽나무, 밤나무, 오리나무 등 나무와 으름덩굴, 하눌타리, 청미래덩굴 등의 덩굴 식물에는 특히 곤충이 많이 찾아듭니다.

숨어 있는 곤충을 찾아내자

식물의 잎이나 가지, 그리고 줄기 등을 찬찬히 살펴보면 많은 곤충이 있다는 것을 알 수 있습니다. 곤충은 뜻밖의 장소에도 있습니다. 낙엽 밑이나 흙 속, 썩은 나무 밑, 나뭇가지의 빈 구멍 속 따위가 그것입니다. 이런 데는 미리 알고 찾아보기 전에는 쉽게 눈에 띄지 않습니다. 이처럼 숨어 있는 곤충을 찾을 때에는 관찰 위치를 바꾸거나 도구가 있어야 합니다. 썩은 나무 속을 뒤져 보려면 드라이버 같은 것으로 나무껍질을 떼 내기도 하는데 이럴 때에는 마치 보물찾기라도 하는 기분이 듭니다.

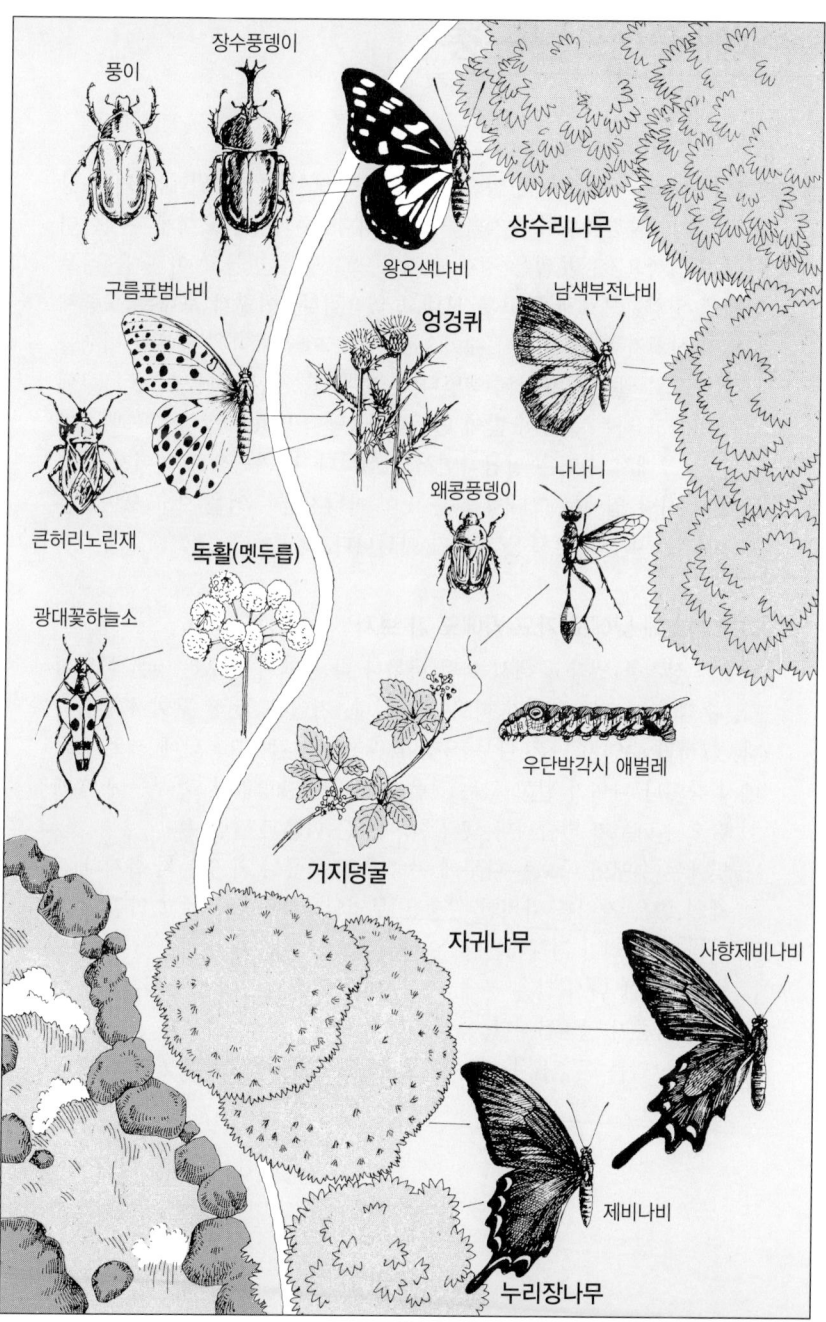

수액에 모여드는 곤충

수액의 맛을 보자

수액을 먹고 사는 곤충은 많습니다. 장수풍뎅이나 사슴벌레는 거의 상수리나무나 졸참나무의 수액을 먹고 삽니다. 수액이란 도대체 무엇이며 어떤 맛일까요? 나뭇잎은 광합성 작용으로 당을 만들고 이 당을 나무 전체에 영양분으로서 골고루 보내고 있습니다. 이렇게 보내는 도중에 줄기에 상처가 나면 당분이 배어 나옵니다. 이렇게 나온 당분이 미생물의 작용으로 발효된 것이 수액입니다. 나무의 상처는 하늘소 등 나무에 집을 만들고 사는 곤충이 많이 만듭니다. 당이 발효되면 알코올과 초가 됩니다. 그래서 수액은 달콤하면서도 십니다. 손가락으로 찍어서 맛을 봅시다. 사람 입에는 그다지 좋은 맛이 아니지만 수액을 보고 모여드는 곤충에게는 이만저만 좋은 먹이가 아닙니다.

같은 장소에 낮에도 가고 밤에도 가 보자

나무에 상처를 냈다고 해서 어떤 나무나 다 수액이 나오는 것은 아닙니다. 수액이 나오는 나무가 따로 있습니다. 자연은 참 잘 꾸며져 있습니다. 그러면 수액이 나온 나무를 찾아 관찰하러 갈까요? 낮에 잡목림 속에서 풍이나 나비가 날고 있는 곳을 찾아가면 틀림없이 그 부근에 수액이 나오는 나무가 있습니다. 관찰할 내용은 다음과 같습니다.

① 낮에는 수액이 나오는 나무에 곤충이 몇 종류나 와 있는지 봅시다.
② 제일 좋은 자리를 차지한 곤충은 무엇일까요? 힘이 세고 약한 것에 따라 그 자리가 정해지는 것은 아닐까요?
③ 밤 7시경에 다시 같은 곳에 가 봅시다. 어떤 곤충이 있는지, 낮과 어떻게 다른지 살펴봅시다.
④ 수액을 먹는 곤충을 노리는 다른 곤충은 없을까요? 나뭇잎 뒤도 살펴봅시다.

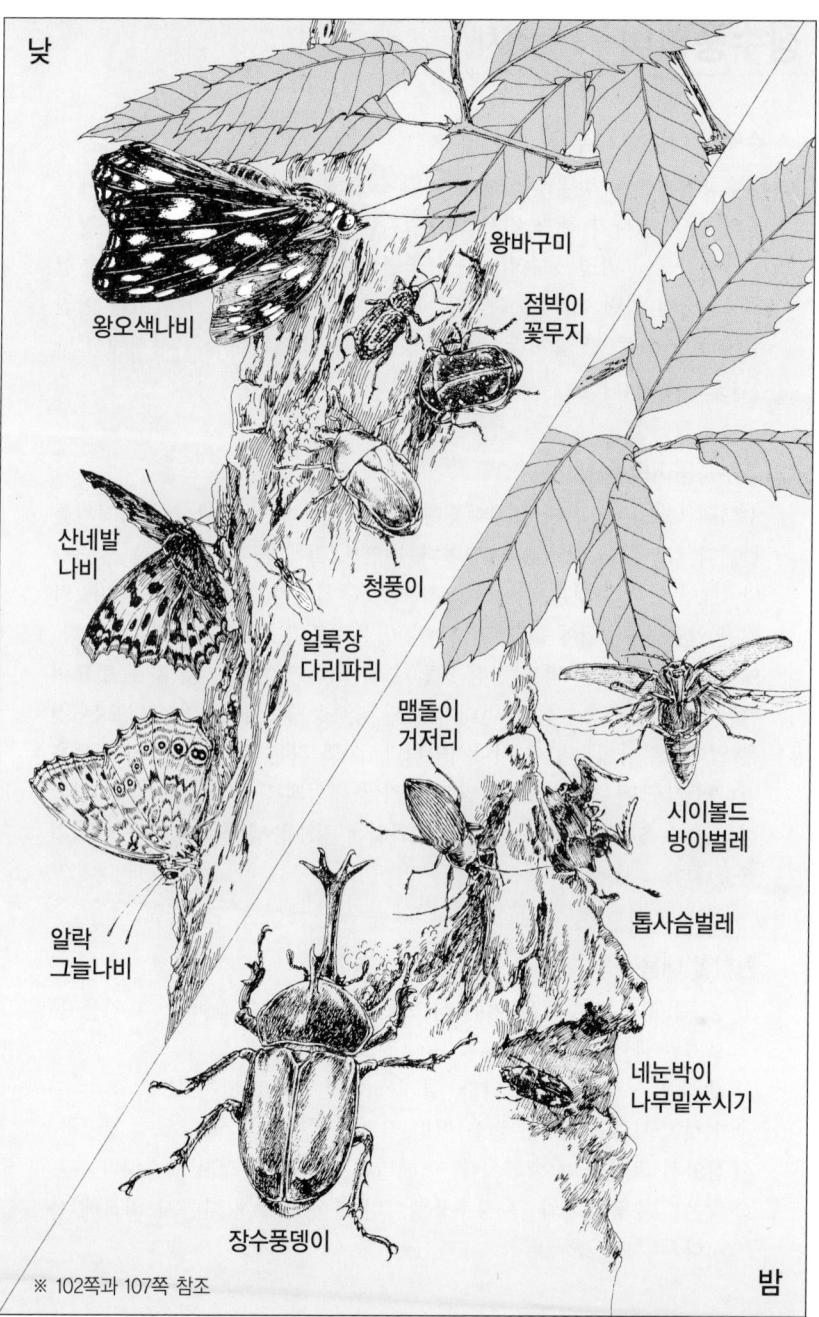

장수풍뎅이 - 외뿔장사

수액이 나오는 나무를 찾자

장수풍뎅이는 딱정벌레 중에서 제일 크고 힘이 세어 보입니다. 낮에는 꼼짝 않고 있다가 해가 져서 어두워지면 활발하게 돌아다닙니다. 장수풍뎅이를 찾으려면 상수리나무나 졸참나무가 있는 잡목림으로 가야 합니다. 낮에 이런 나무의 수액이 나오는 곳을 봐 두었다가 밤이나 아침 일찍 그 장소로 가 봅시다. 장수풍뎅이의 음식은 나무줄기 상처에서 나오는 수액입니다.

장수풍뎅이의 일생

수액이 나오는 자리에서 장수풍뎅이의 수컷과 암컷은 만나서 짝짓기를 합니다. 그 뒤에 암컷은 낙엽이나 부엽토 밑에 들어가서 알을 낳습니다. 뿔이 없는 암컷은 부드러운 흙 속으로 쉽게 기어들 수 있습니다. 암컷은 알을 낳은 뒤에 그대로 죽는데 알은 2주 정도 지나면 부화합니다. 애벌레는 부엽토를 먹고 점점 자랍니다. 그리고 허물을 몇 차례 벗으며 겨울을 납니다. 초여름에 번데기가 된 장수풍뎅이가 땅 위로 나오는 것은 알에서부터 약 1년이 지나서입니다. 이와 같은 장수풍뎅이의 일생을 안다면 부엽토 속이나 고목 밑을 뒤져야 애벌레를 찾을 수 있다는 것을 짐작할 수 있습니다. 그런데 요새 와서는 장수풍뎅이를 보기가 어려워졌습니다.

관찰할 내용

① 장수풍뎅이는 수액을 어떤 식으로 먹는 걸까요? 잡아서 그 입을 돋보기로 들여다봅시다.
② 날 때의 모습을 관찰합니다. 날개를 어떻게 하고 날까요?
③ 수컷이 싸움을 할 때, 뿔을 어떤 식으로 쓸까요?
④ 잡아서 크기를 재어 봅시다. 어른벌레가 되면 더 크지 않습니다.
⑤ 작은 장수풍뎅이와 큰 장수풍뎅이의 뿔이 어떻게 다른지 비교해 봅시다.

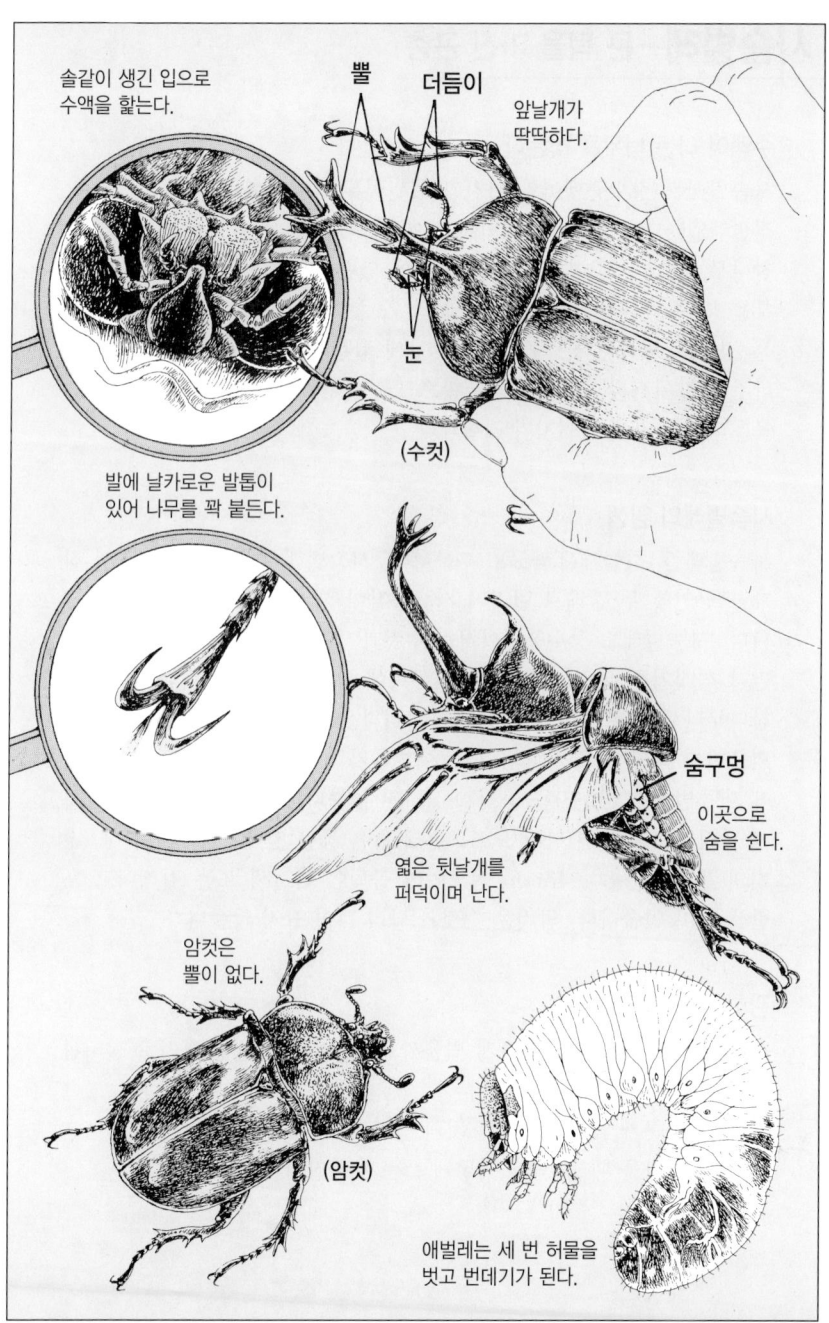

사슴벌레 - 큰 턱을 가진 곤충

수액이 나는 나무를 찾는다

사슴벌레는 장수풍뎅이와 마찬가지로 어두워지면 활동을 시작하는 딱정벌레입니다. 어른벌레는 역시 수액을 먹고 삽니다. 상수리나무와 졸참나무, 밤나무 등이 자라는 잡목림에 있습니다. 낮에 수액이 나는 나무를 봐 두었다가 밤이나 아침 일찍 가 봅시다. 장수풍뎅이와 함께 있는 경우도 있습니다. 사슴벌레를 낮에 잡는 방법이 있습니다. 낮에는 나무에 붙어서 쉬고 있을 때가 많으므로 나무를 힘껏 차면 놀라서 발을 움츠리는 바람에 떨어지기도 합니다.

사슴벌레의 일생

사슴벌레는 '하늘가재'라고도 부릅니다. 사슴벌레 수컷의 큰 턱 앞이 집게 모양인데 두 갈래로 갈라져 사슴뿔같이 생겨서 이런 이름이 붙었습니다. 사슴벌레도 장수풍뎅이처럼 수컷과 암컷이 수액이 나는 자리에서 만나 짝짓기한 뒤 암컷은 썩은 나무속에 알을 낳고 죽습니다. 대개 졸참나무나 상수리나무 고목을 이용합니다. 알에서 깬 애벌레는 고목을 먹으며 자라고 번데기가 됩니다. 애벌레가 어떤 생활을 하며, 몇 년 만에 어른벌레가 되는지는 아직 확실하지 않습니다. 어른벌레는 봄, 여름에 나타나서 수액에 다시 모여드는데 밝은 등불 앞에도 날아듭니다. 수컷의 몸길이는 30~45mm 정도이며 몸빛이 흑갈색 또는 갈색이고 노란색 털이 있습니다. 암컷은 수컷과 달리 턱이 크지 않습니다.

관찰할 내용

① 사슴벌레는 수액을 어떻게 먹을까요? 잡아서 입을 돋보기로 살펴봅시다.
② 얼마나 큰가, 큰 것과 작은 것의 턱의 크기는 어떤지 봅니다.
③ 수컷이 싸울 때 큰 턱을 어떻게 쓰는지 관찰합니다.

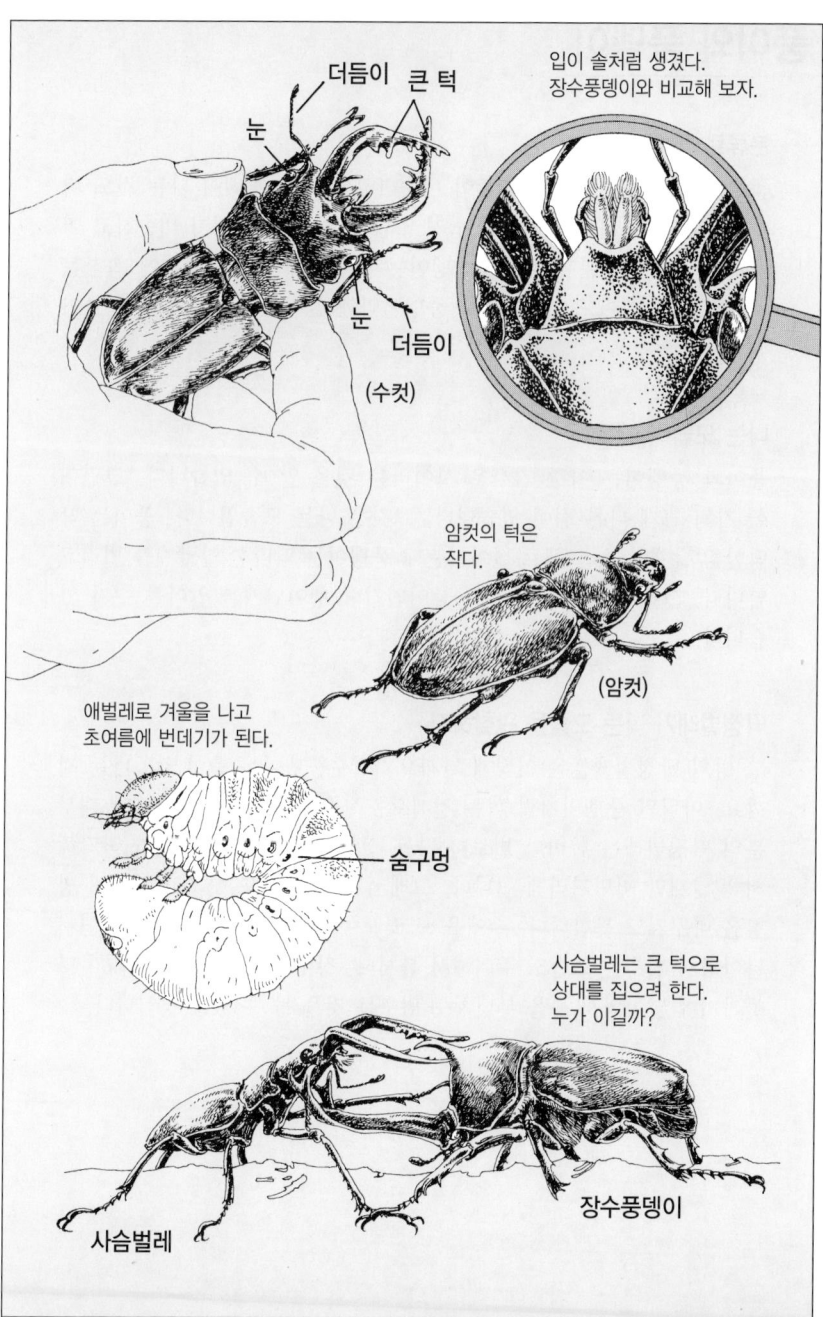

풍이와 풍뎅이

분류로 볼 때

풍이와 풍뎅이는 크기와 색깔이 비슷하고 몸에서 광택이 나는 것도 비슷합니다. 그래서 분간하기가 쉽지 않습니다. 과연 어디가 비슷하고 어디가 다를까요? 분류상으로 풍뎅이는 딱정벌레목 풍뎅이과에 속하는 곤충입니다. 풍이도 마찬가지로 풍뎅이과에 들지만 따로 풍이속에 들어 있습니다.

나는 모습이 다르다

풍이와 풍뎅이는 아주 가까운 사이라는 것을 알 수 있습니다. 그런데 한 가지 크게 다른 점이 있습니다. 그것은 나는 모습입니다. 풍이는 딱딱한 앞날개를 접은 채로 날아가는데 풍뎅이는 딱딱한 앞날개를 벌리고 납니다. 그래서 나는 모습으로 풍이인지 풍뎅이인지를 알아볼 수가 있습니다.

딱정벌레가 나는 모습을 관찰하자

그 밖의 딱정벌레들은 어떻게 날까요? 장수풍뎅이는 풍이처럼 나는 걸까요, 아니면 풍뎅이처럼 나는 걸까요? 사슴벌레는 또 어떨까요? 대부분의 딱정벌레는 나비나 벌보다 나는 것이 서툽니다. 앞날개가 딱딱해서 뒷날개만 퍼덕거리게 됩니다. 그래서 금방 날지도 못하고 갑자기 방향을 바꾸지도 못합니다. 수액을 보고 모여드는 딱정벌레를 관찰하면서 날아와서 멈추는 모습도 주의해서 봅시다. 장수풍뎅이나 사슴벌레가 나뭇가지에 날아와서 몸을 부딪치듯 멈추는 것을 볼 수 있을 것입니다.

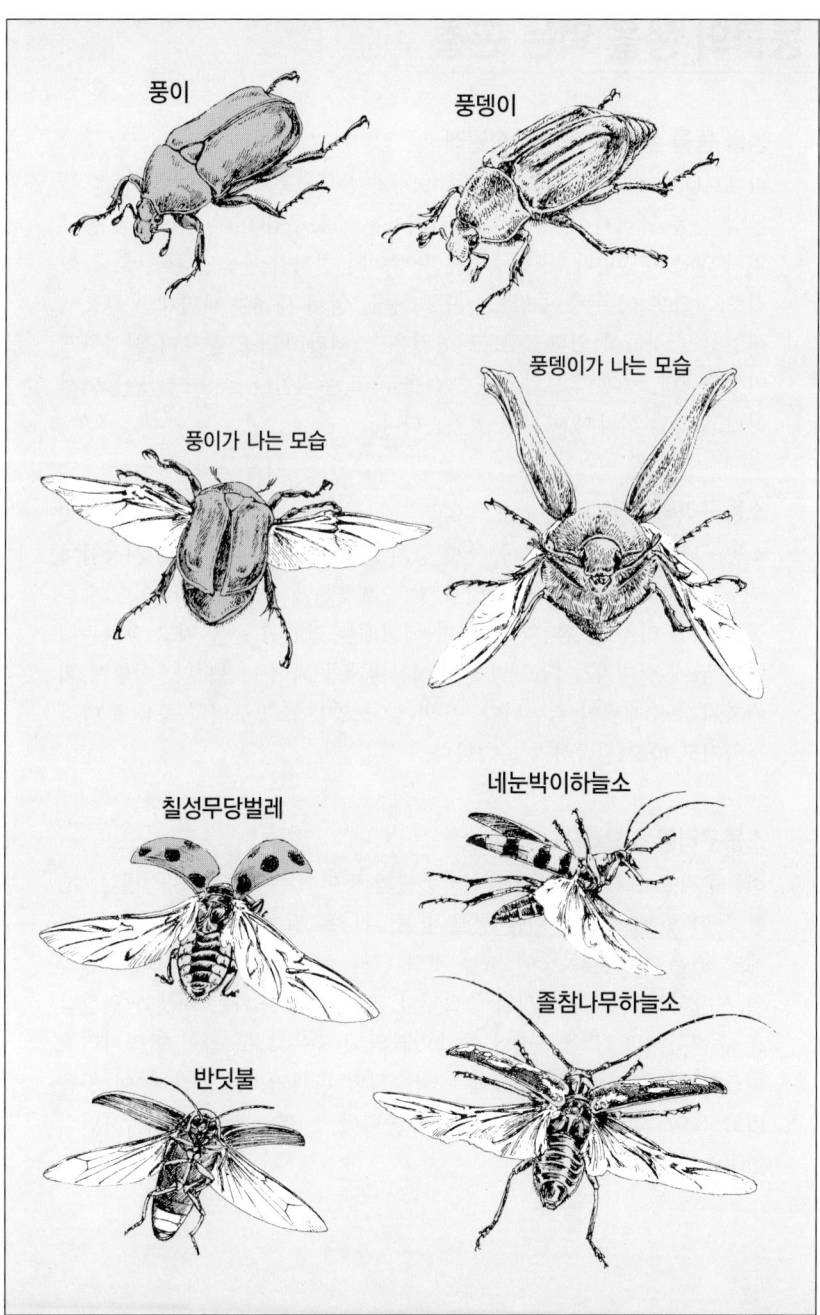

동물의 똥을 먹는 곤충

동물 똥을 굴리는 예쁜 딱정벌레

파브르(Jean Henri Fabre, 1823~1915)가 쓴 《곤충기》를 읽은 사람은 동물의 똥을 굴려서 자기 집까지 가져가는 소똥구리 이야기를 평생 동안 잊지 않을 것입니다. 소똥구리는 풍뎅이와 친척인 곤충입니다. 고대 이집트 사람은 이 곤충이 만드는 똥의 둥근 알이 세계를 나타내며 곤충에 태양신이 깃들어 있다고 보고 이것을 '스키라베'라고 부르며 신성하게 여겼습니다. 풍뎅이 모양으로 보석을 깎고 부적이나 장신구를 만들어서 지니고 다닌 까닭이 여기에 있었습니다.

소똥구리의 생활

소똥구리는 동물의 똥을 둥글게 뭉쳐 땅속 구멍에 운반해서 저장합니다. 암컷은 그 속에 한 개의 알을 낳고 깨끗하게 보관합니다. 이때의 동물 똥은 구리지 않습니다. 부화한 애벌레는 안에서 똥을 먹고 자라는데 얼마 뒤에 번데기가 되고 마침내 어른벌레가 되어 나옵니다. 이렇게 되기까지 2~3개월이 걸립니다. 똥의 알 모양은 소똥구리의 종류에 따라 둥글기도 하고 길쭉하기도 합니다.

소똥구리를 찾으려면

소똥구리를 보려면 먹이가 되는 동물의 똥이 있는 곳, 즉 사슴이나 소, 말 등이 있는 장소나 이들 동물이 늘 다니는 길목을 찾아가야 합니다. 제일 좋은 방법은 목장에 가는 것입니다. 소똥구리가 보금자리를 만들기 시작하는 6~8월이 제일 좋습니다. 벌레를 찾을 때는 핀셋과 면장갑을 준비합시다. 소똥구리나 풍뎅이과의 곤충은 보통 몸이 반짝거리고 빛깔이 아름답습니다. 그중에는 금속처럼 반짝거리는 것도 있어 똥을 먹고 산다고는 도저히 상상할 수 없습니다. 어쨌든 소똥구리는 자연의 청소꾼임에 틀림없습니다.

뿔소똥구리의 집 만들기

사슴 똥에 찾아든 뿔소똥구리

(수컷)

동물 똥을 둥글게 만든다.

암컷과 수컷이 함께 일한다.

땅속에 만든 집에 똥을 나른다.

똥 속에 알을 하나씩 낳는다.

애벌레가 똥을 먹으며 자란다.

번데기가 된다.

어른벌레가 되어 땅에서 나온다.

뒷발로 동물 똥을 굴려서 나르는 소똥구리

벌레혹을 만드는 곤충

곤충이 나무에 붙어 살며 만든 애벌레의 집

숲 속을 걸으면 가끔 이상하게 생긴 나뭇잎이 눈에 뜨입니다. 잎이 쭈글쭈글하게 뒤틀리거나 혹 같은 것이 달려 있어 무슨 병에 걸린 것처럼 보입니다. 그러나 이것은 병이 아닙니다. 혹벌, 진딧물 등의 곤충이나 진드기가 나무에 붙어 살며 벌레혹을 만들어 놓은 것입니다. 이들 곤충은 애벌레가 먹고 자랄 나무 싹이나 잎에 알을 슬어 놓습니다. 이때 잎에 어떤 자극을 주게 되어 잎이 오므라들거나 부풀어서 모양이 바뀝니다. 곤충의 애벌레는 그 벌레혹 속에서 자라게 됩니다.

암컷이 혼자서 새끼를 낳는 밤나무혹벌

식물에 붙어서 사는 모든 곤충은 봄부터 여름에 걸쳐 알을 습니다. 때죽나무에 기생하는 진딧물은 5월경 알을 슬어서 7월이면 벌써 어른벌레가 되어 나갑니다. 그런데 혹벌 가운데에는 애벌레의 상태로 겨울을 나고 다음 해 봄에 어른벌레가 되는 것이 있습니다. 밤나무에 붙어서 사는 밤나무혹벌입니다. 밤나무혹벌은 몸이 3mm밖에 안 되는 작은 벌인데 유럽에서 우리나라로 옮아 온 곤충입니다. 그런데 이상하게도 수컷 없이 암컷 혼자서 새끼를 번식시킵니다. 밤나무혹벌은 밤나무 싹에 알을 슬고 부화한 애벌레는 그대로 겨울을 납니다. 겉으로 보기에 나무에는 아무런 이상이 없는 것 같지만 봄이 되어 다른 밤나무 싹이 돋아날 무렵이면 알이 붙어 있는 나무 싹에는 혹이 생깁니다. 6월경에 어른벌레가 되어 나오는데 모두 암컷뿐입니다. 해마다 밤나무혹벌이 달라붙어 괴로움을 당하는 밤나무는 몇 해가 지나면 그대로 말라 죽고 맙니다. 숲 속을 걷다가 잎에 생긴 혹을 보게 되면 주머니칼로 그 혹을 잘라서 그 안에 애벌레가 어떤 상태로 있는지를 살펴봅시다. 이런 애벌레나 번데기는 아주 작으므로 돋보기로 자세히 들여다봐야 합니다.

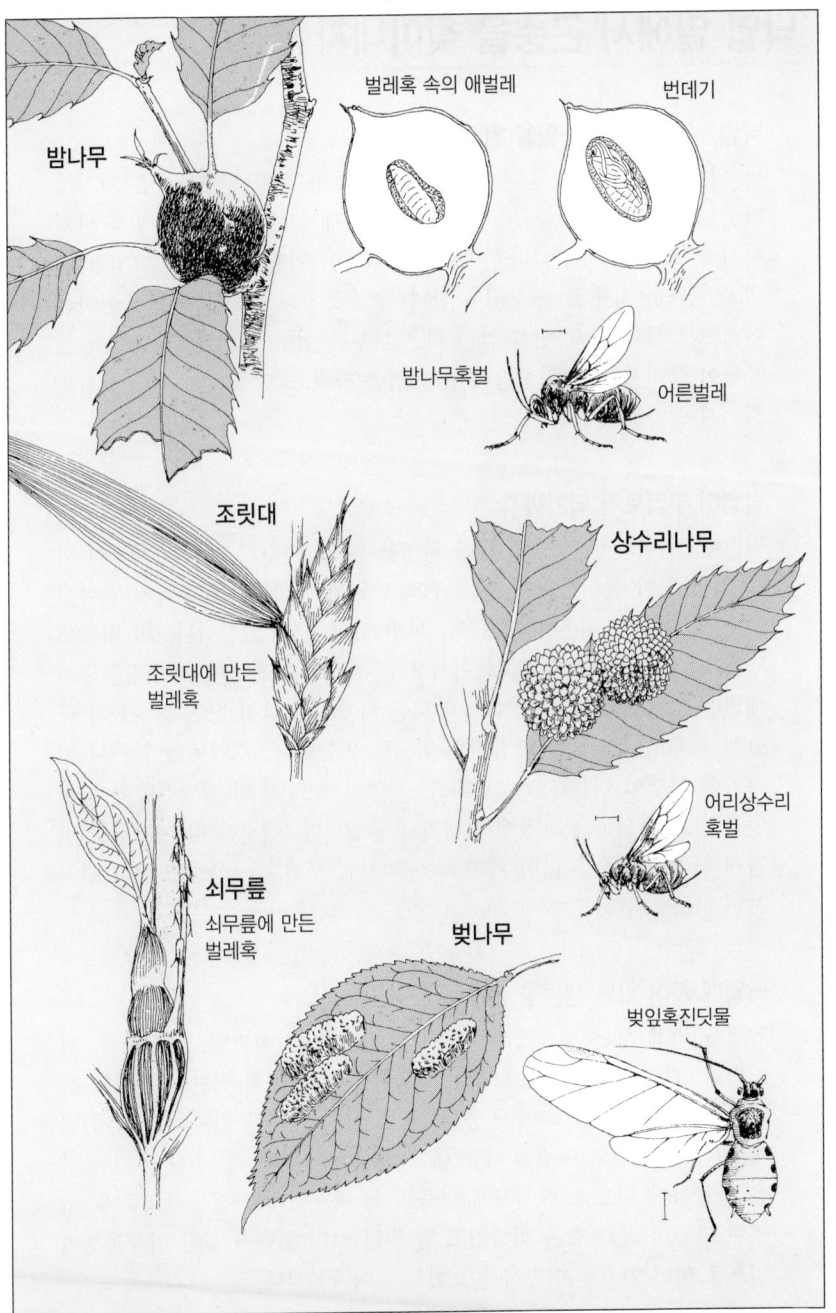

낙엽 밑에서 곤충을 찾아내자

낙엽, 썩은 나무, 돌 밑을 뒤져 보자

발 밑이나 땅을 주의 깊게 살펴봅시다. 특히 갈잎나무숲 속은 갖가지 나뭇잎들이 많이 떨어져 수북이 쌓여 있는데 그 잎을 헤치고 밑을 만져 봅시다. 축축할 것입니다. 낙엽은 우리들이 겨울에 입는 점퍼처럼 흙의 온도를 유지해 주는 구실을 합니다. 그곳에는 눅눅한 곳을 좋아하는 여러 생물들이 살고 있습니다. 썩은 나무나 돌이 있으면 그 밑에서 생물들이 숨어서 살기에 좋습니다. 낙엽을 헤치고 그 밑에 어떤 생물들이 사는지 알아봅시다.

낙엽이 부엽토가 되기까지

달팽이, 쥐며느리, 노래기 등은 낙엽을 먹고 삽니다. 이들 생물들이 먹을 것을 찾아 돌아다니는 것은 주로 밤인데, 낮에는 몸의 습기가 마르는 것이 싫어서 썩은 나무나 돌, 낙엽 밑에 숨어 있습니다. 이 밖에도 낙엽을 먹거나 땅속에 파고들어서 사는 것으로는 지렁이와 여러 곤충의 애벌레가 있습니다. 이들이 갉아 먹은 나뭇잎은 다시 다른 미생물과 균들에 의해서 처리되어 마침내 부엽토로 변합니다. 부엽토는 앞에서 이야기한 달팽이, 쥐며느리, 노래기, 지렁이 등 곤충의 애벌레들이 나뭇잎을 먹고 배설하는 과정에서 생겨난 흙입니다. 이것은 다른 나무를 자라게 하는 영양분을 많이 가지고 있습니다. 부엽토는 색깔이 검고 만져 보면 따뜻합니다.

낙엽에 붙어 있는 생물을 잡으려면

낙엽을 먹고 사는 생물에게도 적이 있습니다. 딱정벌레, 송장벌레, 먼지벌레, 거미, 파리 애벌레(구더기) 등입니다. 잎에서 사는 곤충들을 관찰하려면 저녁에 숲 속에 곤충 잡는 덫 장치를 해 두었다가 아침에 걸어 옵니다. 그리고 이것을 다음 쪽 그림 같은 장치로 잎에 붙어 있는 작은 생물들이 밑으로 떨어지게 만듭니다. 즉, 위에서 전등(백열등)을 비추면 전등의 빛과 열을 피하려고 잎 뒤나 사이에 숨어 있던 미생물들이 밑으로 떨어집니다. 이것을 돋보기로 들여다봅시다.

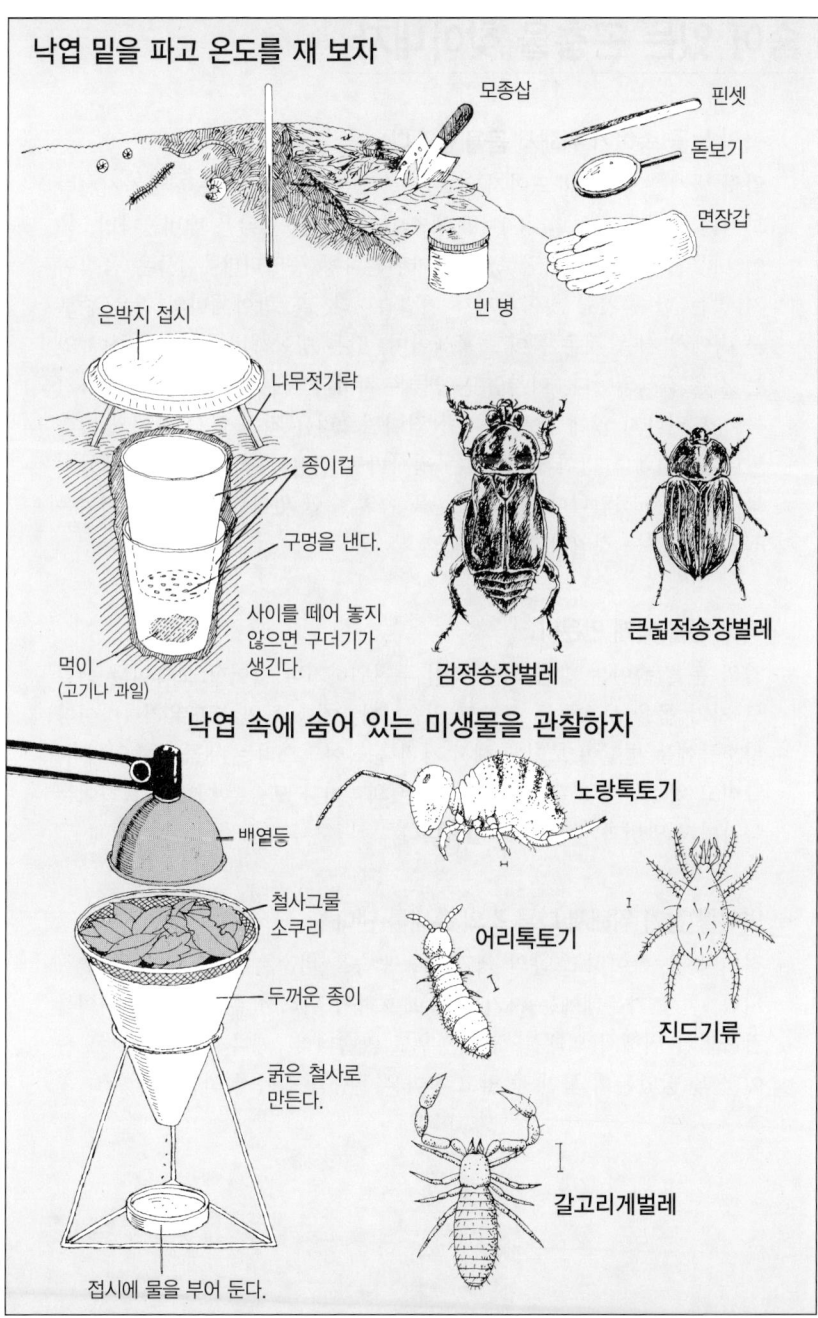

숨어 있는 곤충을 찾아내자

적의 눈을 속이기 위해서 몸을 숨긴다

얼핏 봐서는 눈에 잘 뜨이지 않는 곤충이 있습니다. 가는 나뭇가지처럼 보이는 대벌레나 자벌레(자나방 애벌레), 마른 잎을 닮은 배버들나방, 몸이 나뭇가지의 무늬처럼 생긴 꼬마뒤흰나방 등입니다. 이들은 움직이지 않는 한 좀처럼 찾아내기가 어렵습니다. 또 방아깨비의 경우 주로 풀 속에서 사는 것은 몸이 초록색이며, 같은 방아깨비지만 마른풀에 있는 것은 갈색입니다. 이처럼 곤충들은 저마다 사는 환경에 맞춰서 자기 몸이 드러나지 않게 해서 자기를 잡아먹으려는 적의 눈을 속이고 있습니다. 자벌레나 방아깨비에게는 왕사마귀 같은 육식 곤충이나 새들이 모두 무서운 적입니다. 이들의 눈을 속일 수만 있다면 잡아먹힐 위험은 훨씬 적어지는 것입니다.

적이 겁을 먹게 만든다

적의 눈을 속이는 방법 외에 적이 두려워하거나 싫어할 모습이나 색깔로 자기 몸을 보호하는 곤충도 있습니다. 예를 들면 포도유리나방이나 왕소등에는 벌같이 보이게 해서 자기를 잡아먹으려는 새들을 속입니다. 그리고 왕소등에 가운데 어떤 종류는 색깔이나 모습뿐 아니라 움직이는 동작마저 말벌과 닮은 것이 있습니다.

먹이를 잡기 위해서 다른 것의 흉내를 낸다

적의 눈을 속이려고 몸의 색깔이나 모습을 바꾸는 것을 '의태'라고 합니다. 곤충 가운데에는 자기 몸을 보호하기 위해서 뿐만 아니라 먹이를 잡아먹기 위해서 의태를 하는 경우도 많습니다. 케냐사마귀는 그 모습이 꽃을 닮았는데 꽃인 줄 알고 찾아온 곤충을 잡아서 먹습니다.

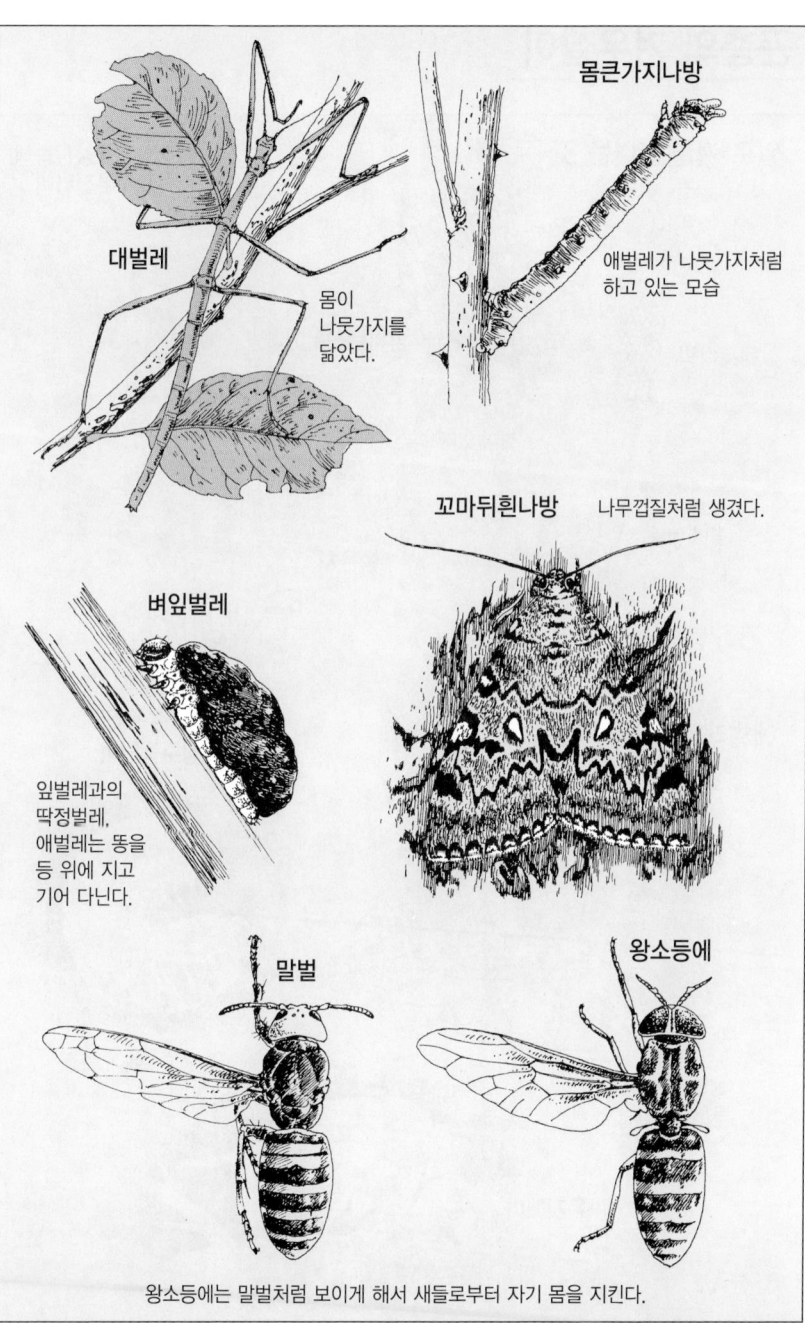

곤충의 겨우살이

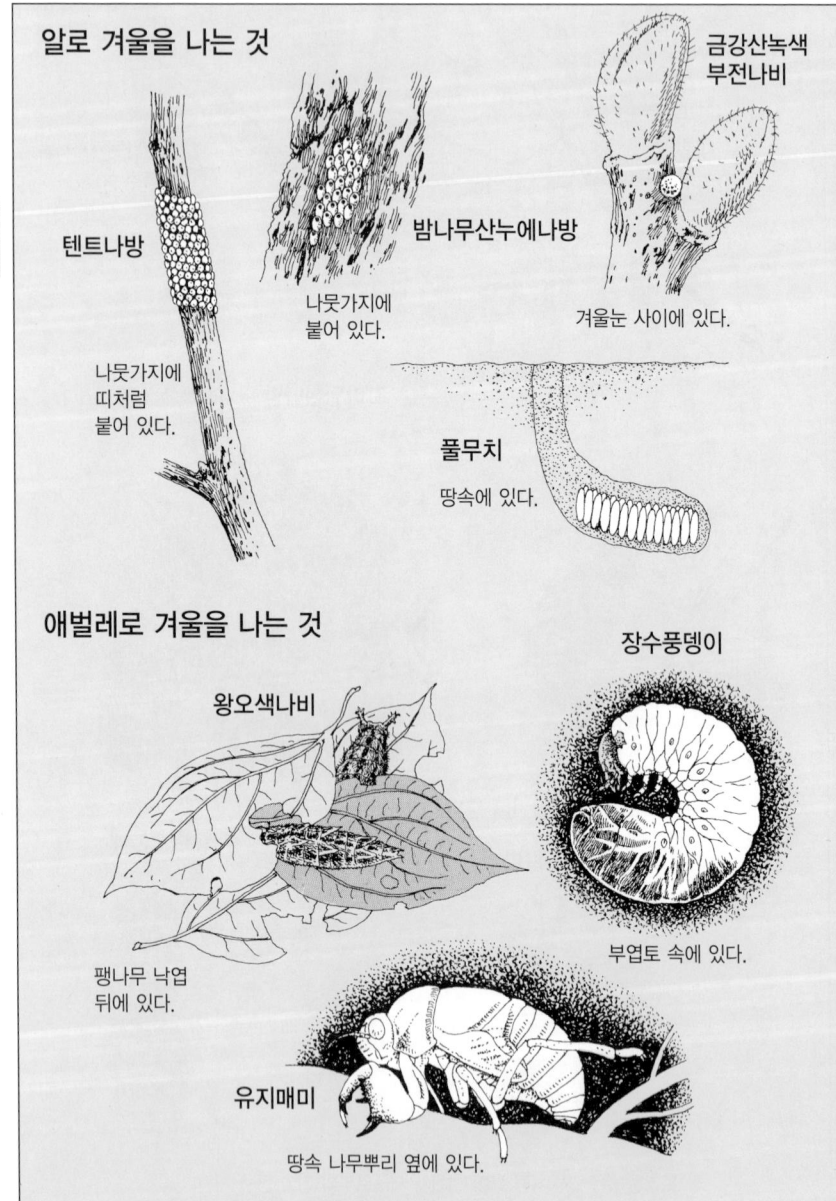

곤충은 종류에 따라서 각각 알, 애벌레, 번데기, 어른벌레 등의 상태로 추운 겨울을 납니다. 밖으로 나가서 찾아봅시다.

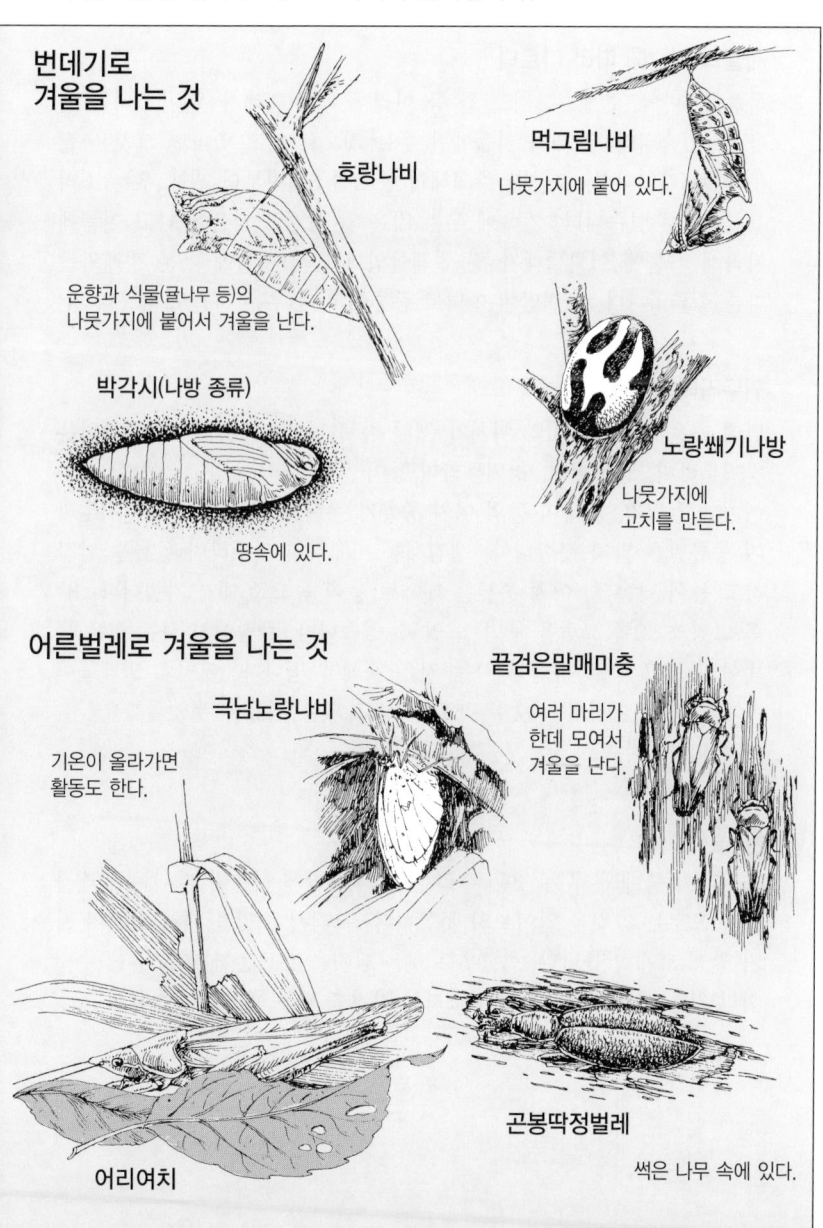

번데기로 겨울을 나는 것

호랑나비 — 운향과 식물(귤나무 등)의 나뭇가지에 붙어서 겨울을 난다.

먹그림나비 — 나뭇가지에 붙어 있다.

박각시(나방 종류) — 땅속에 있다.

노랑쐐기나방 — 나뭇가지에 고치를 만든다.

어른벌레로 겨울을 나는 것

극남노랑나비 — 기온이 올라가면 활동도 한다.

끝검은말매미충 — 여러 마리가 한데 모여서 겨울을 난다.

어리여치

곤봉딱정벌레 — 썩은 나무 속에 있다.

벌레 소리를 들어 보자

계절과 시간에 따라 다르다

풀숲, 갯바닥, 논밭, 그리고 뜰 등 여러 곳에서 벌레가 우는 소리를 들을 수 있습니다. 벌레가 가을에만 우는 것으로 알고 있다면 그것은 잘못 아는 것입니다. 조금만 주의해서 들으면 5월경부터 벌레 우는 소리를 들을 수 있습니다. 가을에 우는 것은 알 상태로 겨울을 나고 여름에 자라서 가을에 어른벌레가 된 벌레들입니다. 5~6월에 우는 벌레와는 다른 종류입니다. 계절만이 아니고 종류에 따라 우는 시간도 다릅니다.

귀뚜라미와 여치

벌레 가운데 귀뚜라미와 여치가 제일 잘 웁니다. 귀뚜라미과에 속하는 왕귀뚜라미, 방울벌레, 청귀뚜라미 등이 우는 소리는 맑고 깨끗합니다. 여치나 철써기, 베짱이 등의 여치 종류가 우는 소리는 힘차지만 귀뚜라미 종류만큼 맑지 못합니다. 생김새를 비교하면 귀뚜라미 종류는 납작하고 등이 낮은데, 여치 종류는 대체로 등이 높고 몸매가 가늡니다. 87쪽 그림과 89쪽 그림을 보면 곧 알 수 있습니다. 풀숲에서 사는 것은 몸빛이 푸르고 주로 흙에서 사는 것은 흙색을 띱니다. 이처럼 벌레들이 자기가 사는 환경과 비슷한 색깔을 하고 있는 이유가 무엇일까요? 잘 생각해 봅시다.

왜 울까?

귀뚜라미 중에서 우는 것은 수컷뿐입니다. 밤에 나돌아 다니는 벌레들은 눈으로는 암컷을 알아보지 못합니다. 그래서 소리를 내서 암컷이 자기 곁에 오게 만듭니다. 즉, 우는 것은 암컷을 부르는 신호입니다. 수컷끼리 있을 때에도 우는데, 이 소리는 암컷을 부를 때와는 다릅니다.

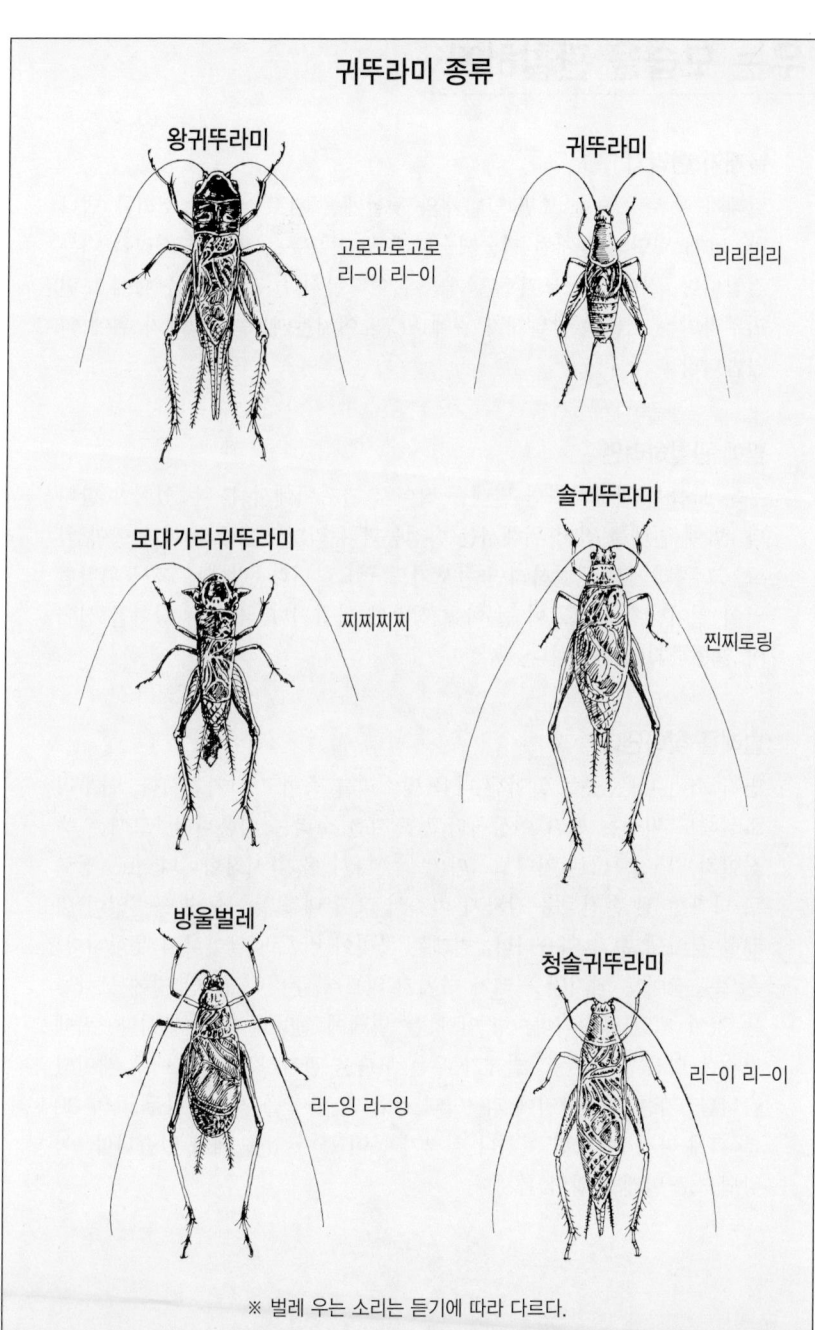

우는 모습을 관찰하자

날개가 현악기

벌레가 우는 모습을 보면 앞날개와 뒷날개를 서로 비비며 소리를 냅니다. 날개 뒷면의 줄처럼 꺼슬꺼슬하게 생긴 부분을 비벼서 소리를 내는 것입니다. 잡아서 돋보기로 날개를 들여다봅시다. 그런데 울 때에 보면 귀뚜라미는 오른쪽 앞날개가 위에 있고, 여치는 왼쪽 앞날개가 위에 와 있습니다.

밤에 관찰하려면

우는 모습을 관찰하려면 벌레를 잡아서 가까이에서 볼 수 있어야 합니다. 밤에 벌레를 잡기 위해서는 손전등과 유리병(투명한 병)이 있어야 하고, 그 자리에서 관찰하려면 돋보기도 필요합니다. 밤에는 혹시 위험한 일이 일어날지도 모르니 잘 아는 장소에 나갑시다. 신발은 장화를 신어야 활동하기에 편합니다.

벌레를 찾아낸다

먼저 소리 나는 곳을 알아낸 다음 발소리를 죽이고 다가갑시다. 아무리 조심해도 벌레는 뭔가 이상하다고 느끼면 소리를 멈춥니다. 그때는 움직이지 말고 그대로 기다립시다. 그럼 다시 울기 시작합니다. 1m 정도로 다가선 뒤 손전등을 갑자기 비춰서 그 일대를 훑어보면 틀림없이 벌레를 찾아낼 수가 있습니다. 벌레는 불빛이 비치면 달아나지 못합니다. 손으로 잡아도 되지만 벌레가 다치지 않도록 준비해 간 빈 병에 몰아넣는 것이 제일 좋습니다. 병 안에 든 벌레에 전등을 비춰 봅시다. 집에 가져온 다음, 두고두고 벌레가 우는 모습을 관찰하는 것도 매우 재미있습니다. 가는 나뭇가지에 파, 양파 등을 꽂아서 풀숲에 놓아두고 약 30분 뒤에 다시 가 보면 여치나 철써기 등이 붙어 있을 때가 있습니다. 이 방법으로 벌레를 잡아 봅시다.

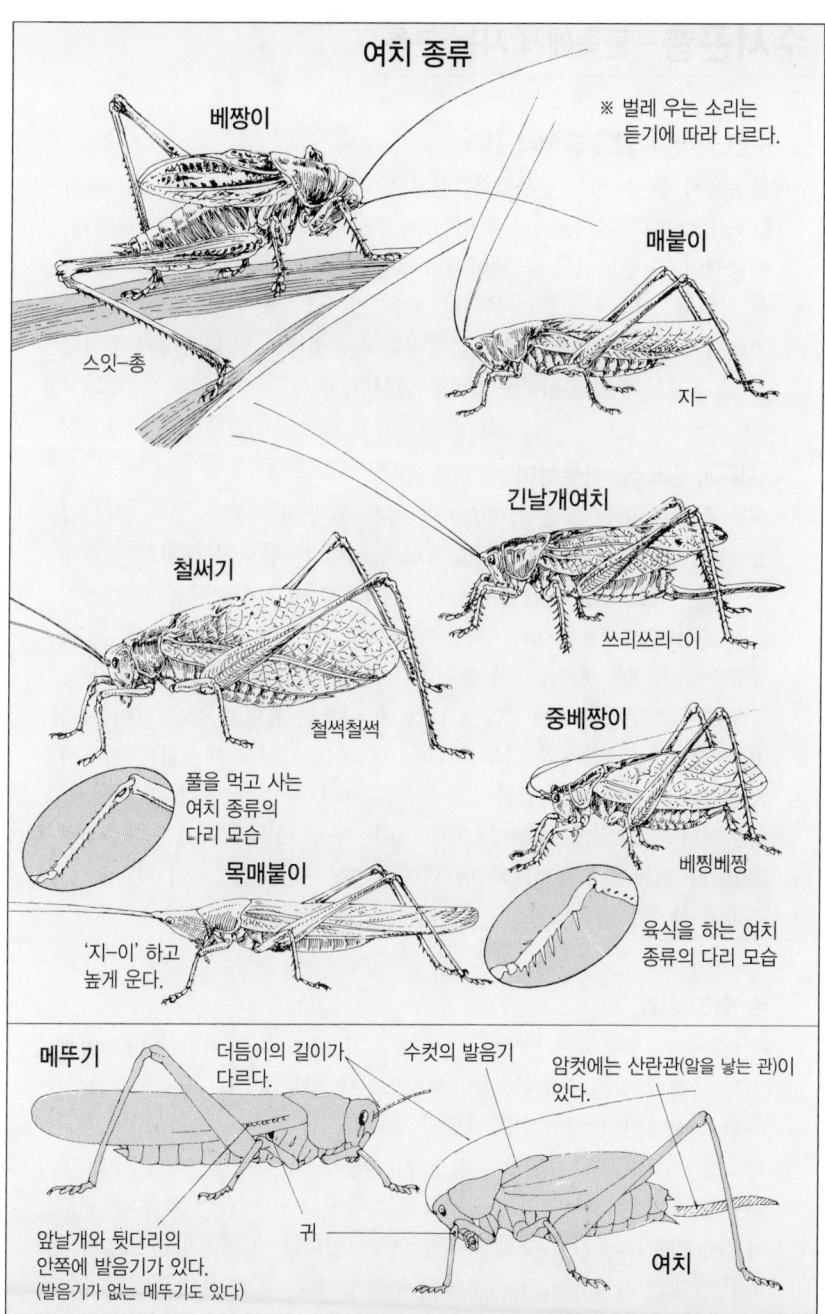

수서곤충 – 물속에서 사는 곤충

수면 가까이, 얕은 물에서 산다

물속에서 살 수 있는 곤충을 '수서곤충'이라고 합니다. 잠자리, 날도래, 강도래, 하루살이 등은 모두 어린 시절을 물속에서 지냅니다. 물방개, 물땡땡이, 송장헤엄치개, 게아재비 등은 어른벌레가 된 뒤에도 물속에서 삽니다. 이들은 모두 연못이나 호수, 강 등의 물이 얕은 곳에서 살고 있습니다. 그런데 물맴이나 소금쟁이는 어른벌레가 된 다음에야 수면에서 살기 때문에 '반수서곤충'이라고 합니다.

날도래, 강도래, 하루살이

개울물 속에 있는 돌을 들어올리면 가끔 돌에 자루 같은 것이 붙어 있을 때가 있습니다. 이것은 날도래의 집입니다. 날도래 애벌레는 모래나 자갈, 수초 등으로 집을 만듭니다. 그리고 입구에 그물을 치고 흘러드는 말(물기가 있는 곳에서 자라는 식물로 잎, 줄기, 뿌리의 구별이 없는데 광합성을 한다. 언뜻 보기에 이끼 같다)이나 작은 수서곤충을 먹고 자랍니다. 강도래나 하루살이의 애벌레는 돌 밑에 있으면서 역시 같은 먹이를 먹고 자랍니다. 강도래와 하루살이의 애벌레는 모양이 비슷한데 자세히 보면 강도래 애벌레는 발톱이 두 개이고 하루살이 애벌레는 발톱이 하나뿐입니다. 날도래, 강도래, 하루살이는 모두 애벌레 시기가 반년에서 3년이나 되는데 어른벌레가 된 뒤에는 불과 몇 시간, 오래 살아도 한 주밖에 살지 못합니다. 알을 낳은 뒤에 곧 죽습니다.

숨 쉬는 방법

수서곤충이 호흡하는 방법에는 두 가지가 있습니다. 하나는 아가미를 써서 물속에 있는 산소를 마시는 방법인데 날도래, 강도래, 하루살이, 그리고 잠자리의 애벌레가 이렇게 합니다. 또 하나는 공기 속에 있는 산소를 들이마시는 방법인데 물방개, 물땡땡이, 송장헤엄치개 등은 공기를 날개 밑에 저장했다가 그것으로 호흡합니다. 이들이 가끔 물 위로 나오는 이유는 공기를 다시 채우기 위해서입니다. 게아재비는 호흡하기 위한 빨대를 가지고 있어 이것으로 숨을 쉽니다.

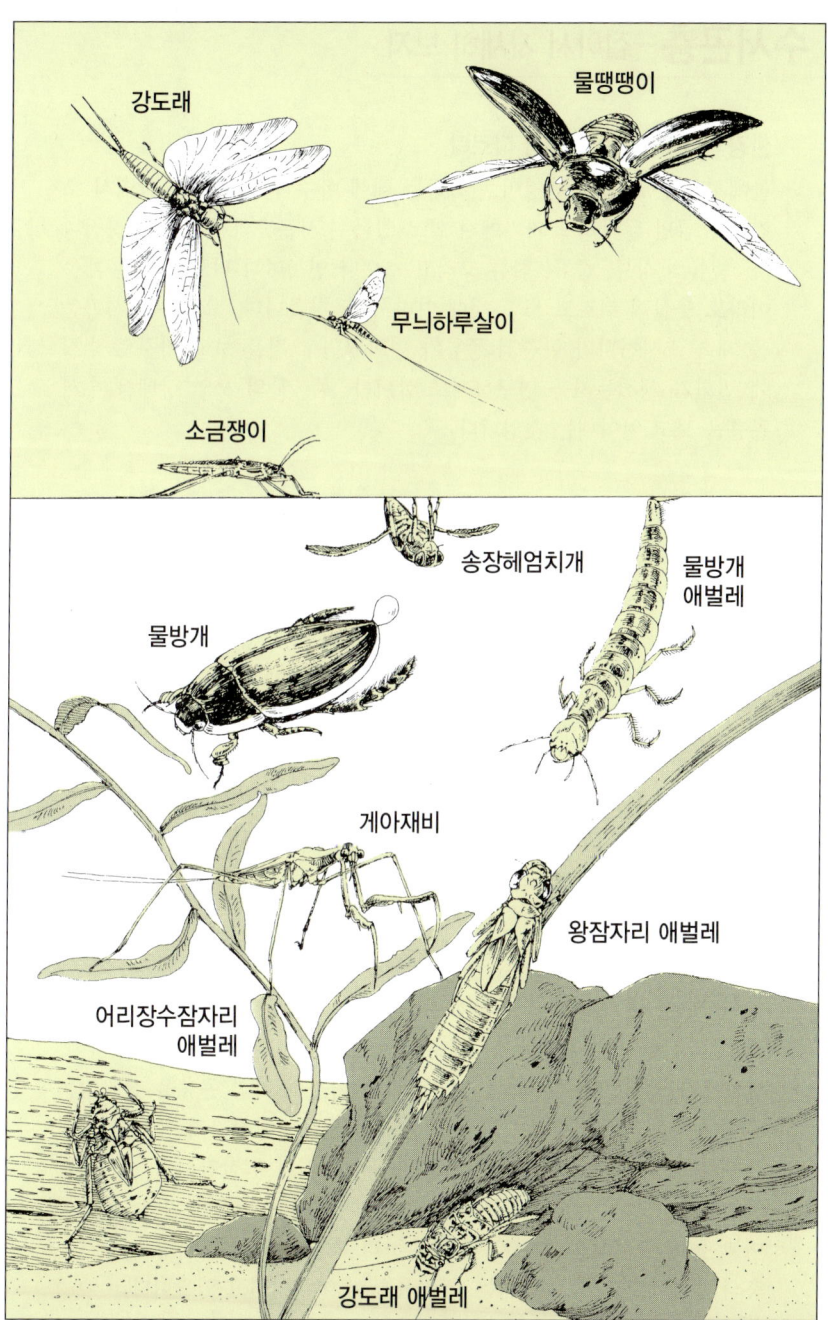

수서곤충 - 잡아서 자세히 보자

환경에 따라 사는 종류가 다르다

물에서 사는 곤충은 환경이 변화하는 데에 아주 민감합니다. 그래서 조건이 조금만 달라져도 거기에서 살고 있는 수서곤충의 종류가 달라집니다. 냇물의 상류, 중류, 하류 그리고 호수나 연못마다 다르고 같은 개울이라도 물살이 빠르고 느린 것에 따라서 또 다릅니다. 요새는 수서곤충을 계속 조사하다가 곤충의 종류가 변화되면 그것을 보고 거꾸로 수질에 변화가 생겼는지를 연구하기도 합니다. 즉, 물의 오염 상태를 수서곤충을 보고 알아내는 것입니다.

잡을 때 조심할 일들

개울에 들어갈 때는 꼭 운동화나 장화를 신어서 미끄러지지 않도록 조심합시다. 수서곤충은 돌 밑이나 모래 또는 진흙 속에 있으므로 거름망이나 소쿠리로 건져 내야 합니다. 그리고 빈 유리병에 옮겨서 집에 가져온 뒤에 관찰해 봅시다. 잠자리 애벌레는 '수채'라고도 하는데 기르면서 관찰하기가 좋습니다. 아래턱을 뻗쳐서 먹이를 잡는 모습, 허물을 벗는 모습, 그리고 잠자리가 되어 날개를 펴며 허물에서 나오는 모습 등을 볼 수 있습니다. 한편 수채를 잡았을 때에는 두 마리 이상을 같이 두지 않아야 합니다. 서로 잡아먹을 수가 있습니다. 그리고 개울에서는 돌을 움직였다가도 다시 제자리로 옮기고, 잡는 데에 정신이 팔려 깊은 곳으로 들어가지 않도록 합시다.

수서곤충은 무엇을 먹고 무엇에 먹힐까?

개울가의 돌은 겉에 붙은 말 때문에 미끈거립니다. 이 말은 하루살이, 날도래가 즐겨 먹는 식량입니다. 그리고 이들 초식성 곤충을 잡아먹는 것이 강도래 같은 육식성 곤충입니다. 강도래는 왕잠자리 애벌레나 뱀잠자리 애벌레에 잡아먹힙니다. 그럼 왕잠자리나 뱀잠자리의 애벌레는 아무한테도 잡아먹히지 않는 것일까요? 아닙니다. 노랑할미새, 알락할미새 등이 좋아하는 먹이가 바로 잠자리 애벌레입니다. 이렇게 수서곤충의 세계에서도 먹고 먹히는 '먹이사슬'이 이루어지고 있습니다.

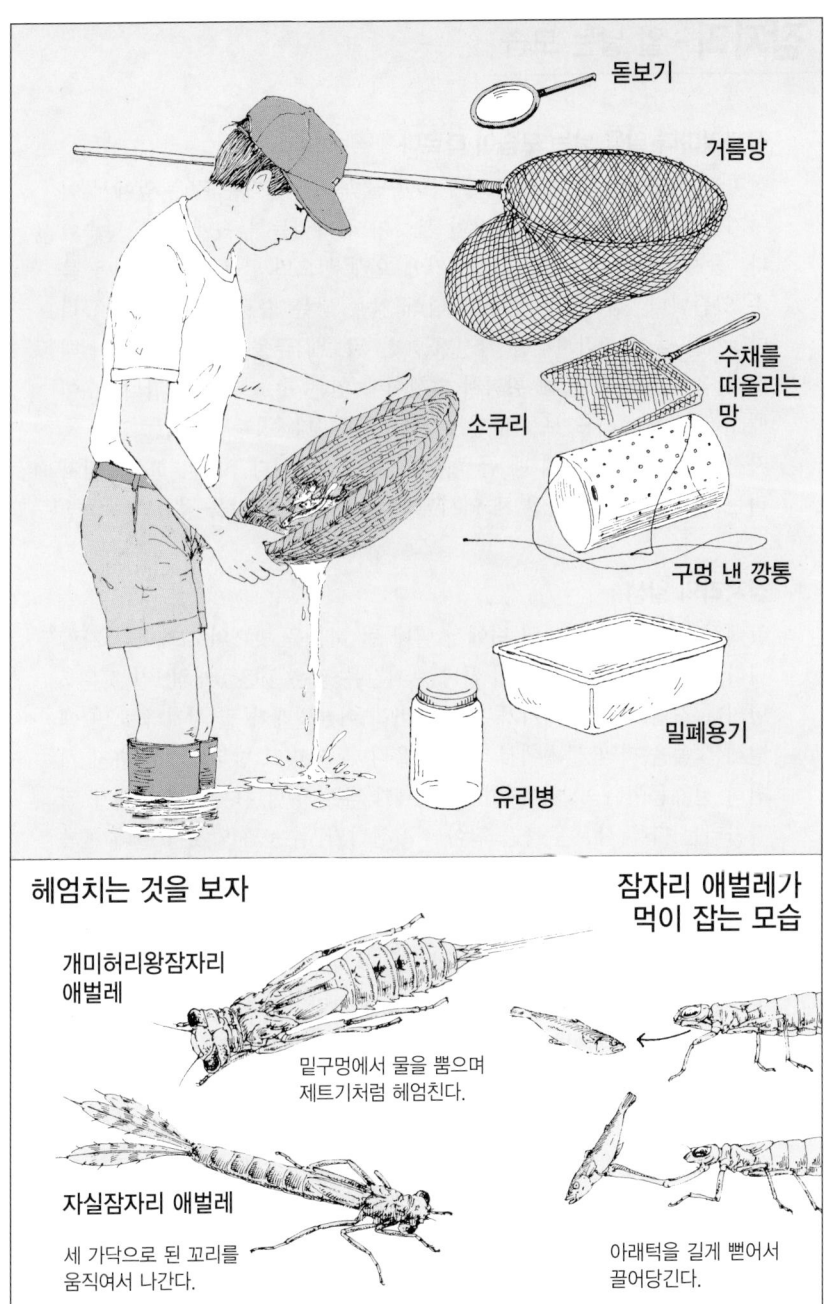

잠자리 - 알 낳는 모습

잠자리마다 알을 낳는 모습이 다르다

잠자리 애벌레를 '수채'라고도 부르며 물속에서 산다는 것은 앞에서 이야기했습니다. 이것으로 짐작이 가듯이 잠자리는 물속에 알을 낳습니다. 잠자리가 많이 날고 있는 물가에 오래 있으면 알을 낳는 장면을 볼 수 있습니다. 잠자리는 종류에 따라 알을 낳는 습관이 저마다 다릅니다. 예를 들어 밀잠자리는 짝짓기를 한 뒤, 배 끝을 물 위에 가까이 대고 알을 물방울과 함께 튀겨서 가까이에 있는 수초에 묻게 합니다. 이때 수컷은 망이라도 보듯이 암컷 위를 맴돕니다. 장수잠자리는 암컷 혼자서 물가의 진흙 속에 배 끝을 꽂고 알을 낳습니다. 한편, 고추좀잠자리는 수컷과 암컷이 붙은 채 역시 물가의 진흙 속에 알을 낳습니다.

잠자리의 일생

알에서 나온 애벌레는 열 번에서 열네 번 허물을 벗으며 그때마다 자랍니다. 허물을 벗기 시작해서 끝나는 기간은 짧은 것은 3개월, 긴 것은 5년이나 걸립니다. 번데기가 모습을 바꿔 어른벌레가 될 시기가 오면 애벌레는 풀을 따라 물속에서 기어 나옵니다. 그리고 밤부터 새벽까지 천천히 날개돋이(우화, 번데기가 어른벌레가 되는 일)합니다. 어른벌레가 된 잠자리는 다른 작은 곤충을 잡아먹고 살다가, 수컷과 암컷이 한데 어울려 짝짓기를 하고 알을 낳은 뒤에 마침내 둘 다 죽습니다.

몸 색깔이 달라지는 고추좀잠자리

고추좀잠자리 애벌레는 논이나 물가에서 자란 뒤, 이른 여름에 어른벌레가 됩니다. 어른이 된 고추좀잠자리의 몸 색깔은 아직 빨갛지 않습니다. 그런데 잠자리는 얼마 뒤, 자꾸 산 쪽으로 올라가서 여름 한철을 산 위에서 지냅니다. 9월이 되어 기온이 내려가면 그때 몸이 빨개집니다. 이 시기에 무리를 지어 낮은 곳으로 내려오기 시작합니다. 사람들은 이렇게 된 고추좀잠자리를 흔히 보게 되므로 빨간 잠자리로 알고 있는 것입니다. 곤충 가운데에는 이처럼 이상한 습성을 가진 것이 많습니다.

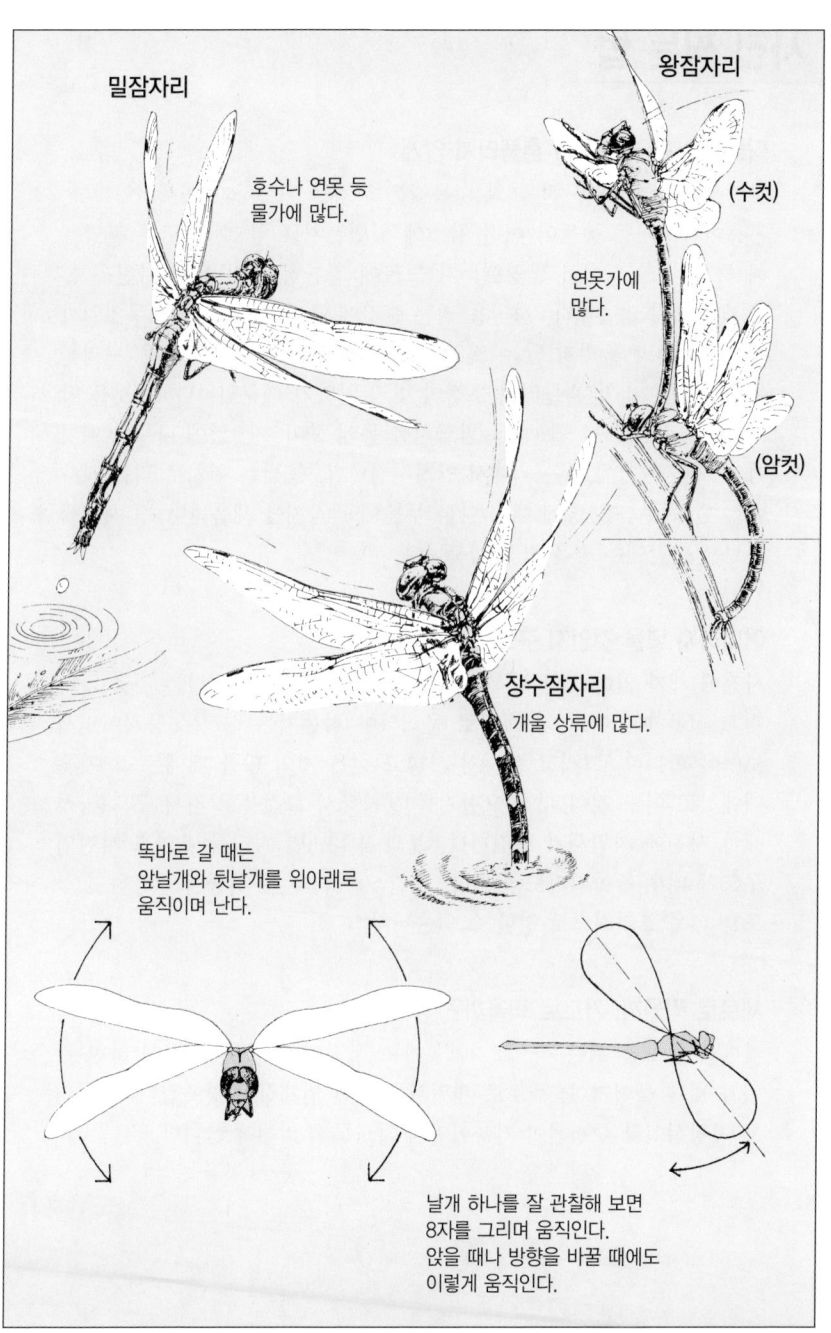

사진 찍는 법

찍을 때에는 카메라가 흔들리지 않게

자연을 관찰할 때 사진을 찍는 목적은 환경을 기록하기 위해서입니다. 곤충이나 새 등 동물이 어떤 장소에 있었는지를 알 수 있도록 촬영을 해 둡시다. 어디에서 촬영했는지 노트에 간단히 적어 두면 사진을 볼 때 헷갈리지 않습니다. 사진을 찍는 순간에 주의해야 할 점은 무엇일까요? 그것은 흔들리지 않는 것입니다. 흐릿한 사진의 대부분은 셔터를 누를 때 카메라가 흔들려서 초점이 맞지 않았기 때문입니다. 이것을 막으려면 ①카메라를 쥘 때 두 팔꿈치를 몸에 붙이고 ②옆에 나무나 벤치가 있으면 여기에 몸을 기대서 안정시킵니다. ③낮은 위치로 찍을 경우에는 한쪽 무릎을 땅에 대고 다른 무릎에 팔꿈치를 세웁니다. ④셔터를 누르는 순간에는 숨을 잠시 멈춥니다.

어디까지 넣을 것인지 구도를 정한다

사진에 새가 앉아 있는 나무를 넣고, 밝고 탁 트인 숲이라는 것을 나타내고 싶을 때, 어느 정도 뒤로 물러나야 하는지는 실제로 움직이면서 보아야 합니다. 그리고 이것저것 넣고 싶은 것이 많을 때에는 그 가운데에서도 어느 것이 더 중요한지를 생각해서 그것을 살려서 구도를 정해야 사진에 짜임새가 생깁니다. 불과 2~3m만 자리를 옮겨도 사진의 구도가 매우 좋아지기도 합니다. 또한 카메라의 줌 기능을 활용하면 구도를 더욱 효과적으로 정할 수 있습니다.

세로로 찍을까, 가로로 찍을까?

카메라를 보통 쥐는 식으로 하면 가로 사진이 됩니다. 이렇게 하면 주위가 넓게 들어가며, 세로로 세워서 찍으면 입체감이 강조됩니다. 그리고 지평선이나 수평선이 기울어지지 않도록 주의해야 합니다.

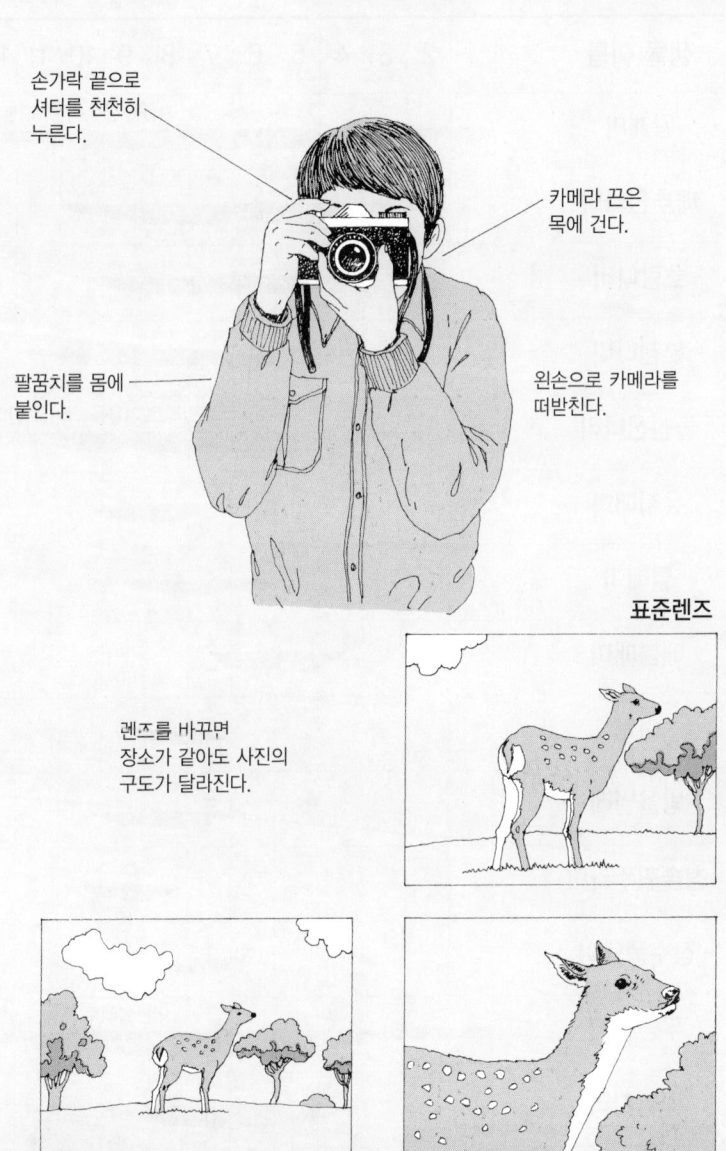

생물 달력

어른벌레를 볼 수 있는 시기(월)

생물 이름	1	2	3	4	5	6	7	8	9	10	11	12
왕개미				■	■	■	■	■	■	■		
배추흰나비				■	■	■	■	■	■	■		
호랑나비					■	■	■	■	■			
부전나비						■	■	■				
들신선나비				■	■	■	■	■	■	■		
유지매미							■	■	■			
털매미						■	■	■				
애봄매미				■	■	■						
여치							■	■	■			
방울벌레							■	■	■			
청솔귀뚜라미								■	■	■		
장수풍뎅이						■	■	■				
무당벌레				■	■	■	■	■	■	■		
밀잠자리					■	■	■	■	■			
고추좀잠자리							■	■	■	■		

왕개미: 겨울을 땅속에서 지낸다.
들신선나비: 어른벌레로 겨울을 나기도 한다.
무당벌레: 어른벌레로 겨울을 난다.

곤충을 보러 잡목림에 가자

관찰하기 편한 옷차림과 도구(24쪽)

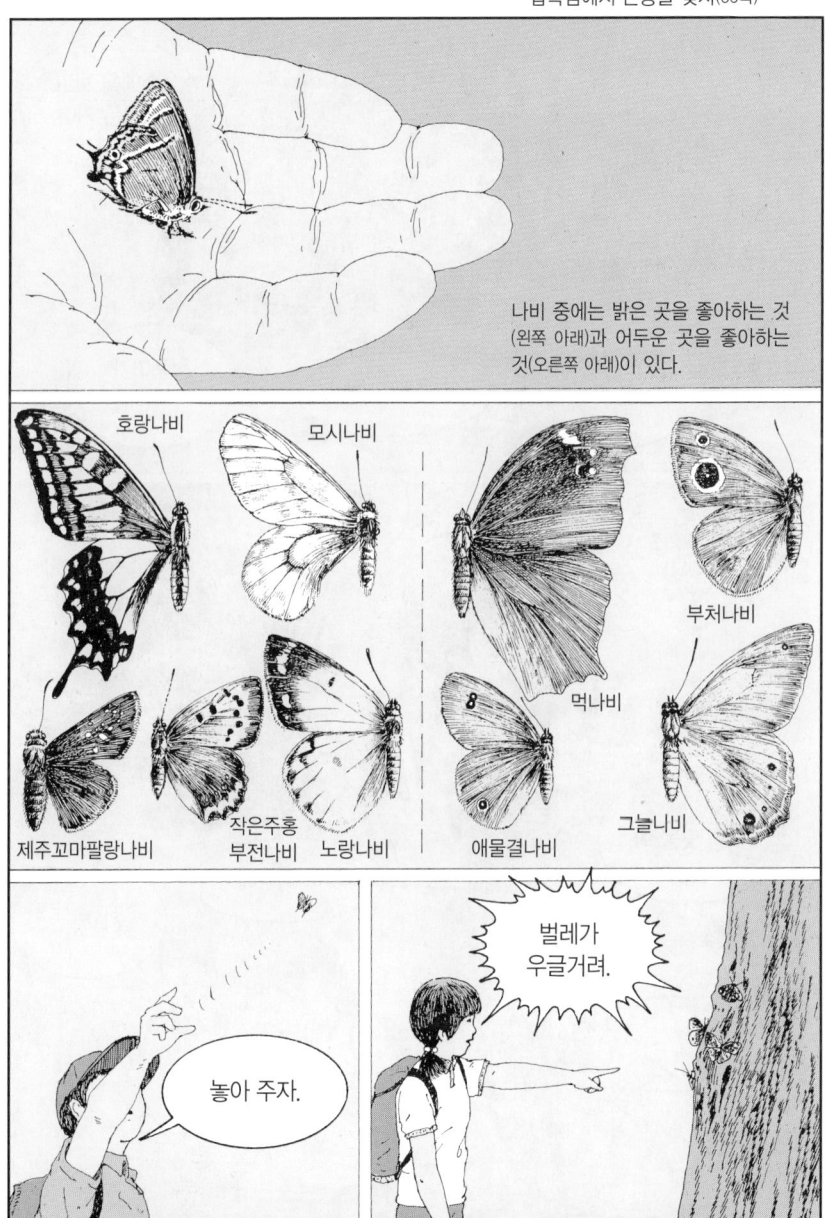

수액에 모여드는 곤충(68쪽)

사슴벌레 - 큰 턱을 가진 곤충(72쪽)

수액에 모여드는 곤충(68쪽)

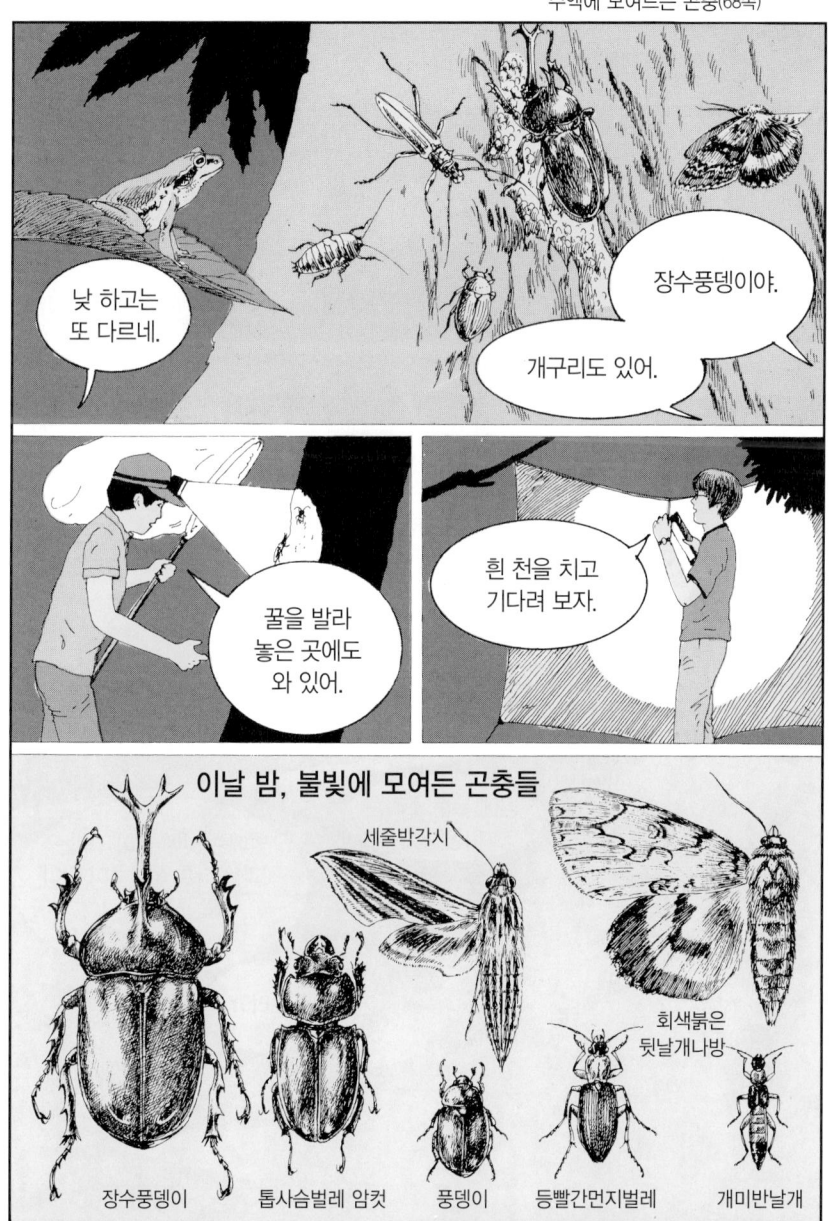

불빛에 모여드는 곤충(42쪽)

낙엽 밑에서 곤충을 찾아내자(80쪽)

물결로 장애물을 알아내는 물맴이

사람의 촉각은 어떤 것에 우리 몸의 일부가 직접 닿을 때 일어납니다. 그런데 물맴이는 자기 앞에 있는 장애물을 물결의 움직임을 통한 간접 촉각으로 알아냅니다. 물맴이가 헤엄을 칠 때 보면 전혀 물결을 일으키지 않을 때와 원형이나 V형의 물결을 일으킬 때의 두 경우가 있습니다. 물맴이가 만드는 물결은 우리의 촉각과 같은 역할을 합니다. 물결이 퍼졌다가 어떤 것에 부딪치면 되돌아오는 물결(반향파)을 일으키는데, 이 물결을 통해서 물맴이는 장애물을 미리 알고 피해 갑니다. 그런데 물맴이가 일으키는 물결은 성질이 매우 독특합니다. 바로 파장의 길이가 물맴이의 몸길이보다 몇 곱이나 길다는 점입니다. 배도 움직일 때 물결을 일으키지만 물맴이가 만들어 내는 비율의 물결은 도저히 만들지 못합니다. 이처럼 파장이 긴 물결이기 때문에 빠른 속도로 앞으로 나가면서도 자기 앞을 가로막는 장애물을 미리 알고 그때그때 필요한 방향 전환을 할 수 있는 것입니다. 물맴이는 이 밖에도 또 하나 멋진 장치를 갖추고 있습니다. 기묘한 눈이 바로 그것입니다. 물맴이의 눈은 두 개인데 알고 보면 네 개의 눈 구실을 합니다. 두 눈이 수평으로 위아래로 나뉘어 밑의 절반은 물속을 보게 되어 있고 나머지 윗부분은 물 위를 쳐다봅니다. 한쪽 눈이 위아래로 나뉘어 각각 일을 분담하는 최첨단 눈입니다.

조류

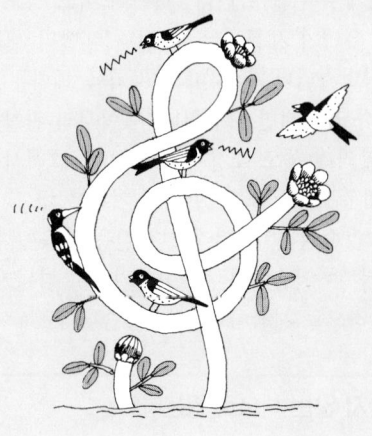

관찰에 필요한 도구와 옷차림

조류의 특징

조류는 척추동물 가운데 하나의 강으로 분류됩니다. 조류의 두드러진 특징은 ①몸에 깃털이 나 있고 ②기온이 달라지는 것과 관계없이 체온을 유지할 수 있으며(포유류인 사람은 체온이 36~37℃인데, 조류는 그보다 높은 42~43℃이다) ③딱딱한 부리와 비늘로 덮인 다리를 가지고 있고 ④알은 단단한 껍데기에 싸여 있습니다. 그리고 뼈가 가볍고 가슴 근육이 몸무게의 절반을 차지할 정도로 발달되어 있어 몸이 날기 좋은 구조입니다.

쌍안경으로 새를 가까이 본다

새는 매우 예민하게 주위를 봅니다. 시력이 어느 정도인가 재어 보기는 어렵지만 적어도 우리가 새를 보는 것보다는 빨리 새들이 우리를 알아채는 것만은 틀림없습니다. 보자마자 자기를 해치는 적인지 아닌지를 판단하고 위험하다고 느끼면 도망칩니다. 아무리 관찰하기 위해서 왔다고 이쪽 마음을 알리려 해도 소용이 없습니다. 그래서 쌍안경이 필요합니다(쌍안경 사용법은 170쪽 참조). 일정한 거리를 두고 새를 본다면 새도 굳이 도망가지는 않습니다. 쌍안경보다 한층 배율이 높은 것이 망원경인데 더 가까이 볼 수 있습니다. 그러나 가지고 다니기 무겁고 값이 비싸므로 우선 쌍안경으로 시작하는 것이 좋습니다.

옷은 새를 자극하지 않는 색으로 입는다

새는 눈이 날카로운 동시에 색깔에도 예민합니다. 숲 속에서 주위의 색깔과 대조되는 뚜렷한 색깔이 어른거리면 거리가 멀어도 쉽게 알아차리고 모습을 감춥니다. 숲에서는 빨간색, 노란색, 흰색 등이 두드러져 보입니다. 새를 보러 갈 때는 이런 색깔의 옷을 입지 않는 것이 좋습니다. 숲 속에서는 녹색이나 갈색 계통의 옷이 눈에 뜨이지 않습니다.

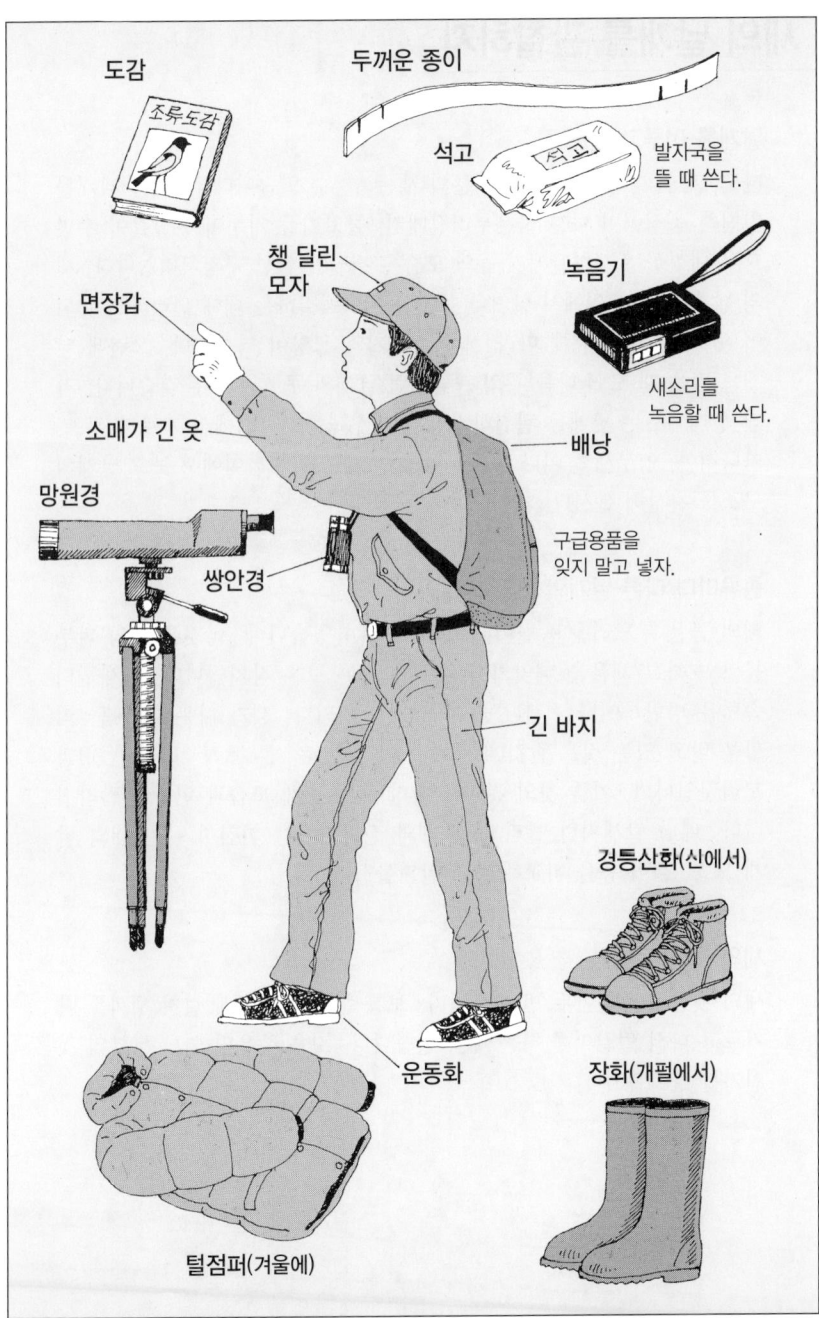

새의 날개를 관찰하자

날개를 이루고 있는 것

타조, 펭귄 등을 제외한 대부분의 새는 날 수 있습니다. 커다란 날개를 천천히 움직이며 나는 붉은부리갈매기, 물고기를 겨누어 쏜살같이 수면으로 내리꽂는 제비갈매기 등의 모습은 정말 볼만한 구경거리입니다. 새의 날개는 나무 위에서 살거나 물에서 무자맥질하는 데에 편리하도록 되어 있으며, 그 종류에 따라 저마다 크기와 모양이 다릅니다. 그런데 날개를 폈을 때 보면 다음 쪽의 그림처럼 날개의 구조는 모두 같습니다. 자연 상태에서는 날개를 관찰하기가 쉽지 않습니다. 집에서 기르는 문조, 카나리아, 앵무새 등이나 동물원에 있는 새들을 가까이에서 보고 날개의 구조를 관찰해 봅시다.

종류마다 다른 날개의 모양과 길이

새의 몸은 부드러운 솜털이나 깃털로 덮여 있습니다. 이것은 새의 피부를 보호하고 체온을 빼앗기지 않도록 하는 보온 장치입니다. 물새들의 솜털은 방한복이나 이불(침낭)에 많이 쓰입니다. 새가 나는 데에 큰 역할을 맡고 있는 것은 칼깃(새 죽지의 주요 부분을 이루는 빳빳하고 긴 깃)과 꼬리깃입니다. 이들 깃의 길이에 따라 새의 전체 모습과 인상이 달라집니다. 매나 칼새처럼 빨리 나는 새와 갈매기처럼 천천히 나는 새의 날개 모습, 길이 등을 비교해 가며 살펴봅시다.

새의 깃을 주우면

새의 깃은 1년에 한두 번 바뀝니다. 보통 봄에서 여름에 걸쳐 새끼를 다 기르고 나서 털갈이를 하는 새가 많습니다. 깃을 주우면 어느 부분의 것인지를 알아봅시다.

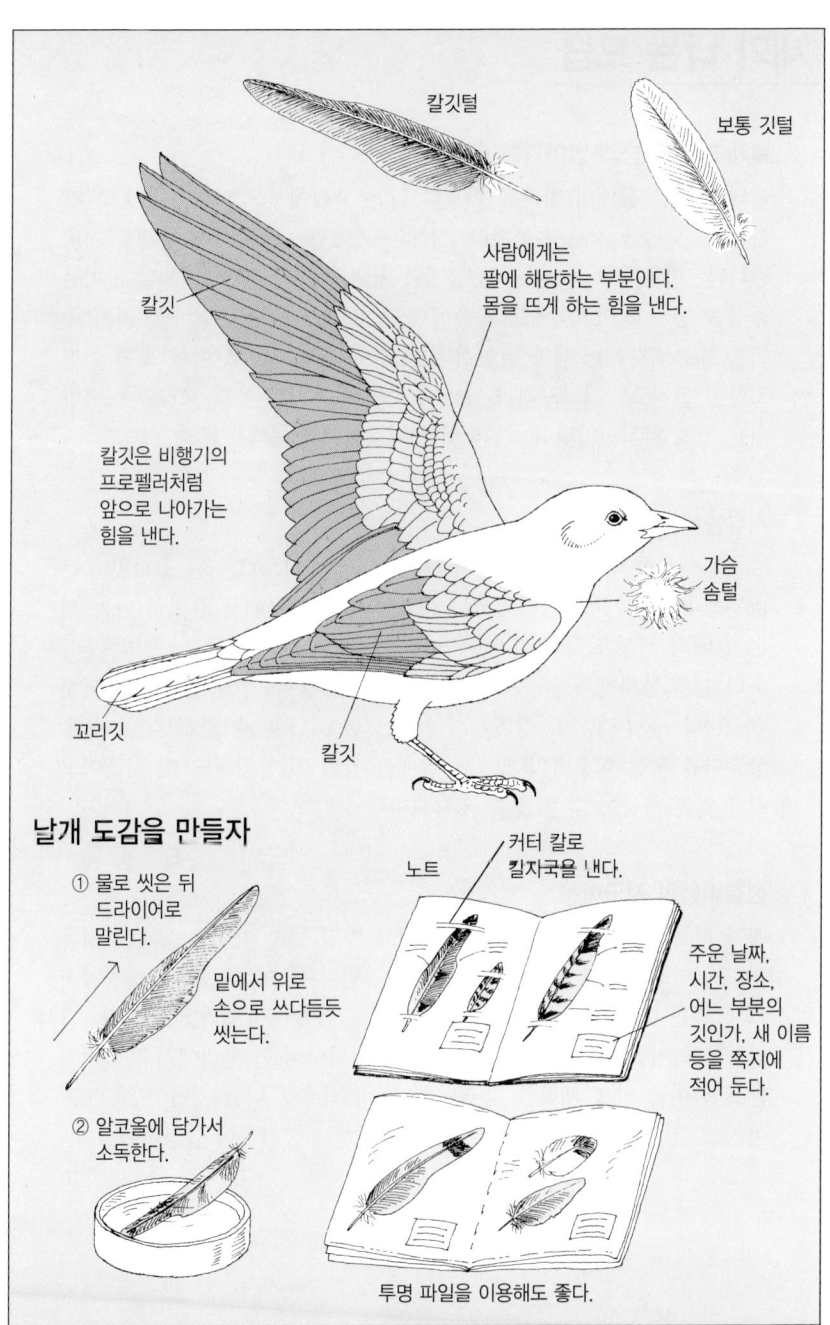

새가 나는 모습

날개 치는 모습과 날아가는 모습

새의 개성은 몸매와 자태뿐 아니라 나는 모습에서도 나타납니다. 날개를 치는 모습을 자세히 봅시다. 참새와 까마귀는 분주하게 날개를 치며 납니다. 비둘기나 직박구리는 날개를 치며 날다가 얼마 동안 날개 치는 동작을 멈추고 미끄러지듯 공중에 몸을 맡겼다가 다시 날개를 쳐서 속도를 내곤 합니다. 새가 날아서 이동한 자리를 선으로 이어 보면 어떤 모양이 될까요? 직박구리가 날아서 이동한 자리는 물결 모양인데 까마귀는 거의 일직선입니다. 다른 새들도 관찰해 봅시다.

기류를 이용하는 새

'이 새는 이런 식으로 나는데 저 새는 왜 저런 식으로 나는 걸까?' 하는 의문을 가지는 것이 관찰에서는 중요합니다. 상공에서 천천히 나는 새는 갈매기 말고도 독수리와 매가 있습니다. 그런데 참새나 직박구리, 오리 같은 물새가 독수리처럼 나는 경우가 있을까요? 아무래도 없을 것 같습니다. 독수리, 매, 갈매기는 기류를 타고 나는 새들입니다. 이들은 상승기류를 잘 이용하기 때문에 날개를 거의 치지 않고도 몇 시간이고 여유 있게 하늘에 더 있을 수 있습니다.

정찰비행과 저공비행

매가 하늘 높이 떠서 기류에 몸을 싣고 빙빙 돌며 아래를 살피는 것은 왜 그럴까요? 바로 먹이를 찾고 있는 것입니다. 이처럼 매가 하늘에서 크게 원을 그리며 주위를 빙빙 도는 것을 '정찰비행'이라고 합니다. 그러다가 먹이를 찾아내면 날개를 천천히 퍼덕이며 한 자리에서 움직이지 않고 먹이를 잡을 채비를 갖추는데, 이런 식으로 나는 것을 '저공비행'이라고 합니다. 그 다음에 매는 먹이를 향해서 쏜살같이 급강하합니다.

일직선으로 난다

물결 모양으로 난다

종류에 따라서 물결의 크기가 다르다.

정찰비행   저공비행

별로 날개를 치지 않고 기류에 몸을 맡긴다.

먹이를 노릴 때의 모습

앞에서 본 나는 모습(독수리, 매 종류)

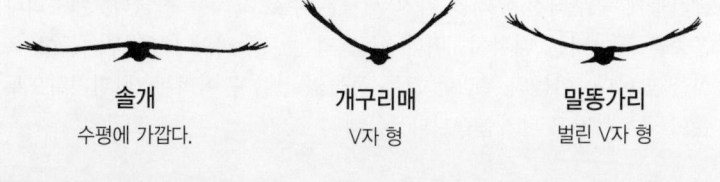

솔개
수평에 가깝다.

개구리매
V자 형

말똥가리
벌린 V자 형

먹이를 먹는 모습과 부리

먹이를 먹는 모습

새의 부리를 자세히 봅시다. 가늘고 긴 것, 날카롭고 구부러진 것 등 부리 모양과 크기가 저마다 다른 것은 모두 먹이와 깊은 관계가 있습니다. 이빨이 없는 새들은 무슨 먹이를 어떤 식으로 먹는지를 쌍안경을 써서 관찰합시다.

굵은 부리를 가진 새

참새나 제비보다 더 굵은 부리를 가진 새가 있습니다. 콩새, 멋쟁이새, 큰부리밀화부리, 집에서 기르는 문조입니다. 두툼하고 단단해 보이는 이들 부리는 곡식의 껍질이나 딱딱한 나무 열매를 까는 데에 편리합니다. 그중에서도 위아래가 엇갈린 솔잣새의 부리는 특이합니다. '저런 부리로 어떻게 먹이를 먹는 걸까?' 하고 궁금해 하는데, 솔방울을 벌려서 그 안에 있는 잣을 파먹는 데에는 이보다 더 좋은 도구가 없습니다.

긴 부리를 가진 새

오색딱따구리는 나무껍질 뒤에 숨어 있는 벌레를 먹습니다. 그러기 위해서는 부리가 길고 단단해야 좋습니다. 물총새는 재빨리 물속에 날아들어 물고기를 물어 내는데 이때에도 길고 단단한 부리가 큰 몫을 합니다. 부리가 긴 새들 중에서 대표 선수는 도요새입니다. 도요새는 조개, 게, 갯지렁이 등 모래나 진흙 속에 숨어 사는 생물들을 그 긴 부리를 써서 꺼내 먹습니다.

날카롭게 구부러진 부리를 가진 새

날카롭게 구부러진 부리를 가진 새들은 주로 육식을 합니다. 개구리나 곤충을 잡아먹는 때까치, 쥐나 뱀을 먹는 독수리와 매의 무리들이 육식을 합니다. 이들의 부리는 모두 동물의 살을 뜯어먹는 데 편리하도록 끝이 구부러지고 날카롭습니다.

새의 여러 가지 발 모양

새의 발을 보자

새의 발은 날개나 부리에 비해서 그다지 눈에 뜨이지 않고, 새들이 움직이는 탓으로 자세히 볼 기회가 드뭅니다. 나뭇가지에 앉아 있을 때에도 깃털에 가리기 때문에 잘 보이지 않습니다. 그런데 자세히 보면 새의 발은 부리에 못지않게 그 모습이 가지가지이며 볼수록 흥미를 끕니다. 새의 발가락은 보통 넷입니다. 그 넷이 모두 앞을 보고 있는 새도 있고, 그중에 셋만 앞을 보고 있는 것, 또는 앞과 뒤에 둘씩 나뉘어 있는 것 등이 있습니다. 발가락 사이에 막이 있는 것도 있습니다.

물갈퀴가 달린 발

기러기, 오리, 갈매기 등 물새의 발에는 물갈퀴가 달려 있습니다. 백로나 도요새의 발에도 작기는 하지만 역시 물갈퀴가 달려 있습니다. 물떼새 무리 가운데에는 위에서 이야기한 것과 달리 발가락이 셋인 것이 많고, 세 발가락 사이에 작은 물갈퀴가 달려 있습니다. 재미있는 것은 논병아리나 쇠물닭 무리의 발입니다. 발가락 가장자리에 물고기의 지느러미 같은 것이 달려 있는데, 발을 뒤로 찰 때에는 펼쳐지고 앞으로 보낼 때에는 오므라져서 헤엄치기도 좋고 특히 무자맥질할 때 아주 편리하게 되어 있습니다.

발가락의 위치와 자세의 관계

물새 이외에 거의 모든 새는 발가락이 앞에 셋, 뒤에 하나이거나 앞에 둘, 뒤에 둘입니다. 발가락이 앞뒤에 각각 둘이 있는 새는 부엉이, 앵무새, 딱따구리인데, 이들 새의 자세가 발가락 모양과 어떤 관계가 있을까 생각해 봅시다. 이 밖에 털에 가려진 발을 가진 것으로 부엉이, 흰털발제비 등이 있고, 발톱이 매우 발달한 새에는 독수리와 매 등이 있습니다. 그 이유를 각각 생각해 봅시다.

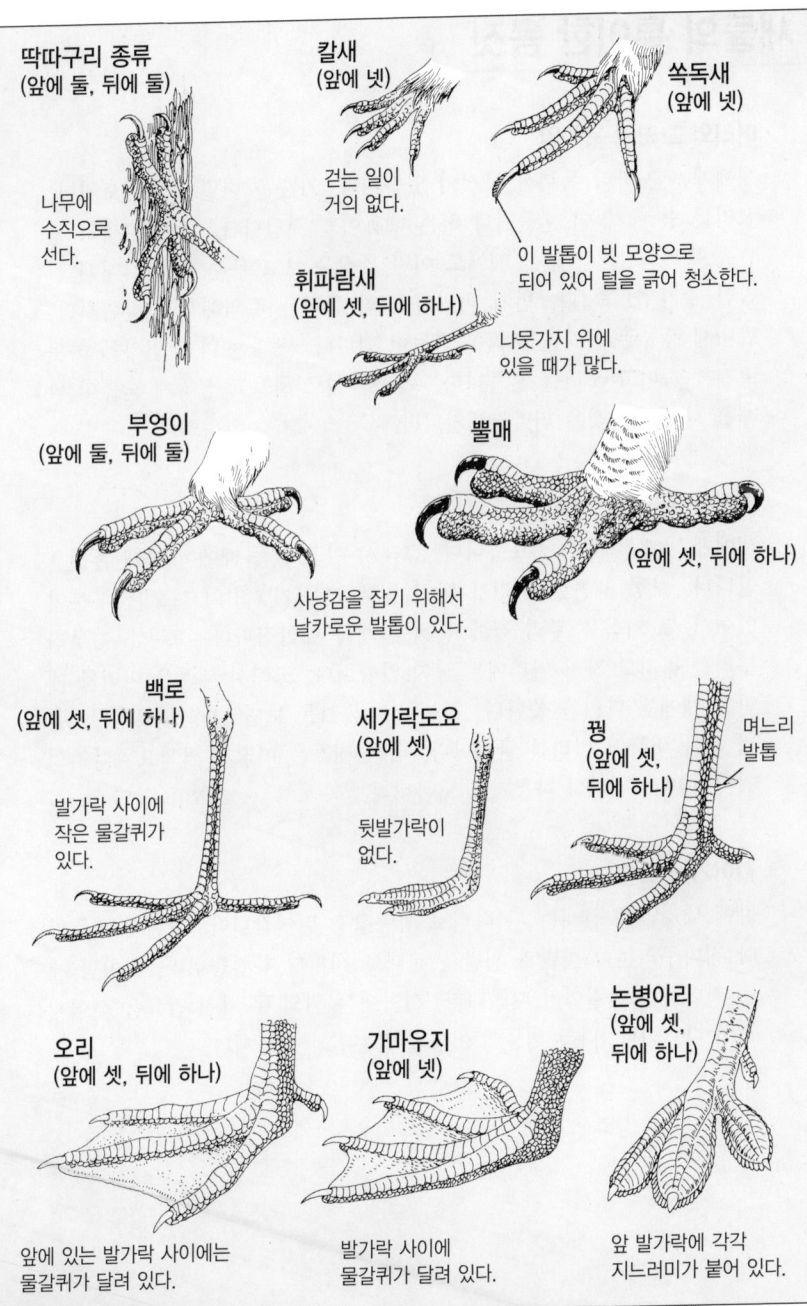

새들의 특이한 몸짓

머리와 꼬리의 움직임

새에게는 저마다 독특한 몸짓이 있습니다. 가슴을 내밀고 노려보거나, 꼬리를 쉴 새 없이 흔들거나 하는 행동이 그것입니다. 멀어서 새의 모습을 똑똑히 볼 수 없을 때에도 이런 몸짓을 보고 무슨 새인지 대개 짐작할 수가 있습니다. 먼저 머리와 꼬리 동작을 주의해서 관찰합시다. 할미새 종류는 기다란 꼬리를 흔들어 댑니다. 딱새는 마치 인사를 하듯 고개를 숙이고 꼬리를 흔듭니다. 꼬리를 위로 쳐들고 심하게 흔들며 날개를 퍼덕이는 것은 휘파람새입니다.

머리를 매만지는 몸짓

새에게 날개는 매우 중요합니다. 그래서 쉬고 있을 때에는 날개 손질을 합니다. 보통 새들은 꼬리가 달린 밑에 기름(지방질)이 나오는 부분이 있어서 그 기름을 부리 끝에 묻혀 날개를 매만집니다. 그런데 아무리 부리를 돌려도 자기 머리에는 닿지 않습니다. 그래서 새들은 머리를 매만질 때에는 다리를 씁니다. 참새나 비둘기를 보면 날개 위로 발을 올려 몸을 비틀어 머리를 긁습니다. 다른 새들은 어떻게 할까요? 다리의 길이에 따라 저마다 다를지도 모릅니다.

걸어가는 모습

땅에 내려앉은 참새는 두 다리로 깡충깡충 뛰어갑니다. 그런데 비둘기나 직박구리는 오른발과 왼발을 교대로 내디디며 걷습니다. 이처럼 새는 저마다 걸음걸이가 다릅니다. 까마귀는 위의 두 가지 걸음을 섞어서 걸어 다닙니다. 다른 새들이 어떻게 걷는지 살펴봅시다.

# 이상한 습성을 지닌 새

때까치의 이상한 버릇

때까치는 '개고마리'라고도 부릅니다. 때까치는 9월에서 10월에 걸쳐서 볼 수 있는데 때까치가 '끼익' 하고 그 독특한 소리로 울면 가을이 왔다는 신호이기도 합니다. 그런데 때까치는 추워지면 따뜻한 남쪽으로 이동해 갑니다. 때까치는 다른 새에게서 볼 수 없는 이상한 습성이 있습니다. 개구리나 도마뱀 등 먹이를 잡으면 그것을 나뭇가지 끝이나 철조망 등의 뾰족한 곳에 꿰어 놓습니다. 마치 꼬치구이를 하는 식인데 왜 그런 습성이 있는지 아직도 잘 알려져 있지 않습니다. 어디에 무슨 먹이를 꿰어 놓는지, 시기에 따라 먹이가 어떻게 달라지는지를 주의해서 살펴봅시다.

영리한 까마귀

소풍을 가서 잠시 주의를 돌린 사이에 까마귀가 음식을 물고 날아갔다든가, 거리의 쓰레기장에서 까마귀가 비닐 주머니를 뜯고 안에 든 것을 꺼내 놓았다든가 하는 이야기를 가끔 듣습니다. 까마귀는 영리한 새입니다. 사람들이 하는 일들을 높은 곳에 앉아서 모두 보고 있습니다. 까마귀는 딱딱한 호두를 입으로 물어 높은 곳에서 밑으로 떨어뜨려서 까먹기도 합니다. 어떤 까마귀는 유리구슬이나 병마개처럼 둥글고 반짝거리는 것이면 뭐든지 물고 가서 한곳에 모아 두기도 합니다.

먹이를 잡고 앉아 있던 자리로 다시 돌아오는 딱새

새들은 저마다 먹이를 잡아 오는 방법이 다릅니다. 날아다니는 벌레를 잡아먹는 새가 많은데 딱새는 어떻게 하는지 살펴봅시다. 날씨가 좋은 날, 나뭇가지나 전깃줄에 앉아 있다가 벌레를 보면 재빨리 날아가서 잡은 뒤에 다시 제자리로 돌아와서는 아무일도 없었다는 듯이 앉아 있곤 합니다.

새들의 결혼과 둥지 만들기

봄에 둥지를 만든다

새 둥지는 사람의 집과 같은 것일까요? 새는 종류에 따라 여러 가지 모양으로 둥지를 만드는데, 거기에서 새끼를 기르는 점은 우리 사람의 경우와 같습니다. 그러나 새끼가 어느 정도 자라면 그 집을 떠납니다. 그때까지 사이좋게 지내던 암컷과 수컷은 다시 다른 새들과 어울려서 사는 경우가 많습니다. 새들의 둥지는 새끼를 기르기 위해서 그 기간에만 필요한 것인 것 같습니다.

새끼를 낳기 위한 준비

봄이 되면 암컷과 수컷이 한데 어울려 서로 사랑을 속삭입니다. 수컷이 암컷 앞에서 아름다운 날개를 펴 보이거나, 머리를 위아래로 흔들거나 소리 내서 지저귀기도 합니다. 새에 따라 저마다 그 몸짓이나 행동이 다르지만, 모두 사랑을 속삭이는 동작인 것은 틀림없습니다. 가끔 수컷이 먹이를 물어다가 암컷 입에 넣어 주는 일도 있습니다. 이런 모습은 다른 계절에는 볼 수가 없습니다. 운 좋게 볼 기회가 있으면 놀라게 하지 말고 그들의 행동을 주의해서 관찰합시다.

둥지 만들기

한 쌍이 된 암컷과 수컷은 둥지를 만든 다음 알을 낳고 새끼를 기릅니다. 둥지는 땅바닥을 그대로 이용한 간단한 것에서부터 나무 위 높은 곳에 지푸라기나 마른 잎을 차곡차곡 쌓아서 만든 것에 이르기까지 가지각색입니다. 자기 둥지를 따로 만들지 않고 다른 새 둥지에 알을 낳는 얌체 새도 있습니다. 뻐꾸기나 두견이가 바로 그렇습니다. 만일 새 둥지가 보이면 멀리서 쌍안경으로 관찰합시다. 새끼를 기르는 기간에는 새들의 신경이 날카로우므로 특별히 주의해야 합니다. 새가 새끼를 다 기르고 떠난 둥지를 찾았으면 가까이 가서 자세히 살펴봅시다.

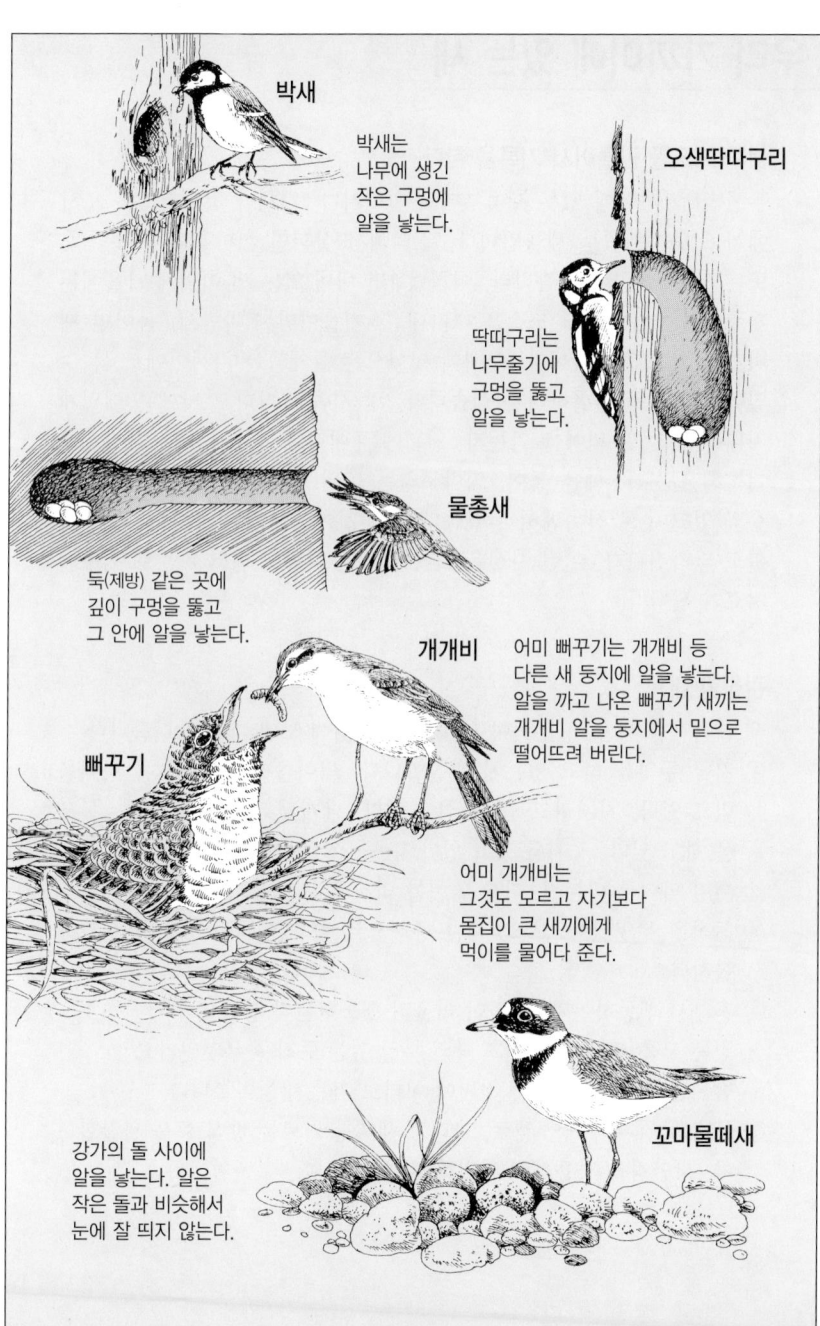

우리 가까이에 있는 새

생물 지도를 만들어서 기록을 한다

우선 집 가까이에 있는 새들부터 관찰합시다. 참새나 참비둘기는 도시에서도 볼 수 있는 새들입니다. 주의해서 살피면 까마귀나 직박구리, 또는 박새도 볼 수 있습니다. 이처럼 1년 내내 있는 새 이외에 가을에는 개똥지빠귀(티티새)도 모습을 나타내고, 겨울이면 휘파람새, 봄이면 제비가 날아오기도 합니다. 도시에 찾아오는 들새들은 가까이에서 볼 수 있어서 비교적 관찰하기가 쉽습니다. 몇 시쯤 나타나고 낮에는 어떻게 지내는지, 어떤 먹이를 먹는지, 저녁에는 어디로 가는지 등을 계속해서 기록해 둡시다. 예를 들어, 직박구리는 10년 전에는 도시에서 거의 볼 수 없었고 주로 산속에서 살았습니다. 환경이 도시로 바뀌면 새들의 생활도 달라집니다. 이런 사실을 기록해 두면 나중에 여러 가지로 귀중한 자료가 됩니다.

관찰할 내용

새를 관찰할 때 알아 두어야 할 내용을 정리해 보면 다음과 같습니다.
① 지금 무엇을 하고 있는지 관찰합니다. 먹이를 구하고 있다, 먹이를 먹고 있다, 지저귀고 있다, 쉬고 있다, 날개 손질을 하고 있다, 목욕을 하고 있다, 둥지를 짓고 있다 등.
② 어떤 먹이를 먹는지, 다른 먹이는 먹지 않는지 살펴봅니다.
③ 천적은 무엇일까요? 그 새를 중심으로 한 먹이사슬(12쪽)을 생각해 봅시다.
④ 혼자서 행동하는지, 여럿이 어울려 행동하는지 살펴봅니다.
⑤ 걷는 모습, 뛰는 모습, 그 밖의 특징 있는 동작은 무엇인가요?
⑥ 밤에는 어디서 자는지, 저녁에 어디로 가는지 알아봅니다.
⑦ 둥지의 위치, 모양, 재료, 그리고 새끼를 기르는 방식 등을 관찰합니다. 쌍안경을 사용하여 세밀하게 관찰합시다.

참새 - 사람과 함께 산다

참새에게 거리는 안전한 곳
참새는 사람과 가장 가까이에서 삽니다. 인가가 없는 곳에 참새가 살지 않는 것을 보면 알 수 있습니다. 참새는 곤충, 나무 열매, 풀의 씨, 곡식 등을 먹는 잡식성 새입니다. 사람이 버리는 먹다 남은 밥 찌꺼기도 먹습니다. 거리에는 참새가 먹을 것이 많은데다 독수리나 매 같은 무서운 적도 없습니다. 그래서 참새에게 거리는 안전한 곳입니다.

집 짓는 것을 관찰하자
참새는 2월경부터 집을 짓습니다. 전에는 집의 벽이나 전봇대 등에 있는 구멍을 이용했지만 콘크리트 집이 늘다 보니 요새는 참새들도 집을 짓는 데에 어려움을 겪습니다. 그러나 그들 나름대로 머리를 쓰고 있습니다. 집의 환기 구멍을 이용하거나, 제비가 쓰고 간 빈 둥지를 이용하거나, 때로는 제비가 짓고 있는 미완성 둥지를 가로채기도 합니다. 참새는 2~3월부터 여름에 걸쳐 두세 번 번식합니다. 한 번에 4~8개의 알을 낳고 그 알은 2주일 정도 지나면 부화합니다. 어미 새는 곤충의 애벌레 등을 물어다가 새끼에게 먹입니다. 그런데 새끼들 가운데에는 제대로 자라지 못하는 것도 있으므로 건강하게 자라서 둥지를 떠나는 새끼 참새는 알의 절반 정도입니다. 새끼의 부리는 가장자리가 노랗고 털이 보들보들하며 몸 움직임이 서툽니다. 어미 새가 어떻게 새끼를 대하는지 관찰합시다.

참새들이 자는 곳을 찾아본다
새끼 기르기가 끝나는 8월 말부터 가을에 이르기까지 참새들은 저녁에 떼를 지어 잘 곳을 찾아갑니다. 낮에 날아다니는 수와는 비교할 수 없이 큰 떼를 지어서 이동하기도 합니다. 그들이 자는 곳은 공원의 숲일 때도 있고 강가의 참억새 밭일 때도 있습니다. 이 밖에 참새 떼가 자는 곳이 어디인지 알아봅시다.

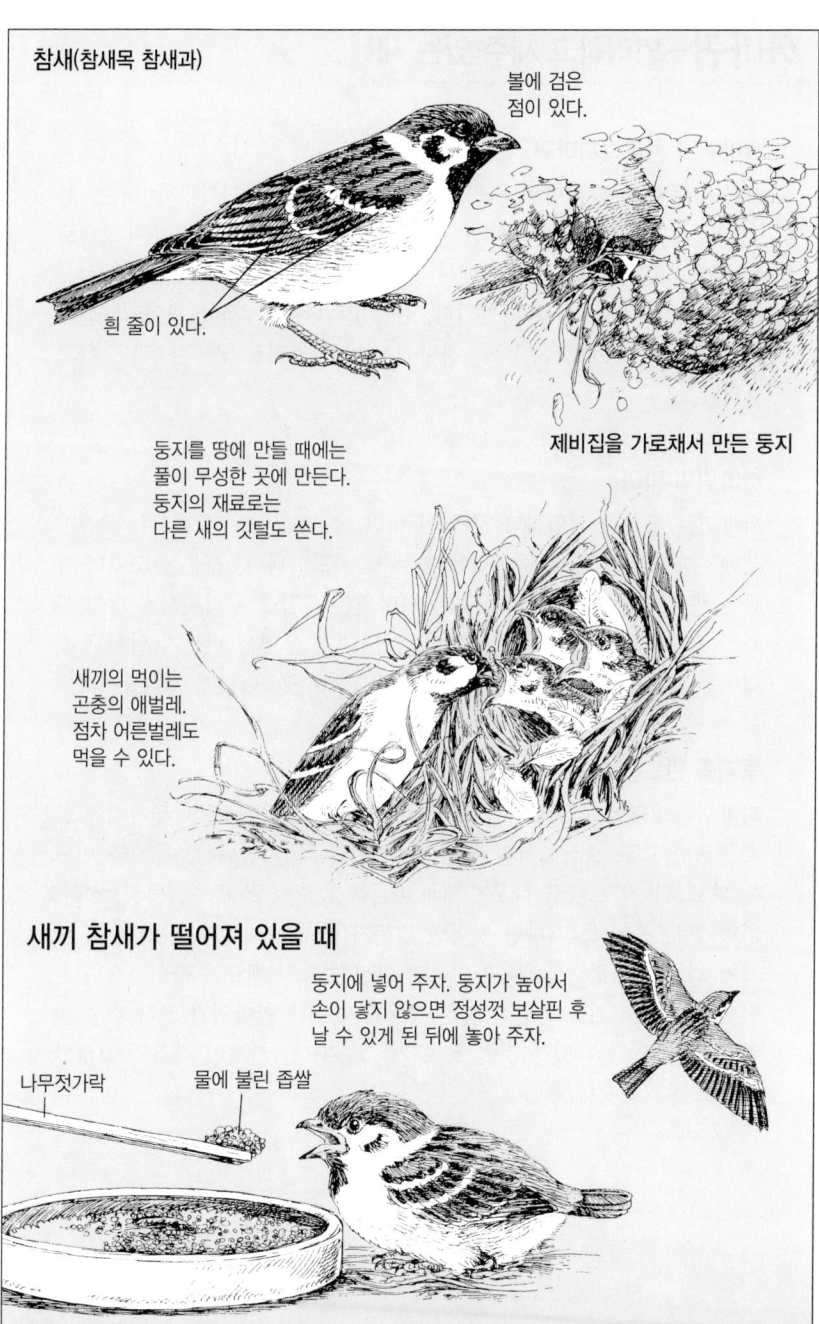

까마귀 - 영리하고 재주 있는 새

까마귀와 큰부리까마귀

까마귀 종류에는 까마귀와 큰부리까마귀 등이 있습니다. 까마귀는 산속, 도시, 바닷가 등에서 볼 수 있습니다. 큰부리까마귀는 이름 그대로 부리가 크고 굵습니다. 교외에서 볼 수 있는 것은 주로 까마귀입니다. 우는 소리도 둘은 서로 다릅니다. 큰부리까마귀는 '까아 까아 까오 까오' 하고 맑은 소리로 우는데, 까마귀는 탁한 소리로 '과-과-과-' 하고 웁니다.

까마귀의 먹이

까마귀는 잡식성 새입니다. 사람이 버린 밥 찌꺼기도 먹습니다. 그래서 쓰레기장에 있는 비닐 주머니를 헤쳐 놓기도 합니다. 죽은 물고기나 동물의 썩은 고기도 곧잘 먹습니다. 까마귀는 사람을 두려워하지 않고 가까이 오므로 관찰하기가 좋습니다. 까마귀가 무엇을 먹는지 알아보고, 먹이를 그 자리에서 먹는지 다른 곳으로 가져가서 먹는지 살펴봅시다.

둥지를 만드는 재료

까마귀는 3월에서 6월에 걸쳐서 둥지를 만듭니다. 높은 나뭇가지에 둥지를 만들므로 관찰하려면 쌍안경이 있어야 편리합니다. 둥지를 만드는 재료로는 가느다란 나뭇가지나 마른풀을 주로 쓰고 줄, 털실, 철사, 머리카락, 종이 등 기다란 것이면 뭐든지 둥지의 재료가 됩니다. 이 시기에 먹이 이외의 것을 물고 있으면 그것은 둥지 재료가 틀림없습니다. 한편 가을에서 겨울에 걸쳐 높은 나뭇가지 위에 까마귀가 쓰다 버린 둥지가 그대로 걸려 있는 것을 볼 수가 있습니다. 가까이 다가가서 쌍안경으로 살펴봅시다.

제비 – 봄을 알린다

제비를 처음 본 날을 적어 두자

지루한 겨울이 언제쯤 끝나나 기다리고 있는데 어느 날 갑자기 제비를 보면 봄이 온 것을 알게 됩니다. '강남 갔던 제비가 돌아오면…' 하는 동요도 있듯이 제비는 추운 겨울에는 지구 남쪽의 따뜻한 지역, 즉 필리핀, 인도네시아 등으로 날아갔다가 따뜻해지면 우리나라로 찾아옵니다. 한 해 중, 어떤 생물을 처음 본 날을 기억해 두면 그 생물의 생태를 연구하는 데에 도움이 됩니다. 마찬가지로 그 생물이 다른 곳으로 떠나가서 마지막으로 본 날도 기록해 둡시다. 그런데 처음 본 날은 기록하기가 쉽지만 그 해에 마지막으로 본 날을 기록하기는 어렵습니다. 언제 떠났는지 모를 때가 많기 때문입니다. 제비는 보통 3~4월에 오고 8~10월에 걸쳐 우리나라에서 모습을 감춥니다.

제비의 종류

제비는 참새목 제비과에 속하는 철새입니다. 제비과에 속한 것으로는 제비 외에도 귀제비, 흰털발제비, 갈색제비 등을 우리나라에서 볼 수 있습니다. 제비의 다리는 짧고 약해서 걷는 모습은 보잘 것이 없습니다. 그러나 날개와 꽁지가 길고 나는 힘이 좋아서 한 시간에 90km를 날아갑니다. 생김새가 제비와 비슷한 새가 있습니다. 칼새가 그것인데, 따뜻할 때에는 중국 동부 지방이나 우리나라에 있다가 추워지면 제주도나 그 밖의 더운 지방에 가서 겨울을 나고 다시 돌아옵니다.

집 짓기 관찰

제비는 사람이 있는 곳을 좋아합니다. 흔히 처마 끝에 둥지를 짓습니다. 제비가 집을 짓는 데에는 집의 재료가 되는 진흙이 있고 새끼에게 물어다 줄 곤충들이 많은 곳이어야 합니다. 어떤 장소에 어떤 재료로 둥지를 만드는지 구체적으로 관찰합시다.

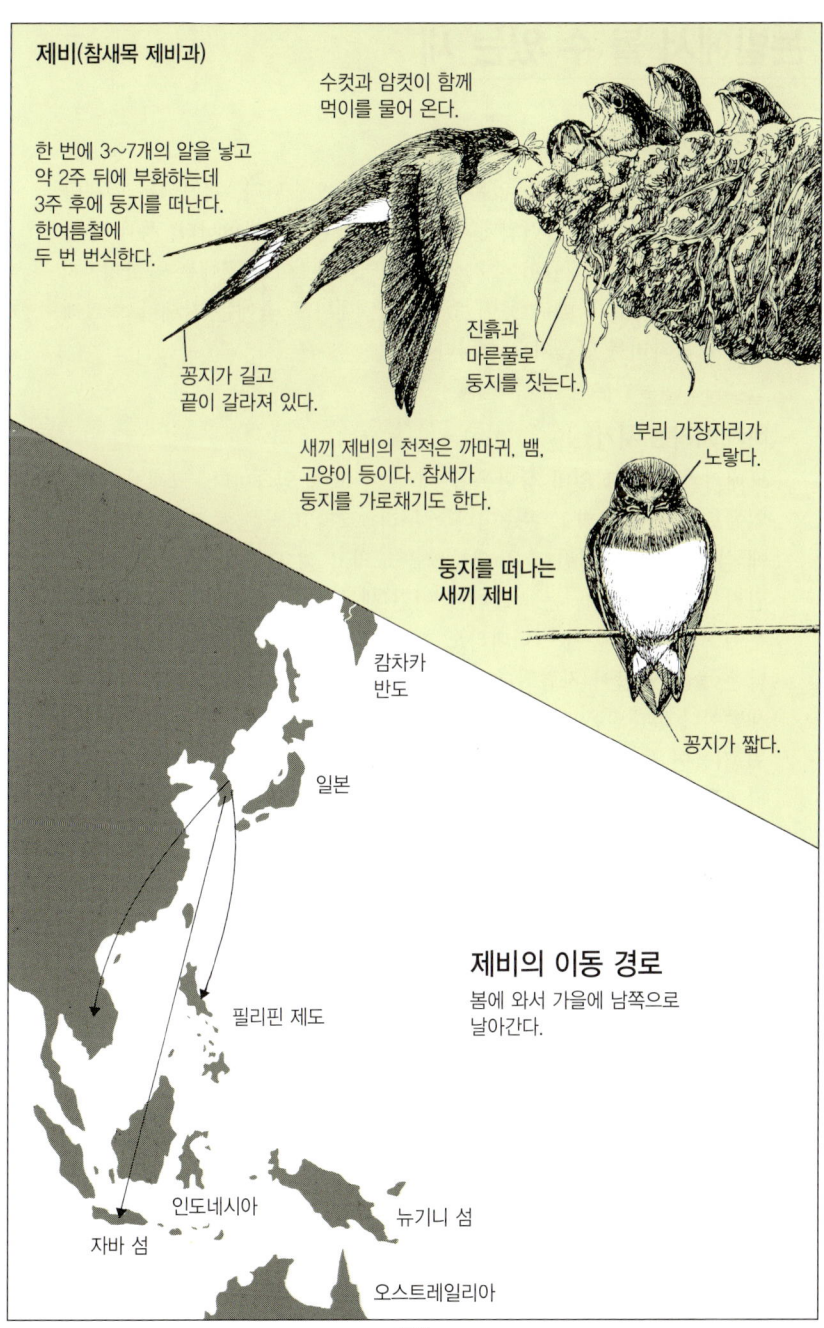

논밭에서 볼 수 있는 새

시골 농가 부근에서
시골에는 도시에서 볼 수 없는 새들이 많이 있습니다. 냇가에는 억새밭이나 갈대밭이 있게 마련인데 새들은 이런 곳을 좋아합니다. 동네 주위나 가까운 뒷산도 새들이 즐겨 찾는 곳입니다. 이런 곳에는 물까치, 찌르레기, 때까치, 까마귀 등이 있습니다. 대나무 숲에는 참새나 찌르레기가 보금자리를 만들기도 합니다.

벼가 자라는 시기
모내기가 끝나고 얼마 동안은 논에 물이 고여 있습니다. 그래서 벼 이외에도 잡초가 자라고 곤충이나 개구리, 그리고 작은 물고기들이 그 안에 살게 됩니다. 이런 작은 생물들을 노리고 해오라기나 도요새 종류가 멀리서 날아듭니다. 논 가운데에 이런 새들이 서 있으면 멀리서도 쉽게 눈에 뜨입니다. 논이 아니더라도 미처 갈지 못한 밭이나 물가에는 키가 낮은 풀들이 많이 자랍니다. 이런 곳은 종달새가 아주 좋아합니다. 억새밭이나 갈대밭은 개개비가 좋아합니다. 이들 새들이 지저귀는 소리를 귀 기울여 들어 봅시다. 그런데 이런 환경이 점점 사라져 가니 정말 안타까운 일입니다.

관찰할 내용
① 새를 발견한 장소가 마른 곳인지 습한 곳인지 알아봅니다.
② 먹이는 무엇일까요?
③ 혼자 있는지, 아니면 떼를 지어 있는지 살펴봅시다.
④ 움직이는 범위가 어느 정도인지, 그리고 저녁에는 어디로 가는지 관찰합니다.
⑤ 곡식에 해를 끼치는 새들은 무엇일까요? 농촌의 아저씨나 아주머니에게 물어봅시다. 만일 그런 새가 있다면 농촌에서는 어떻게 하고 있는지도 알아봅시다.

ptimized
종다리 - 고운 목소리의 주인공

맑고 밝은 새소리

종다리는 주위가 탁 트인 풀밭을 좋아합니다. 이런 곳에서 종다리가 하늘 높이 날면서 고운 목소리로 지저귀는 것을 듣고 있으면 저절로 마음이 들뜨고 즐겁습니다. 옛날 사람들은 이 울음소리를 '노고노고-지리지리-'라고 듣고 종다리를 '노고지리'라고 불렀습니다. "동창이 밝았느냐, 노고지리 우지진다." 하는 우리나라 옛 시조에도 있습니다. 과연 어떤 소리로 들리는지 직접 귀를 기울여 들어 봅시다. 그리고 들은 대로 적어 봅니다.

저마다 다른 생활공간

종다리는 수컷이 암컷을 부를 때와 그 일대가 자기의 생활공간이라는 것을 다른 수컷에게 알리려고 할 때 지저귑니다. 종다리가 쉴 새 없이 지저귀는 시기는 번식기(새끼를 까는 때)인데, 이럴 때 보면 가까이에 둥지가 있습니다. 종다리는 마른 풀숲이 있는 땅에 둥지를 만듭니다. 풀숲에 가려서 쉽게 눈에 뜨이지는 않지만 높은 나뭇가지에 둥지를 만드는 다른 새에 비하면 방비가 허술한 편입니다. 그래서 종다리 어미 새는 위험하다고 느끼면 곧바로 둥지로 가지 않고 둥지에서 떨어진 곳에 내려앉아서 적의 눈을 속이고, 그 뒤에 풀 속을 재빠르게 걸어서 새끼들이 기다리는 둥지로 갑니다.

관찰할 내용

① 종다리가 지저귀는 소리를 처음 들은 날짜를 적어 둡시다.
② 지저귀고 있는 위치와 풀숲에 내려앉는 위치를 알아봅니다.
③ 둥지를 찾았다고 해서 가까이 가지 말고, 쌍안경으로 멀리서 관찰합니다.
④ 여름과 가을에 걸쳐서 어떤 행동을 하는지 살펴봅시다. 이때에도 지저귀는지 알아봅니다.

새소리를 듣자

새소리의 두 가지 구분

새는 왜 울까요? 만일 우리가 새들의 말을 안다면 이 세상이 훨씬 더 재미있을지도 모릅니다. 그러나 우리는 새소리를 듣고 '아마 이런 뜻이겠지.' 하고 짐작할 뿐입니다. 지금까지 알려진 바로는 새소리에는 두 가지가 있다고 합니다. 하나는 친구들끼리 먹이 있는 곳을 알리거나 위험을 알리는 등 연락을 하기 위해서 내는 소리입니다. 즉, 새들이 번식과 관계없이 1년 내내 우는 소리입니다. 또 하나는 수컷이 암컷을 부르는 사랑의 노래입니다. 이때는 '운다'고 표현하는 것보다 '지저귄다'고 해야겠지요.

새소리에 귀를 기울이자

새들이 서로 사랑을 속삭이는 소리는 다른 소리보다 맑고 명랑한 것 같습니다. 이런 지저귐은 봄부터 여름에 걸쳐 새들이 보금자리를 꾸미는 시기에 흔히 들을 수 있습니다. 옛날 사람들은 새소리를 사람들이 쓰는 말에 맞춰서 들어 왔습니다. 예를 들면 두견이가 우는 소리를 "쪽박 바꿔주우." 또는 "홀딱 자빠졌다." 하는 식으로 들었습니다. 또 소쩍새 수컷은 "솥적다. 솥적다." 하며 우는 것으로 들었습니다. 이처럼 새소리는 그렇게 알고 들으면 그런 소리로 들립니다. 그래서 새소리는 나라마다, 사람마다 모두 다르게 표현될 수 있는 것입니다.

들리는 대로 소리를 적어 보자

우리 옛 노래에 "종다리가 지지배배…" 하는 것이 있습니다. 그래서 종다리 우는 소리를 '지지배배'라고 알고 있는 사람도 많을 것입니다. 이 '지지배배'란 소리는 아무래도 들리는 소리 그대로는 아닌 것 같습니다. '삐죽 삐죽죽, 찌ㅡ찌ㅡ찌ㅡ, 빌빌 비르르' 이렇게 아름다운 소리로 지저귑니다. 아니, 그렇지 않다고요? 그럼 좋습니다. 들리는 대로 여러분이 직접 적어 보세요.

들리는 대로 적어 보자

휘파람새
꾀꼴 꾀꼴

소쩍새
후-후-후-

멧비둘기
꾸꾸-, 데데뽀뽀 데데뽀뽀

동박새
삐-쭐

제비
삐찌 삐찌, 지지지지

두견이
키욧 키욧, 쿄 쿄 쿄

멧새
즌, 친, 삣, 쯔쯔, 즌, 쮸라이, 즌

밀화부리
키-코, 키-고고고고

잡목림에서 사는 새

숲 속의 새들

잡목림에는 상수리나무나 졸참나무 등 갈잎넓은잎나무(잎이 넓고 낙엽지는 나무)가 많습니다. 이런 곳에는 오목눈이, 쇠딱따구리, 박새 종류가 많이 삽니다. 늘푸른넓은잎나무가 많은 곳에서는 곤줄박이나 오색딱따구리를 볼 수가 있습니다. 오색딱따구리, 청딱따구리, 쇠딱따구리 등 딱따구리의 무리들은 모두 그 동작이 익살스럽고 재미있습니다. 딱따구리 종류는 지저귀는 대신 나무줄기를 부리로 쪼아서 소리를 내며 신호를 보냅니다. '톡톡' 하고 천천히 두들기는 것은 나무껍질 밑에 숨어 있는 벌레를 찾고 있을 때지만, '따다다닥' 하고 빠르게 두들기는 것은 '여기는 내 생활공간이야.'라고 다른 새들에게 알리는 소리입니다.

딱따구리의 나무 두들기는 소리

딱따구리들이 전혀 지저귀지 않는 것은 아닙니다. 쇠딱따구리는 '지이지이' 하고 울며, 오색딱따구리는 '키욧 키욧' 하고 울고, 청딱따구리(메딱따구리)는 '삐요오' 하고 큰 소리로 웁니다. 그런데 봄철의 번식기에는 모두 나무줄기를 부리로 두들기며 '가다 가다 가다' 하는 소리를 냅니다. 이때의 소리는 '내 둥지가 여기 있고 이 주위는 내 생활공간이니 다른 놈들은 가까이 오지 마.'라는 신호이자 경고입니다. 딱따구리는 나무줄기에 구멍을 뚫고 그곳을 둥지로 삼습니다. 그래서 커다란 나무 밑에 톱밥 같은 것이 흩어져 있으면 위에 딱따구리의 둥지가 있다는 것을 알 수 있습니다.

관찰할 내용

① 봄부터 여름에 걸쳐서는 나뭇잎이 무성해서 새의 모습을 찾기가 어렵습니다. 우는 소리를 들으면 그 장소(나뭇가지 등)와 나무의 종류 등을 적어 둡니다.
② 혼자 있는지, 떼를 지어 있는지 살펴봅니다.
③ 어떤 곤충을 먹이로 삼고 있는지 먹이사슬을 생각해 봅시다. 겨울에는 어떻게 지낼까요?

박새-흑백의 귀여운 새

흑백의 얼룩무늬

숲 속에서 제일 눈에 잘 띄는 새가 박새 종류입니다. 박새의 특징은 선명한 흰색과 검은색의 얼룩무늬입니다. 몸집은 참새보다 약간 작습니다. 박새 종류 중에서 곤줄박이만이 예외로 갈색 털이 있으나 나머지는 한결같이 털 색깔이 흰색과 검은색의 혼합이어서 어느 새가 어느 새인지 구분하기 어렵습니다. 다만 목 부근의 얼룩무늬로 구분이 됩니다. 집 가까이에도 가끔 나타나는 새이므로 사귀기가 쉽습니다. 숲 속에 새 둥지를 만들어 주면 다른 새보다 박새가 주로 이용합니다. 새집을 만들어 주면 여러 새들이 좋다고 찾아들 것 같지만 실제로는 그렇지 않습니다. 박새나 참새, 찌르레기가 입주 신청을 할 뿐, 다른 새들은 사람이 만들어 놓은 새집을 좋아하지 않습니다.

떼 지어 사는 새

박새들은 번식기가 아니면 떼를 지어서 삽니다. 한데 어울리는 새로서는 동고비나 나무발발이 등 잡목림에서 사는 새들이 있습니다. 박새는 박새과에 속하고, 동고비는 동고비과에 속한 새입니다. 동고비는 회색과 흰색 털을 가진 수수한 새인데 박새보다 꼬리가 짧습니다. 그리고 머리를 밑으로 해서 나무줄기를 거꾸로 내려오는 특기를 지니고 있는데 그 움직이는 모습이 신기합니다. 한편 나무발발이는 나무줄기의 뿌리 쪽에서 꼭대기까지 꽁지와 발을 이용해서 나선형으로 재빠르게 기어오르면서 먹이를 찾습니다.

먹이를 먹는 모습

나무 열매나 곤충을 잡아먹는 박새들을 보면 발로 먹이를 꽉 누르고 부리로 물어뜯습니다. 모든 새가 이처럼 발을 쓰는 것은 아니며 발을 쓸 수 있는 새가 따로 있습니다. 독수리나 매 등의 맹금류와 까마귀, 그리고 동박새와 박새 종류의 새들입니다. 어떤 식으로 발과 부리를 쓰는지 자세히 관찰합시다.

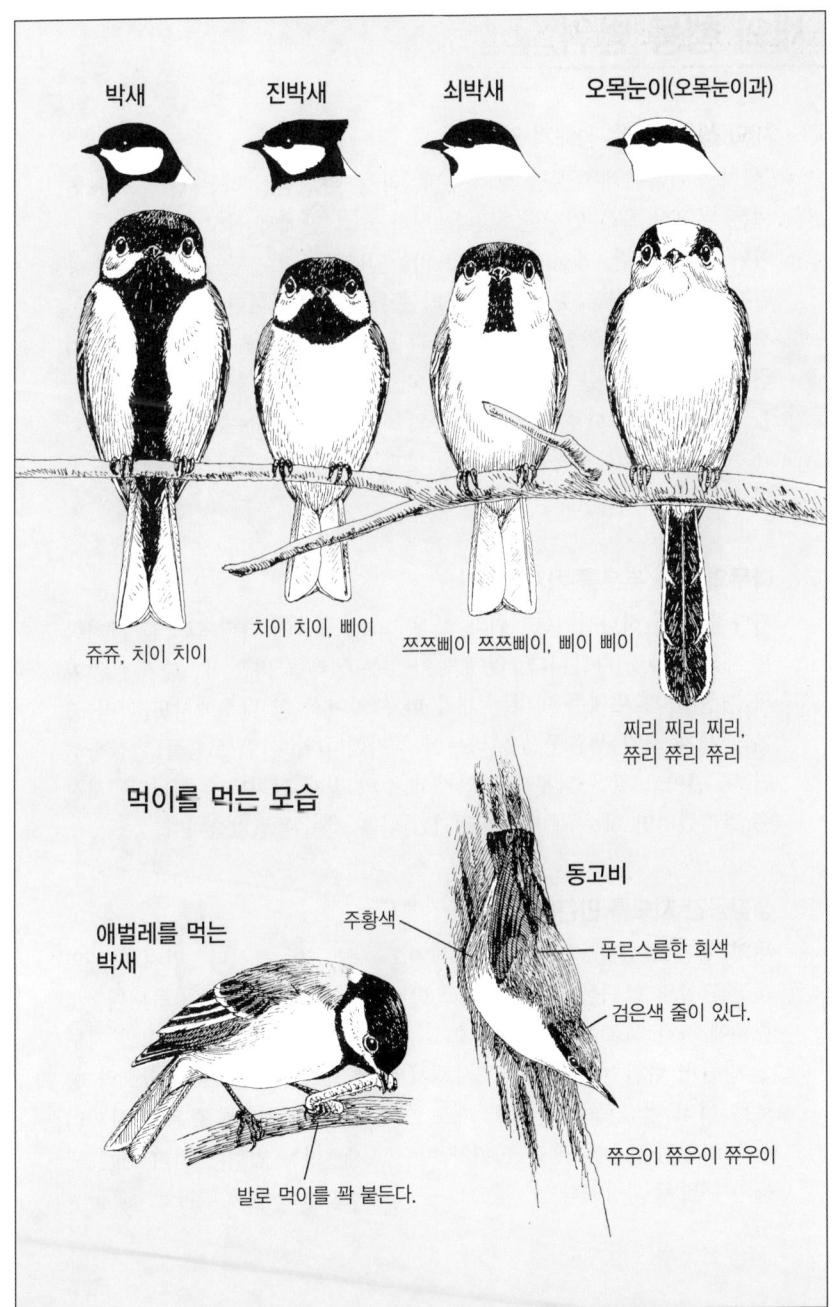

새의 행동 범위

새의 생활공간은 정해져 있다

"새처럼 자유롭게 하늘을 살고 싶다."라는 말을 곧잘 하는데, 알고 보면 새는 비교적 좁은 일정한 공간을 정하고 그 안에서 살고 있습니다. 논이나 밭, 잡목림, 개울가, 그리고 바늘잎나무가 많은 높은 산림지대 등 환경이 달라지면 그곳에 사는 새의 종류도 달라집니다. 우리의 눈에는 경계선이 보이지 않지만 새들은 자기들의 생활공간을 정하고 서로 자기 권리를 주장하며 살고 있습니다. 이러한 생활공간을 형성하는 조건으로는 ①숲에 있는 나무의 종류 ②숲의 모습과 인상(밝은지 어두운지, 주위가 트였는지 막혔는지 등) ③계절 ④낮과 밤 ⑤나무의 위쪽과 아래쪽 등이 있습니다.

나무의 어느 부분을 차지하는가

커다란 나무 하나를 보면 위와 아래, 또는 중앙에 따라 그곳을 차지하는 새의 종류가 다릅니다. 잎에 붙어 있는 벌레를 먹는 새, 줄기에 앉아서 껍질 속의 벌레를 파먹는 새가 따로 있어서 한 나무에서도 여러 종류의 새가 자기 생활공간을 나누어 차지합니다. 이런 모습을 관찰하려면 몇 번이고 같은 나무를 찾아가서 주의 깊게 살펴봐야 합니다. 시간은 걸리겠지만 아주 재미있는 결과가 나올 것이 틀림없습니다.

생활공간 지도를 만든다

새의 행동 범위를 중심으로 해서 지도를 만들어 봅시다. 먼저 나무의 특징을 살린 그림을 그리고, 새를 발견한 위치에 표시를 해 둡니다. 새 종류에 따라 색깔이나 그림 기호(○, △, ×) 등으로 구별해서 그림 지도를 만들어 나갑니다. 한 번 조사해서 여러 자료를 얻을 수도 있으나 때로는 여러 번 되풀이해야 할 때도 있습니다. 마지막에 같은 표시끼리 선으로 연결합니다. 행동 범위가 비슷한 새, 행동 범위가 전혀 다른 새 등의 구별이 생깁니다.

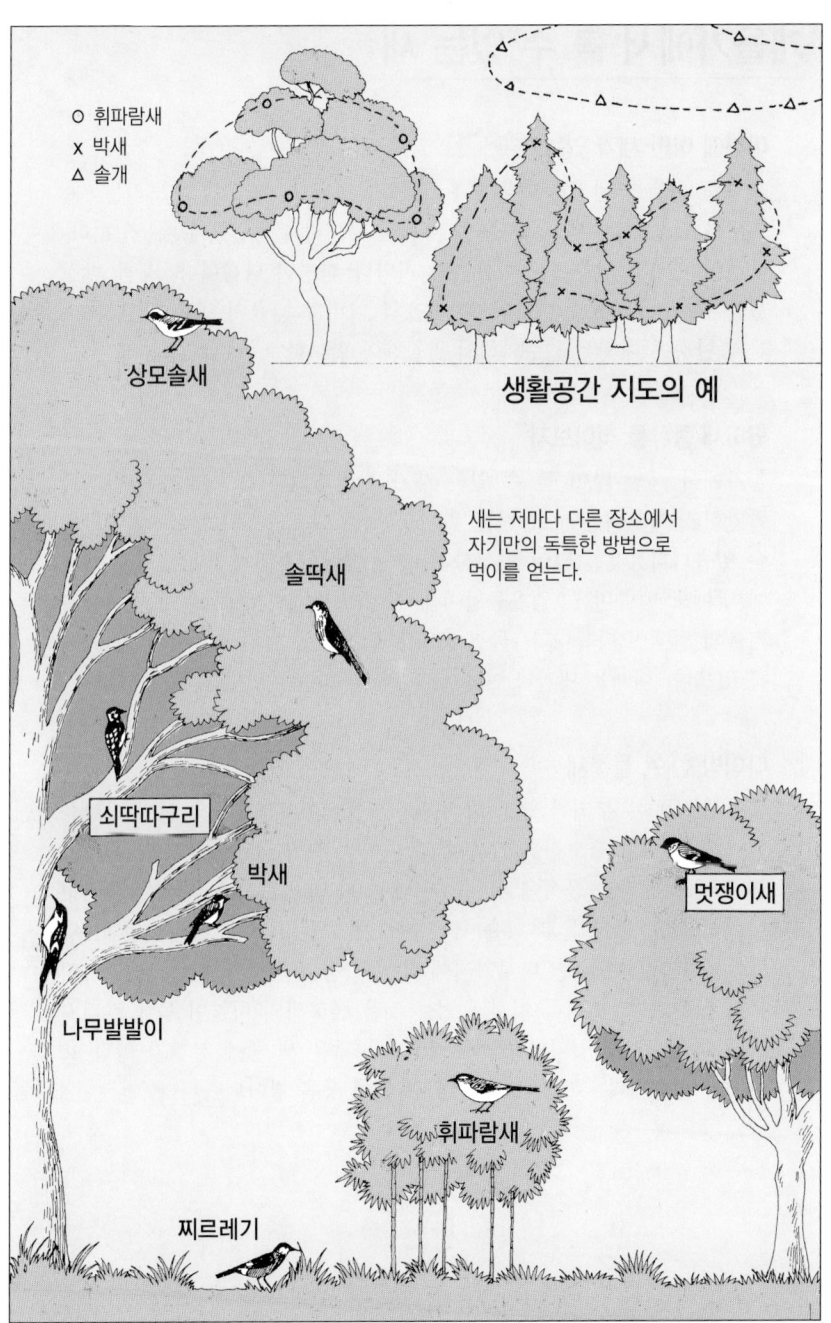

개울가에서 볼 수 있는 새

어디에 어떤 새가 있는가

물가는 들새를 관찰하기에 매우 좋은 곳입니다. 물고기를 노리는 새, 벌레를 잡으려는 새들의 모습을 비교적 자세히 볼 수 있기 때문입니다. 같은 물가라도 상류에서 하류까지 저마다 환경이 다릅니다. 새를 발견했을 때에는 그곳이 어디인지, 개울의 너비가 넓은지 좁은지 등 여러 가지 환경에 대해서도 주의해서 관찰해야 합니다.

할미새 종류를 찾아보자

물가에서 제일 많이 볼 수 있는 새가 할미새입니다. 재빠른 동작으로 활발히 날아다니는데, 꽁지를 위아래로 흔드는 습성이 있어 곧 알아볼 수 있습니다. 제일 많이 번식하는 것은 알락할미새와 노랑할미새인데, 이 밖에도 백할미새, 검은등할미새 등이 있습니다. 백할미새는 여름과 겨울의 털색이 다릅니다. 물결 모양으로 하늘을 날면서 곤충을 잡을 때도 있으나, 대개는 냇가나 여울에서 먹이를 찾아다닙니다.

다이빙 선수, 물총새

물총새(쇠새)는 부리가 크고 털이 아름다워서 누구나 처음 보면 감탄을 합니다. 그리고 물고기를 잡을 때의 다이빙 솜씨는 일품입니다. 물고기를 노리고 있다가 물속에 뛰어들어 다시 물 밖으로 나올 때에는 틀림없이 물고기를 입에 물고 있습니다. 하늘을 나는 모습은 일직선인데, 입에 문 고기를 여러 번 나뭇가지에 때려서 꼼짝 못하게 만든 뒤에 머리부터 삼킵니다. 먹이를 이렇게 먹는 것은 물고기의 비늘이 목에 걸리지 않게 하기 위해서입니다. 물총새와 아주 닮은 새 중에 부리가 빨간 호반새가 있습니다. 호반새도 물고기나 곤충 등을 잡아먹습니다.

오리 – 사이좋은 수컷과 암컷

멋쟁이 수컷과 수수한 암컷

오리는 가을에 우리나라에 와서 겨울을 지내고 다시 다른 곳으로 옮아가는 겨울 철새입니다. 그런데 그중에는 청둥오리처럼 텃새로 점점 정착하고 있는 오리도 있으며, 흰뺨검둥오리처럼 아예 우리나라에서 번식하는 텃새도 있습니다. 오리 종류 중에서 우리가 잘 아는 것으로는 기러기와 고니가 있습니다. 고니는 천연기념물로 지정하여 보호하고 있는 새이기도 합니다. 원앙 역시 천연기념물로 지정되어 있는데 우리나라 텃새지만 일부는 철새입니다. 고방오리는 연못이나 개울가에서 흔히 볼 수 있으며, 특히 수컷은 날개가 화려해서 찾기 쉽습니다. 이에 비해서 암컷은 수수해서 다른 오리와 구분하기가 쉽지 않습니다. 다만 암컷은 언제나 수컷 곁에 있으므로 알아보기가 쉽습니다. 오리 종류는 다른 새와 달리 추운 겨울에 수컷이 암컷과 사랑을 속삭여서 새끼를 낳습니다.

먹이를 잡는 모습

오리가 물 위에 떠다니며 먹이를 잡아먹는 모습을 보면 종류에 따라 행동이 다르다는 것을 알 수 있습니다. 수면에서 이리저리 오가다가 머리를 물속에 박고 먹이를 잡는 오리도 있고, 어떤 종류는 물속으로 뛰어들어 잠수하는 식으로 물속에 있는 먹이를 잡아 올립니다. 먹이를 잡는 모습에 따라 오리 종류를 나눈 것이 다음 쪽의 그림입니다. 이 밖에 어떤 오리가 있는지 눈여겨봅시다. 오리들의 먹이는 벼, 풀씨, 나무 열매, 곤충, 썩은 고기, 수서곤충, 조개, 달팽이, 잠자리 등인데 그중에는 물고기를 잡아먹는 오리도 있습니다. 오리를 관찰할 때는 다음과 같은 내용을 알아봅시다.
① 오리가 몇 종류 있으며 각각 몇 마리인가 봅니다.
② 물속에 들어가서 먹이를 잡는 오리는 몇 초 정도나 물속에 있을까요?
③ 오리들이 발을 어떻게 쓰고 있는지 관찰합니다. 오리를 처음 본 날을 기록해 둡니다.

개펄에서 볼 수 있는 새

개펄에서 영양을 얻는 나그네새

개펄의 진흙에는 강물에서 떠내려온 유기물이 많이 있습니다. 이 유기물은 미생물이 먹고, 미생물은 갯지렁이나 게 등이 잡아먹는데, 이들 갯지렁이나 게를 먹으려고 모여드는 새가 바로 도요새나 물떼새입니다. 도요새나 물떼새는 시베리아나 알래스카 북쪽에서 번식하고 8~10월경에 우리나라와 일본을 지나서 동남아시아 쪽으로 날아갑니다. 그곳에서 겨울을 난 다음 4~6월경에 다시 왔던 길을 되돌아서 북상합니다. 우리나라에는 휴식을 취하고 힘을 얻기 위해서 들릅니다. 이렇게 잠시 들르는 철새를 '나그네새'라고 부릅니다. 우리나라에서 흔히 볼 수 있는 나그네새로는 흰목물떼새, 흰물떼새, 왕눈물떼새, 검은가슴물떼새, 개꿩, 종달도요, 메추라기도요 등이 있습니다. 이들 나그네새를 제일 많이 볼 수 있는 곳이 바닷가나 한강, 낙동강 하구 일대입니다.

겨울에 볼 수 있는 물떼새

개펄에서는 장화를 신지 않으면 걷기가 힘듭니다. 그런데 도요새나 물떼새는 가늘고 긴 다리와 기다란 발가락이 있어서 진흙 위에서도 곧잘 걷습니다. 큰물떼새나 흰물떼새는 강변이나 모래밭에 약간 패인 곳을 둥지 삼아서 3~4개의 알을 낳고 새끼를 깝니다. 개펄에는 가끔 개꿩이 모습을 나타내기도 합니다.

관찰할 내용

① 육지에 가까운 개펄에서 먹이를 찾는지, 아니면 물가 쪽에서 찾는지 살펴봅니다.
② 먹이는 어떤 것일까요?
③ 걸을 때 몸짓의 특징을 알아봅시다.

도요새 - 먹이를 잡아내는 도사

갖가지 모양의 부리

도요새를 보고 있으면 제일 재미있는 것이 부리의 독특한 모습입니다. 머리 크기보다 몇 배나 긴 부리가 있는가 하면, 구부러져 있거나 끝이 넓적한 것도 있어서 그렇게 다양할 수가 없습니다. 이처럼 부리의 모양이 저마다 다른 것은 먹이를 잡는 것과 깊은 관계가 있습니다. 즉, 가늘고 긴 부리는 개펄 구멍에 사는 갯지렁이를 끄집어내기 편하게 만들어진 것입니다. 끝이 넓적하고 편편한 것은 조개가 조금이라도 껍데기를 벌리면 그 좁은 틈에 재빨리 부리를 넣기 위해서입니다.

부리로 먹이를 찾아낸다

도요새와 물떼새는 모두 같은 도요목에 속하는 새들입니다. 물떼새는 커다란 눈으로 재빨리 진흙 속에 숨어 있는 조개나 새우를 찾아내는데, 도요새는 기다란 부리로 진흙 속을 분주하게 뒤지며 먹이를 찾습니다. 도요새의 부리는 단단해 보이지만 실제는 그 끝은 부드럽고 신경이 많이 모여 있습니다. 그래서 진흙이나 모래 속에 있는 갯지렁이나 조개들이 조금만 움직여도 곧 알아차리고 잡아낼 수가 있습니다. 눈으로는 자기에게 다가오는 적을 감시하고, 최첨단 탐지기로 무장된 부리로는 먹이를 물어 내는 것입니다.

관찰할 내용

① 먹이를 어떻게 먹는지 관찰합니다. 껍데기째 먹는 것일까요? 잡은 게는 어떻게 먹을까요? 도요새가 먹이를 먹고 떠난 자리에 어떤 것이 남아 있는지 살펴봅시다.
② 먹이를 잡자마자 먹는지 주의해서 봅니다. 물에 씻어서 먹는 도요새는 없을까요?

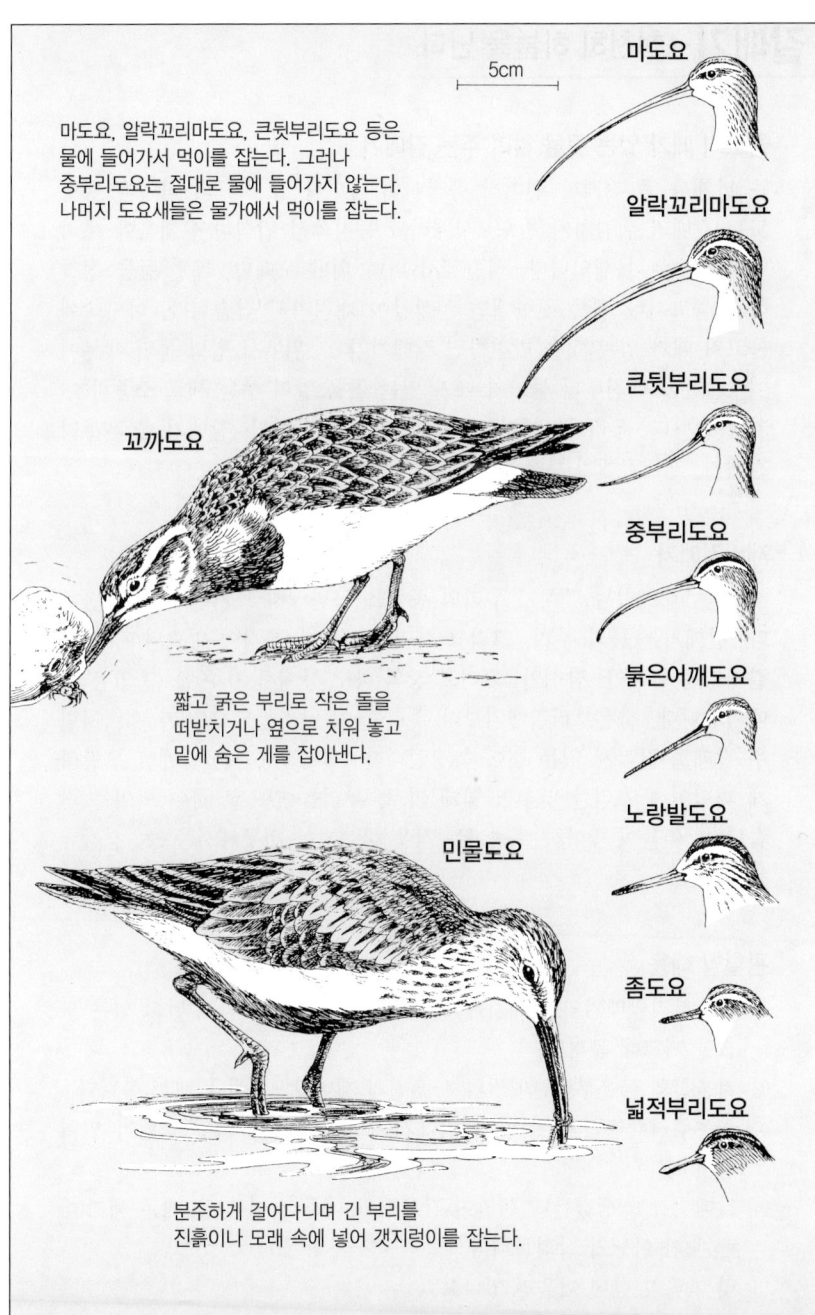

갈매기 - 천천히 하늘을 난다

물고기 떼가 있는 곳을 알려 주는 갈매기

큰 날개를 쭉 펴거나 천천히 움직이며 바다나 강 하구의 하늘을 빙빙 도는 갈매기는 캄차카 반도, 시베리아 등지에서 번식하여 겨울에 우리나라에 오는 물새입니다. 하늘에서 바다 위나 모래밭, 개펄 등을 정찰하고 물고기나 게를 찾아내면 쏜살같이 내려가서 잡습니다. 바닷속에 물고기 떼가 있는 것을 발견하면 갈매기가 그 위에서 빙빙 돌기 때문에 어부들은 오래전부터 물고기 떼가 있는 곳을 알려 주는 새로 소중히 여겨 왔습니다. 우리나라에서는 재갈매기, 괭이갈매기, 갈매기, 붉은부리갈매기, 제비갈매기 등을 볼 수 있습니다.

제비갈매기

하늘을 날고 있는 갈매기 무리의 종류를 구별해서 보기란 쉽지 않습니다. 갈매기는 등과 부리, 그리고 다리의 색깔에 특징이 있습니다. 제비갈매기는 동해안, 남해안, 그리고 강의 하구 등에서 자주 볼 수 있는 갈매기입니다. 붉은부리갈매기보다 부리 끝이 날카롭고 꼬리가 제비처럼 두 갈래로 갈라져 있는 것이 특징입니다. 제비갈매기는 날개를 요란하게 퍼덕이며 꼬리를 낮추어 넓게 펴고, 부리를 밑으로 하여 먹이를 찾습니다. 이들이 좋아하는 먹이는 작은 물고기를 비롯해서 곤충, 갑각류들입니다.

관찰할 내용

① 붉은부리갈매기와 제비갈매기가 서 있는 모습, 그리고 날고 있는 모습을 비교해 봅니다.
② 겨울철의 붉은부리갈매기와 4~5월의 제비갈매기를 비교해 봅니다.
③ 붉은부리갈매기와 괭이갈매기에게는 4~5월경에 어떤 변화가 일어날까요?
④ 갈매기같이 생겼는데 색깔이 갈매기와 다른 것이 있을 때는 새끼(어린 새)가 아닌가 살펴봅니다.
⑤ 몇 마리가 한데 어울려 있나요?

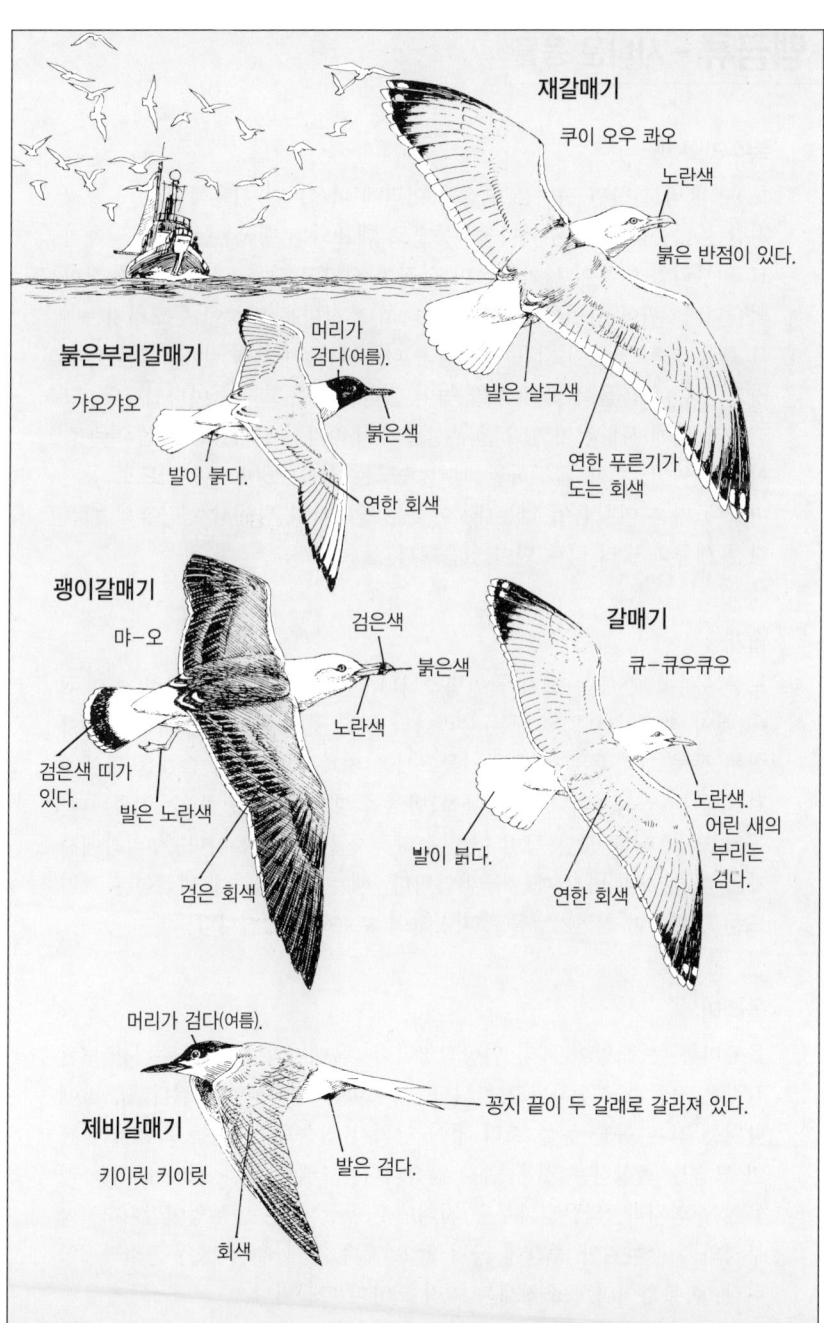

맹금류 - 사나운 동물

독수리와 매

보통 '새'라고 하면 귀여운 모습을 머리에 떠올리기 쉬운데 반드시 그렇지만은 않습니다. 독수리나 매 등으로 대표되는 맹금류는 몸과 날개가 크고 부리와 발톱이 날카로우며 성질이 사납고 다른 새나 동물을 잡아먹습니다. 귀여운 인상보다는 용감하거나 사나운 인상이 두드러지는데 그 행동 역시 몸집이 작은 새들과는 다릅니다. 바쁘게 날개를 퍼덕이지 않고 기류에 몸을 싣고서 하늘 높이 올라가 유유히 떠돌아다닙니다. 그러다가 밑에 사냥감이 있으면 쏜살같이 내려가서 날카로운 발톱으로 잡아 올립니다. 이때 급강하할 때의 속도는 시속 260km나 되므로 공기 마찰에 따른 마찰음이 나는데, 이것을 방지하기 위해서 맹금류의 발은 다른 새들과 달리 털로 덮여 있습니다.

솔개

보통 독수리나 매는 보기가 어렵습니다. 맹금류 중에서 비교적 보기 쉬운 것이 솔개입니다. 솔개는 우리나라 여러 곳에서 겨울을 나는데 살아 있는 동물보다 죽은 동물이나 물고기를 자주 먹습니다. 솔개를 자세히 관찰해 두면 독수리나 매 종류를 만났을 때에 비교해 볼 수 있습니다. 꽁지 모양, 날개 모습 등이 어떻게 다른지를 눈여겨봅시다. 수리과에서 제일 빠른 것이 바로 매(송골매)입니다. 매는 우리나라에 번식하는 보기 드문 텃새이며 천연기념물로 지정하여 보호하고 있습니다.

올빼미

올빼미는 눈 모양이 제일 인상적입니다. 올빼미가 눈으로 주위를 보는 감각은 사람과 비슷하다고 합니다. 올빼미는 야행성인데 쥐나 뱀, 밤에 다니는 작은 동물 등을 소리 없이 덮쳐서 잡습니다. 어둠 속에서 올빼미 모습을 관찰하는 것은 쉽지 않습니다. 그래서 우는 소리에 귀를 기울여야 합니다. 넓은잎나무숲 지대에서 우는 것은 솔부엉이입니다. 솔부엉와 비슷하지만 중간에 끊지 않고 계속 길게 우는 것은 큰소쩍새입니다. 솔부엉이와 큰소쩍새는 머리 모양이 다릅니다.

토해 낸 음식과 발자국

토해 놓은 먹이

새들은 먹이를 통째로 삼켰다가 소화시키지 못한 것은 토해 냅니다. 독수리나 매, 올빼미 같은 맹금류와 물총새나 도요새 같은 물새 종류가 특히 이렇게 할 때가 많습니다. 맹금류는 쥐나 작은 동물을 통째 삼켰다가 뼈나 털 등 위에서 소화시킬 수 없는 것을 토해 냅니다. 도요새 종류는 삼킨 조개나 게의 껍데기 등 소화시키지 못한 부분을 토합니다. 이것을 '펠릿'이라고 합니다.

펠릿을 찾아보자

숲을 걷다가 땅에 새들이 토해 놓은 것이 있으면 그 근처에 새 둥지가 있기 쉽습니다. 조심해서 주위를 살펴봅시다. 저녁에 떼를 지어 모여 있는 장소를 알아 뒀다가 낮에 새가 날아간 뒤에 가서 그 근처를 관찰하도록 합시다.

발자국을 찾았을 때는 스케치를

개펄이나 모래톱, 또는 숲 속의 습한 땅 위에 새의 발자국이 나 있을 때가 있습니다. 앞에서 본 새들의 발 모양이나 걷는 모습 등을 참고하여 노트에 스케치를 해 둡시다. 크기를 재서 기록하면 더 좋습니다. 자를 가지고 있지 않을 때에는 자기의 손가락이나 손바닥 크기와 비교해서 크기를 적습니다. 물갈퀴가 있는지, 발가락은 얼마만큼 벌어지는지, 발톱의 길이와 모양은 어떤지, 걸어간 발자국을 서로 이으면 어떤 모습이 나타나는지, 발자국과 발자국 사이의 거리, 모양 등을 되도록 자세하게 기록합니다. 조류의 발자국에 대한 정확한 도감이 아직 없으므로 자기가 직접 만들어 보겠다는 마음으로 하나하나 기록해 두면 즐겁기도 하고 유익한 자료가 됩니다. 발자국이 뚜렷하면 석고를 써서 본을 뜨는 것도 좋은 방법입니다.

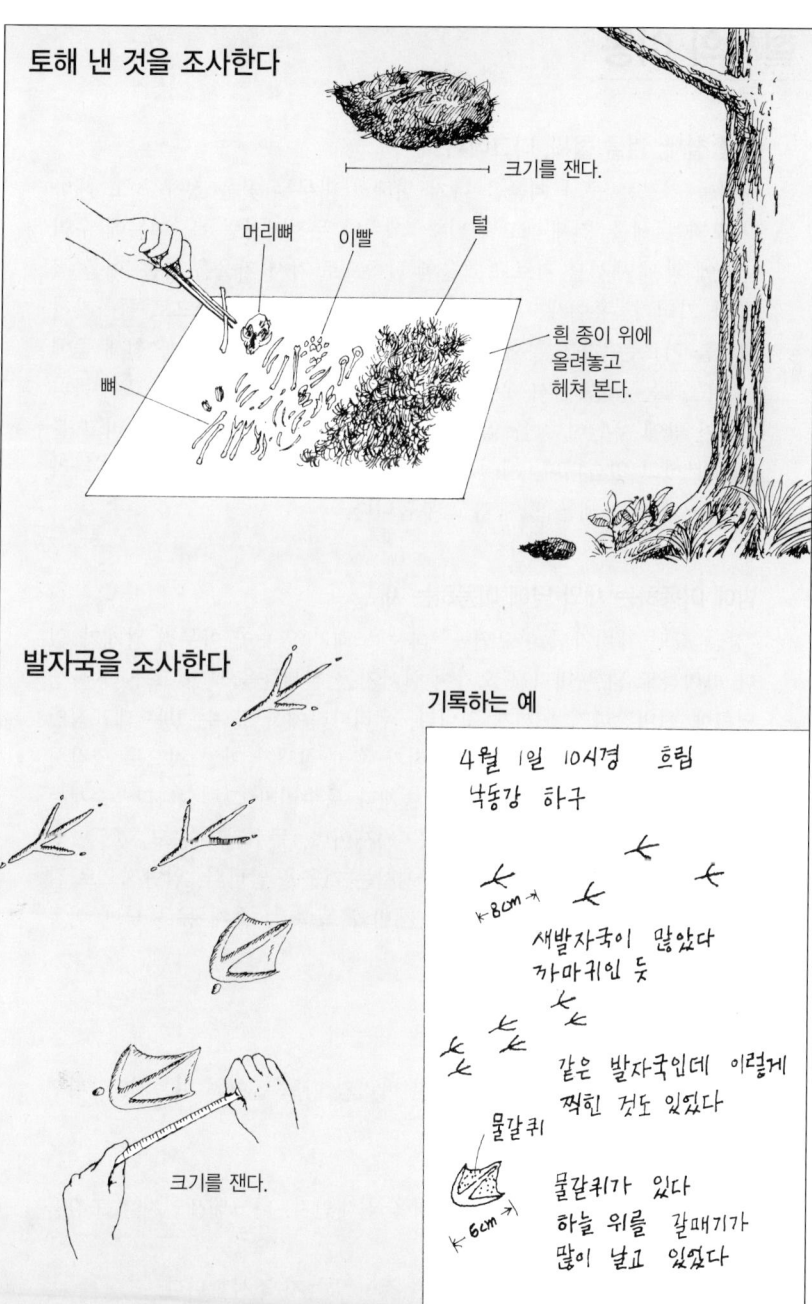

철새의 이동

여름 철새, 겨울 철새, 나그네새

새끼를 기르는 곳과 겨울을 나기 위해서 머무는 곳을 정해 놓고 해마다 오가는 새를 '철새'라고 합니다. 제비나 두견이처럼 봄, 여름에 우리나라에 와서 새끼를 기르고 가을에 남쪽으로 가서 겨울을 나는 '여름 철새'와 기러기, 홍여새, 개똥지빠귀처럼 봄, 여름에 북쪽으로 돌아가서 새끼를 기르는 '겨울 철새'가 있습니다. 또 겨울 철새나 여름 철새 중에서 이동하는 도중 잠시 우리나라에 들르는 새를 '나그네새'라고 부릅니다. 이 밖에 우연히 길을 잃고 날아오는 새를 '길 잃은 새(미조)'라고 불러 구분하고 있습니다. 계절 따라 장소를 옮기지 않고 그대로 우리나라에 머물며 사는 새를 '텃새'라고 부릅니다.

밤에 이동하는 새와 낮에 이동하는 새

"강남 갔던 제비가 돌아오면…" 하는 노래가 있듯이 아무리 날개가 있다 하더라도 넓은 바다를 오가며 살아가는 철새들을 보면 그 놀라운 생명력에 신비감마저 느끼게 됩니다. 우리나라에서 볼 수 있는 대표적인 철새는 제비와 기러기입니다. 우리가 흔히 철새가 아닌 것으로 생각하는 새에도 철새가 여럿 있는데, 솔개나 독수리가 그렇습니다. 솔개는 우리나라에 와서 겨울을 나는 겨울 철새이며, 독수리도 몽고, 중국, 인도 등지에서 번식하면서 우리나라에서는 겨울을 납니다. 일반적으로 갈매기나 기러기는 밤에 이동하고, 제비와 독수리, 솔개 등은 낮에 이동합니다.

관찰할 내용

① 철새가 이동할 때에 한 마리 한 마리가 따로 흩어져 나는지, 아니면 무리를 지어 나는지 봅니다.
② 시간과 방향을 적어 둡니다.
③ 발견한 새가 여름 철새인지, 겨울 철새인지, 나그네새인지를 도감을 참고하여 알아봅니다.
④ 우리나라에 있는 텃새로는 어떤 것이 있는지 조사합니다.

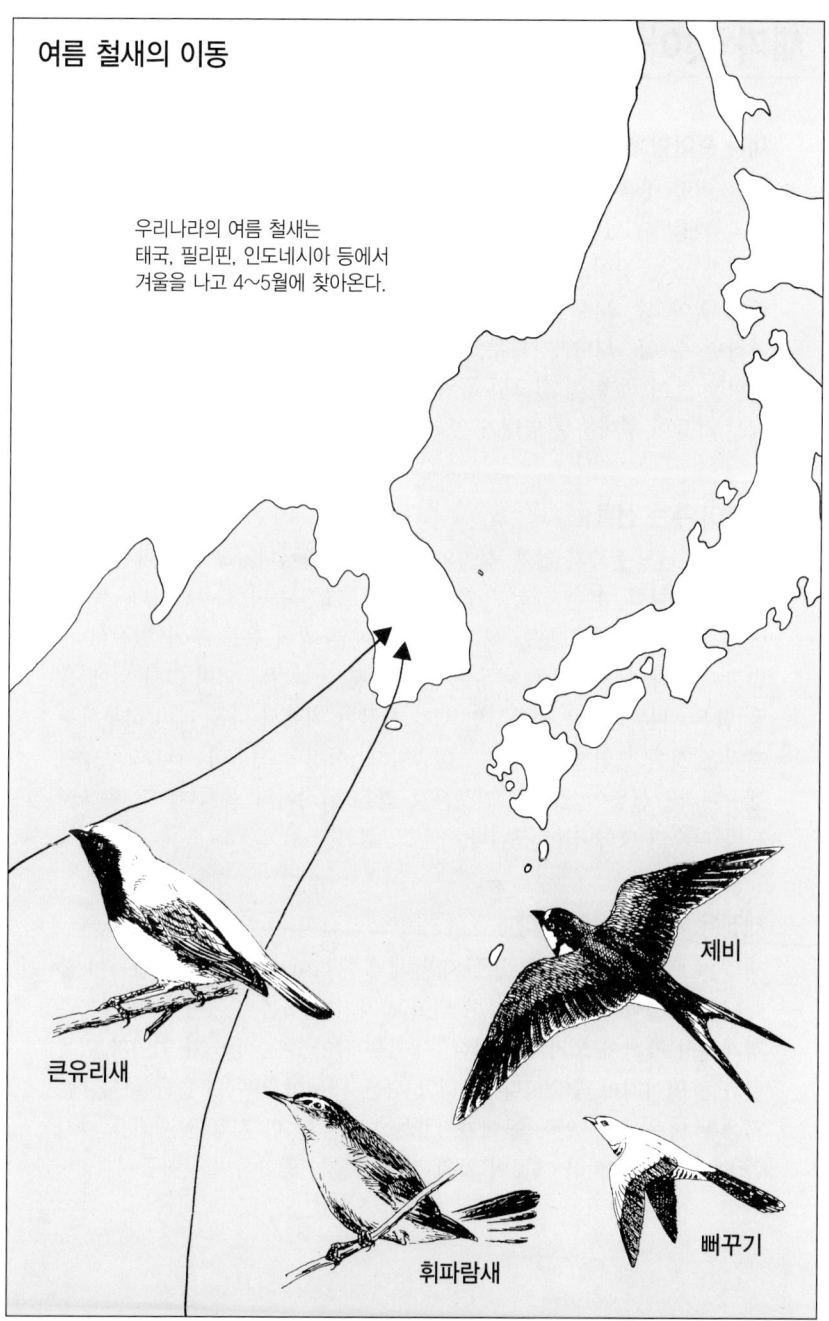

새가 찾아오게 만들자 1

새가 좋아할 환경을 만들어 준다

새는 어떤 곳을 가장 좋아할까요? 바로 먹이가 많고 새끼를 까서 마음 놓고 기를 수 있는 곳입니다. 이 가운데에서도 특히 자기가 좋아하는 먹이가 있는 곳이면 찾아오지 않고는 못 배길 것입니다. 그리고 새가 즐겨 찾아오는 나무가 있으면 힘들게 찾아다니지 않더라도 쉽게 새를 관찰할 수 있습니다. 감나무, 아가위나무, 식나무, 남천촉, 광나무, 치자나무 등이 뜰 안에 있으면 틀림없이 들새들이 찾아옵니다. 이런 나무에는 새들이 좋아하는 열매가 열리기 때문입니다.

새들이 주는 선물

새들은 가끔 뜻하지 않게 찾아와서 선물을 줍니다. 그 선물이란 새의 똥을 말합니다. 무슨 그런 농담을 하느냐고요? 농담이 아닙니다. 똥 속에는 가끔 소화하지 못한 씨가 있어서 예쁜 싹이 움틀 수가 있습니다. 발코니에 새가 좋아하는 나무를 심은 화분을 놓거나 먹이 그릇 옆에 흙을 담은 화분 받침을 놓아두면 새가 선물한 씨에서 나온 싹이 하루하루 자라는 것을 보면서 즐길 수가 있습니다. 이것이 선물이 아니고 무엇이겠습니까? 새똥이 있으면 핀셋으로 안을 뒤적거려 봅시다. 그 속에서 씨가 나오면 땅에 심어 봅니다.

새집은 가을에 달아 준다

새들은 보통 봄에 둥지를 만들지만 새가 가까이 오도록 집을 만들어 줄 때에는 가을이 좋습니다. 봄이 되어 갑자기 새집을 만들어 주면 새들은 경계해서 가까이 오지 않습니다. 새집을 달아 주는 장소와 먹이가 있는 곳과는 떨어져야 좋습니다. 그리고 다른 새들이 자주 모습을 나타내는 곳에는 마음 놓고 안에 들어가지 않습니다. 한 번 사용한 새집을 다시 쓸 때에는 새집 안을 깨끗이 치워 줘야 새들이 좋아하며 찾아듭니다.

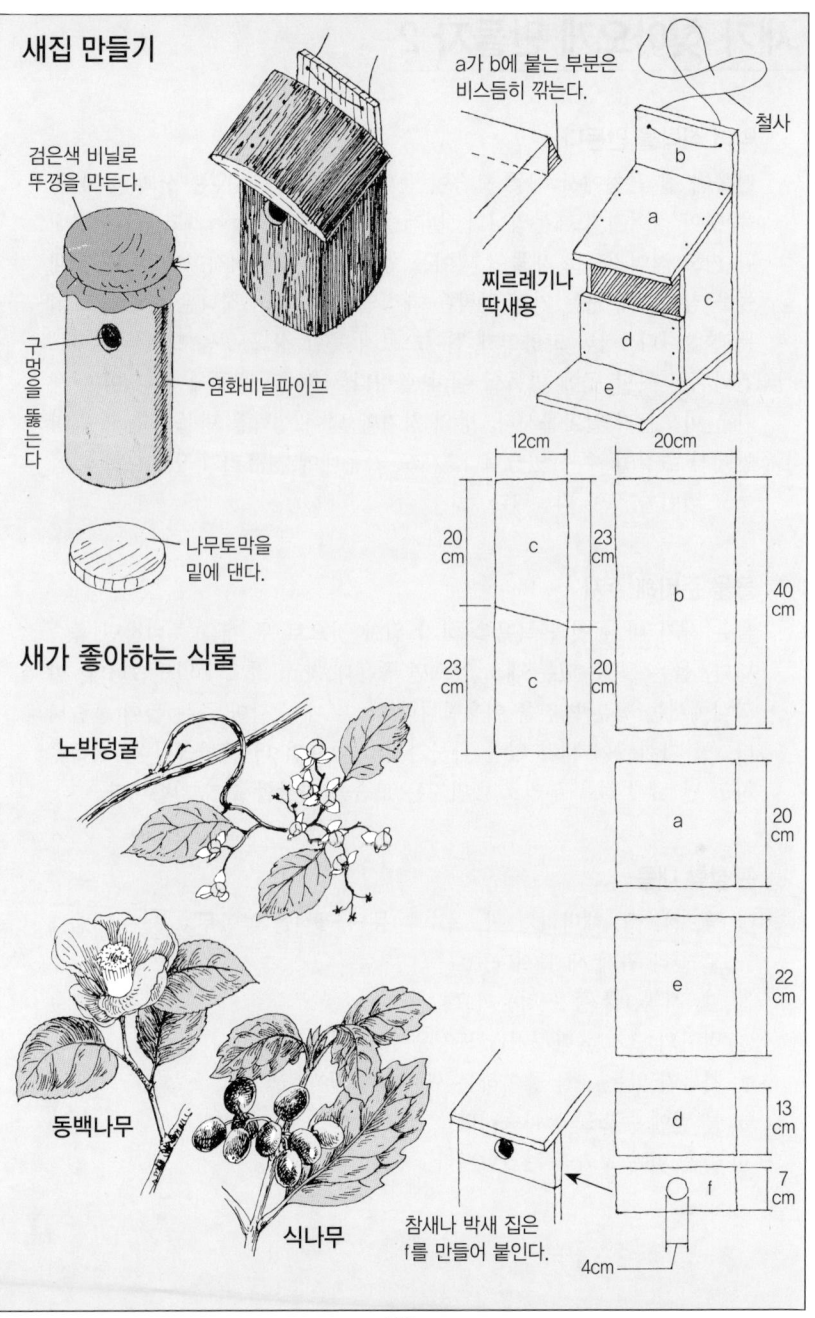

새가 찾아오게 만들자 2

먹이 식탁을 만든다

겨울에 집 근처에서 새들 모습이 눈에 많이 띄는 이유는 산과 숲에 먹을 것이 적어지기 때문입니다. 벌레들이 땅속으로 들어가고, 나무 열매나 씨도 적어지므로 새들이 먹이를 얻는 것이 힘들어집니다. 이때가 새들을 찾아오게 하는 가장 알맞은 계절입니다. 먹이 식탁은 어떤 모양이든 좋습니다. 다만 고양이가 뛰어오르지 못할 정도로 높고, 주위에서도 건너뛰지 못할 곳에 만들어 줘야 합니다. 먹이의 종류에 따라 어떤 새가 날아오는지 알아봅시다. 방의 창가에 먹이 식탁을 만들어 놓으면 방 안에서 관찰할 수가 있습니다. 새도 가운데에 창유리가 있으므로 마음 놓고 먹이를 쪼아 먹습니다.

물을 준비해 주자

물은 새가 마실 것과 목욕을 하기 위한 것으로 두 개를 준비하면 좋습니다. 물은 될 수 있는 대로 얕으면 좋은데 3cm 정도가 알맞습니다. 발코니에서는 화분 받침을 이용합니다. 물은 매일 갈아 주는 것이 좋습니다. 물 가까이에 새가 앉을 나뭇가지가 있으면 더욱 좋습니다. 목욕을 하고 난 뒤에 털을 부리로 매만지는 모습을 관찰할 수가 있습니다.

관찰할 내용

① 빵, 쌀, 조, 해바라기 씨, 옥수수 등의 곡식을 놓아두고 새가 마음대로 골라 먹게 해 봅시다.
② 감, 사과, 귤 등을 먹을까요?
③ 먹이의 크기를 바꾸거나 모양을 달리해서 줍니다.
④ 기름기 있는 것을 좋아하는 새는 무엇일까요?
⑤ 물 옆에 주스를 놓아둡니다.
⑥ 물을 먹는 모습을 관찰합니다.

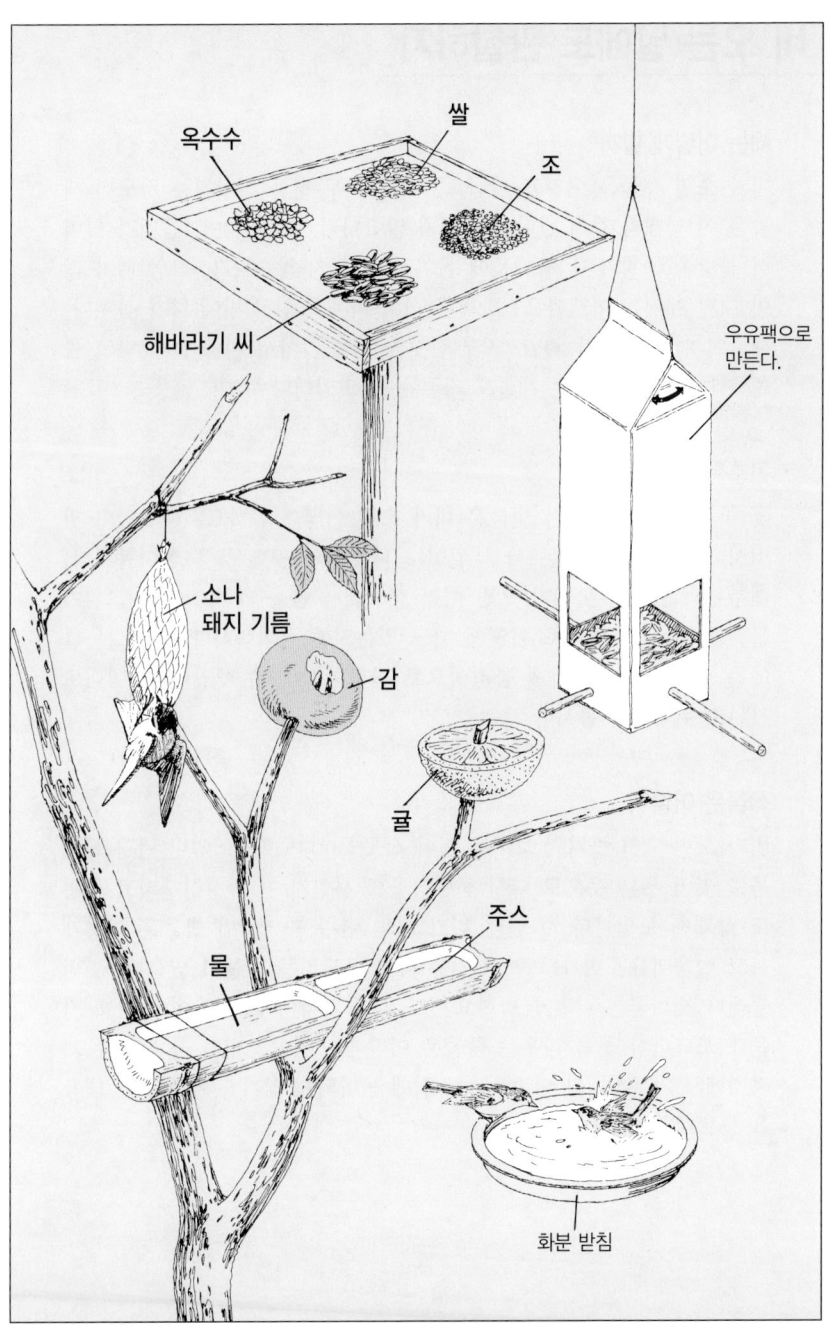

비 오는 날에도 관찰하자

새는 어떻게 할까

비가 오면 새들은 어떻게 할까요? 비가 한두 방울 떨어지는 정도면 새들은 여느 때와 같이 날아다닐 때가 많습니다. 새털에는 기름기가 있어서 물방울을 튕겨 내기 때문에 몸이 쉽게 젖지 않습니다. 그럼 비가 많이 내릴 때에는 어떨까요? 장화를 신고 비옷을 입고 밖에 나가 봅시다. 새들이 어떻게 비를 피할까요? 전깃줄 위에 앉아서 비를 흠뻑 맞고 몸을 부들부들 떨고 있는 새들도 가끔 눈에 뜨입니다.

곤충은 어떻게 할까

꽃 주위를 날던 나비나 벌들은 비가 오면 어떻게 할까요? 나뭇잎이 있어서 빗물이 닿지 않는 나무 밑이나 나뭇잎의 뒷면 등을 살펴봅시다. 대부분의 곤충들은 비가 오면 여러 장소에서 몸을 피하고 비가 그치기를 기다립니다. 실제로 어떻게 하고 있는지를 살펴봅시다. 비 오는 날에는 달팽이가 활발하게 움직이므로 관찰하기 좋은 때입니다. 어디로 가는지 뒤따라가 봅시다.

식물은 어떨까

비가 오면 제일 즐거워 보이는 것이 식물입니다. 뒤집어썼던 먼지를 빗물로 씻어 푸른 옷으로 다시 몸단장을 해서인지 한결 성성해지고 기분도 상쾌해 보입니다. 그런데 비가 오면 한창 피어나던 꽃들은 어떻게 하고 있을까요? 비가 오면 꽃잎을 다시 오므리는 식물이 있습니다. 민들레나 제비꽃은 어떻게 할까요? 그 밖에 가까이에 있는 여러 잡초 가운데 조그마한 꽃을 피우는 풀들은 어떻게 할까요? 비가 올 때에는 그 자리에서 기록하기가 어려우므로 집에 돌아와서 잊기 전에 관찰한 내용을 노트에 적어 둡시다.

쌍안경 사용법

배율은 7~8배가 좋다

쌍안경에는 7×20이라든가 8×30 등의 숫자가 적혀 있습니다. 앞의 숫자는 배율을 나타내며 뒤의 숫자는 대물렌즈의 지름을 나타냅니다. 새를 관찰하는 데에는 배율이 7~8배 정도에 대물렌즈의 지름이 30~35mm의 것이 제일 좋습니다. 배율이 높으면 크게 보이기는 하지만 보려는 대상을 렌즈 안에 잡기가 쉽지 않습니다. 대물렌즈의 지름은 클수록 밝게 보이지만 그만큼 렌즈도 커지고 쌍안경이 무겁습니다. 쌍안경을 살 때에는 오래 쓸 것을 생각해서 믿을 수 있는 제품을 사도록 합니다.

사용법을 익히자

제대로 조절하지 않고 사용하면 눈이 곧 피로해집니다.
① 양쪽 눈의 간격은 사람마다 다릅니다. 쌍안경을 접듯이 꺾어서 시야가 하나의 원에 겹치도록 합니다.
② 목표물을 정하고 우선 왼쪽 눈으로 봅니다. 초점이 맞도록 가운데에 있는 '초점조절링'을 돌립니다.
③ 다음에 오른쪽 눈으로 봅니다. 초점이 안 맞으면 이번에는 '시도조절링'으로 맞춥니다.
④ 두 눈으로 봅니다. 목표물이 하나로 뚜렷이 보이면 조절이 잘된 것입니다.

연습을 해 두자

왼쪽과 오른쪽 시력이 같은 사람이면 ③의 조작은 할 필요가 없습니다. '시도조절링'을 움직인 사람은 맞춘 숫자에 표시를 해 두면 좋습니다. 그 뒤에 시도조절링이 움직였더라도 다시 조절하기가 쉽습니다. 쌍안경에 익숙지 않은 동안은 목표물에 금방 초점을 잡기가 어렵습니다. 여러 번 연습을 해 봐야 급할 때 제대로 쓸 수가 있습니다.

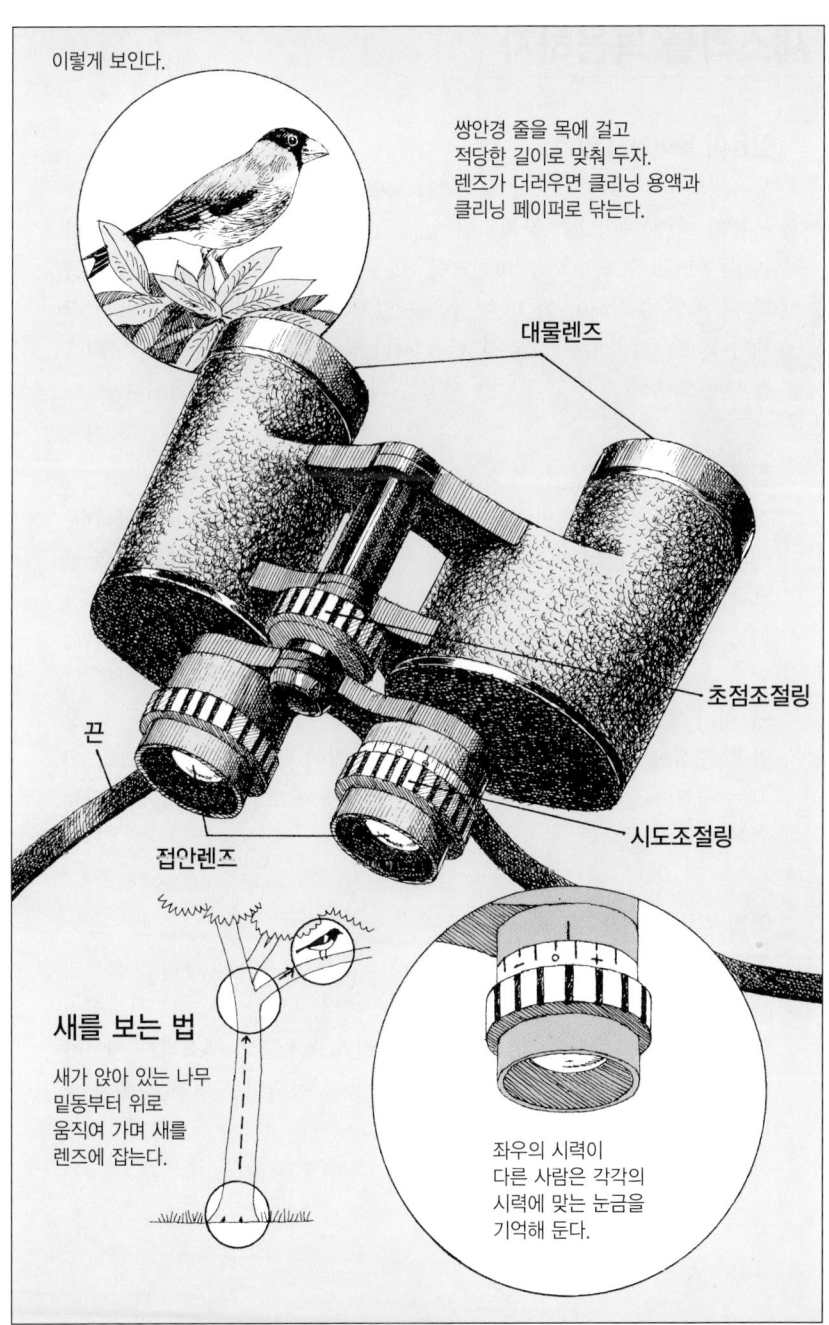

새소리를 녹음하자

잡음이 들어가지 않게

녹음기와 마이크만 있으면 새소리를 녹음할 수가 있습니다. 일반적으로 녹음기 안에 마이크가 장치되어 있는 것은 녹음할 때 기계음이 들어가기 쉬우므로 되도록 외부 마이크를 쓰는 것이 좋습니다. 새소리를 녹음할 때 제일 주의해야 할 것은 잡음을 없애는 일입니다. 집 주위에서 참새나 찌르레기의 우는 소리를 먼저 시험 삼아서 녹음해 봅시다. 마이크는 맨손으로 쥐지 말고 장갑을 끼고 쥐어야 잡음이 나지 않습니다.

집음기를 쓴다

잡음을 없애고 새소리만 깨끗하게 녹음하려면 집음기가 있어야 합니다. 플라스틱으로 만든 '파라볼라' 집음기를 방송기자재 상점에서 살 수 있으나, 우산을 이용해서 만들어도 좋습니다(173쪽 참조). 이런 간단한 장치도 뜻밖으로 효과가 있습니다. 우산은 투명한 비닐 우산이 좋은데, 먼저 손잡이를 떼 내고(손잡이에 불을 쬐어서 빼낸다), 떼 낸 손잡이를 열이 식기 전에 우산 끝에 꽂으면 집음기가 완성됩니다. 마이크는 우산 안쪽 중심을 향하게 해서 비닐 테이프로 감아 묶습니다. 마이크의 위치는 시험 녹음 때 헤드폰이나 이어폰으로 들어 보고 제일 크게 들리는 위치에 맞춰 둡니다.

아침 일찍 떠나자

준비가 다 되었으면 떠납시다. 새가 지저귀는 것을 녹음하려면 봄부터 초여름에 걸쳐, 그것도 새벽에 떠나야 합니다. 날씨는 흐려도 상관없지만 바람이 불지 않아야 합니다. 바람 소리가 녹음되면 새소리가 깨끗하지 못합니다. 녹음한 날짜와 장소, 날씨 등을 목소리로 먼저 녹음해 둡니다.

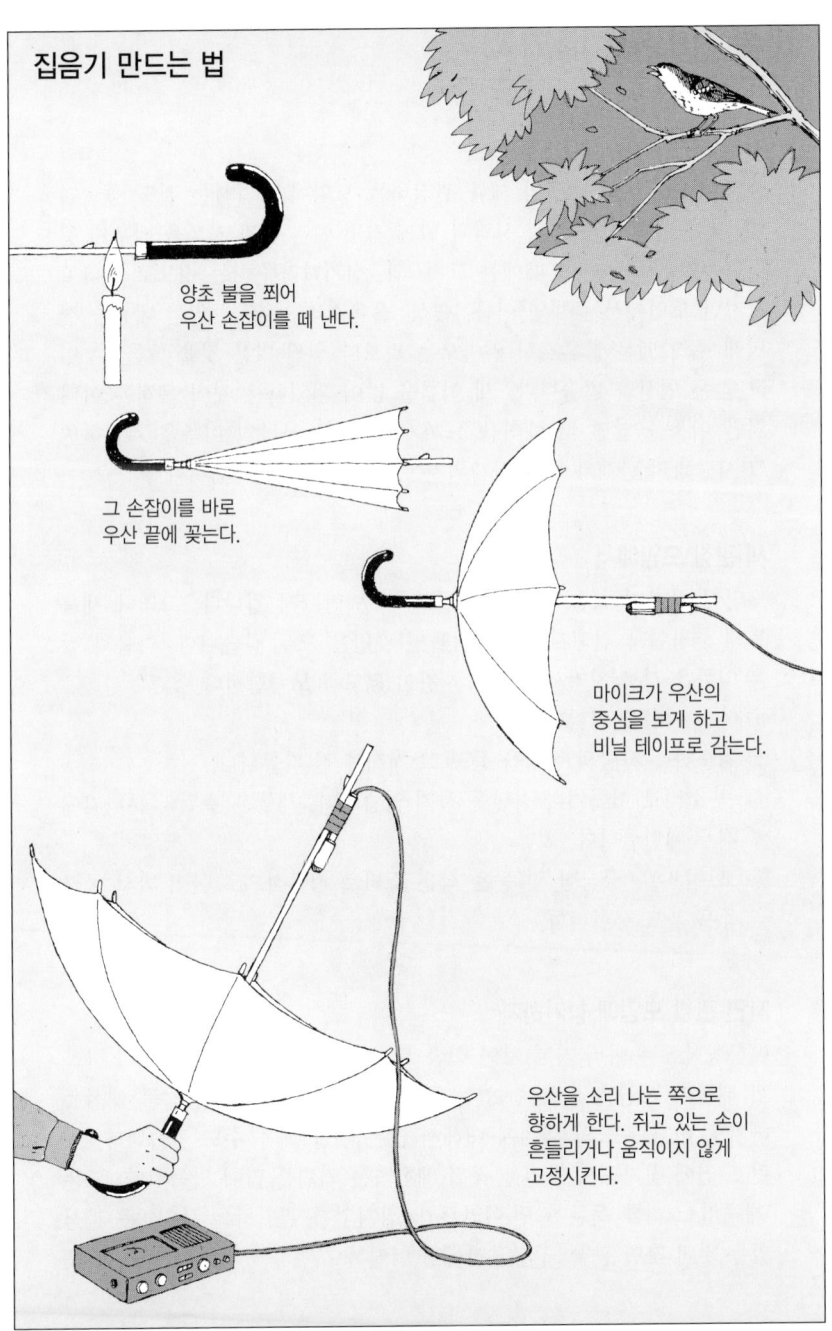

새를 만나러 나가자

처음 보는 새를 만나는 즐거움

새와 친해지려면 야생의 새를 관찰하는 모임에 참가하는 것도 좋습니다. 새에 대해서 잘 아는 사람과 함께 가면 여러 가지 지식을 배우게 됩니다. 혼자서 새를 볼 때에는 그저 "와, 신기하다!" 하는 정도로 끝나고 말지만 모임에서는 새의 이름, 습성, 울음소리 등 흥미 있는 내용을 설명해 주기 때문에 혼자서 알아보는 것보다 훨씬 많은 것을 배울 수 있고 깊은 인상을 받습니다. 새 이름을 많이 기억하는 것이 목적은 아니지만 이름을 알면 더 애착을 느끼게 됩니다. 사람의 이름을 기억하면 그 사람과의 관계가 더욱 가까워지는 이유와 마찬가지입니다.

새 관찰 모임에서

모임에 나가면 처음 보는 사람들과 서로 만나게 됩니다. 그러나 새를 통해서 자연과 친해지려는 사람들인 것만은 모두 같습니다. 다음과 같은 일들을 서로 지켜서 즐거운 시간이 되도록 노력합시다.
① 약속 시간을 지킵니다.
② 지도하는 사람의 설명을 듣고 그 지시에 잘 따릅니다.
③ 큰 소리로 떠들거나 잡담을 하지 않습니다. 새들은 주위의 분위기에 매우 예민합니다.
④ 모르는 일, 궁금한 일 등은 작은 소리로 적극적으로 물어 봐서 궁금증을 풀도록 합니다.

자연 관찰 모임에 참가하자

여름방학에는 여러 가지 자연 학습 모임이 열립니다. 산과 들에서 마음껏 뛰놀며 자연을 느낄 수 있는 좋은 기회입니다. 곤충과 식물 채집을 하기도 하고 동물의 세계에 대해서 많은 것을 배울 수도 있습니다. 이런 모임에 참가해서 자연을 직접 체험하는 기회를 많이 만듭시다. 또는 '개구리 소리를 듣는 모임'이라든가 '잠자리를 관찰하는 모임' 등 관심 있는 것의 자연 관찰 모임을 만들면 어떨까요?

기록하는 예

2009. 8. 5   맑음   바람 없음
경기도 여주군 북내면   동행자 광숙, 현수

고방오리
흰뺨검둥오리
상오리
넓적부리
쇠물닭
왜가리
큰부리까마귀

목을 움츠리고 있었다.
노란색
회색
검은색
천천히 날고 있다
왜가리
140cm

개똥지빠귀
멧비둘기
밭종다리
알록할미새
검은등할미새
때까치
직박구리

참새떼가 요란했다

2009. 8. 14 우면산   탐조회 정기 모임
                              흐림   참가자 15명
                              리더   홍현경

어치 (쮜-, 쮜-)
노랑할미새 (찌쩽, 찌쩽)
검은등할미새 (많이 있다)
박새 (쥬쥬, 치이, 치이)
진박새 (박새보다 소리가 낮다)
멧새 (시끄럽게 지저귄다)
쇠딱따구리 (콩콩, 파도 모양으로 날고 있었다)
오색딱따구리 (뽀-, 뽀- 모습은 볼 수 없었다)

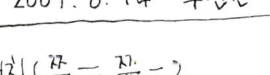
검은색
노란색
밀화부리
회색

날 때에 흰무늬가 뚜렷하다. 비둘기보다 작다.

생물 달력

볼 수 있는 시기(월)

생물 이름		1	2	3	4	5	6	7	8	9	10	11	12
참새	텃새							번식기					
박새	텃새												
제비	여름철새												
쇠제비갈매기	여름철새												
꼬마물떼새	여름철새												
뻐꾸기	여름철새												
마도요	나그네새												
해오라기	텃새												
논병아리	텃새												
휘파람새	여름철새			이때쯤 마을로 내려온다						산에서 산다			
청둥오리	겨울철새												
개똥지빠귀	겨울철새												
때까치	텃새												
솔개	텃새												
올빼미	텃새												

강어귀에 새를 보러 가자

관찰에 필요한 도구와 옷차림(112쪽)

쌍안경 사용법(170쪽)

개울가에서 볼 수 있는 새(148쪽)

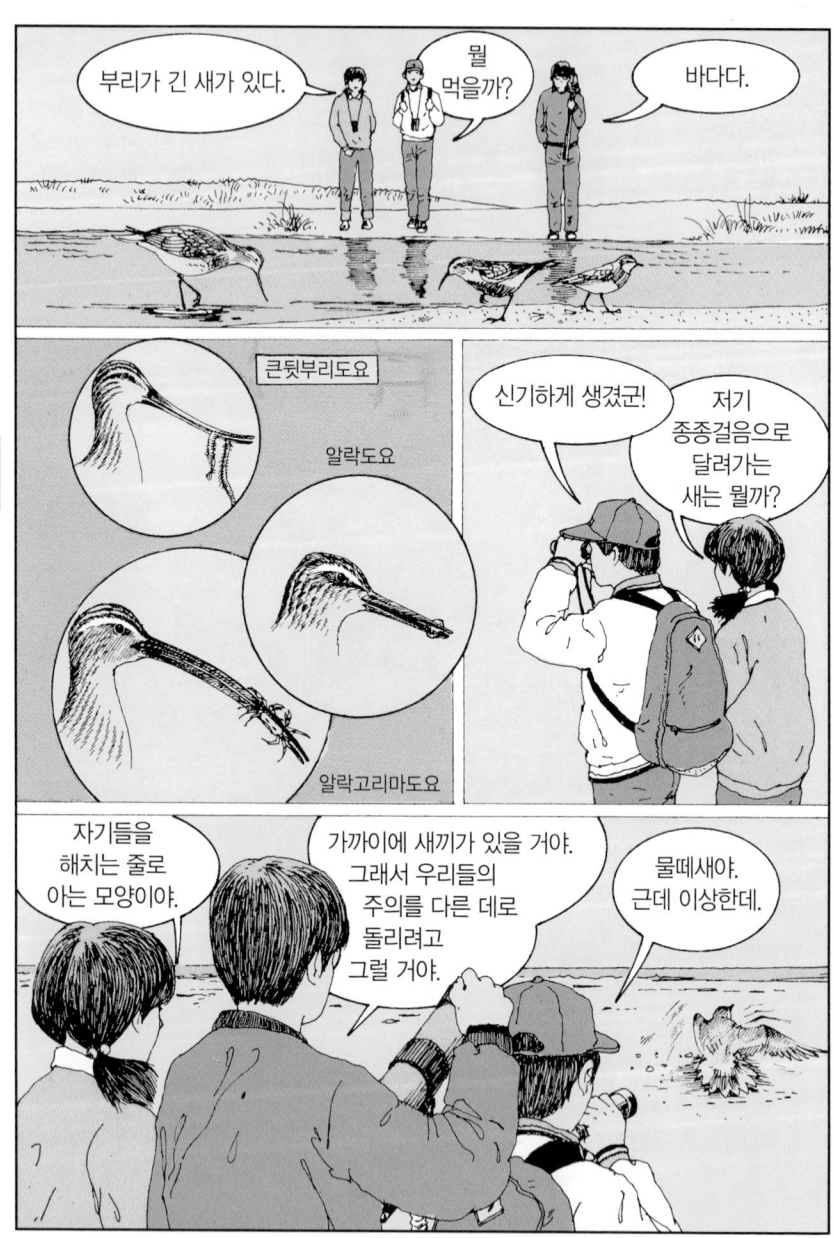

개펄에서 볼 수 있는 새(152쪽)

새가 나는 모습(116쪽)

맹금류-사나운 동물(158쪽)

새의 날개를 관찰하자(114쪽)

토해 낸 음식과 발자국(160쪽)

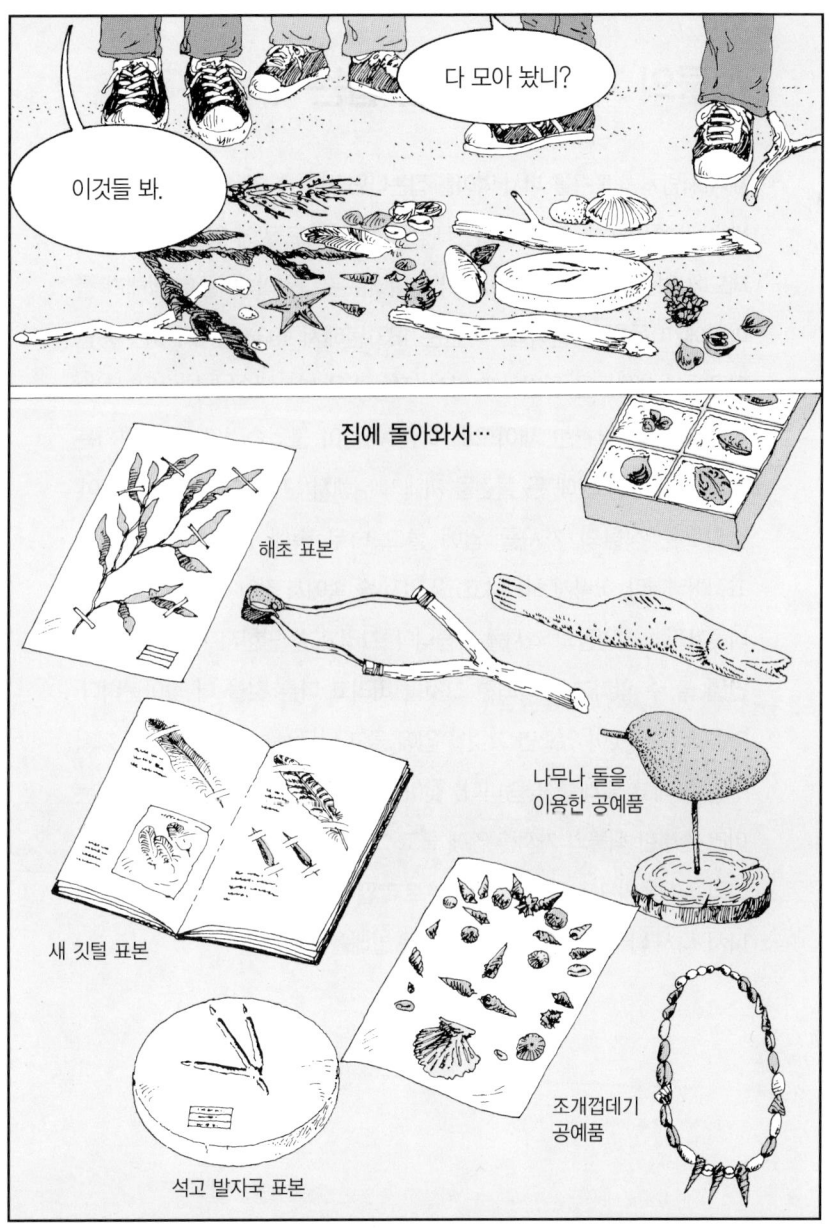

식물의 가시로 먹이를 잡는 새

새가 사람처럼 도구를 써서 먹이를 잡는다면 믿을 수 있나요? '다윈핀치'가 바로 그 주인공입니다. 이 새는 태평양 동부, 적도 밑에 있는 갈라파고스 제도에 있습니다. '갈라파고스' 하면 여러분은 다윈의 《비글호 항해기》를 머리에 떠올릴 것입니다. 다윈은 1831년에서 1836년까지 5년 동안 이곳에서 생물들을 관찰하고 나서 '진화론'을 발표했습니다. 다윈핀치는 그때 다윈이 발견한 새이므로 이런 이름이 붙었습니다. 다윈핀치는 마치 사람이 병 안에 든 물건을 꺼내기 위해서 핀셋이나 바늘을 쓰듯이, 날카로운 식물의 가시를 입에 물고 나무 속에 숨어 있는 벌레를 끄집어냅니다. 어떻게 하느냐고요? 먼저 숲 속에서 길이 4cm 정도의 가는 나뭇가지나 선인장의 가시를 찾습니다. 그리고 쓸 만한지 시험해 봅니다. 만일 쓸 수 없다고 생각되면 그것을 버리고 다른 것을 더 찾아봅니다. 마음에 드는 것이 있으면 그것을 입에 물고 나무(보통은 썩은 나무)에 가서 구멍을 내고 벌레를 찾습니다. 찾아낸 벌레가 깊은 곳에 있을 때에는 미리 준비한 식물의 가시를 입에 물고 그것으로 콕 찔러서 끄집어냅니다. 그리고 식물의 가시를 한쪽 발로 누르고 떨어지지 않게 한 뒤 벌레를 먹고 나서, 다시 나무 가시를 입에 물고 다음 벌레를 노립니다.

포유류

관찰하기 좋은 옷차림과 도구

포유류란

포유동물은 새끼를 낳으면 어미가 젖을 먹여 기릅니다. '포유'란 젖을 먹여 기른다는 뜻입니다. 포유류에 속하는 동물은 다양한 환경에 적응하면서 살 수 있도록 몸의 구조와 살아가는 법이 일반적으로 복잡합니다. 대개 털이 나고, 몸이 따뜻하며, 태생하고, 허파로 숨을 쉽니다. 생쥐, 긴수염고래, 그리고 사람이 모두 포유동물에 속합니다. 세계에는 약 4,500종에 이르는 포유류가 있습니다.

눈이 어둠에 익숙해져야

포유류에는 야행성 동물이 많습니다. 어두워진 뒤에 밖을 돌아다닌다는 뜻입니다. 그렇다고 낮에 볼 수 있는 포유류가 없는 것은 아닙니다. 원숭이, 사슴, 영양, 다람쥐 등은 모두 낮에 볼 수 있는데 집에서 기르는 동물 말고 산과 들에 있는 포유류는 어두운 밤에 관찰해야 합니다. 우리들의 눈은 어둠에 익숙지 못한데 이것은 늘 불빛에 의지하고 살기 때문입니다. 그러나 우리 눈은 캄캄한 곳에서 얼마 동안 있으면 주위의 물체가 차차 보이기 시작합니다. 그러므로 우리는 어두워도 동물들의 움직임을 관찰할 수 있고, 밤에는 주위가 조용하므로 귀를 기울여서 동물들의 소리나 움직임을 알아낼 수가 있습니다.

손전등을 빨간 셀로판지로 가리자

밤에 동물을 관찰하려면 손전등이 있어야 합니다. 머리에 헤드램프를 쓰면 손이 자유로워서 더 좋습니다. 가까이에 동물이 있는 것 같으면 갑자기 불을 켜서 동물에게 비추지 말고 주위에서부터 점점 가까이 가며 비춰야 합니다. 야행성 동물은 빨간 빛에 대해서는 반응이 둔하므로 손전등에 빨간 셀로판지를 씌우면 불을 비춰도 놀라지 않습니다. 그러나 귀가 몹시 밝아서 옷이 스쳐서 나는 소리에도 민감합니다. 소리를 내지 않아야 합니다. 여름밤이라고 해도 공기가 차므로 옷을 든든하게 입는 것이 좋습니다.

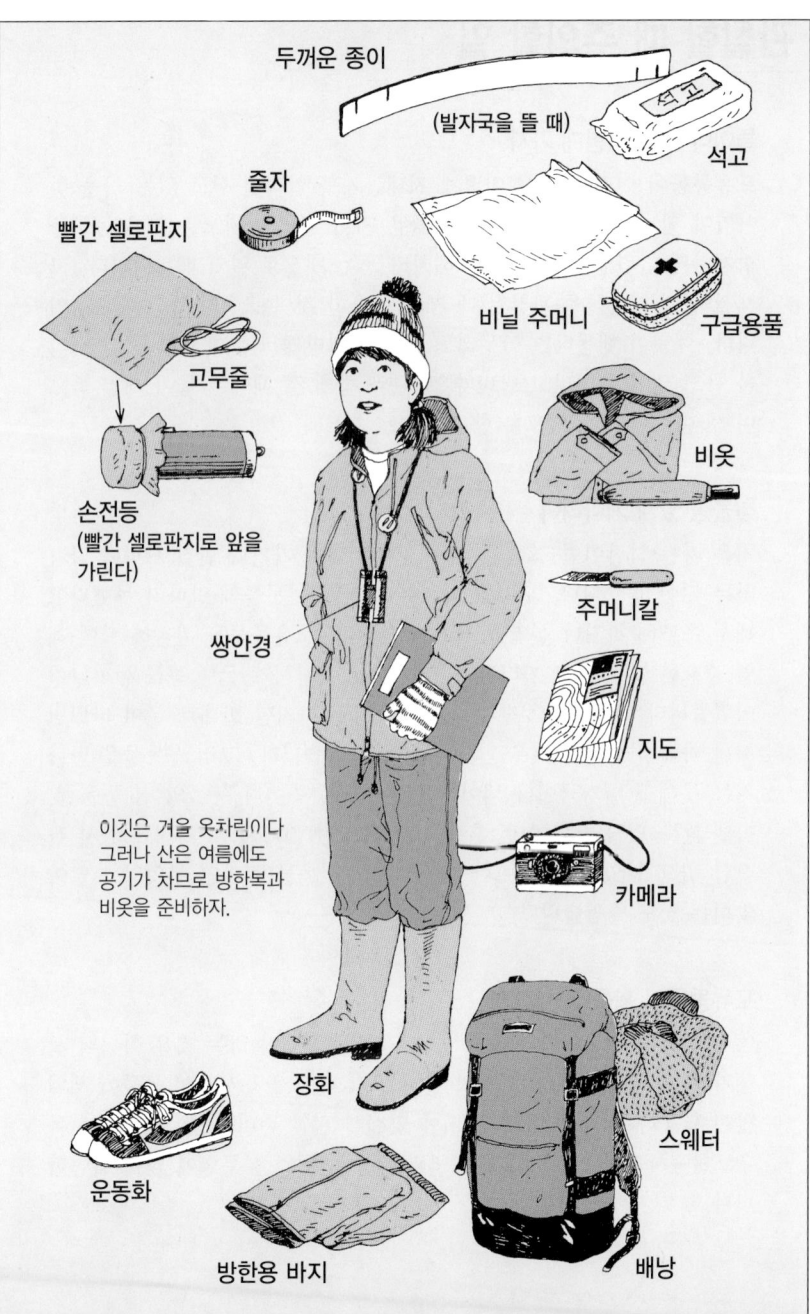

관찰할 때 주의할 일

둘이나 셋이서 함께 가자

포유동물이 어떤 곳에서 어떻게 지내는지를 알려면 살고 있는 곳을 찾아가야 합니다. 그런데 야생동물들은 자기 곁에 다가오는 다른 동물을 경계하게 마련입니다. 자기를 해치러 오는 것으로 알기 때문입니다. 그래서 산에서 동물을 관찰할 때 제일 중요한 것이 조용히 접근하는 것입니다. 여럿이 행동하면 아무래도 말을 주고받게 되는데 동물이 그 소리를 듣고 멀리 달아나고 맙니다. 친구와 함께 갈 때에는 둘이 제일 좋으며 셋 이상이 되지 않도록 합시다.

참을성 있게 기다려야

처음 가는 사람이면 경험이 있는 친구와 함께 가거나 관찰 모임에 참가하는 것이 좋습니다. 모처럼 나섰는데 바라는 동물과 만나지 못했다고 해서 초조해 하거나 실망할 것은 없습니다. 포유동물을 관찰하는 데 제일 중요한 것은 참고 기다리는 일입니다. 조급하게 굴면 동물을 만나기 어렵습니다. 운이 좋으면 첫날에 만나기도 하지만 반대로 운이 나쁘면 서너 차례 나가서야 겨우 만나는 경우도 있습니다. 그리고 동물을 만나지는 못해도 발자국이나 먹이를 먹은 자리, 똥이나 동물의 집 등을 찾아낼 때도 있습니다. 이런 흔적은 밝은 시간에 다시 그 자리에 가서 관찰할 필요가 있습니다. 이런 것을 보고 그 동물이 과연 무엇일까 알아맞히는 것도 즐겁습니다.

포유동물이 활동하는 시간

야행성 동물을 관찰한다고 해서 반드시 밤을 새야 하는 것은 아닙니다. 해가 지고 나서 밤 10시까지와 날이 밝기 전의 2~3시간이 동물이 제일 많이 활동하는 시간이므로 여기에 맞춰서 관찰 준비를 합니다. 낮에 볼 수 있는 사슴이나 다람쥐도 새벽과 저녁 어두워질 무렵에 많이 활동합니다.

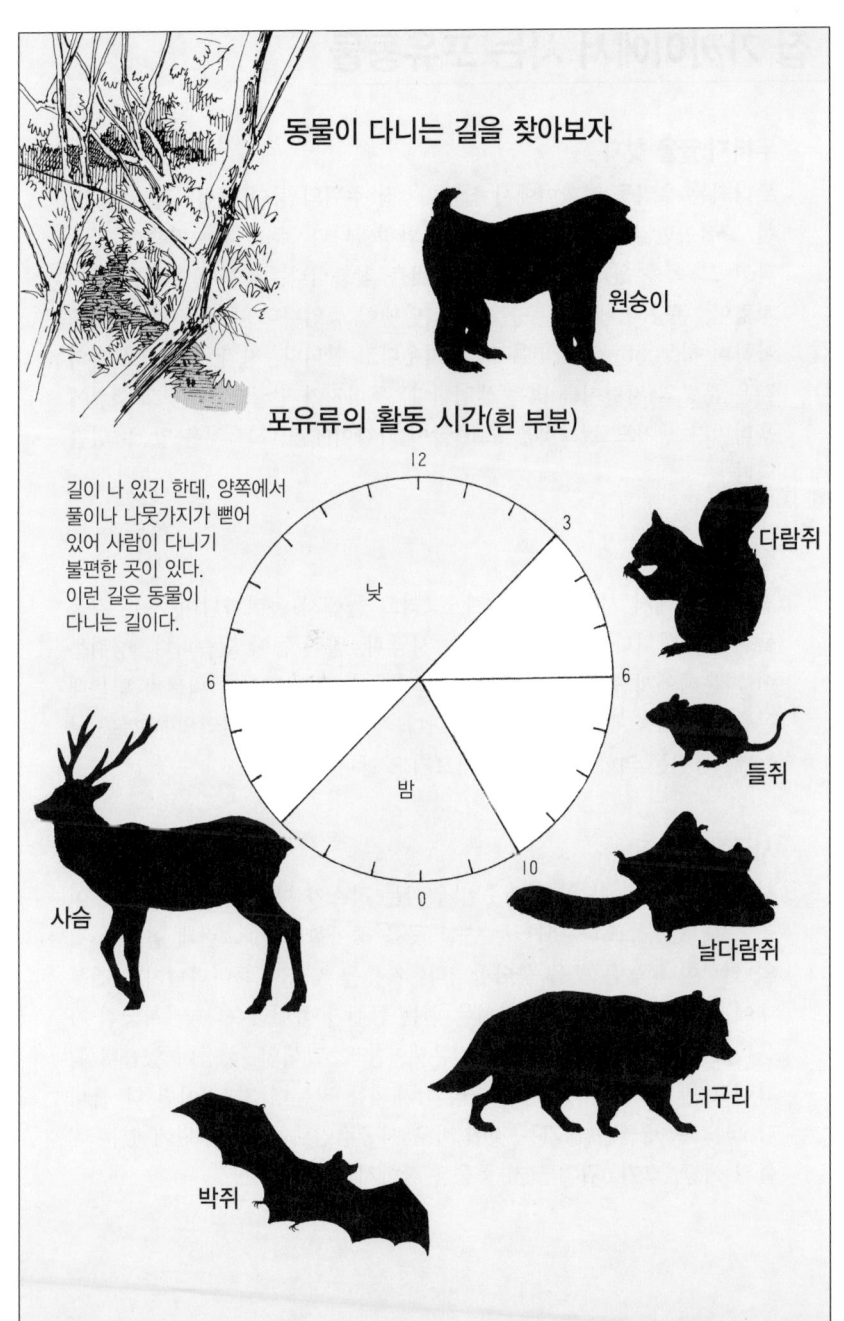

집 가까이에서 사는 포유동물

두더지 굴을 찾자

두더지는 우리들 가까이에서 삽니다. 집 주위의 땅이 지렁이가 있을 만한 토질이면 두더지가 살 수 있는 환경입니다. 두더지는 땅속에 굴을 파고 그 속을 왔다갔다하며 먹을 것을 찾습니다. 제일 좋아하는 것은 지렁이, 곤충의 애벌레, 땅강아지, 달팽이 등입니다. 특히 지렁이를 좋아하며 하루 50~60마리를 먹어 치운다고 합니다. 자기 몸무게와 거의 같은 분량의 지렁이를 먹는 셈입니다. 두더지가 땅굴을 파면 그 주변에 흙더미가 생기므로 그것을 보고 굴이 가까이에 있다는 것을 알 수 있습니다.

집쥐

집 가까이에서 사는 것을 집쥐, 그리고 들에서 돌아다니며 사는 것을 들쥐라고 합니다. 집쥐로는 생쥐, 시궁쥐, 곰쥐 등이 있습니다. 생쥐는 이 가운데에서 몸집이 제일 작으며 사람이 먹는 것이면 뭐든지 먹는데 곤충이나 식물 뿌리도 곧잘 먹습니다. 한 번에 5~14마리의 새끼를 낳는데, 생쥐는 의학실험용으로 기르기도 합니다.

시궁쥐와 곰쥐

시궁쥐와 곰쥐는 모양이 비슷한데 사는 장소가 다릅니다. 시궁쥐는 이름 그대로 하수도나 냇가 등 습한 곳을 좋아합니다. 그런데 곰쥐는 집의 천장이나 높은 곳을 좋아합니다. 지붕을 따라서 돌아다니거나 전봇대에 올라 전깃줄을 따라 건너는 쥐는 곰쥐가 틀림없습니다. 시궁쥐 가운데에는 보통 회백색 말고도 검은색, 흰색, 갈색인 것 등이 있습니다. 그리고 한 해에 한 번 1~18마리의 새끼를 낳는데 3개월이면 다 큽니다. 페스트 병균을 옮기는 것이 바로 시궁쥐입니다. 집 주위에 있는 쥐들의 색깔, 크기, 귀의 크기 등을 관찰합시다.

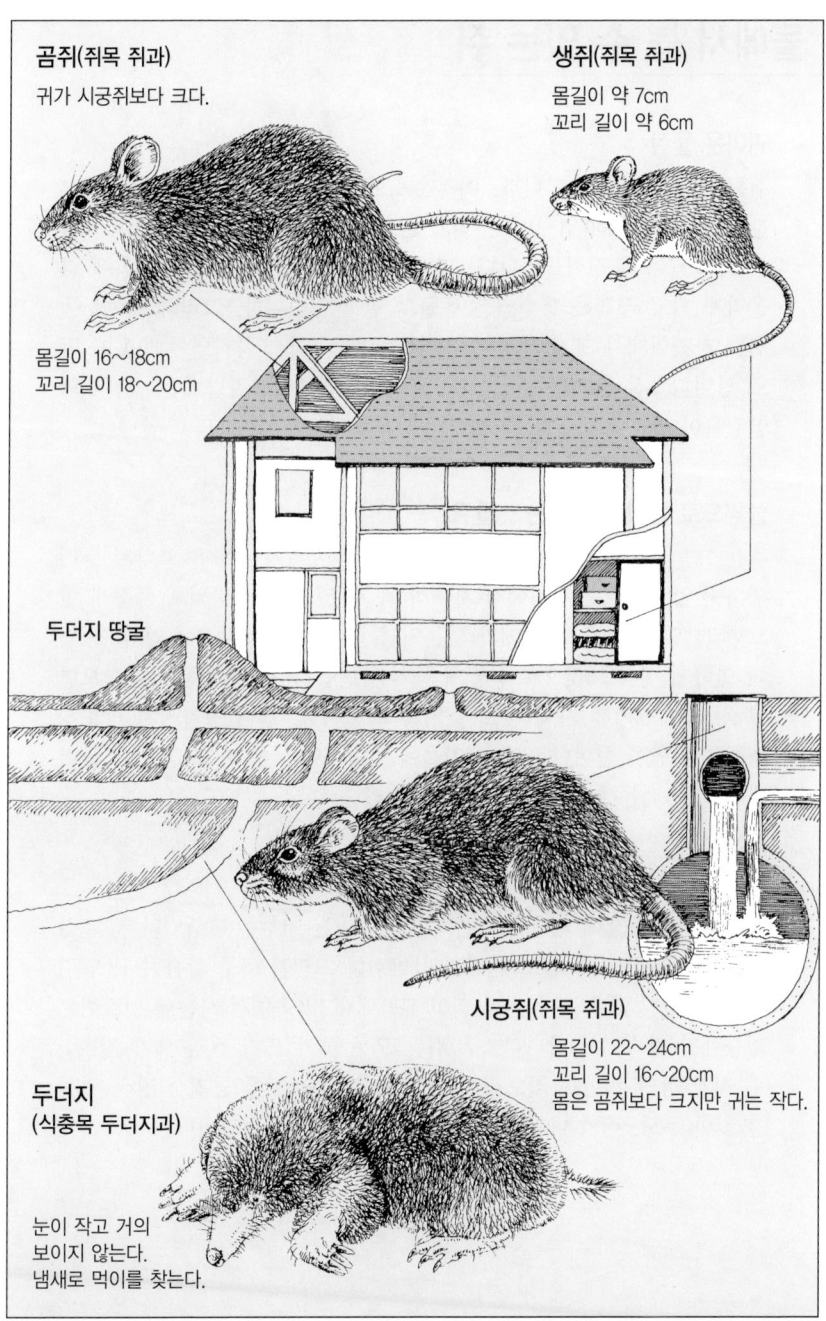

들에서 볼 수 있는 쥐

귀여운 들쥐

쥐는 약 1,000종이 됩니다. 이것은 포유동물 전체(약 4,500종)의 약 4분의 1 가까운 숫자입니다. 우리가 흔히 볼 수 있는 쥐는 이 가운데에서 세 가지 종류의 집쥐들입니다. 그래서 '쥐' 하면 흔히 집쥐를 머리에 떠올리게 되고 끔찍하고 더러운 동물로 알고 있습니다. 그러나 한 번 들쥐를 가까이에서 보게 되면 그 귀엽고 익살스러운 움직임에 웃음이 절로 납니다. 집 근처의 풀밭이나 강가의 모래밭, 자갈밭에는 멧밭쥐와 밭쥐들이 있습니다. 이들은 풀이나 나무뿌리, 곡식들을 먹고 삽니다.

풀잎으로 둥지를 만드는 멧밭쥐

쥐는 1년 내내 관찰할 수 있는 동물입니다. 게다가 사람을 그다지 두려워하지 않으므로 가까이에서 자세히 볼 수 있습니다. 참억새 풀숲이 있으면 그 잎의 색이 변한 데가 없는지 살펴봅시다. 멧밭쥐는 잎 끝을 씹어 연하게 해서 그것으로 둥글게 둥지를 만듭니다. 이런 둥지를 찾으면 그 장소와 크기를 자세히 보고 기록해 둡시다. 집이 망가지지 않도록 조심하며 안을 들여다봅시다. 겨울에는 땅속에 굴을 파고 그 안에 들어가서 살기 때문에 그동안 둥지는 비어 있습니다.

밭쥐와 멧밭쥐

멧밭쥐는 주황색에 가까운 밝은색인데 밭쥐는 어두운 갈색입니다. 그리고 멧밭쥐는 꼬리가 몸보다 길지만 밭쥐는 꼬리가 아주 짧습니다. 밭쥐는 땅속 깊지 않은 곳에 굴을 파고 1년 내내 그 속에서 사는데 멧밭쥐는 겨울에만 땅속에서 삽니다. 두 쥐는 모두 해가 뜨기 전과 해가 진 뒤, 수 시간 동안 먹이를 찾으러 밖으로 나옵니다. 낮에 둥지나 땅굴 입구를 찾아 두고, 쥐가 나올 만한 시간에 지켜 서서 관찰합시다.

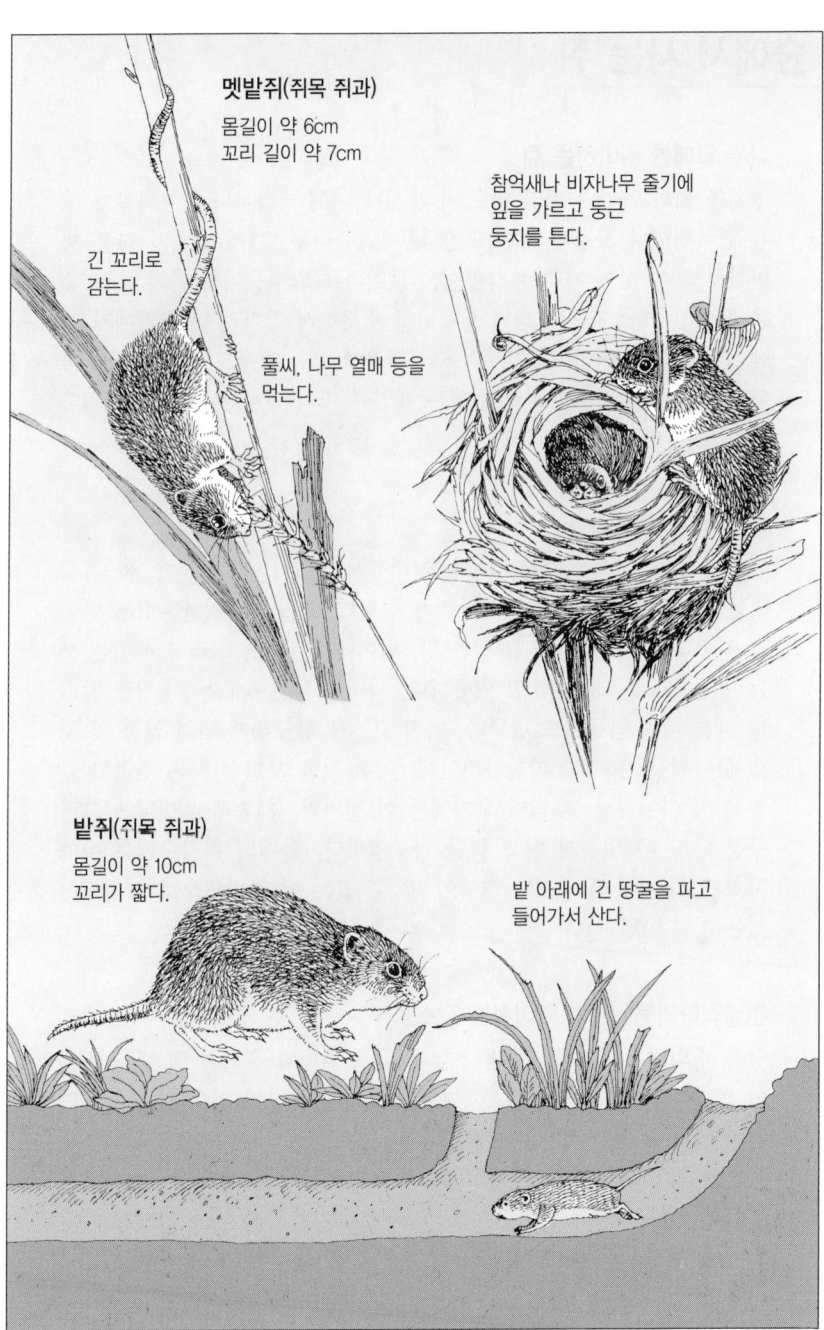

숲에서 사는 쥐

나무 열매를 좋아하는 쥐

평지를 지나 약간 높다란 데로 가 봅시다. 상수리나무나 졸참나무가 많은 잡목림이나 물참나무, 너도밤나무, 단풍나무, 그리고 키가 작은 개암나무 등이 섞여 자라는 갈잎숲은 들쥐나 다람쥐들이 살기에 아주 좋은 장소입니다. 가을이 되면 도토리를 비롯해서 갖가지 나무 열매가 땅에 떨어지는데 이것이 모두 쥐들의 식량입니다. 호두도 물론 좋아합니다. 쥐들은 나무 열매가 많이 익는 계절에 미처 먹지 못한 것은 주워다가 따로 감추기도 합니다.

흰넓적다리붉은쥐

흰넓적다리붉은쥐는 보통 갈잎숲 지대에서 삽니다. 이보다 더 올라가서 바늘잎나무숲 지대에는 대륙밭쥐가 삽니다. 흰넓적다리붉은쥐는 땅굴을 파고 그 안에 자기가 늘 있는 방, 먹이를 두는 방, 그리고 배설을 하는 방 등을 고루 갖춰 놓고 있습니다. 먹이를 두는 장소는 이 땅굴 말고도 다른 데에 만들기도 합니다. 마치 큰돈을 한군데에 두지 않고 몇 군데에 나눠 두는 것과 마찬가지인데, 이런 것을 보면 하찮은 쥐라고 깔볼 일이 아닙니다. 우리가 보기에는 이 널따란 숲 속에서 어떻게 그런 구분을 할 수 있을까 하고 놀랄 정도입니다. 들쥐의 머릿속에는 아마 자기가 사는 땅의 지도가 그들이 알 수 있는 어떤 방법으로 보관되어 있는 것이 아닐까요?

흰넓적다리붉은쥐가 좋아하는 장소

땅을 주의해서 걷다 보면 먹다 남은 나무 열매가 흩어져 있는 곳이 눈에 뜨일 것입니다. 먹다 남은 찌꺼기나 껍질이 쌓여 있으면 들쥐가 거기서 식사를 한 자리가 틀림없습니다. 들쥐들은 나무 밑동 가까이의 우묵하게 파인 자리나 구석진 곳을 좋아합니다. 그런 자리를 밝을 때에 찾아 두었다가 날이 밝기 전이나 해가 지고 몇 시간 뒤에 관찰하러 갈 수 있도록 준비를 해 둡시다.

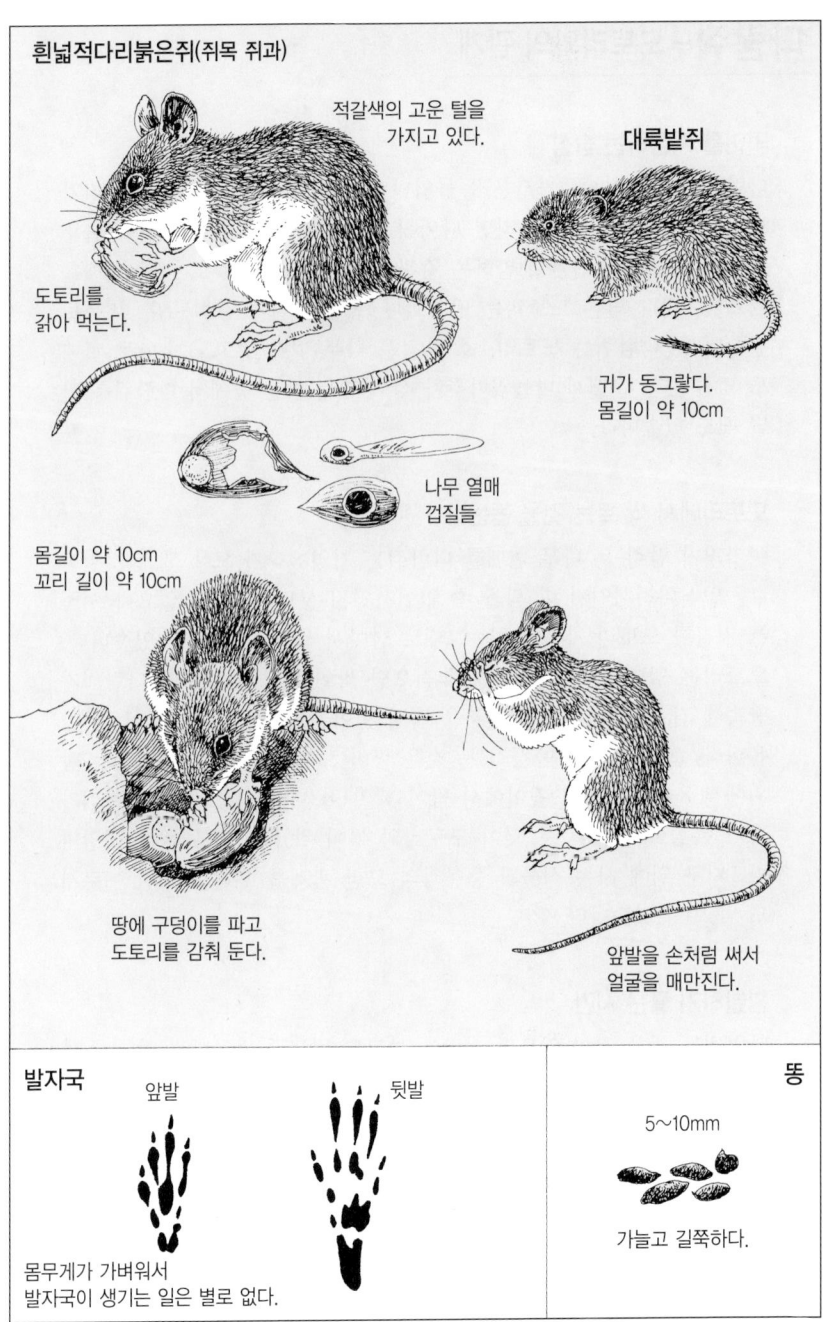

다람쥐 - 도토리와의 관계

먹이를 저장하는 습성

다람쥐와 쥐는 아주 가까운 동물입니다. 다람쥐의 푹신푹신한 꼬리가 보이지 않도록 손으로 가리면 나머지 모습은 쥐처럼 보입니다. 모습뿐 아니라 다람쥐와 쥐는 생활하는 습관도 비슷합니다. 주로 나무 열매를 먹으며, 먹다 남은 도토리는 땅속이나 구석진 데에 감춰 두는 버릇도 같습니다. 다람쥐는 도토리, 호두 같은 나무 열매 말고도 소나무 열매도 먹습니다. 그래서 바늘잎나무가 섞여 있는 밝은 숲에서 다람쥐를 만날 때도 있습니다.

도토리에서 싹 트는 것을 돕는다

여기저기 감춰 둔 나무 열매를 다람쥐는 기억했다가 모두 먹는 것일까요? 잊어버려서인지 다 먹을 수 없어서인지 분명히 알 수 없으나 여하튼 저장한 도토리 가운데에는 그대로 남아서 싹이 트는 것이 있습니다. 도토리는 땅에 떨어져도 수분이 적으면 싹이 나오지 않는데 다람쥐가 땅속에 감춰 둔 도토리는 수분을 흠뻑 빨아들일 수 있어서 싹이 잘 나옵니다. 그렇지만 땅속 깊이 둔 것은 싹이 트지 않습니다. 도토리는 땅 위에서 3~4cm 정도 깊이에서 싹이 제일 잘 나옵니다. 결국 다람쥐가 자기 욕심으로 감춰 둔 것이 도토리의 싹이 잘 나오도록 돕는 셈입니다. 지구 위에 사는 식물과 동물과의 묘한 관계를 우리는 이런 예로서도 알 수가 있습니다.

관찰하기 좋은 시간

다람쥐는 먹을 것이 있으면 사람을 보고도 비교적 달아나지 않는 동물입니다. 보통 나무 위나 나무의 구멍 등에서 살지만 도토리를 먹으려고 밑으로 내려옵니다. 저녁에 날이 어두워질 무렵이나 새벽에 제일 많이 나와서 활동합니다.

다람쥐

나무를 잘 타고 도토리, 머루, 새알 등을 먹고 산다.

겨울에는 나무 구멍이나 땅굴 속에서 산다.

청서
(쥐목 다람쥐과)

앞발을 손 쓰듯 한다.

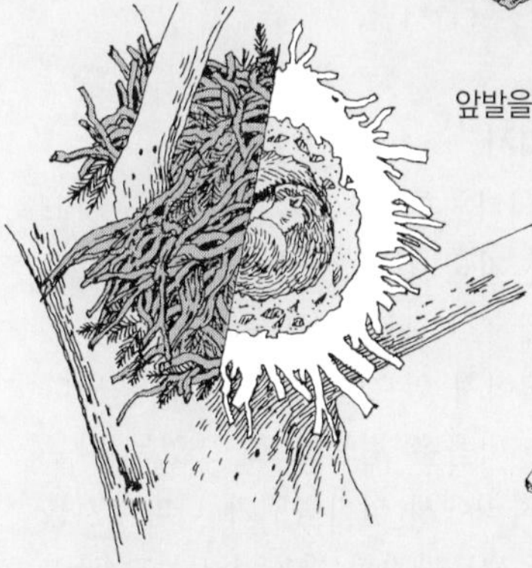

큰 가지가 갈라진 곳에 작은 가지나 나무껍질을 모아서 둥지를 만든다.

몸길이 약 20cm
꼬리 길이 약 15cm

먹이를 먹은 자리.
쪼개 놓은 호두 껍데기

발자국

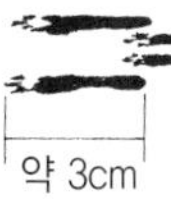

뒷발 앞발
약 3cm

똥

약 5mm

약간 흩어져 있다.

하늘다람쥐와 날다람쥐 - 하늘을 난다

날다람쥐가 사는 곳

하늘다람쥐와 날다람쥐는 생긴 모습이 비슷한데 날다람쥐가 하늘다람쥐보다 몸집이 큽니다(날다람쥐가 몸길이 35~48cm, 꼬리 길이 28~39cm, 하늘다람쥐는 몸길이 15~20cm, 꼬리 길이 9.5~14cm). 그리고 이름으로도 알 수 있듯이 다람쥐와 같은 종류인데 앞발을 손처럼 써서 먹이를 쥐고 먹습니다. 다만 하늘다람쥐와 날다람쥐는 좀처럼 나무 위에서 밑으로 내려오지 않는 점이 보통 다람쥐와 다릅니다. 날다람쥐나 하늘다람쥐가 하늘을 날아 가지에서 가지로 옮겨 다닐 수 있는 것은 앞발과 뒷발 사이의 피부가 늘어져서 펼치면 날개처럼 쓸 수 있기 때문입니다. 이것을 '비막'이라고 하는데 박쥐의 날개 하고는 다릅니다.

해 지기 전에 큰 나무 옆에 가서 기다리자

날다람쥐를 관찰하는 것은 쉽지 않습니다. 흔히 나무 위에 집을 짓고 살기 때문에 우선 나뭇가지 겉에 발톱 자국 같은 것이 없나 살펴보는 것이 순서입니다. 또 나무 밑동 주변에 작고 동그란 알처럼 뭉쳐진 똥이 흩어져 있는지도 살핍니다. 똥이 떨어져 있으면 그 나무 위에 날다람쥐가 있는 것이 거의 틀림없습니다. 다음은 집으로 쓰고 있는 나무 구멍을 찾아서 그 구멍이 잘 보이는 자리에서 날다람쥐가 나타나기를 끈기 있게 기다려야 합니다. 이때 빨간 셀로판지를 씌운 손전등과 쌍안경을 잊지 말아야 합니다. 해가 지고 나서 '걖'이라든가 '뀨르르' 하는 소리가 들리면 그것은 날다람쥐가 내는 소리입니다. 손전등으로 그곳을 비춰 봅시다. 불빛을 받아 반짝 하고 빛을 내는 날다람쥐의 두 눈이 보일 것입니다.

날다람쥐의 먹이

나무의 싹, 잎, 꽃, 열매 등이 모두 날다람쥐의 먹이입니다. 물론 도토리도 먹습니다. 하늘로 몸을 날려 다른 나무로 이동하는 날다람쥐의 모습은 그야말로 신기합니다.

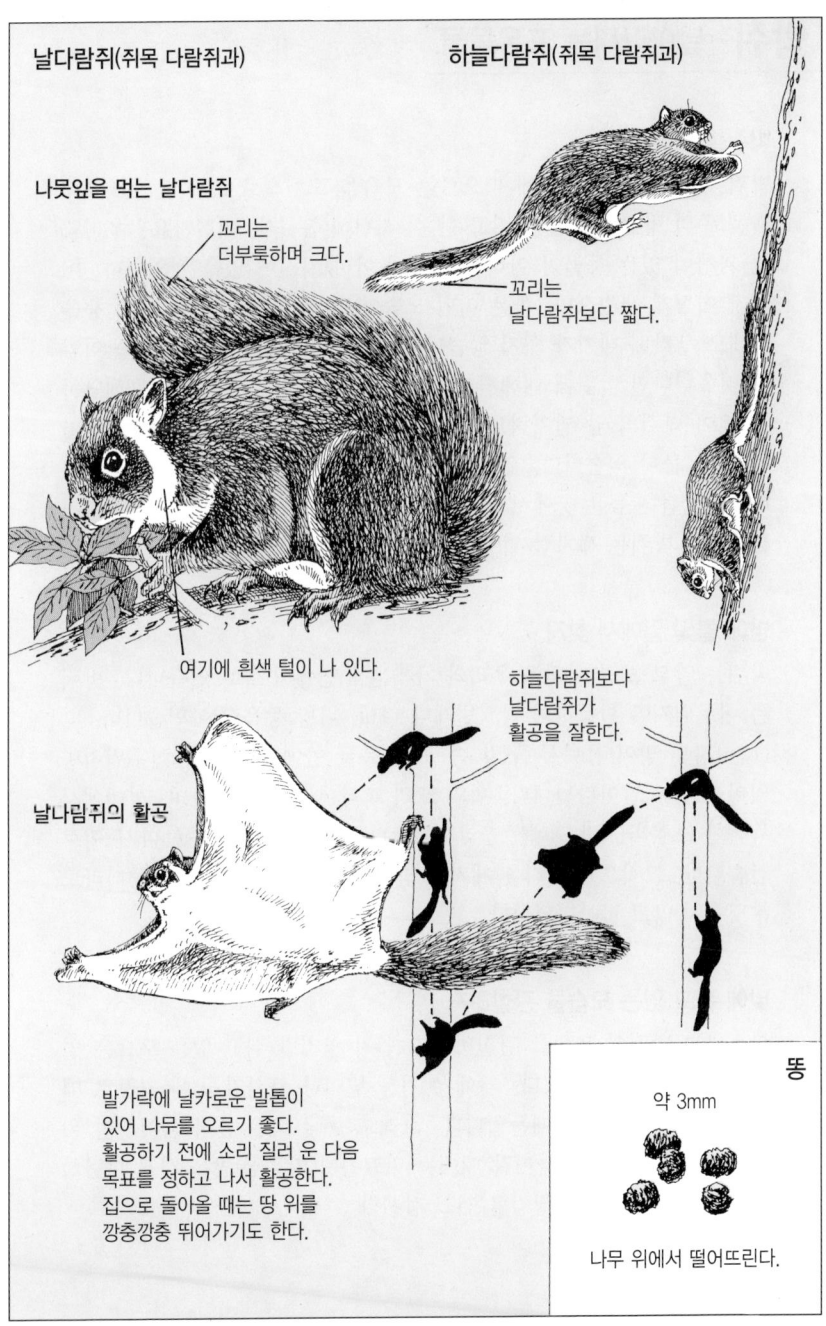

박쥐 - 날아다니는 포유동물

박쥐를 그려 보자
박쥐를 보지 않고 머리에 떠오르는 모습을 그림으로 그릴 수 있나요? 다음 쪽의 박쥐 그림을 가리고 한 번 시험해 봅시다. 어떤가요? 우리와 늘 가까이 있는 동물이 아니기 때문에 아마 자신이 없을 것입니다. 머리가 어떻게 생겼으며, 몸은 어떤 모습이며, 날 때의 다리나 날개 등을 제대로 생각해 내기가 쉽지 않습니다. 만일 나는 모습에서 우산을 머리에 떠올렸다면 박쥐에 대해서 많이 아는 편입니다. 우산의 살에 해당하는 것이 박쥐의 앞 발가락입니다. 발가락이 길게 자라고 그 사이에 엷은 막이 붙어 있습니다. 얼굴 생김새는 종류에 따라서 각각 다릅니다. 하늘다람쥐는 높은 곳에서 낮은 곳으로 마치 글라이더처럼 활공하는 것뿐이지만 박쥐는 새처럼 위아래로 마음대로 날아다닙니다.

밤에 불빛 밑에서 찾자
박쥐는 알고 보면 의외로 우리와 가까운 주변에서 살고 있습니다. 박쥐는 어두워져야 활동하며 딱정벌레나 나비, 나방 등을 잡아먹습니다. 낮에는 지붕 밑이나 나무 구멍 속 또는 동굴 안에서 쉬다가 어두워지면 먹이를 찾아 날아다닙니다. 귀와 코의 촉각이 아주 예민하며, 성대에서 독특한 초음파(사람 귀에는 들리지 않는다)를 내어 그 반사를 다시 귀로 잡습니다. 그것으로 거리를 재거나 장애물을 피해서 아무리 어둡더라도 부딪치지 않고 날아다닙니다.

낮에 쉬고 있는 모습을 관찰하자
활동하는 박쥐의 모습을 관찰하기가 쉽지 않지만 쉬고 있는 모습은 얼마든지 볼 수가 있습니다. 낮에는 지붕 밑이나 구석진 곳에 거꾸로 매달려 꼼짝 않고 있기 때문입니다. 그래도 동굴 속은 혼자 들어가면 위험합니다. 동굴 속에 들어갈 때에는 미끄럽지 않은 신발을 신고 더럽혀도 될 헌 옷을 입고 면장갑을 끼고 갑시다.

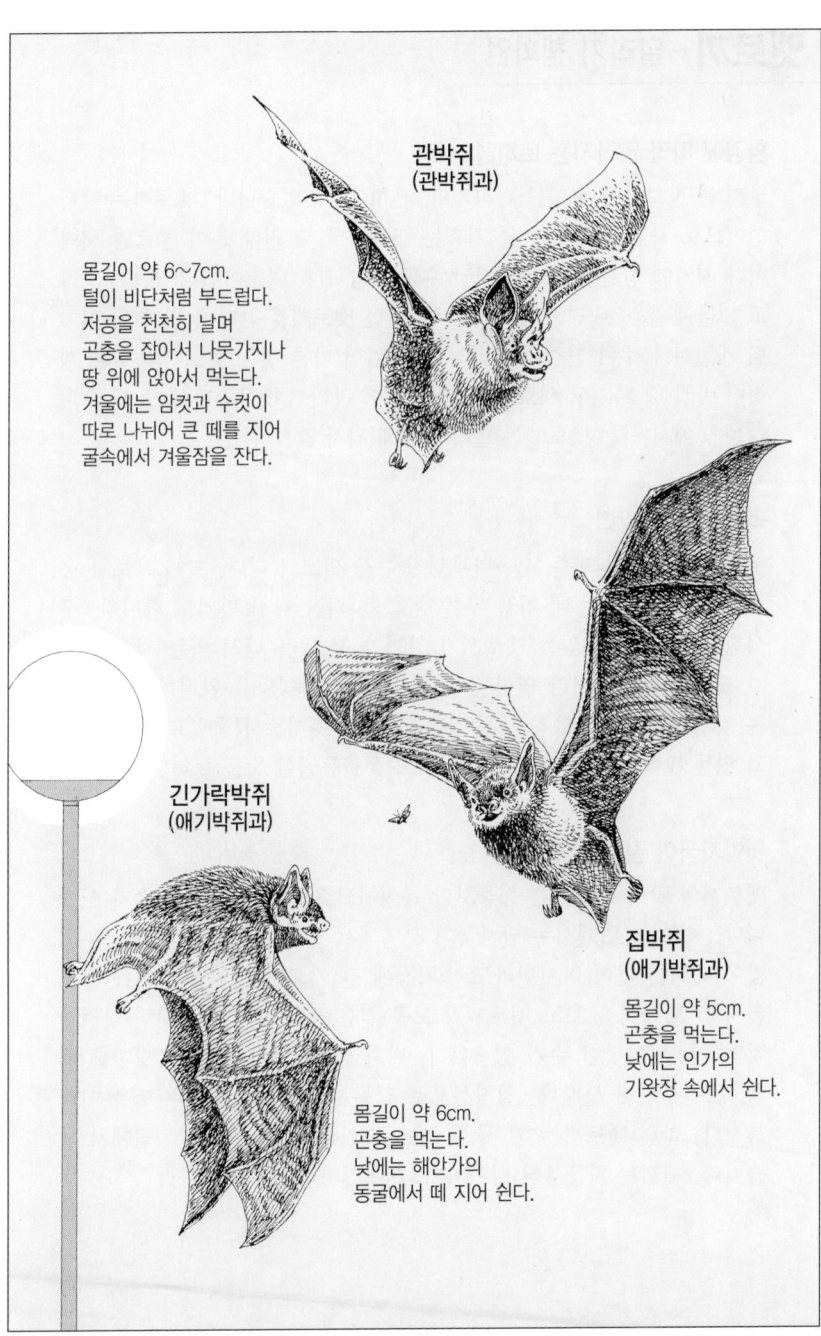

관박쥐
(관박쥐과)

몸길이 약 6~7cm.
털이 비단처럼 부드럽다.
저공을 천천히 날며
곤충을 잡아서 나뭇가지나
땅 위에 앉아서 먹는다.
겨울에는 암컷과 수컷이
따로 나뉘어 큰 떼를 지어
굴속에서 겨울잠을 잔다.

긴가락박쥐
(애기박쥐과)

몸길이 약 6cm.
곤충을 먹는다.
낮에는 해안가의
동굴에서 떼 지어 쉰다.

집박쥐
(애기박쥐과)

몸길이 약 5cm.
곤충을 먹는다.
낮에는 인가의
기왓장 속에서 쉰다.

멧토끼 - 달리기 챔피언

환경에 따라 달라지는 토끼털
토끼 하면 보통 집토끼를 가리키며, 흔히 볼 수 있습니다. 멧토끼는 야행성이므로 자연 상태에서 볼 기회는 드뭅니다. 그러나 운이 좋으면 새벽이나 저녁에 산길을 가다가 만날 수도 있습니다. 여름이면 갈색 털, 그리고 겨울에 눈이 내리는 곳에서는 흰색 털 멧토끼를 만나게 됩니다. 이처럼 계절이나 주위 환경에 따라서 털 색깔이 다른 것은 멧토끼의 털은 계절이 바뀔 때 빠지고 새로 다른 색의 털이 자라기 때문입니다. 눈이 오지 않는 곳에서 사는 멧토끼는 털이 하얗게 되지 않습니다.

먹이를 먹는 방법
멧토끼는 나무의 새순, 잎, 나무껍질 등을 먹고 삽니다. 그리고 보통 동글동글한 똥을 누는데 가끔 무른 똥을 눈 다음 다시 먹기도 합니다. 구석진 곳에서 쉬고 있는 멧토끼가 자기가 눈 똥을 다시 먹는 것은 먹이가 모자라서가 아니라 연한 똥을 다시 먹어서 영양을 완전하게 섭취하는 것입니다. 우리 생각으로는 불결하지만 토끼로서는 필요한 일을 하고 있는 것이며 이렇게 해서 딴딴하고 동글동글한 똥을 눕니다.

뒷발자국이 길쭉하다
멧토끼의 발자국은 다른 동물보다 특이하므로 한눈에 알아볼 수가 있습니다. 특히 눈 위에서는 발자국이 분명해서 알아보기가 쉽습니다. 눈이 많이 내리는 곳이 아니더라도 스키장에 갈 기회가 있으면 주위를 살펴봅시다. 발자국을 보고 멧토끼가 보통 걸음으로 갔는지, 아니면 달려간 것인지를 알아맞힐 수가 있습니다. 발자국과 발자국 사이의 길이를 재서 노트에 적어 둡시다. 일직선으로 갔는지 꾸불꾸불 갔는지도 눈여겨봅시다. 한편 멧토끼는 한 해 한 번 2~6마리의 새끼를 나무 밑에서 낳습니다. 새끼는 처음부터 털이 있고 태어나자마자 걷습니다.

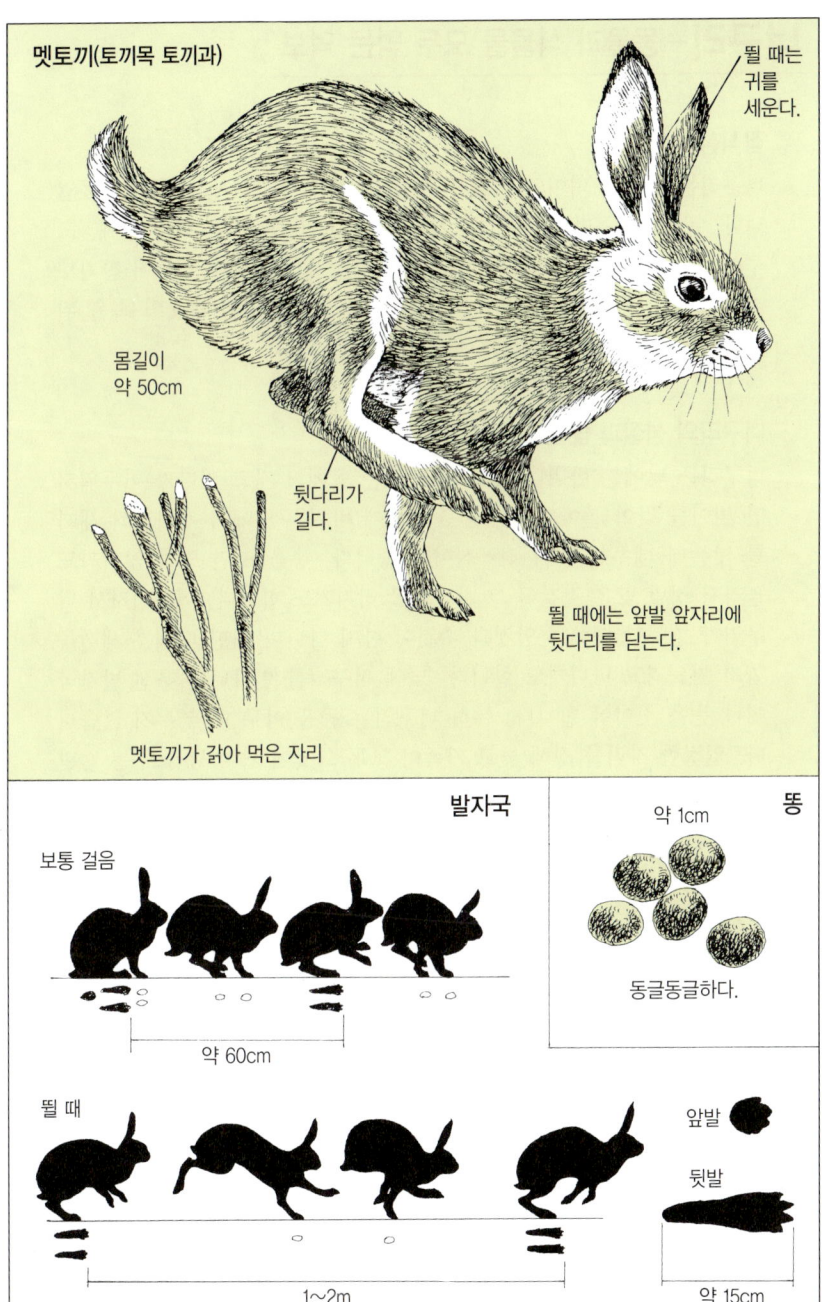

너구리 - 동물과 식물을 모두 먹는 먹보

잡식성 동물

너구리는 동물성 먹이와 식물성 먹이를 다 먹는 개과에 속하는 동물입니다. 곤충, 개구리, 지네, 게, 지렁이, 물고기, 도토리, 나무 열매, 고구마 등이 모두 너구리의 먹이입니다. 가끔 새나 뱀에 달려들어 잡기도 하지만, 보통은 땅에 코를 대고 냄새를 맡으면서 쌓인 나뭇잎 속을 뒤져서 먹이를 찾을 때가 많습니다.

너구리의 성질과 습관

너구리는 낮에는 바위나 나무 구멍 같은 곳에서 자고 있다가 어두워지면 먹이를 찾아 돌아다닙니다. 5~6월에 바위 구멍에 4~5마리씩 새끼를 낳는데 매우 둔하여 경계심이 적습니다. 총을 쏘면 맞지 않더라도 놀라서 정말 맞은 것같이 그 자리에 쓰러지기도 합니다. 어두워져서 너구리가 행동할 때에는 암컷과 수컷이 함께 다니며 어떤 때에는 새끼들까지 거느리고 다니기도 합니다. 낮에 너구리를 만나려면 우선 발자국이나 똥을 찾아야 합니다. 특히 너구리는 똥을 아무 데나 누지 않습니다. 일정한 자리를 정해 놓고 가족이 모두 그곳에 가서 똥을 누는 습관이 있습니다. 그러므로 이 '가족 변소'를 찾아내기만 하면 그 근처에서 너구리의 집을 알아내기는 쉽습니다.

오소리와 너구리

오소리와 너구리는 모습이 비슷해서 헷갈리기 쉽습니다. 먼저 오소리의 다리는 굵고 짧습니다. 그래서 오소리는 몸 전체의 윤곽이 위에서 누른 것 같은 느낌입니다. 양쪽 눈 가장자리에 검은 줄무늬가 나 있는 점도 특징입니다. 오소리는 밤에 돌아다니며 나무뿌리, 나무 열매, 종자, 곤충, 쥐, 토끼, 뱀 등을 잡아먹는 잡식성인데, 2~4월에 3~4마리의 새끼를 굴속에서 낳습니다. 너구리도 낮에는 바위나 나무 구멍에서 자고 역시 밤에 나돌아 다니며 오소리가 먹는 것과 비슷한 먹이를 잡아먹습니다. 그리고 5~6월에 4~5마리의 새끼를 낳습니다.

족제비 - 숲 속의 사냥꾼

족제비는 쥐의 천적

족제비의 몸놀림은 매우 날쌥니다. 먹이를 찾아내자마자 눈 깜짝할 사이에 달려들어 잡습니다. 보통 육식을 하는데 특히 쥐를 좋아하며 그 밖에 새끼 새나 새알, 개구리, 게 등도 먹습니다. 농촌에 쥐가 많아서 곡식 피해가 많을 때에 족제비가 나타나면 순식간에 쥐를 전멸시키기도 합니다. 그런데 그 뒤에는 족제비가 많아져서 닭을 해치기 때문에 다시 골치를 앓는 경우도 있습니다. 이렇게 보면 사람을 기준으로 해서 자연계에 사는 동물을 사람에게만 이롭게 조작하기란 힘든 일일 뿐만 아니라 신중하게 생각할 문제입니다. 여하튼 평소에는 귀여운 동물이지만 족제비가 쥐에게 달려드는 무서운 모습을 보면 우리는 '자연의 있는 그대로의 모습'에 새삼 깊은 생각에 잠기게 됩니다.

족제비를 만나려면

족제비는 숲 속, 평지, 물가, 인가 근처의 나무뿌리, 돌무덤 등의 굴에 살고 있습니다. 족제비가 즐겨 먹는 먹이인 들쥐가 많은 곳을 찾으면 족제비도 볼 수 있습니다. 또 냇가의 죽은 물고기나 게 등이 있는 곳에도 나타납니다. 숲이 가까운 인가의 쓰레기장이나 산장의 쓰레기 근처도 주의해서 봅시다. 족제비 역시 새벽녘이나 어두워진 뒤에 밖을 돌아다닙니다. 암컷은 수컷의 절반 크기밖에 되지 않습니다.

똥이 쌓인 곳을 찾자

족제비는 달리기도 잘하고 나무에도 잘 오릅니다. 발가락 사이에 물갈퀴가 달려서 헤엄도 잘 칩니다. 밤에만 먹이를 찾아 돌아다니므로 모습을 보기가 쉽지 않지만, 발자국이나 똥은 낮에 주의해서 살펴보면 찾을 수가 있습니다. 너구리와 마찬가지로 족제비도 한곳을 정해 두고 똥을 눕니다. 한편 족제비의 똥은 너구리 것보다 작고 갸름합니다.

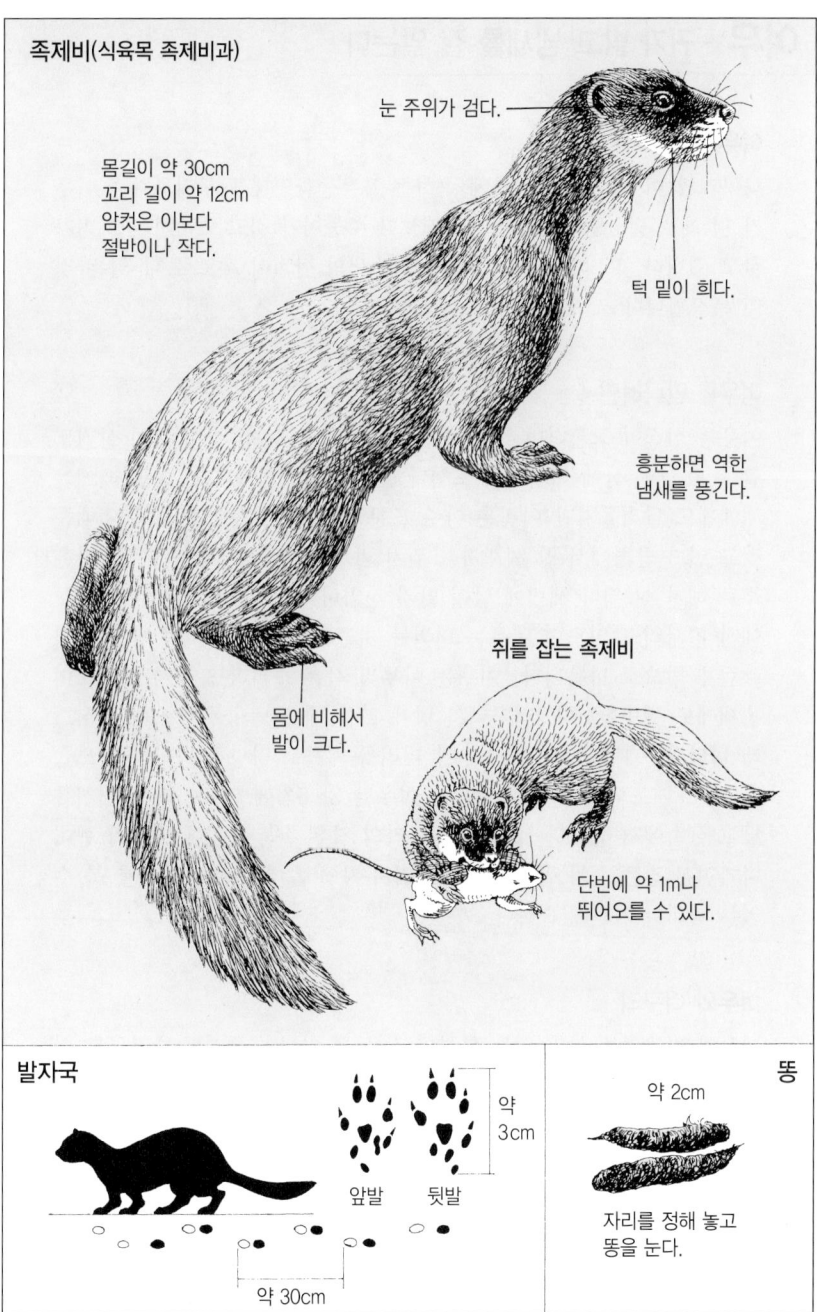

여우 – 귀가 밝고 냄새를 잘 맡는다

여우와 개

너구리와 여우는 모두 개과에 속하는 포유동물인데 너구리보다는 여우가 더 개를 닮았습니다. 여우는 개보다 주둥이가 길고 뾰족하며 꼬리가 굵고 깁니다. 또 다리의 앞부분에 검은색의 반점이 세로로 나 있는 것이 특징입니다.

여우를 만나려면

여우는 성질이 교활하며 혼자서 살기도 하고 암수 한 쌍이 같이 살기도 합니다. 낮은 산에 내려와서 토끼나 들쥐를 잡아먹습니다. 어떤 때에는 새에게도 달려들지만 이것은 아주 드문 예이며, 가을이면 나무 열매를 먹고 인가 근처에서 밥 찌꺼기를 뒤져 먹기도 합니다. 행동하는 시간은 주로 해가 진 뒤나 새벽에 날이 밝기 전입니다. 여우가 나타날 만한 곳에서 기다리고 있으면 여우는 머리를 쳐들고 주위를 살피며 아주 조심스럽게 밖으로 나옵니다. 여우는 아무리 작은 소리라도 놓치지 않으며 냄새에도 예민합니다. 너구리가 땅에 코를 대고 냄새를 맡으며 조심스레 나타나는 데에 비해서 여우가 머리를 쳐들고 당당히 나타나는 모습은 서로 대조되어 재미있습니다. 여우는 3~5월에 2~9마리의 새끼를 낳고 굴속에서 삽니다. 요즘 우리나라의 경우 전국 곳곳에 도로가 뻗어 나가면서 깊은 숲과 골짜기가 없어져서 자연 속에서 사는 여우를 볼 수 있는 기회는 거의 없습니다.

여우와 너구리

여우와 너구리는 살고 있는 환경이 같을 뿐 아니라 똥이나 발자국도 거의 비슷합니다. 특히 발자국으로는 구분하기가 어려운데 좌우의 발자국을 선으로 이어 보면 여우가 너구리보다 일직선에 가깝습니다. 그리고 여우의 똥은 한쪽 끝이 뾰족하게 잘렸는데 너구리의 것은 그렇지 않은 점도 다릅니다.

여우(식육목 개과)

몸길이 60~70cm
꼬리 길이 40~50cm

북방여우보다 약간 작다.

먹이를 노리며 다가가는 여우

꼬리 끝이 희다.

먹이에 달려들어 앞발로 잡는다.

북방여우

우리나라에는 없다.

꼬리 끝이 희다

여우는 구덩이를 파고 그 안에 들어가서 새끼를 낳는다.
봄에 태어난 새끼 여우는 가을이 되면 다 자란다.

발자국	똥

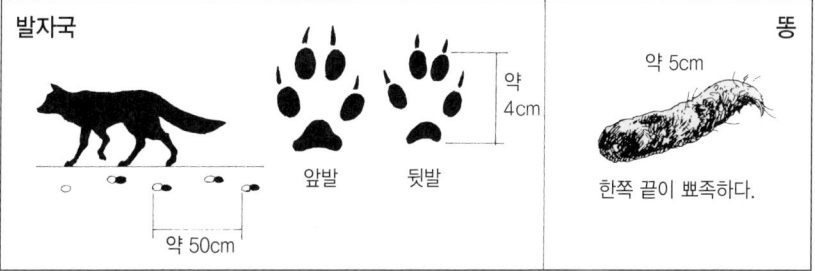

약 4cm

앞발   뒷발

약 50cm

약 5cm

한쪽 끝이 뾰족하다.

멧돼지

돼지의 원조
집돼지는 야생의 멧돼지를 식용으로 개량한 것입니다. 개량한 돼지의 품종으로는 요크셔, 버크셔, 그리고 재래종 등이 있으며 모두 그 조상을 따져 올라가면 멧돼지에 이르게 됩니다. 멧돼지는 주둥이가 매우 길고 목이 짧은데, 날카롭고 단단한 엄니가 밖으로 나와 있는 점이 집돼지와 크게 다릅니다. 다리는 길고 배가 돼지처럼 밑으로 처지지 않았습니다. 그리고 목 뒷부분에서 등에 걸쳐 길고 빳빳한 털이 났는데 성을 내면 이 털이 밤송이처럼 일어납니다.

발굽이 있는 야생동물
발굽이 있는 야생동물로는 사슴, 산양, 그리고 멧돼지를 들 수 있습니다. 양이나 말, 그리고 소도 발굽을 가지고 있는 동물이지만 모두 집에서 기르는 동물, 즉 가축이므로 야생동물로는 앞에 든 셋뿐입니다. 이 세 동물은 다리에 각각 커다란 발굽이 앞쪽에 둘, 그리고 작은 발굽이 뒤쪽에 둘 달려 있습니다. 이렇게 생긴 발굽을 가진 동물을 '우제목'이라고 부릅니다. 그런데 같은 우제목이라도 멧돼지 발굽은 또 다른 점이 있습니다. 사슴이나 산양은 작은 발굽이 땅에 닿지 않아서 자국이 생기지 않는데 멧돼지만은 크고 작은 발굽 네 개가 모두 자국으로 나타납니다. 이 밖에 우제목 동물은 보통 한 번 삼킨 먹이를 다시 토해 내서 씹는 이른바 새김질을 합니다. 그러나 멧돼지는 새김질을 하지 않는데 이것도 다른 우제목과 다른 점입니다.

멧돼지가 있던 자리
멧돼지는 마을에서 그다지 떨어지지 않은 산에 살지만 밤에만 다니므로 우리가 볼 기회가 적습니다. 보통 이끼, 버섯, 나무뿌리, 고구마, 그리고 개구리와 게, 새우, 들쥐 등을 먹는데 코로 흙을 파헤치며 먹이를 먹습니다. 또 흙탕물 속에 들어가 뒹굴거나 목욕을 하는 버릇이 있어 그런 자리를 찾으면 멀지 않은 곳에 멧돼지가 있기 쉽습니다.

사슴 – 무리 지어 산다

산에서는 이제 만나기 어렵다

산에서 노루를 보았다는 이야기는 요즘도 가끔 듣는데 사슴을 보았다는 이야기는 거의 듣지 못합니다. 지금 우리가 볼 수 있는 것은 동물원이나 사육장에서 기르는 사슴뿐입니다. 사슴은 산림·습지·초원·툰드라 등에서 널리 분포하며 무리를 지어 사는 초식동물입니다. 이 밖에 노루와 고라니도 사슴과에 속하는 동물입니다.

사슴이 사는 모습

사슴의 모습에서 가장 큰 특징은 머리 위에 위엄 있게 돋은 뿔입니다. 이 뿔은 수컷에게만 있습니다. 몸빛은 밤색 바탕에 눈송이 같은 흰색 반점이 있습니다. 겨울에는 털이 갈색으로 바뀌고 반점이 없어지는데 꼬리에는 항상 흰색 반점이 그대로 남아 있습니다. 산림에서 무리지어 사는데 대개 어미와 새끼가 한 무리가 되고 따로 수컷만이 또 한 무리를 지어 다닙니다. 그러다가 10~11월의 생식기에는 수컷 중에서 제일 힘센 사슴이 암컷을 거느립니다. 7~8개월만에 한 마리의 새끼를 낳는데 시기는 대개 5~6월입니다. 이때에 어미 사슴은 매우 민감하고 공격적이므로 가까이 가지 말아야 합니다.

사슴의 먹이와 새김질

사슴은 풀, 이끼, 나무 싹, 그리고 나무껍질 등을 먹는데 주로 아침과 저녁에 먹습니다. 새가 높이 뜰 무렵이면 먹는 것을 멈추고 다른 곳으로 옮겨가서 새김질을 하며 쉽니다.

사슴의 뿔

사슴의 수컷은 보통 네 살이 넘으면 뿔이 한 개 생깁니다. 5~6세에 각각 한 가지씩 더 나서 세 갈래가 됩니다. 매년 봄 또는 겨울에 앞의 뿔이 떨어지고 다시 새 뿔이 돋아납니다. 이 뿔을 '녹용'이라고 하는데 사람들이 귀한 약재로 쓰고 있습니다.

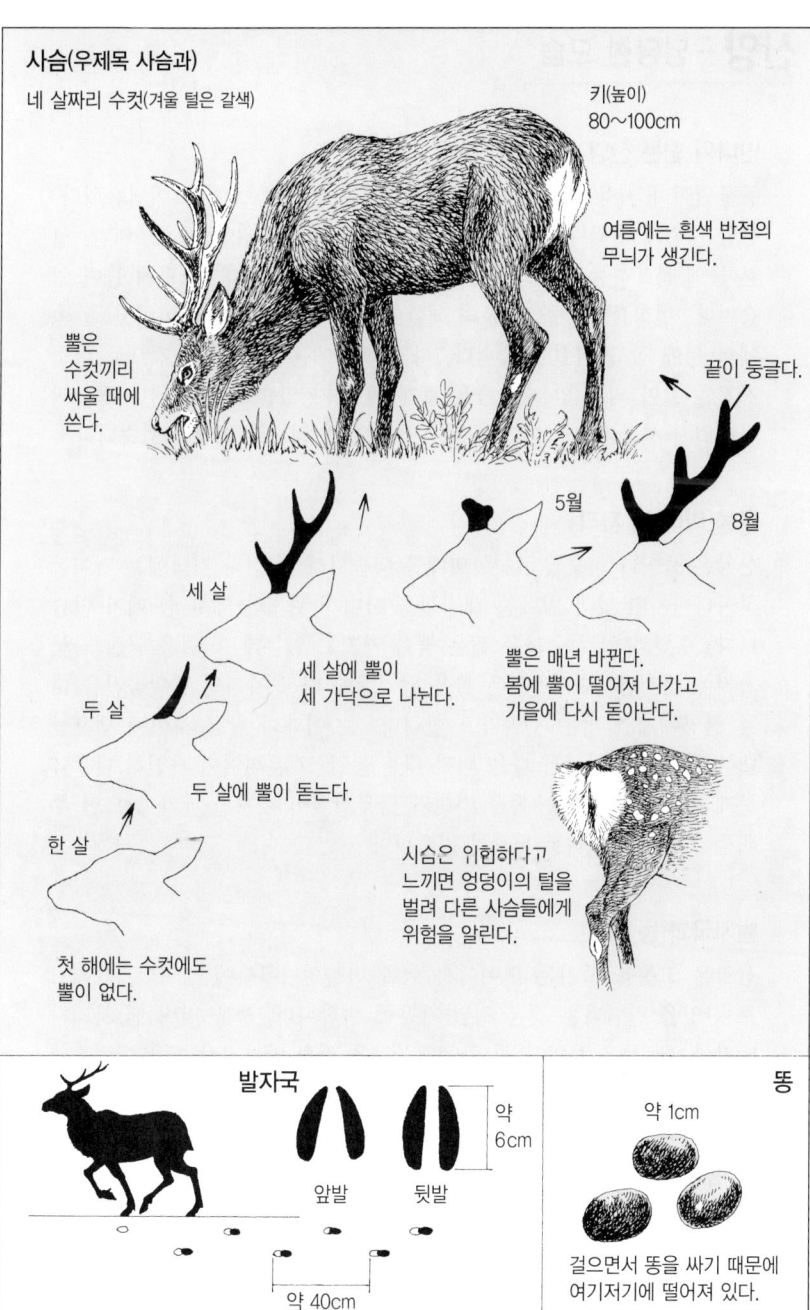

산양 - 당당한 모습

만나기 힘든 산양

동물원이나 사육장이 아니면 산에서 사는 산양을 보기란 어렵습니다. 산양은 원래 우리나라를 비롯해서 만주, 동부 시베리아, 중국, 대만, 일본 등에 분포하는 염소와 비슷하게 생긴 포유동물인데, 소과에 들어 있습니다. 번식률이 낮으며 몸의 색깔이 회색이나 진한 갈색이어서 숲 속에서 눈에 잘 뜨이질 않습니다. 다만 겨울에는 흰 눈을 배경으로 나뭇가지를 갉아 먹고 있는 모습을 보게 될 때가 있습니다. 그러나 성질이 사나워서 사람이 가까이 있다는 것을 알면 달려드는 습성이 있습니다.

뿔을 비벼 댄 자리

산양은 풀이나 나뭇잎, 나무 열매를 먹습니다. 아침과 저녁에는 먹이를 찾아다니지만 낮과 밤에는 새김질을 하며 바위 그늘에서 쉴 때가 많습니다. 수컷과 암컷이 모두 짧은 뿔을 가지고 있는데 이 뿔을 곧잘 나뭇가지에 문지릅니다. 이것은 뿔을 날카롭게 하고 자기의 생활공간을 다른 산양에게 알리는 뜻이라고 합니다. 눈 아래와 발굽 사이에 냄새를 내는 분비선이 있어서 뿔을 비벼 대는 동안 그 분비액이 자연히 나무에 묻게 됩니다. 낮에 숲 속을 가다가 나무껍질이 벗겨진 데가 있으면 주위를 조심해서 살펴볼 필요가 있습니다.

발자국과 똥

산양은 고독을 즐기는 편이어서 험한 바늘잎나무숲에 삽니다. 그러므로 산양을 만난다는 것은 정말 행운에 속합니다. 뿔을 비벼 댄 자리나 발자국, 똥 등을 보았다 하더라도 산양을 직접 만나기란 매우 어렵습니다. 발자국은 사슴과 비슷한데 좀 더 크고 윤곽이 둥그스름합니다. 그리고 디디는 곳이 무르고 딱딱한 정도에 따라 발굽을 오므리거나 벌려서 몸의 균형을 잡습니다. 바위터에서는 발굽을 벌려서 꽉 밟고 걷습니다. 똥은 한군데에 모아 눕니다. 사슴은 산양과는 달리 걸으면서 똥을 떨어뜨립니다.

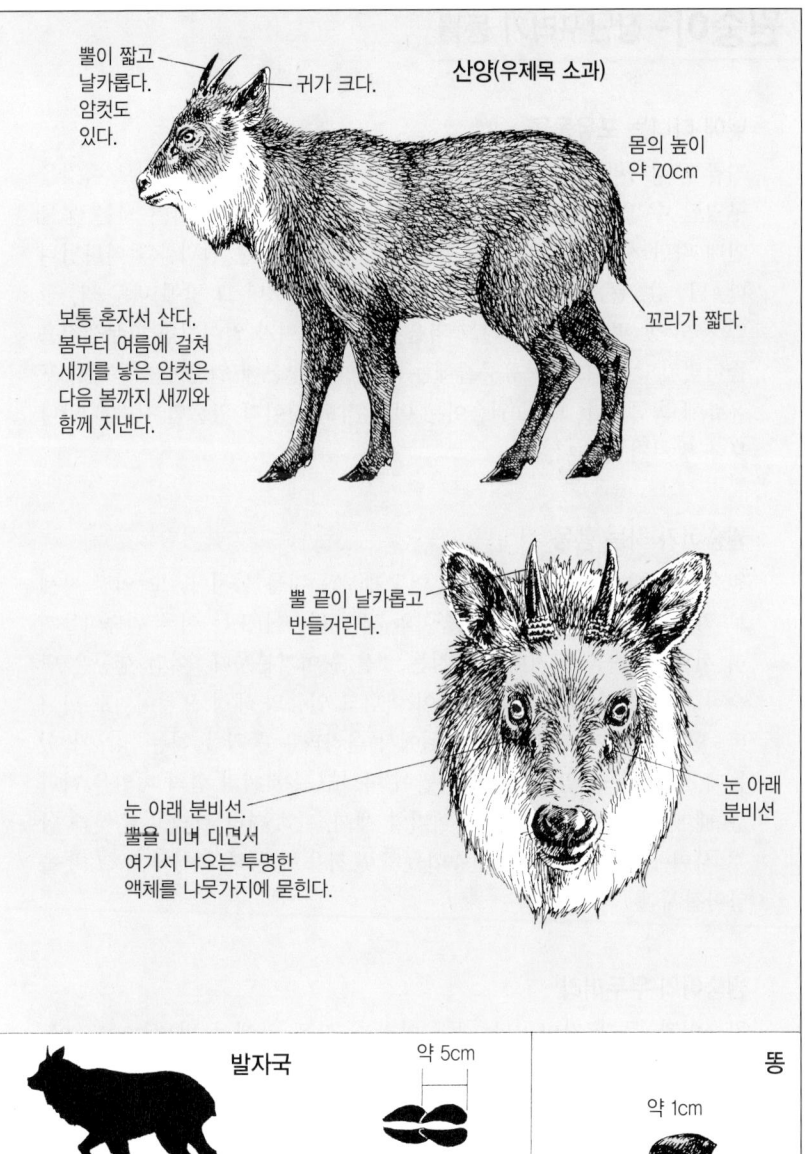

원숭이 - 장난꾸러기 동물

낮에 다니는 포유동물

지금 우리나라에서 야생 원숭이는 볼 수 없고 동물원에서 기르는 것을 구경할 수 있을 뿐입니다. 원숭이도 사슴처럼 무리를 지어 사는 동물인데 다만 사슴과 달리 먹을 것을 찾아 비교적 넓은 범위를 돌아다닙니다. 밤, 감, 귤, 산복숭아 같은 과일을 즐겨 먹으며 그 밖에 나무 싹, 풀잎 등도 잘 먹습니다. 그리고 겨울에 그런 먹이가 없어지면 나무껍질을 뜯어먹기도 합니다. 포유동물에는 야행성이 많은데 원숭이는 주행성 포유류에 속합니다. 야생 원숭이는 어느 정도 떨어져 있으면 사람을 만나도 도망치지 않습니다.

원숭이가 하는 행동

원숭이가 뭔가 먹을 때에 손을 어떻게 쓰는지를 봅시다. 또 어떤 자세로 먹는지도 봅시다. 어미 원숭이와 새끼 원숭이 또는 어른 원숭이들끼리 서로 털 속을 뒤지며 매만지는 것을 눈여겨봅시다. 이런 행동은 단순히 이를 잡아 주기 위한 것만이 아니고 일종의 애정 표현이기도 합니다. 한 원숭이가 다른 원숭이 뒤에서 올라타는 동작을 하는 경우가 있는데, 이것은 꼭 암수의 짝짓기만이 아니고 수컷끼리 힘의 서열을 나타낼 때에도 하는 행동입니다. 어미와 새끼, 수컷끼리 그리고 수컷과 암컷 사이에서 이루어지는 원숭이들의 동작을 유심히 관찰하고 그 뜻을 알아봅시다.

원숭이의 우두머리

원숭이가 무리 지어 사는 동물이라는 것은 앞에서 말했는데, 보통 30~40마리가 한 무리를 이루어 삽니다. 한 마리의 힘센 수컷 원숭이가 나머지를 거느리며 다른 원숭이들은 절대 복종합니다. 이 우두머리가 죽거나 늙으면 다른 수컷 원숭이가 새로운 우두머리가 됩니다. 재미있는 일은 새 우두머리는 며칠 사이에 놀랄 정도로 몸이 커지면서 힘이 세어지고 튼튼해진다고 합니다.

똥을 잘 살펴보자

동물의 똥이 말해 주는 것

땅에 떨어져 있는 똥을 보고 그 동물의 이름을 알아맞히기는 쉽지 않습니다. 그러나 모양이나 크기로 대충 짐작할 수는 있습니다. 다람쥐, 날다람쥐, 하늘다람쥐, 멧토끼, 사슴, 노루 등 식물을 먹고 사는 동물은 동글동글하고 마른똥을 눕니다. 냄새도 그다지 심하지 않습니다. 그런데 동물을 먹고 사는 포유류는 길쭉하고 끈적거리는 똥을 누는데 냄새도 꽤 독합니다. 너구리, 여우, 멧돼지, 곰 등이 모두 그렇습니다. 그리고 배설한 지 얼마 되지 않은 것일수록 냄새가 많이 납니다. 또한 똥을 아무 데나 누는 동물이 있는가 하면 한군데에 모아서 누는 동물도 있습니다. 너구리, 곰, 족제비, 산양 등은 똥을 한군데에 모아서 눕니다.

기록해 두는 방법

동물의 똥을 찾으면 제일 먼저 크기를 재고 그 모양을 스케치합니다. 그리고 나서 막대기로 똥을 뒤적거려 봅시다. 동물을 먹는 포유류의 똥에는 털이나 뼈, 이빨, 발톱 따위가 섞여 있을 때가 많습니다. 여기까지는 누구나 쉽게 할 수 있습니다. 좀 더 자세히 살피고 싶으면 집으로 똥을 가지고 돌아와야 합니다. 생선 가게 주인들이 하듯이 손에 비닐 주머니를 낀 다음 그대로 똥을 집은 뒤, 비닐 주머니를 뒤집어 안에 넣습니다. 이것을 다른 비닐 주머니에 한 번 더 싸면 냄새도 안 나고 가져오기도 좋습니다. 집에 가져온 똥은 종이컵에 넣고 미지근한 물을 넣어 풀어서 엷은 종이(휴지같이 물이 빠지는 것이 좋다)에 널어놓습니다. 똥에서 나온 털이나 뼈, 이빨 등은 에틸알코올(약국에 있다)로 씻어 말립니다. 야외 관찰용 노트에 날짜, 발견한 장소, 크기 등을 스케치한 그림과 함께 정리해 둡시다. 똥에서 나온 것들은 셀로판테이프나 본드로 붙입니다. 나무 열매가 나오면 화분에 심고 그 결과를 적어 둡니다.

발자국을 따라가 보자

새벽에 일어나야 한다

포유동물은 대부분 야행성이므로 우리가 자고 있는 동안에 먹이를 구하러 돌아다닙니다. 그리고 우리가 보통 일어날 때쯤이면 벌써 안전한 곳에 되돌아가 있습니다. 이들을 관찰하려면 새벽에 일어나서 돌아다닐 만한 길목을 지키고 있어야 합니다. 어떤 곳에 가야 할까요? 그 자리를 정하려면 우선 동물의 발자국을 찾아야 합니다. 발자국은 모래나 땅이 진 데, 그리고 눈 위에 잘 나타납니다. 한 번 생긴 발자국도 바람이 불거나 햇볕이 쪼이고 비가 내리면 모양이 달라지거나 어떤 때에는 지워지고 맙니다.

발자국을 따라서

발자국을 찾았으면 먼저 어떤 동물의 것일까를 생각해 봅시다. 다음은 걸어간 자국인지 도망간 자국인지 알아맞혀 봅니다. 자국이 깊거나 크다는 것은 그 동물이 무슨 소리에 주의를 기울이기 위해서 그 자리에 멈추었기 때문인지도 모릅니다. 자국이 나무 앞에서 갑자기 없어졌다면 나무에 올라갔을 가능성이 많습니다. 왜 그랬을까요? 적에게 쫓긴 것일까요? 아니면 먹이를 쫓아간 것일까요? 이처럼 추리하며 계속 자국을 따라가다 보면 뜻밖에 털뭉치를 발견하거나 새의 깃털을 주울 수도 있습니다. 동물들이 활동하는 목적은 대개 먹이를 찾는 일이라고 보면 됩니다. 자기가 먹이를 찾거나, 아니면 먹이를 찾는 다른 동물에게 쫓기거나 둘 중 하나일 것입니다.

동물의 입장에서 생각해 보자

혼자서 돌아다니는 동물과 언제나 무리 지어 다니는 동물이 있습니다. 무리 지어 다니는 동물의 발자국은 많고 복잡합니다. 그러나 자세히 보면 A의 것과 B의 것을 구분할 수가 있습니다. 발자국이 무엇을 가리키는지 생각해 보고 추측하는 것은 매우 재미있습니다.

여러 가지 구멍을 살펴보자

구멍을 집으로 삼는 동물들
주위를 둘러보면 여기저기에 구멍이 눈에 뜨입니다. 나무 밑동에 난 것, 나뭇가지에 생긴 것, 경사진 땅에 생긴 것, 바위의 틈, 바위나 흙더미에 뚫린 굴 등 자연 속에는 여러 가지 구멍이 있습니다. 동물들은 이런 구멍을 이용해서 집으로 삼습니다. 구멍은 동물이 직접 만든 것도 있고 자연히 생긴 것도 있습니다. 나뭇가지에 난 구멍을 이용하는 동물로는 날다람쥐나 하늘다람쥐가 있으며, 가끔 다람쥐도 이 안에서 삽니다. 나무 밑동의 구멍을 이용하는 동물로는 너구리와 곰이 있습니다. 여우, 너구리, 오소리 등은 바위틈이나 흙더미의 경사진 곳에 난 구멍에 잘 들어갑니다. 오소리나 여우는 자기가 구멍을 뚫기도 합니다. 오소리가 파 놓은 구멍을 다음 해에 여우가 쓰기도 하고, 여우가 쓰던 구멍에 너구리가 들어가서 살기도 합니다. 널따란 동굴을 자기 집으로 삼는 동물이 있는데 무엇일까요? 박쥐입니다.

구멍을 찾았으면
먼저 입구의 크기를 재 봅시다. 너비와 높이 그리고 어떤 동물이 썼는지 상상해 봅시다. 안에 아무것도 없는 빈 구멍일지도 모릅니다. 이런 때에는 입구에 코를 가까이 대고 냄새를 맡아 보는 것이 제일 확실합니다. 동물이 쓰던 구멍이면 냄새가 나게 마련입니다. 구멍을 찾았다고 해서 무턱대고 손을 구멍 안에 넣거나 나무 꼬챙이를 꽂아 보거나 해서는 안 됩니다. 만일 동물이 안에 있으면 놀라게 만들지도 모르며 위험하기도 합니다.

땅이나 나무에 뚫린 구멍
땅 위에 흙이 무덤같이 쌓인 곳을 뒤지면 안에 구멍이 뚫려 있고 두더지가 사는 경우가 있습니다. 나뭇가지나 나무 곁에 뚫린 조그만 구멍에는 곤충이나 작은 새들이 둥지로 삼기도 합니다.

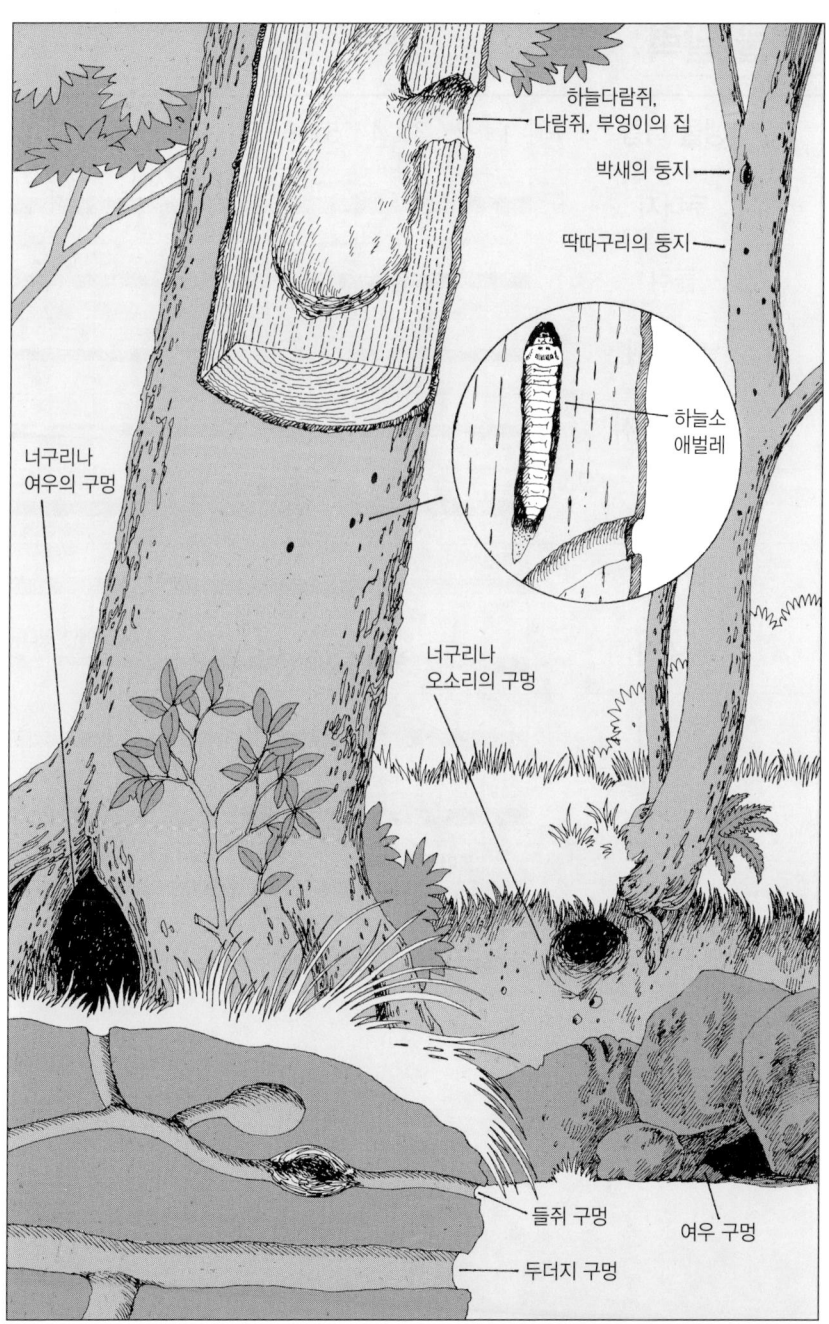

생물 달력

볼 수 있는 시기(월)

생물 이름	1	2	3	4	5	6	7	8	9	10	11	12
두더지					◠	새끼를 낳는 시기						
들쥐					◠					◠		
날다람쥐					◠							
하늘다람쥐					◠							
멧토끼					◠							
너구리					◠							
오소리			◠							구멍에만 있다.		
족제비				◠								
여우				◠								
사슴			뿔이 떨어진다.		◠		뿔이 돋아난다.					
산양					◠							

동물을 만나러 산에 가자

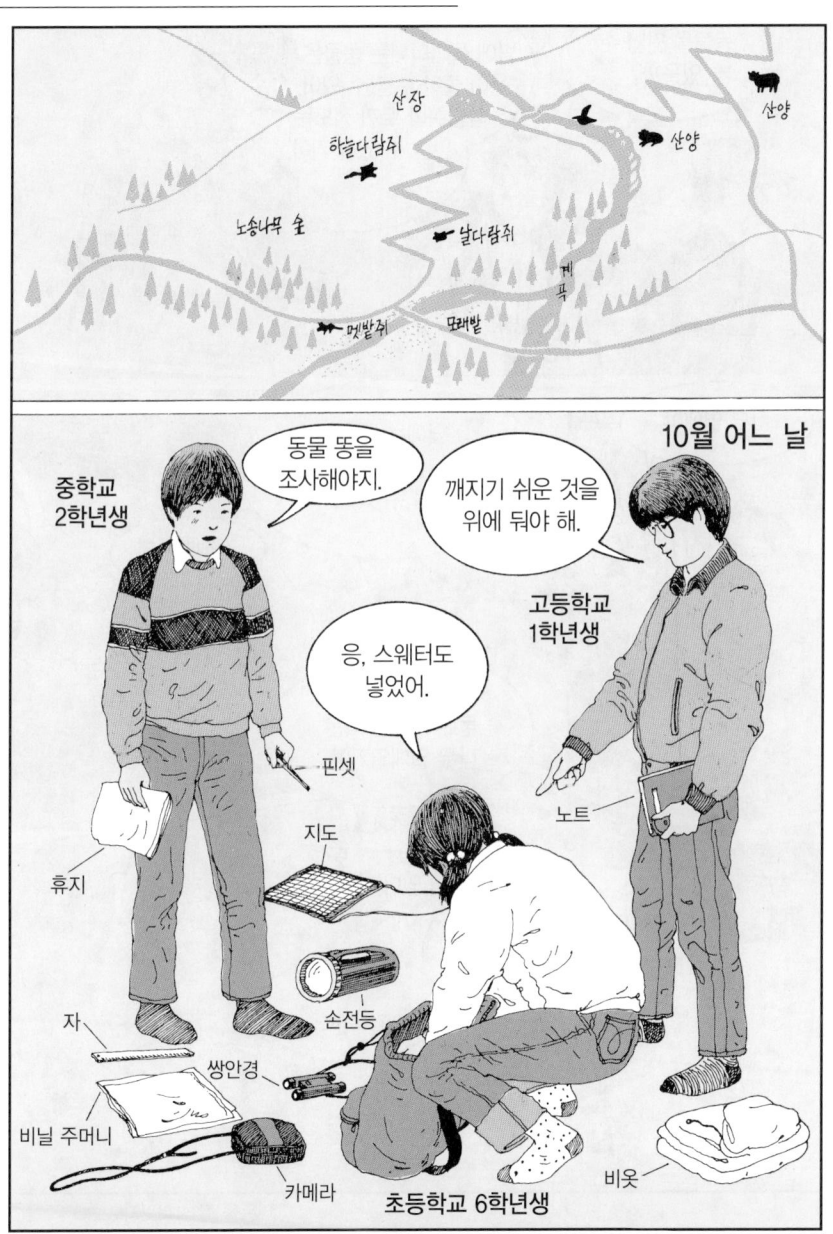

관찰하기 좋은 옷차림과 도구(190쪽)

여러 가지 구멍을 살펴보자(226쪽)

발자국을 따라가 보자(224쪽)

산양-당당한 모습(218쪽)

오랑우탄이 사는 숲

숲 속에 길을 내거나 나무를 잘라 내서 울창한 숲이 사라지면 그 안에 살던 많은 생물들이 보금자리를 잃게 됩니다. 동남아시아의 정글에 살고 있는 오랑우탄도 이런 불쌍한 경우를 당하고 있는 동물 가운데 하나입니다. 오랑우탄이란 '산림 속의 사람'이란 말레이어입니다. 나무 위에서 사는 동물인데 숲이 없어지면 어떻게 될까요? 현재 오랑우탄은 보르네오 섬과 수마트라 섬 이외에는 살지 않습니다. 그런데 지금 이 두 섬에는 그동안 애완용으로 가두어 기르거나 사냥꾼들에 의해서 잡혀 온 오랑우탄을 다시 산림으로 보내기 위한 보호 시설이 있습니다. 애완용 새끼 오랑우탄들은 어릴 때 어미로부터 떼어져 사람들이 만든 우리에 갇혔습니다. 그래서 어미의 애정에 굶주리고 혼자서 살아나가는 힘을 잃었습니다. 결국 그들은 나무에 올라가서 사는 야생에서의 생활 방법을 모르는 오랑우탄이 되고 말았습니다. 이런 새끼 오랑우탄은 그대로 숲 속에 놓아 주어도 얼마 못 가서 죽고 맙니다. 그래서 수마트라의 보호 시설에서는 시간을 정해서 바나나, 우유 등 먹이를 주면서 조금씩 숲 속의 생활에 적응하도록 훈련시킨다고 합니다. 사람이 저질러 놓은 어리석은 행동 때문에 달라진 동물의 생활 습관을 다시 자연의 모습으로 되돌아가게 하는 데에는 많은 시간이 걸린다고 합니다.

파충류 · 양서류

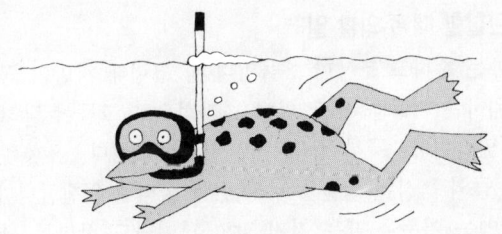

파충류와 양서류의 관찰

파충류와 양서류의 특징

파충류란 도마뱀, 장지뱀, 도마뱀붙이, 뱀, 거북 등을 통틀어 일컫는 말입니다. '파'는 기어 다닌다는 뜻입니다. 파충류의 특징은 ①체온이 기온에 따라 달라지며(변온동물이라고 한다) ②허파로 호흡하고 ③피부에 비늘이 있으며 ④알이 껍질에 싸여 있는 것 등입니다. 그렇지만 이 중에는 예외도 있으며 새나 포유동물과 공통되는 점도 많습니다. 왜냐하면 새나 포유동물이 파충류로부터 진화해 왔기 때문입니다. 또한 파충류는 양서류(영원, 도롱뇽, 개구리 등)로부터 진화한 것입니다. 이것을 보면 양서류→파충류→조류와 포유류의 순서로 동물이 진화한 것을 짐작할 수 있습니다. 양서류는 물과 뭍 양쪽에서 모두 살 수 있는 동물이란 뜻인데, 그 특징은 ①파충류같이 역시 변온동물이고 ②폐는 있으나 피부나 아가미로 호흡하며 ③비늘이 없고 ④알에 껍질이 없고 물속에 그대로 낳습니다.

파충류를 관찰할 때 주의할 일

원래 파충류는 순하고 조용한 동물입니다. 그런데 사람이 끔찍하게 여기며 두려워하는 마음을 갖고 있어 결과적으로 그들이 달려들게 만드는 경우가 많습니다. 특히 뱀의 경우가 그렇습니다. 유혈목이나 살무사, 반시뱀 등의 독사는 독을 지니고 있어 물리면 위험합니다. 뱀이 있을 만한 곳에는 어두울 때는 가지 말고 낮이라도 장화를 신어야 합니다. 만일 물렸을 경우에는 병원을 찾는 것이 첫 번째로 할 일입니다. 옛날과 달라서 요새는 좋은 혈청이 있으므로 크게 두려워할 것까지는 없습니다.

양서류를 관찰할 때

양서류가 지니고 있는 독으로 죽는 경우는 별로 없습니다. 그러나 두꺼비나 도롱뇽 가운데에는 피부에 독이 나오는 분비선을 가진 것이 있습니다. 이것을 만진 다음 눈을 비비거나 음식을 먹어서는 안 됩니다. 동물을 만지던 손으로 음식을 먹으면 구역질이 나는 경우도 있습니다.

살무사

몸통의 측면에 암회색
얼룩무늬가 있으며
몸이 굵고 짧다.
물리면 몹시 아프고
금방 부어오른다.

반시뱀

머리가 삼각형으로 숟가락처럼
생겼고, 나무 위나 풀밭에 살며
쥐 등을 잡아먹는다. 무서운
독을 지니고 있으며 장화를
뚫을 정도로 엄니가 길다.
우리나라에는 없으며
일본과 대만 등에 있다.

유혈목이

흔한 뱀이다. 비늘이 가늘고 길며 광택이 없다.
거무튀튀하며 목 부근은 노랗다.
물리면 상처에서 피가 나거나
피오줌이 나올 수도 있다.

두꺼비

몸길이 10~12cm. 독액이 눈에 들어가면
매우 쓰리다. 물로 잘 씻어 내야 한다.
온몸에 혹처럼 우툴두툴한 것이
많이 솟아 있다.

도롱뇽

몸길이 약 15cm. 발이 앞뒤로
서로 닿지 않게 떨어져 있으며
발가락이 앞발에는 네 개,
뒷발에는 다섯 개 있다.
숲, 밭 등의 낙엽 밑이나
땅속에 살고, 밤에 나와 곤충이나
지렁이를 잡아먹는다. 독액이 있다.

도마뱀과 장지뱀 – 위험하면 꼬리를 버린다

도마뱀을 본 날을 적어 두자

도마뱀은 풀밭이나 밭에서 살며 곤충, 지렁이, 거미 등을 잡아먹습니다. 뜰의 돌을 치우면 그 밑에서 나오는 수도 있습니다. 도마뱀의 친척 가운데 우리가 잘 아는 동물이 있습니다. 바로 '이구아나'입니다. 이구아나는 몸길이가 1.8m나 되는데 남아메리카, 마다가스카르, 갈라파고스 섬 등에 살며 주로 나무 열매, 새, 곤충, 쥐 등을 잡아먹고 삽니다. 도마뱀은 머리에서 허리에 걸쳐서 줄무늬가 나 있으며, 보기에는 매끈하지만 만져 보면 딱딱한 비늘이 있는 것을 알 수 있습니다. 꼬리가 밝은 녹색인 것은 도마뱀 새끼입니다. 새끼가 점점 크면 꼬리 색이 몸통 색과 같은 갈색으로 바뀝니다. 도마뱀이 활동하는 기간은 어느 때일까요? 본 날을 적어 둡시다.

위험할 때는 꼬리를 버린다

도마뱀은 뱀이나 사람들에게 꼬리를 물리거나 잡히면 그 꼬리를 스스로 끊고 도망칩니다. 이것은 꼬리의 관절이 충격을 받으면 쉽게 끊어지도록 되어 있기 때문입니다. 끊어진 자리는 오므라들어서 흐르는 피가 멈춥니다. 잘린 꼬리는 얼마 동안 그대로 팔딱거리므로 적이 여기에 정신을 빼앗기고 있는 사이에 도마뱀은 달아납니다. 꼬리의 잘린 부분은 또다시 나옵니다.

도마뱀과 비슷한 장지뱀

장지뱀은 어른 도마뱀과 모습이 비슷한데 다만 꼬리가 훨씬 긴 점이 다릅니다. 그리고 도마뱀보다 몸통이 꺼슬꺼슬하게 보입니다. 살고 있는 곳, 꼬리가 잘려도 다시 돋아나는 것, 양지바른 풀밭에 살며 곤충이나 거미 등을 잡아먹는 것 등이 모두 같습니다. 장지뱀에는 '아무르장지뱀'이라는 것도 있는데, 중국의 흑룡강을 중심으로 한 아무르 지방과 우리나라에 분포합니다.

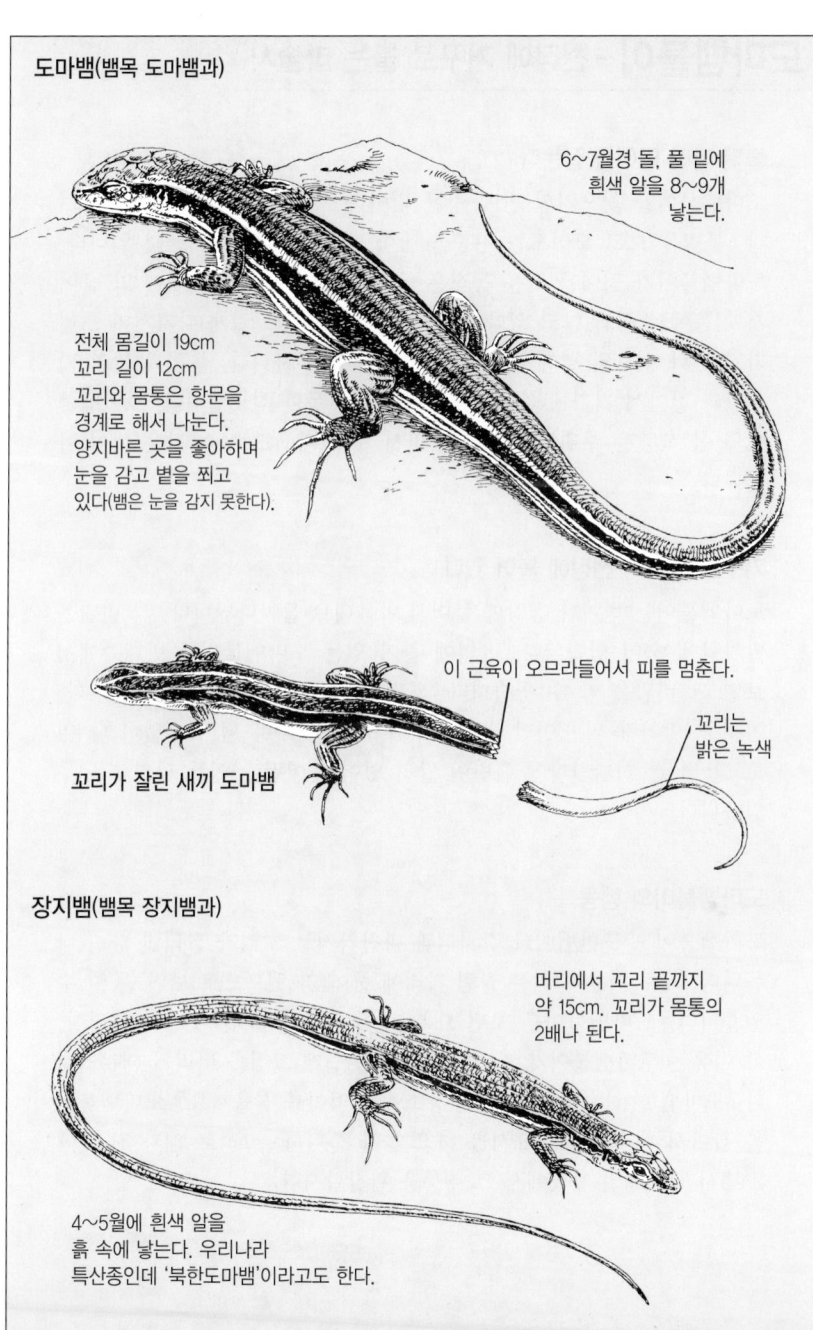

도마뱀붙이 - 천장에 거꾸로 붙는 마술사

불빛 따라 먹이를 잡는다

도마뱀붙이를 찾으려면 밤에 창문 밖이나 가로등 근처를 살피면 됩니다. 불빛을 보고 모여드는 곤충을 잡아먹으려고 나타나기 때문입니다. 도마뱀붙이가 먹이를 잡는 동작은 좋은 구경거리입니다. 벽에 딱 붙어서 처음에는 꼼짝 않고 있다가, 한 발 한 발 조심스럽게 다가서며 노리다가 됐다 싶으면 날쌔게 달려들어 나방 등을 뭅니다. 몸의 색깔이 벽 색깔과 같아서 거기에 붙어 있는 것을 알지 못할 정도입니다. 도마뱀붙이의 몸 색깔은 주위의 환경에 따라서 자주 바뀌므로 늘 같은 색이 아닙니다.

거꾸로 벽이나 천장에 붙어 있다

도마뱀붙이는 벽이나 천장에 붙어서 마음대로 돌아다닙니다. 그 비밀은 발가락에 숨어 있습니다. 유리에 붙어 있는 도마뱀붙이를 반대쪽에서 보면 그 비밀을 알 수 있습니다. 넓적한 발가락에 가로줄이 있습니다. 이것을 '발가락 밑판'이라고 합니다. 여기에는 가는 털이 수없이 나 있고 그 털 끝 하나하나에 흡반이 달려 있어서 어떤 곳이든 달라붙을 수 있습니다.

도마뱀붙이의 행동

도마뱀붙이도 도마뱀이나 장지뱀과 마찬가지로 꼬리가 잘리면 다시 나옵니다. 새로 나온 꼬리는 잘린 자리에 줄이 가 있으므로 보면 곧 알 수 있습니다. 도마뱀붙이를 보면 대부분 이렇게 줄이 간 것이 많습니다. 그 이유는 도마뱀붙이가 가벼운 자극에도 쉽게 꼬리를 버리기 때문입니다. 도마뱀붙이는 매일 밤 같은 장소에서 먹이를 잡을까요? 도마뱀붙이를 잡아서 매직펜으로 표시를 하고 놓아 줍니다. 그리고 해가 진 뒤에 2~3시간씩 매일 불빛에서 그 행동을 관찰합시다.

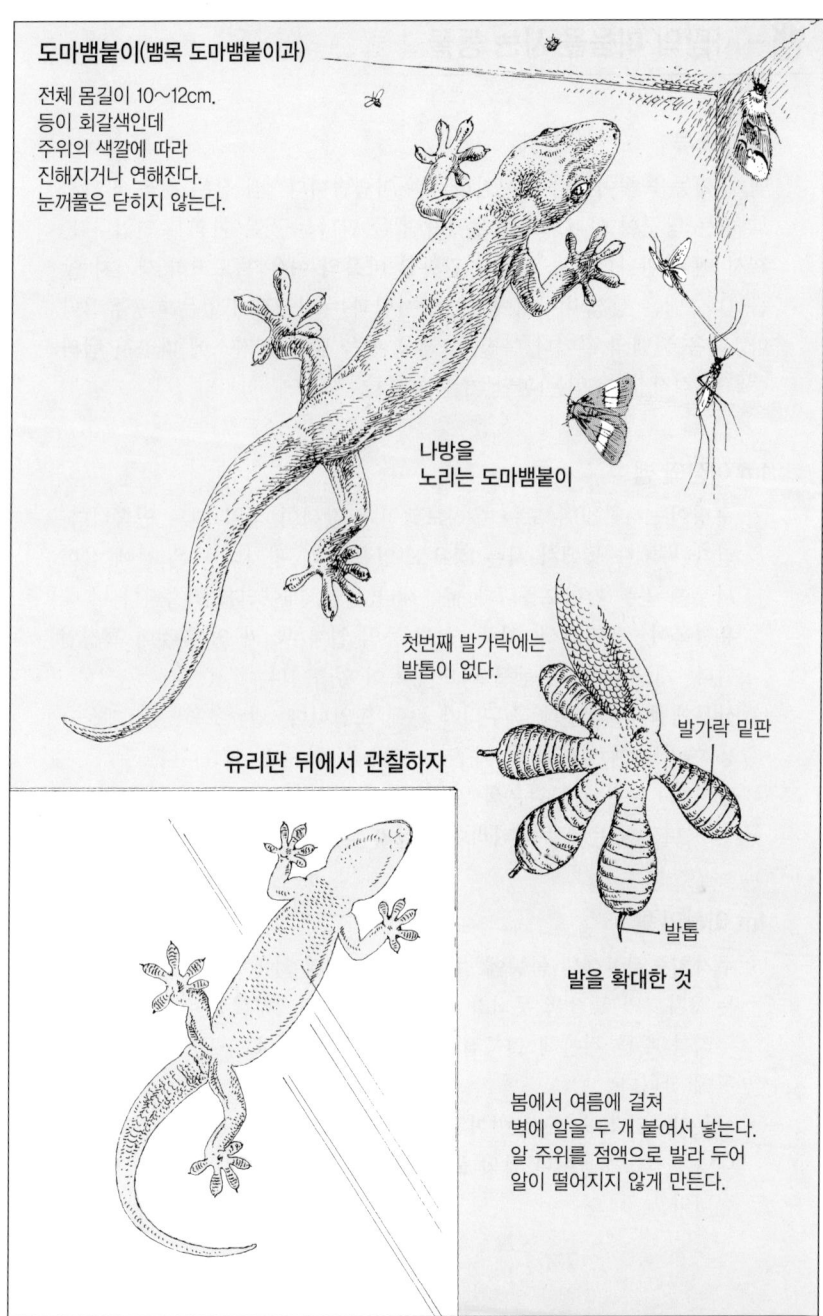

뱀 - 사람의 미움을 사는 동물

뱀의 종류

뱀의 행동을 쫓아다니며 관찰하기는 어렵습니다. 뱀 잡는 것을 직업으로 하는 땅꾼이 아니고서는 우리가 뱀을 만나는 것은 거의 우연입니다. 혹시 뱀을 만나더라도 자세히 관찰할 마음의 여유가 도저히 생기지 않습니다. 뱀은 성경 이야기에서처럼 사람과는 친근감이 없는 파충류입니다. 다음은 뱀의 길이나 특징, 그리고 뱀을 발견한 장소에 따라서 뱀의 종류를 짐작할 수 있는 판단 기준입니다.

1m 이상의 뱀

① **구렁이** - 푸른빛이 도는 올리브색인데 갈색이 섞일 때도 있습니다. 인가나 헛간 등에서 사는 경우도 있습니다. 평지나 낮은 산에 살며 나무에 곧잘 기어오릅니다. 쥐, 새나 새알, 개구리를 먹습니다.
② **유혈목이** - 올리브색, 갈색, 회색 등의 얼룩무늬가 있는 것이 특징입니다. 개구리나 도마뱀을 먹으며 독이 있습니다.
③ **산무애뱀** - 갈색인데 줄무늬가 눈에 뜨입니다. 밭, 초원, 숲, 개울가 등 여러 곳에 있습니다. 개구리, 도마뱀, 쥐 등을 먹습니다.
④ **반시뱀** - 황갈색에 검은색 얼룩무늬가 있고 목이 가늡니다. 강한 독을 지니고 있는데 우리나라에는 살지 않습니다.

1m 이하의 뱀

⑤ **무자치** - 적갈색의 몸통에 검은색 줄 모양의 얼룩무늬가 있고 머리에는 V자형의 흑갈색 무늬가 있습니다. 새끼는 적갈색이며 노란색 테두리를 두른 검은색 얼룩점이 있습니다. 밭이나 숲 등 들쥐가 많은 곳에 삽니다.
⑥ **살무사** - 약 50~70cm이며 삼각형 머리와 굵은 몸통이 특징입니다. 대나무 숲, 개울이나 밭의 풀숲에서 개구리, 도마뱀, 쥐 등을 잡아먹습니다.

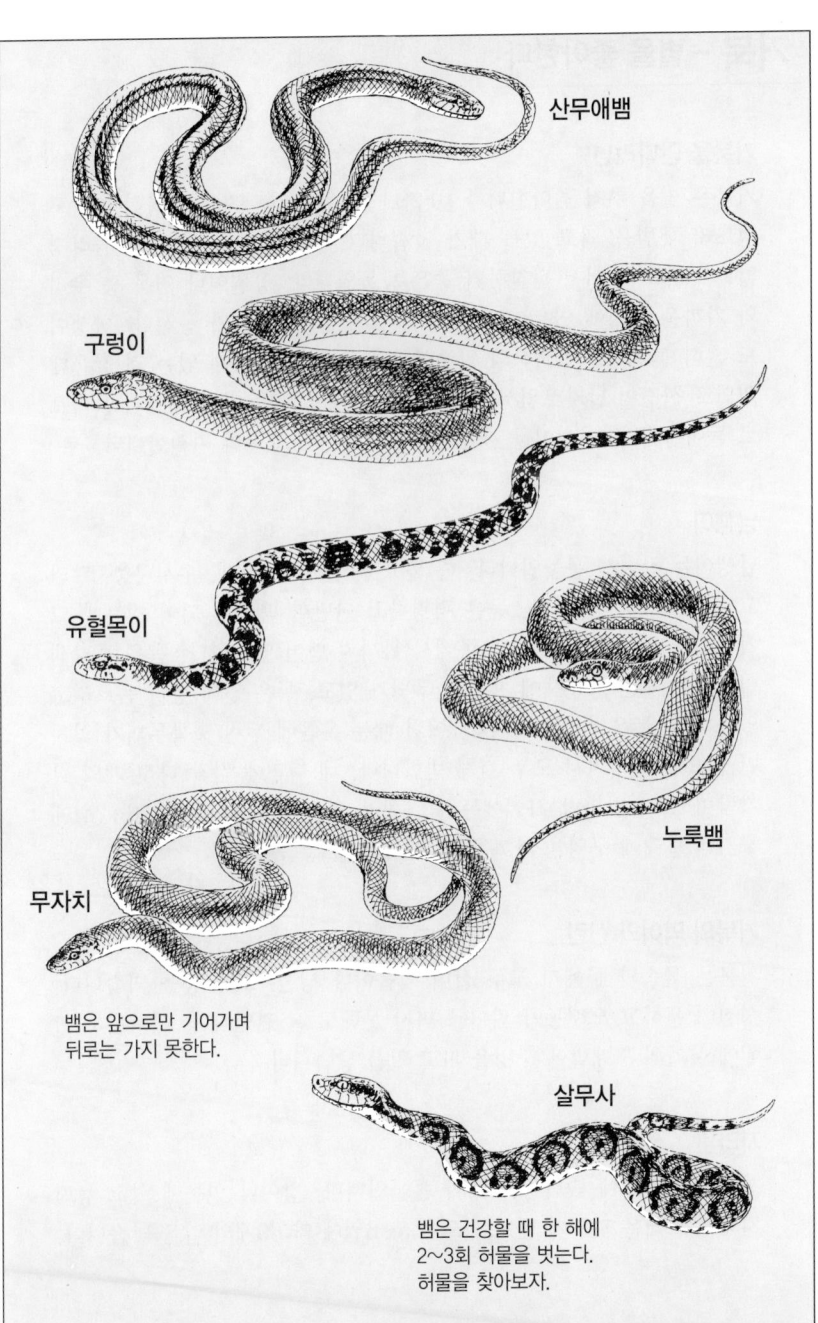

거북 - 볕을 좋아한다

거북을 만나려면

거북은 볕을 무척 좋아합니다. 냇가나 돌 위에 올라가서 꼼짝하지 않고 엎드려 햇볕을 쬐고 있을 때가 많습니다. 사람이 가까이 가도 놀라지 않고 그대로 있어서 관찰하기 좋은 동물입니다. 공원이나 연못 등 우리와 가까운 환경에 있는 거북을 보러 날씨 좋은 날에 가 봅시다. 남생이도 흔히 볼 수 있는 거북의 일종입니다. 보통 한가하게 있는 것 같은데 의외로 신경이 날카로워서 소리가 들리거나 사람을 보면 재빨리 물속으로 들어갑니다. 남생이를 관찰하려면 쌍안경이 있어야 편리합니다.

남생이

남생이는 잡식성 동물입니다. 즉 물고기, 올챙이, 가재, 수서곤충, 그리고 수초 등을 먹습니다. 등은 평평하고 단단한 딱지로 되어 있는데 그 가운데로 불룩한 줄이 꼬리 쪽에서 목까지 뻗어 있습니다. 몸은 흑갈색인데 배딱지는 황갈색에 흑갈색 무늬가 있고, 목은 긴데 항상 움츠리고 있습니다. 눈은 은백색입니다. 어릴 때는 온몸에 누런 얼룩무늬가 있지만 늙으면 없어져서 모두 검게 변합니다. 네 다리에 각각 다섯 개의 발가락이 있고 발가락 사이에는 물갈퀴가 있습니다. 남생이는 6~7월에 물가의 모래에 구멍을 파고 4~10개의 알을 낳습니다.

거북의 먹이와 산란

거북은 물속과 뭍에서 모두 살며 식물이나 생선, 조개 등을 먹습니다. 성질이 둔하고 오랫동안 먹이를 먹지 못해도 잘 견딥니다. 거북은 6~7월에 물가의 모래밭에 구멍을 파고 알을 낳습니다.

자라

자라는 파충류에 속하는 자라과 동물입니다. 강이나 연못에 살고 등딱지가 부드러운 피부에 덮여 있으며 5~6월에 약 60개의 알을 낳습니다.

남생이(거북목 남생이과)

등딱지 길이 약 18cm.
6~7월경 물가 모래 위에
구멍을 파고 알을 낳는다.
알은 희고 둥글며 한 번에
4~10개를 낳는다.

먹이를 잡을 때는 가만히 노리고
있다가 갑자기 달려들어서
잡는데 그 동작이 빠르다.

새끼 남생이

새끼 남생이의 크기(등딱지)는 약 3cm

붉은귀거북(거북목 늪거북과)

거북이나 남생이를 쥘 때에는 두 손으로 겨드랑이 밑을 잡는다. 잘못해서
떨어뜨리지 않도록 조심한다. 등딱지는 단단해도 내장이 망가지기 쉽다.

개구리 울음소리를 들으러 가자

밤에 하는 관찰

봄부터 여름에 걸쳐 논두렁이나 연못가는 개구리가 우는 소리로 활기를 띱니다. 모기에 물리지 않도록 허름한 긴 바지와 소매가 긴 옷을 입고 손전등을 챙겨 개구리를 보러 갑시다. 장화를 신고 가야 돌아다니며 관찰하기 좋습니다. 여름이라고 슬리퍼를 신고 나가는 것은 위험합니다. 밤에 제대로 관찰할 수 있으려면 낮에 미리 그 장소에 가 보고 주변의 모습을 알아 둬야 합니다.

어떻게 소리를 내는 걸까

개구리 울음소리가 들리면 소리를 내지 말고 가까이 가 봅시다. 손전등을 비출 때는 주위에서 개구리 쪽으로 천천히 비춰야 합니다. 손전등을 갑자기 비추면 울음을 그치기 때문입니다. 우는 소리가 어떻게 들리는지 자세히 귀를 기울여 봅시다. 여러 마리가 한데 어울려 우는 경우에는 개구리들이 어떤 위치에서 몇 마리가 소리를 내고 있는 것인지 살펴봅시다. 개구리는 종류에 따라 우는 소리가 다릅니다. 개구리가 우는 것(수컷만 운다)은 암컷을 부르거나 자기의 세력권을 다른 개구리들에게 알리기 위한 것입니다. 소리주머니(성낭)를 어떤 식으로 부풀려 소리를 내는지 자세히 살펴봅시다.

개구리를 잡아 가까이에서 보자

개구리의 모습은 멀리서도 대강 알 수 있습니다. 쌍안경을 쓰면 더 자세히 관찰할 수가 있습니다. 그러나 가까이에 개구리가 있으면 비닐 주머니를 씌어 잡아 봅시다. 개구리에겐 미안하지만 잠깐만 참아달라고 합시다. 개구리를 비닐 주머니에 넣은 채로 손바닥에 올려놓고 등의 모양, 팔다리, 눈과 입의 모습 등을 관찰합시다. 뒷발에는 물갈퀴가 있습니다. 몸길이(머리에서 궁둥이까지)를 재 본 뒤 놓아 줍니다.

청개구리
몸길이 3~4cm

산청개구리
몸길이 3~4cm

참개구리
몸길이 6~8cm

산개구리

몸길이 약 4cm

황소개구리

몸길이 10~20cm

두꺼비

몸길이 7~15cm

개구리 울음소리를 듣고
들리는 대로 소리를 적어 두자

개구리의 사는 모습

두꺼비와 청개구리

집 가까이에서 두꺼비와 청개구리를 쉽게 볼 수 있습니다. 두꺼비는 낮에는 마당에 깔린 돌 밑이나 풀숲에 들어가 있다가 해가 지면 나와서 곤충이나 지렁이를 잡아먹습니다. 청개구리도 낮에는 담 밑이나 풀숲에 숨어 있다가 어두워진 뒤에 밖으로 나와서 작은 곤충을 잡아먹습니다. 청개구리는 비가 오려고 할 때 나무 위에서 몹시 울기 때문에 날씨를 알려 주는 개구리이기도 합니다. 평소에 두꺼비와 청개구리는 물과 땅을 오가면서 살지만 알을 낳을 때가 되면 연못, 무논 등 물이 고인 곳으로 옮겨 갑니다.

여러 모양의 알

두꺼비는 2~3월에, 청개구리는 5~7월에 알을 낳습니다. 이 무렵 밤에 나가 보면 알을 낳는 모습을 볼 수 있습니다. 수컷이 암컷 등에 올라탄 다음 앞발로 암개구리의 옆구리를 꼭 붙잡고 암개구리가 낳은 알 위에 정자를 뿌려 수정을 시킵니다. 알의 모양은 개구리에 따라 갖가지인데 두꺼비는 2,000~8,000개의 알이 든 기다란 주머니를 만듭니다. 청개구리는 나뭇가지나 논두렁의 흙 속에 얇은 막에 둘러싸인 알을 20~30개 정도 낳습니다. 산청개구리는 5~6월에 연못가 나뭇가지 위에 작은 알 200~500개가 든 흰 거품 모양의 알주머니를 만듭니다.

천적이 많은 개구리

알 가운데서 올챙이가 되고 어른 개구리로 자라는 것은 보통 1%도 되지 않습니다. 알이나 올챙이는 다른 물고기나 가재, 새 등에 먹히고 개구리가 된 뒤에도 구렁이 등의 뱀이나 새들에게 잡아먹힙니다. 요즘에는 농약 때문에 죽는 개구리도 적지 않습니다.

생물 달력

볼 수 있는 시기(월)

생물 이름	1	2	3	4	5	6	7	8	9	10	11	12
도마뱀	겨울잠											
도마뱀붙이												
산무애뱀												
구렁이												
살무사												
남생이												
두꺼비												
청개구리												
영원												
도롱뇽	겨울잠은 아닌데 꼼짝 않고 있다.											

어류 · 조개류

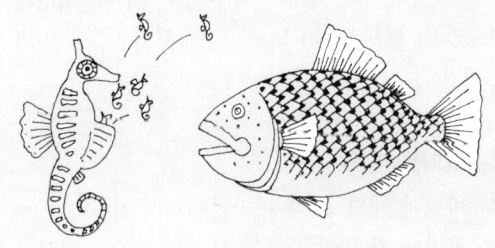

관찰하기 좋은 옷차림과 도구

마음 놓고 움직일 수 있는 준비

물가에 갈 때에 제일 중요한 것이 신발입니다. 여름에 맨발로 모래밭을 걸으면 따가울 뿐만 아니라 조개껍데기나 유리 조각에 찔려 발을 다치기 쉽습니다. 마음 놓고 돌아다니려면 미끈거리는 바위 등에서도 행동이 자유롭고 물에 젖어도 괜찮은 운동화나 고무장화를 신어야 좋습니다. 그리고 손을 다치지 않도록 면장갑을 낍니다. 물가에서 관찰할 때는 이처럼 손과 발을 보호하는 것이 기본입니다.

피부가 타지 않으려면

바닷가에서는 뙤약볕에 몇 시간이고 서 있게 됩니다. 챙 달린 모자를 꼭 씁시다. 해변은 언제나 바람이 세기 때문에 모자에 끈이 달린 것이 좋습니다. 강한 햇볕을 쬐면 몸이 몹시 피곤합니다. 덥다고 속옷 바람으로 있어서는 안 되며 반드시 반팔 셔츠나 소매가 긴 옷을 입도록 합시다. 그래야 밤에 피부가 쓰리지 않아 고생을 덜 합니다. 아무리 조심해도 뜻하지 않은 데에서 다치기 쉬운 곳이 바닷가입니다. 소독약, 상처에 바르는 연고, 반창고, 거즈, 붕대 등 구급용품을 잊지 말고 가지고 갑시다.

일기 예보에 주의를 기울이자

비가 오거나 바람이 세게 불 때 바닷가는 어수선합니다. 이처럼 날씨가 나쁠 때에는 물가에 가 봐야 생물들 모습을 보기도 어렵고 위험합니다. 물가에 가기 전에는 반드시 일기 예보를 듣고 날씨 때문에 모처럼의 관찰을 망치지 않도록 합시다. 만일 날씨가 좋지 않을 것 같으면 다음으로 미룹시다. 아예 계획을 바꾸어 비가 온 뒤의 벌레나 새의 모습을 가까운 데에서 관찰하는 것도 좋습니다.

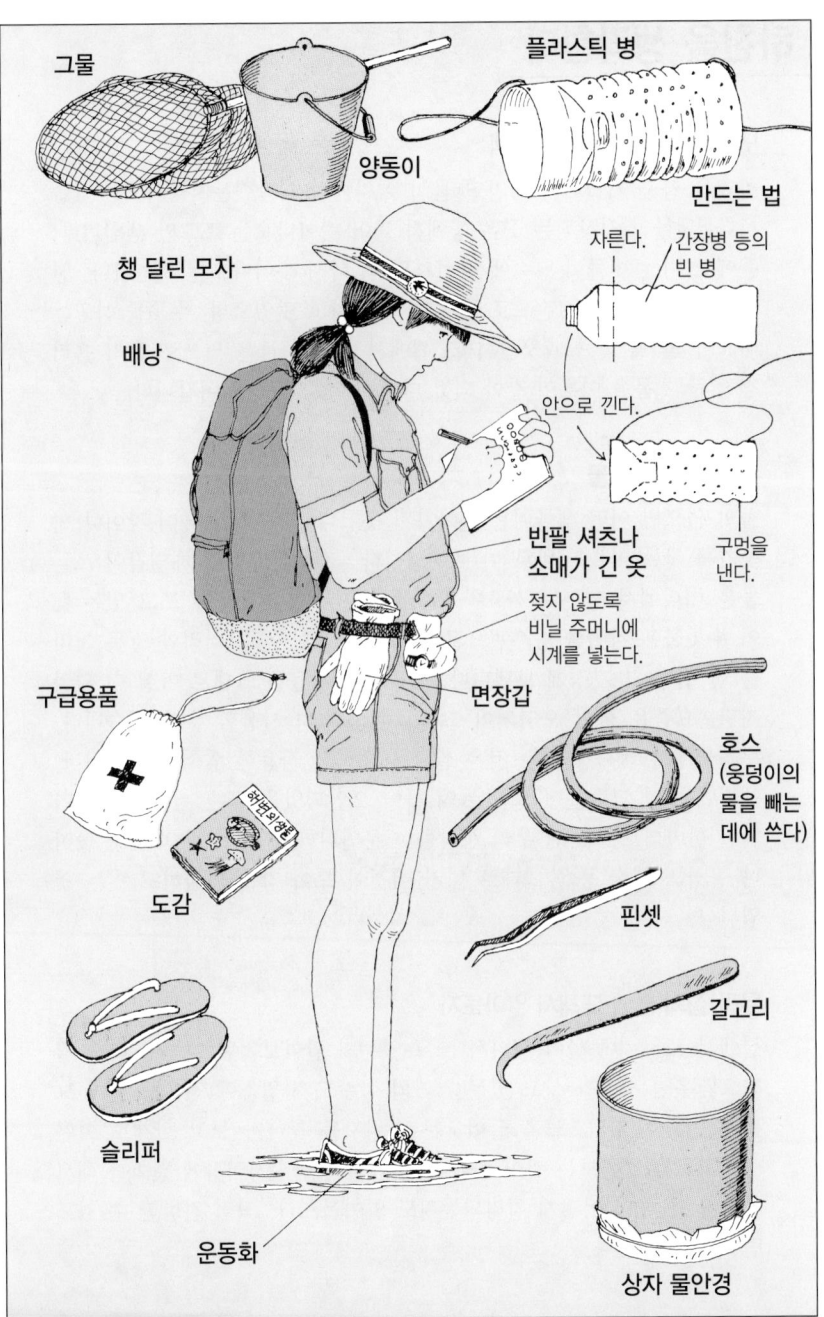

하천을 생각한다

냇물은 어디에서 흘러 올까

하천을 자꾸 거슬러 올라가면 물이 어디에서 시작했는지를 알 수 있습니다. 냇물이 시작되는 곳은 땅에서 물이 솟아나오는 조그만 샘입니다. 흙에 스며든 빗물이 땅속에서 여과된 뒤 다시 솟아나오는 것입니다. 산기슭 옹달샘의 물을 손으로 떠서 마시면 차고 맛있으며, 수돗물 하고는 비교가 안 될 만큼 깨끗합니다. 샘에서 시작된 물은 밑으로 흘러 흘러 점점 큰 흐름을 이루어 강이 되고 다시 바다로 흘러 들어갑니다.

우리 생활과 강물

물이 없으면 어떤 생물이든 살아가지 못합니다. 여러 동물이 강이나 연못가를 찾는 이유가 바로 이 때문입니다. 그런데 우리가 매일같이 쓰는 물은 어디에서 얻는 걸까요? 도시에서는 거의 수돗물을 쓰고 있는데, 이 수돗물은 강물을 송수관으로 끌어서 필요한 정수 처리와 소독 처리를 한 뒤에 각 가정에 보냅니다. 옛날에는 강물을 그대로 마실 수 있었지만, 요즘은 물이 오염되어 그대로는 도저히 사용할 수가 없습니다. 수돗물에서 냄새가 나는 것은 살균을 위해서 사용한 염소 때문입니다. 예전에는 안 그랬는데 요즘은 왜 물이 오염되었을까요? 서글픈 이야기지만 한마디로 말하면 우리 사람들 때문입니다. 집에서 쓴 더러운 물이나 공장의 폐수 등을 그대로 버려 이것이 모여 강을 더럽히고 있는 것입니다.

우리 집의 물에 대해서 알아보자

집에서 쓰는 수돗물이 어디서 오고 있는지 알아보려면 어떻게 하면 될까요? 우선 자기가 살고 있는 지역의 상수도 사업소에 전화를 걸어 보는 것이 좋습니다. 물을 끌어오는 수원지를 찾아가 보고 실제로 어떤 상태인지를 알아보는 것이 좋습니다. 다음은 하수처리장에 전화를 해서 우리가 쓴 물이 어떻게 처리되는지도 알아봅시다. 직접 견학할 수 있으면 더욱 좋습니다.

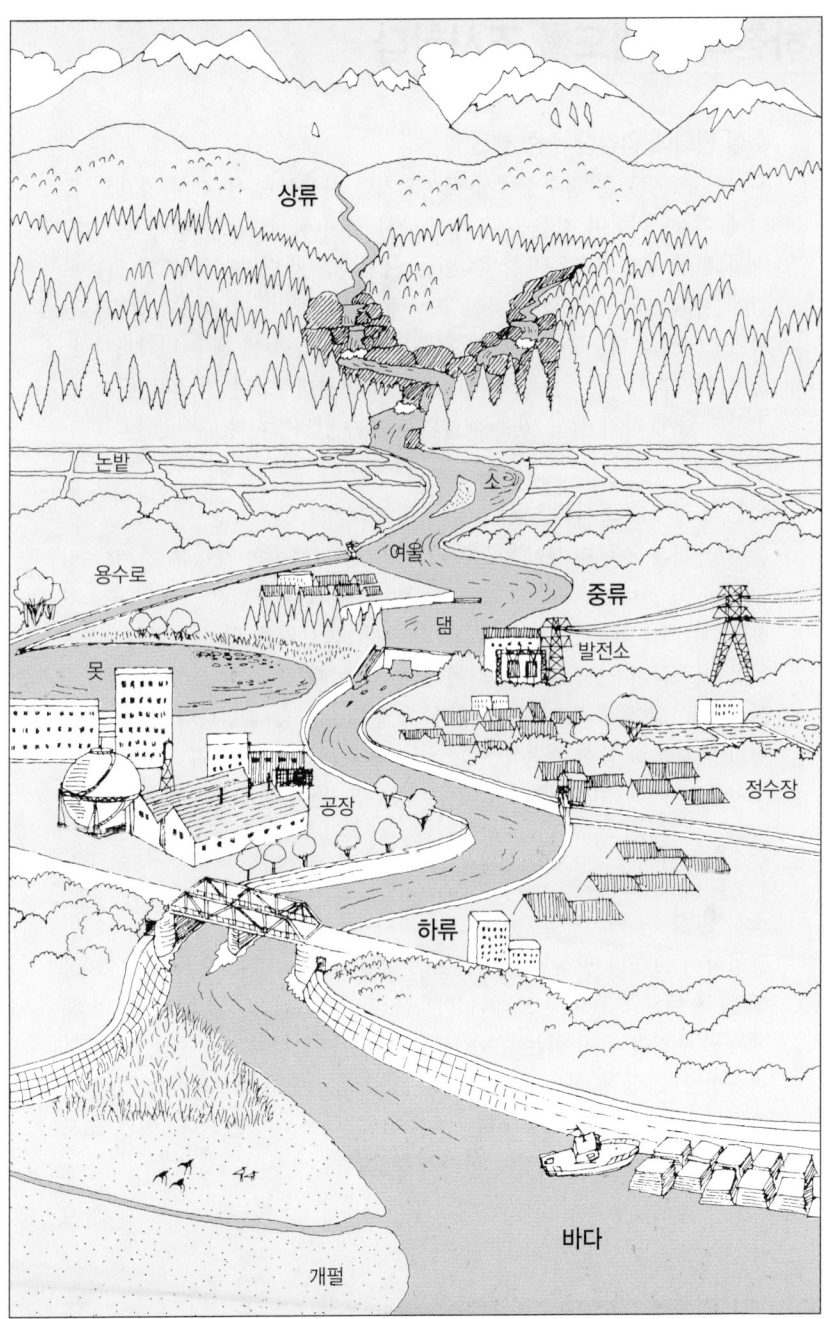

하천의 오염도를 조사한다

수질 변화에 민감한 수중 생물

우리가 쓰는 물은 정수장에서 끌어오지만 사용한 물은 다시 강으로 흘러 들어갑니다. 이 강물을 우리가 다시 마셔야 한다고 생각해 봅시다. 마실 만한 물인가요? 마실 수 있는 물인지를 판단하는 척도의 하나로 강에 살고 있는 생물의 종류를 조사해 보는 방법이 있습니다. 수질 검사가 그것입니다. 물속에 사는 생물은 환경의 변화에 매우 민감합니다. 물이 차가운지 따뜻한지, 빨리 흐르는지 천천히 흐르는지, 더러운지 깨끗한지 등에 따라 살고 있는 생물의 종류가 달라집니다.

하천의 상태를 조사해 보자

준비할 것은 소쿠리(눈이 2mm보다 작은 것)나 물속의 생물을 건져 올릴 수 있는 망입니다. 그리고 생물을 건져서 관찰하기 위한 그릇(가볍고 가지고 다니기에 편리한 플라스틱 그릇), 핀셋, 돋보기가 있어야 합니다. 관찰을 시작하기 전에 물가를 걸어 봅시다. 이때 강의 폭, 깊이, 흐름, 빛깔, 냄새, 강에 흘러드는 더러운 물이 없는지 등을 살핍니다. 물속에 들어가야 하므로 특히 깊은 곳이나 물살이 빠른 곳은 없는지 자세히 알아보아야 합니다. 비가 온 다음 며칠 동안은 물이 불어나서 물살이 빠릅니다.

조사 방법

강바닥이 모래나 진흙일 때에는 소쿠리로 떠올린 다음, 소쿠리 밑을 물에 담근 채로 흔들어서 모래나 진흙을 떨어뜨립니다. 강바닥이 돌일 때에는 소쿠리를 돌이 있는 주위(물이 흐르는 쪽)에 갖다 대고 돌을 살짝 들어올립니다. 돌에 붙어 있는 생물이 있으면 집어서 소쿠리에 옮깁니다. 모은 생물을 그릇에 넣은 다음 종류와 그 수를 알아봅시다. 이런 조사는 특히 봄부터 여름에 걸쳐 하기가 좋습니다.

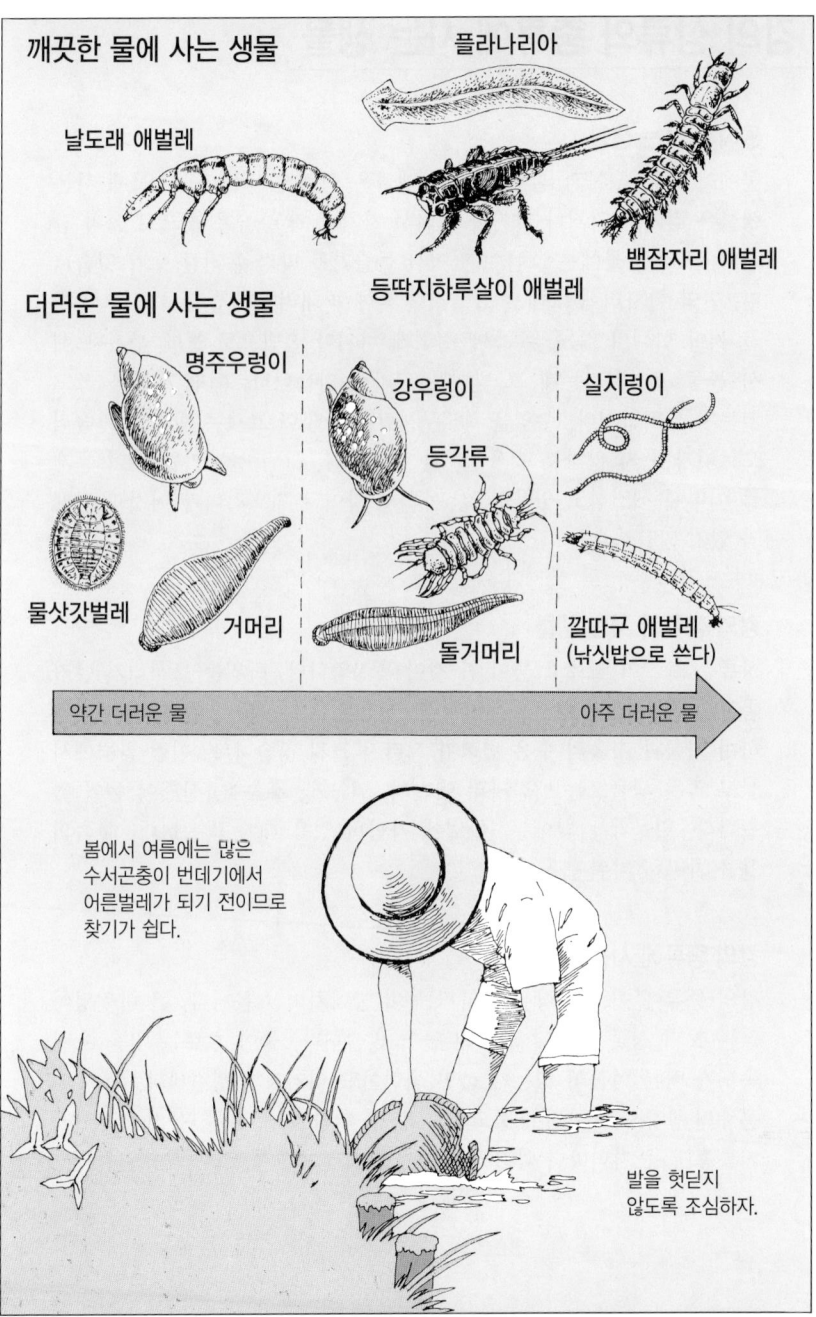

강의 상류와 중류에 사는 생물

물에서 사는 생활

뭍에서 사는 생물과 물에서 사는 생물은 어떻게 다를까요? 뭍에 사는 생물은 걷거나 기거나 날거나 달려서 자기가 가고 싶은 곳으로 옮겨 갑니다. 그러나 물에는 흐름이 있어서 물줄기를 따라 흘러갈 수가 있습니다. 만약 한자리에 그대로 있으려면 물에 떠내려가지 않도록 무슨 방법을 써야 합니다. 몸을 수초에 걸리게 하거나 흡반으로 돌에 붙거나 해서 몸을 고정시키는데 그 방법은 저마다 다릅니다. 어떤 방법을 쓰고 있는지 살펴봅시다. 수영을 해 본 사람이면 물이 흐르는 방향을 거슬러 오르기가 쉽지 않다는 것을 잘 알 것입니다. 그럼 물고기들은 이 문제를 어떻게 해결하고 있을까요? 몸의 모양이나 지느러미가 이것과 관계가 있지 않을까요?

강의 상류에 사는 생물

상류는 물살이 빠르고 물이 찬 것이 특징입니다. 바위는 모서리가 날카롭고 울퉁불퉁한 것이 보통입니다. 계곡은 여름에도 그늘이 져서 시원하며 여름과 겨울의 수온 변화가 그다지 크지 않습니다. 이런 환경에서 살고 있는 생물로는 뱀잠자리 애벌레, 민물게, 홍송어, 산천어 등이 있습니다. 민물게는 낮에는 돌 밑에 가만히 있을 때가 많습니다. 물속의 돌을 가만히 치워 봅시다.

강의 중류에 사는 생물

강의 중류에 이르면 상류와 달리 물이 굽이치며 흐릅니다. 큰 바윗덩어리는 보기 힘들고 자갈 크기의 돌이 많습니다. 물이 흐르는 것을 보면 속도가 빠른 여울이 있는가 하면 웅덩이도 여기저기 생깁니다. 또 수서 곤충의 종류도 많아지고 물고기도 황어, 피라미, 갈겨니, 동사리, 밀어, 기름종개 등 지역마다 약간씩 다르지만 상류보다 종류가 많아집니다.

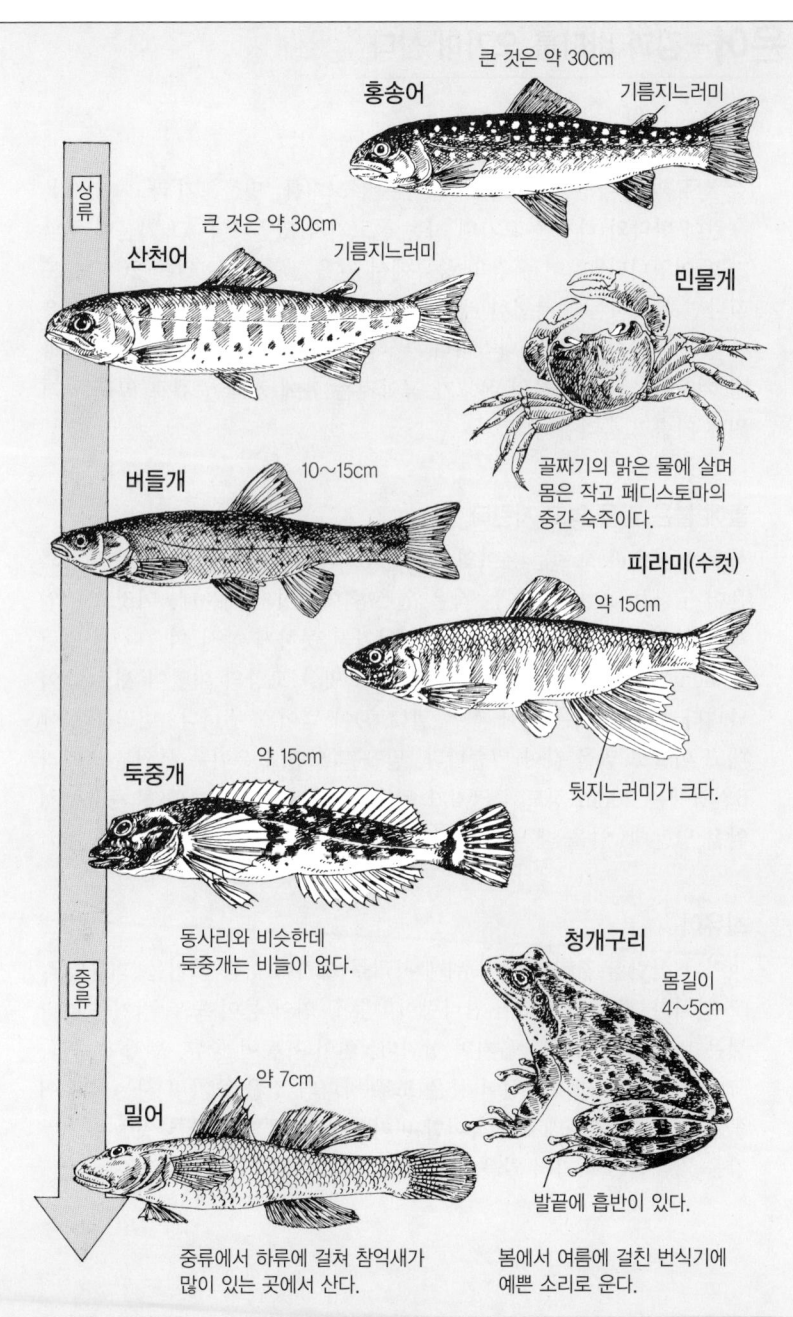

은어 - 강과 바다를 오가며 산다

강의 중류에서 알을 낳는다

강 상류와 중류를 집으로 삼고 사는 물고기를 '민물고기'라고 합니다. 그런데 바다와 하천을 오가며 사는 물고기가 있습니다. 그 가운데 하나가 은어입니다. 은어는 강의 중류에서 알을 낳습니다. 알은 20일 정도 지나면 부화하는데 부화한 새끼 물고기는 동물 플랑크톤을 먹으며 물을 따라 내려가서 바다로 나갑니다. 바다에서 동물 플랑크톤을 먹고 자라며 겨울을 납니다. 물의 온도가 높아지는 봄에 강의 중류로 알을 낳기 위해 거슬러 올라옵니다.

돌에 붙은 말을 먹고 자란다

하천을 거슬러 오르는 은어의 크기는 3~4cm로 아직 작습니다. 이때의 은어 입에는 100개가 넘는 작은 원추형 이빨이 생기는데, 이것으로 입 속에 들어온 동물 플랑크톤을 빠져나가지 못하게 해서 먹습니다. 그런데 5cm 이상 크면 이 이빨이 떨어지고 빗살 모양의 이빨이 새로 돋아납니다. 이때부터는 돌에 붙은 말(조류)이 먹이가 됩니다. 머리를 돌에 대고 이빨로 말을 갈아 먹습니다. 말을 먹으면서 은어는 부쩍부쩍 자라 6월경에는 20cm 정도의 크기가 됩니다. 그리고 가을에 하천 중류에서 알을 낳는데, 알을 다 낳고 나면 그대로 죽습니다.

회유어

먹이나 산란할 자리를 찾기 위해 자리를 옮기며 사는 고기를 '회유어'라고 합니다. 정어리, 청어, 참다랑어, 방어, 연어 등이 모두 먹이를 따라 넓은 바다에서 자리를 옮기며 삽니다. 연어나 송어 종류, 뱀장어 종류, 그리고 은어, 사백어, 뱅어 등은 모두 바다와 강을 오가며 사는 회유어들입니다. 이 가운데서 뱀장어만 바다에서 알을 낳고 다른 것들은 모두 강을 거슬러 올라가서 알을 낳습니다.

은어의 입 / 은어

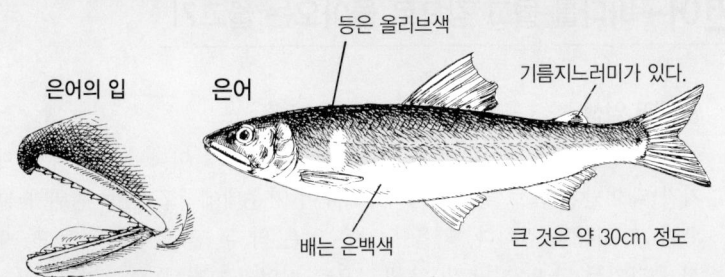

- 등은 올리브색
- 기름지느러미가 있다.
- 배는 은백색
- 큰 것은 약 30cm 정도

위턱과 아래턱에 약 300개 정도의 빗살 모양의 이빨이 나 있다.

사백어(망둑어과)

큰 것은 약 5cm. 몸은 반투명. 하천 하류에서 알을 낳는다. 새끼는 하구 부근의 바다에서 자라 1년 뒤 봄에 알을 낳기 위해 강을 거슬러 오른다.

뱅어

큰 것이 약 10cm. 몸은 반투명. 생태가 사백어와 비슷하다.

- 기름지느러미가 있다.
- 암컷에는 배지느러미 바로 위에 비늘이 한 줄 붙어 있다.

참게

등딱지 너비 약 6cm

바다에서 알을 낳는다. '조에아' 유생은 바다에서 자라고 변태해서 새끼 게가 된 뒤 초여름에 강을 거슬러 올라온다.

뱀장어

크기는 40~100cm. 봄에 새끼 물고기가 하천을 거슬러 오른다.

5~8년 뒤에 바다로 나온다.

연어 - 바다를 돌고 강으로 돌아오는 물고기

연어의 일생

연어는 민물에서 태어나서 약 4년 동안 바다를 돌아다니다가 다시 자기가 태어난 강으로 돌아옵니다. 회유어 가운데에서도 행동 범위가 넓으며 그 기간도 깁니다. 가을에 낳은 알은 약 두 달 만에 부화하고, 새끼 물고기는 몇 달 지난 뒤 하구 쪽으로 헤엄쳐 나갑니다. 그리고 10cm 정도로 큰 고기가 되어 마침내 바다로 들어갑니다. 회유를 마친 연어는 알을 낳기 위해 먹이도 먹지 않으며 하천을 거슬러 올라갑니다. 옛날에는 강을 거슬러 올라가 상류의 모랫바닥에 알을 낳고 곧 죽었습니다. 그런데 요새는 어업이 발달해서 대개 연안에서 그물에 잡히고, 일부 연어는 채란(알을 거두어들이기 위한 것)을 위해 인공 부화장에 갇히는 신세가 됩니다. 어느 정도 자란 새끼 물고기는 다시 강에 방류됩니다. 방류된 연어가 다시 돌아오는 비율은 1~2%밖에 되지 않는다고 합니다.

연어가 왜 돌아오지 않을까

연어는 자기가 태어난 깨끗한 물을 그리워합니다. 세제나 공장폐수로 더럽혀지지 않은 물, 먹이가 되는 플랑크톤이나 수서곤충들이 많은 물을 찾아서 연어는 이제껏 강을 거슬러 올라오곤 했습니다. 그런데 요즈음은 강을 찾아오는 연어가 점점 줄고 있다고 합니다. 지구 곳곳의 강이 더럽혀져서 연어가 찾아와도 마음 놓고 알을 낳을 만한 곳이 줄어들었기 때문입니다. 정말 안타까운 일입니다.

연어가 강으로 돌아오도록

연어를 강으로 돌아오게 만드는 것은 잡아먹기 위해서만이 아닙니다. 연어가 오기를 꺼리는 강물이라면 우리가 그 물을 마음 놓고 마실 수 있을까요? 옛날처럼 연어가 강 상류의 모랫바닥에 알을 낳을 수 있도록 만들어야 합니다. 자연보호 운동이 왜 필요한지를 곰곰이 생각할 때가 된 것입니다.

강을 거슬러 올라갈 때의 연어

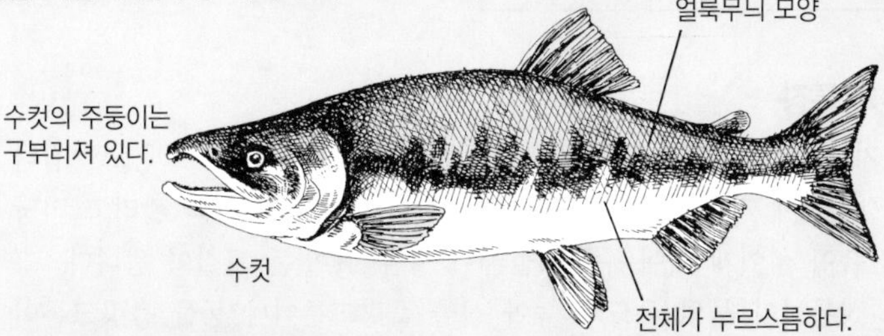

- 수컷의 주둥이는 구부러져 있다.
- 수컷
- 붉은색, 녹색, 검은색 등의 얼룩무늬 모양
- 전체가 누르스름하다.

바다에서 회유할 때의 연어

- 남회색
- 은백색

우리가 생선 가게에서 볼 수 있는 연어는 이것이다.

- 캄차카 반도
- 알류샨 열도

연어의 회유 수역

우리나라(두만강에서 낙동강까지의 연해), 일본 연해, 캄차카 반도, 알래스카, 캐나다, 북부 캘리포니아 연안에 분포한다.

강 하류에서 사는 생물

하류의 특징
골짜기의 물이 흘러내려 평지에 이르면 물의 속도가 고르게 느려집니다. 강기슭에 가까운 물속에는 자갈이나 모래가 흘러내려 깔리고 적당히 진흙이 섞이게 되어 수생식물들이 자랄 수 있는 토질이 됩니다. 그리고 상류보다 물의 온도가 높아 식물 플랑크톤이나 동물 플랑크톤이 풍부해집니다. 또한 태양 광선을 직접 받는 공간이 많으므로 여름과 겨울의 수온 차이도 큽니다. 이런 환경에서는 메기, 돌잉어, 초어, 중고기, 문절망둑, 잉어, 붕어, 보리새우 등 여러 종류의 물고기와 생물들이 크게 번식합니다.

플랑크톤 망으로 물을 떠 보자
플랑크톤은 '부유생물'이라는 뜻입니다. 물에서 사는 생물은 물의 흐름에 실려서 사는 것(플랑크톤), 헤엄을 치고 사는 것(넥톤), 물속 밑바닥에서 사는 것(벤토스) 등으로 나뉩니다. 플랑크톤은 해파리를 제외하고는 모두 눈에 보이지 않을 정도로 작습니다. 그래서 각각 이름은 있어도 구분해서 부르지 않고 그저 플랑크톤이라는 이름으로 통틀어 부릅니다. 플랑크톤은 담수와 해수에 모두 있습니다. 다음 쪽에 보이는 플랑크톤 망으로 물을 떠서 걸러 봅시다. 그물 아래의 병 속에 든 물을 접시로 옮겨서 돋보기로 들여다봅니다. 현미경으로 보면 플랑크톤의 모습과 움직임을 더 잘 볼 수 있습니다.

하류에서 망둑어를 찾자
망둑어 종류는 하천 어디서나 쉽게 볼 수 있습니다. 수온과 수질의 변화에 잘 적응하는 물고기이므로 하류, 특히 바닷물이 섞인 하구에서도 삽니다. 문절망둑을 비롯해서 갈문망둑, 날개망둑, 밀어 등이 모두 망둑어과에 속합니다. 주로 개울 바닥에 있어서 잡기도 쉽습니다.

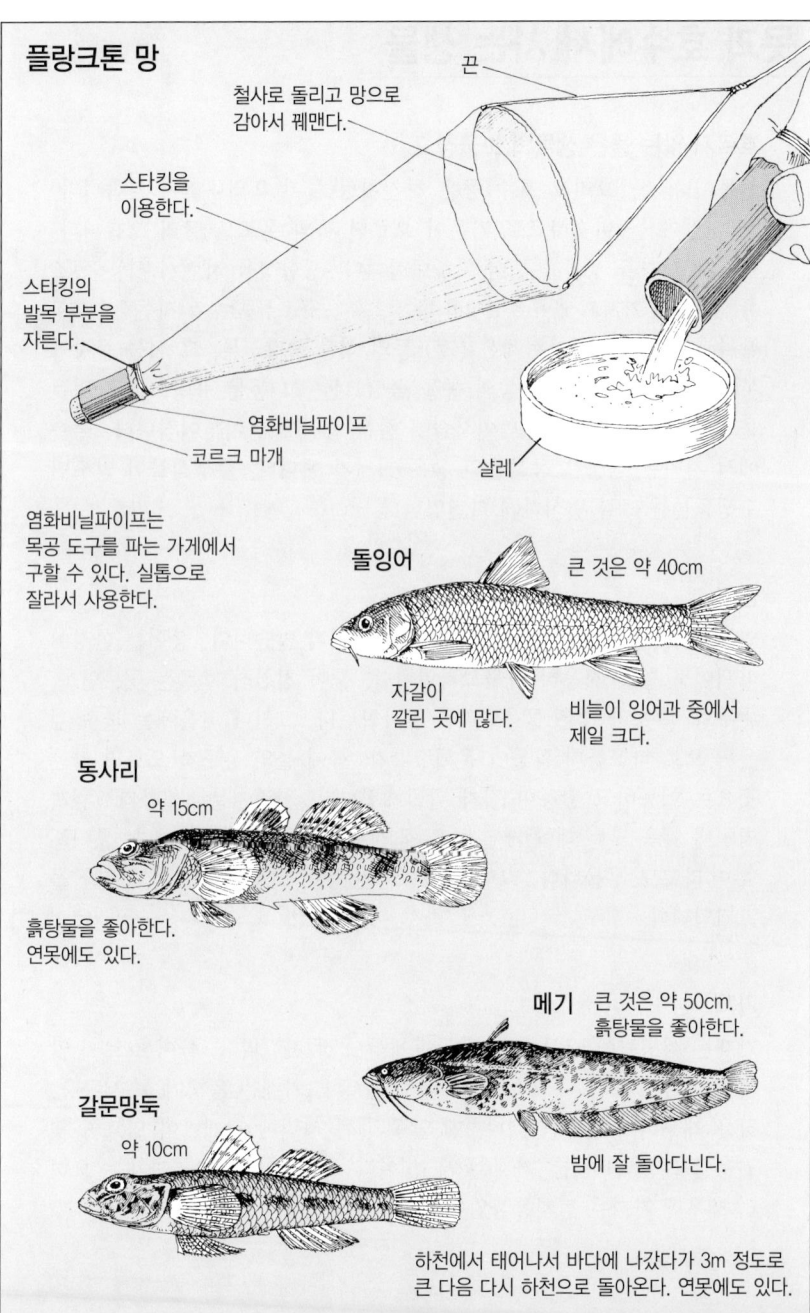

못과 호수에서 사는 생물

흐르지 않는 물은 생물의 보물창고

연못이나 소, 그리고 호수 등은 하천처럼 물이 흘러내리지 않습니다. 물의 양이 늘 비슷하므로 기온이 오르면 물의 온도도 빨리 오릅니다. 이러한 환경을 생물들은 아주 좋아합니다. 광합성을 하면서 사는 녹조류(엽록소를 가지고 있어 푸른빛이 나는 조류), 규조류(담수와 해수에서 모두 살 수 있는 단세포의 아주 작은 식물) 등의 식물 플랑크톤, 그 식물 플랑크톤을 먹고 사는 물벼룩 등의 동물 플랑크톤, 그 동물 플랑크톤을 먹는 물고기…. 이런 식으로 먹이사슬이 좁은 공간에서 이루어집니다. 물속에서 자라는 식물은 동물들의 좋은 거처가 됩니다. 수생식물이 많으면 수생동물들도 잘 번식하게 마련입니다.

붕어

연못이나 호수, 그리고 하천 하류에는 붕어가 많습니다. 붕어는 환경이 바뀌어도 쉽게 적응하는 물고기입니다. 물이 천천히 흐르는 곳, 연못, 논두렁, 수초가 많은 물웅덩이를 좋아합니다. 그러나 겨울에는 물속 깊은 곳으로 파고들며 활동이 둔해졌다가, 봄에 물의 온도가 오르면 얕은 곳으로 이동하고 활동이 점차 활발해집니다. 산란기는 4월부터 7월까지인데 알을 낳는 데에 제일 좋은 물의 온도는 17~20℃입니다. 붕어는 '부어'라고도 부릅니다. 그리고 금붕어는 붕어를 관상용으로 개량한 물고기입니다.

가재

가재는 생명력이 강하며 흐린 물속에서도 잘 자랍니다. 물이 흐르지 않는 곳이나 수초가 나 있는 곳을 뒤져 봅시다. 가재는 올챙이, 수서곤충, 작은 개구리 등을 먹습니다. 맨 앞쪽의 큰 다리에 집게발이 있으며 뒷걸음질을 잘 칩니다. '가재는 게 편'이라는 속담이 있으나 가재는 오히려 새우에 가까운 절지동물입니다.

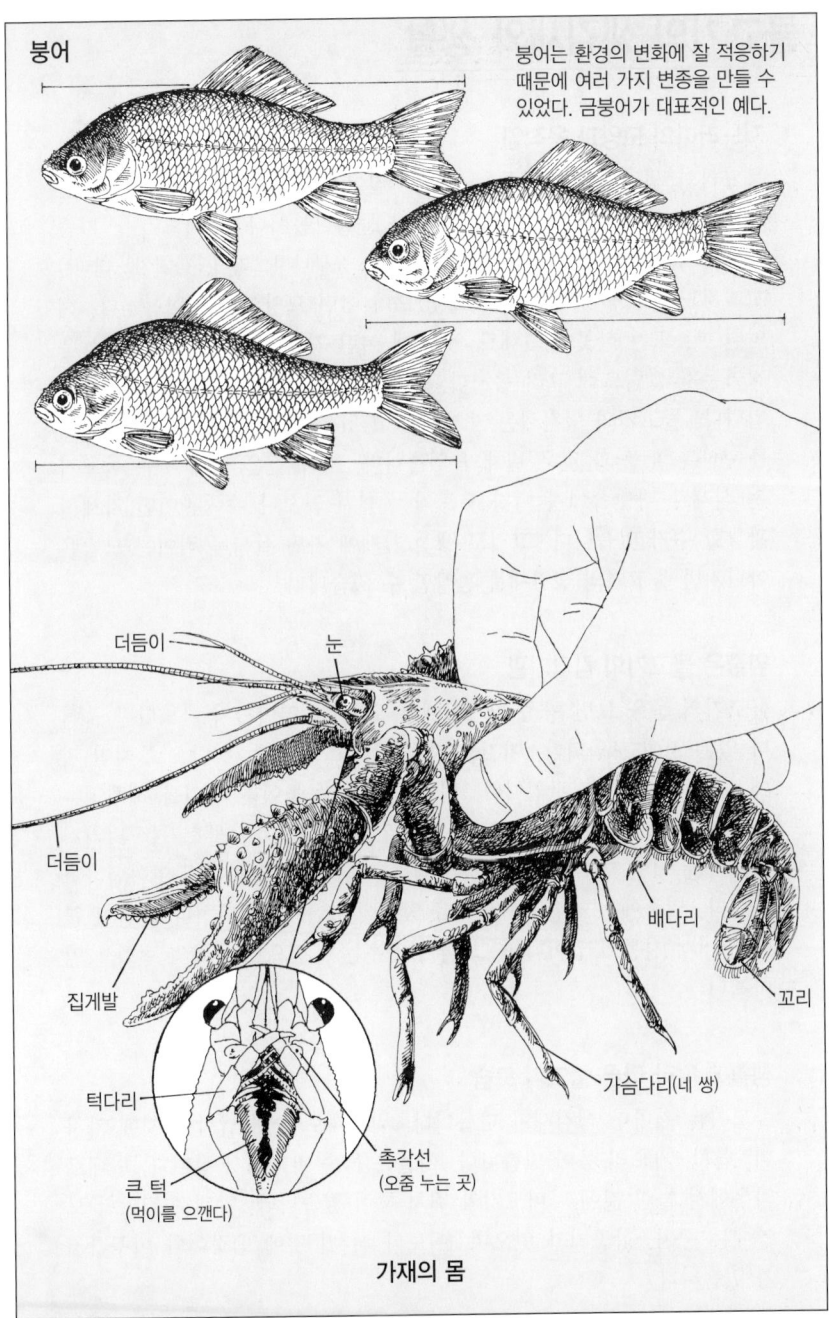

물고기의 생김새와 생활

지느러미의 모양과 움직임

물고기의 생김새를 자세히 들여다본 일이 있나요? 송사리나 금붕어를 기르고 있으면 어항 앞에 앉아서 안을 들여다봅시다. 등지느러미, 가슴지느러미, 배지느러미, 뒷지느러미(또는 꽁무니지느러미, 볼기지느러미), 꼬리지느러미 등이 각각 어디에 있으며 어떤 모양인가 알아봅시다. 헤엄칠 때, 또는 한곳에 그대로 있을 때 어떤 지느러미를 어떤 식으로 움직이는지 그림으로 그려 봅시다. 스케치를 해 보면 그 특징을 잘 알게 됩니다. 물고기의 생김새는 자기가 살고 있는 장소와 그 생활 방법(먹이를 구하는 일 등)과 깊은 관계가 있습니다. 바다 깊은 곳에 사는 물고기는 실제로 바닷속에 들어가서 보기는 쉽지 않으나 수족관이면 자세히 관찰할 수가 있습니다. 그리고 생선 가게에 가면 살아 움직이는 모습은 아니지만 물고기의 생김새를 관찰할 수 있습니다.

옆줄은 물고기의 감각기관

물고기의 몸을 보면 양쪽 아가미에서 꼬리지느러미까지 가느다란 줄이 나 있는 것이 보입니다. 이것을 '옆줄'이라고 하는데, 사람으로 치면 귀에 해당하는 감각기관입니다. 먹이가 되는 동물이나 자기를 해치려는 적이 움직일 때 일으키는 진동을 느낄 수 있습니다. 물고기는 멀리서 일어나는 어떤 변화를 눈보다 이 옆줄로 더 빨리 정확하게 알아낸다고 합니다. 옆줄에는 작은 구멍이 나 있는데 그 구멍 하나하나에 털이 붙어 있어서 진동이 일어나면 그 털이 기우는 느낌으로 주위의 변화를 알아챕니다.

생활에 따라 다른 물고기 모습

물고기는 저마다 생김새가 다릅니다. 위아래로 눌려 납작한 것에 가자미, 넙치, 가오리 등이 있습니다. 이들은 물속 바닥에서 삽니다. 반대로 좌우에서 눌린 것에 나비고기와 쥐치 등이 있습니다. 앞뒤로 길쭉한 모양에는 꽁치, 학공치가 있으며, 이보다 더 긴 것에 뱀장어와 미꾸라지가 있습니다.

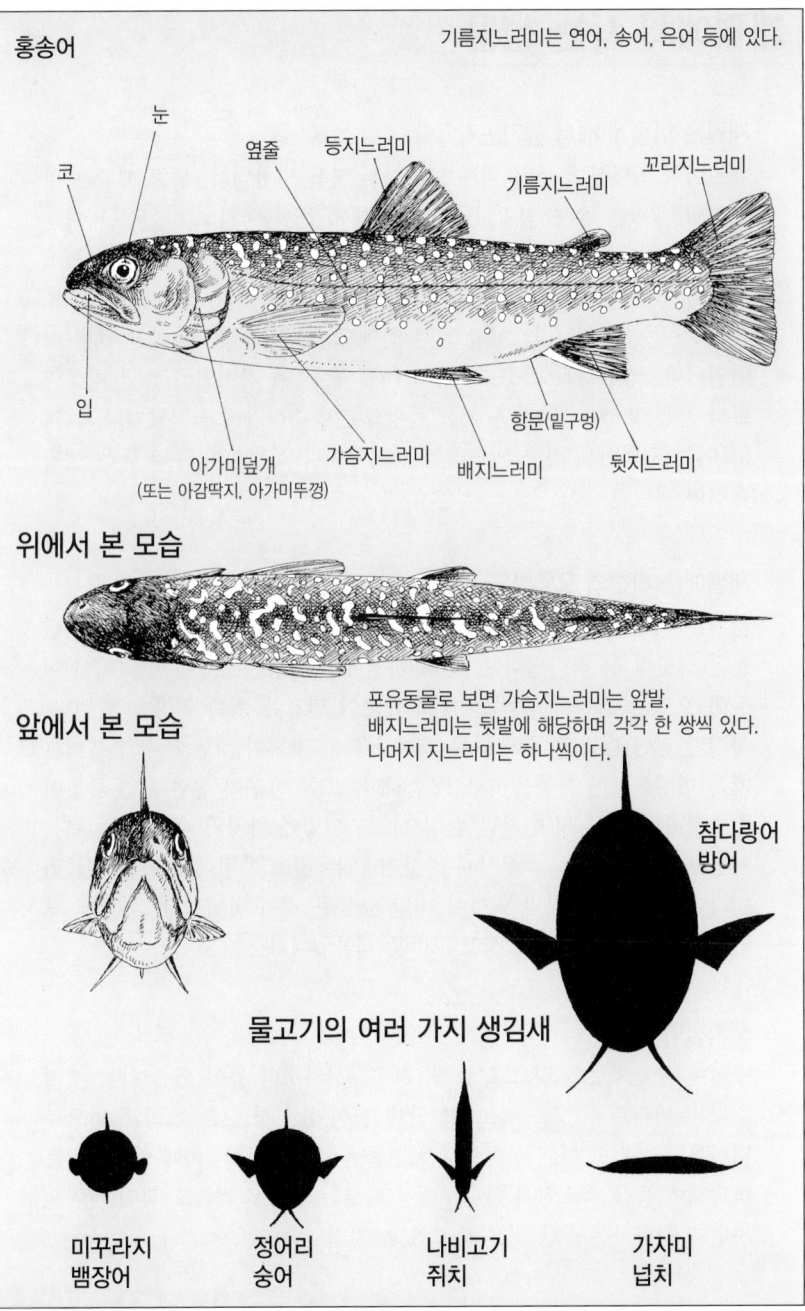

개펄에서 사는 생물

개펄은 어떻게 해서 생기는가

개펄이란 바닷물이 나간 뒤에 드러나는 땅을 말합니다. 밀물 때에는 바닷물이 개펄을 온통 덮습니다. 썰물 때에 물이 빠지고 땅이 드러나는데, 바닷물에 섞여 있던 여러 가지 영양분은 물이 빠진 뒤에도 개펄에 그대로 남습니다. 그리고 바다로 흘러드는 하천에 의해서 운반되는 토사도 개펄에 쌓입니다. 이런 토사 안에도 영양분이 많이 섞여 있게 마련입니다. 영양분과 산소, 그리고 태양 광선 세 가지만 있으면 박테리아나 조류(말 같은 것) 같은 식물 플랑크톤이 순식간에 불어납니다. 그리고 이들을 먹이로 삼아 번식하는 갯지렁이나 실지렁이 등의 좋은 생활 터전이 됩니다.

개펄에는 하천의 오염물도 섞인다

하천은 집이나 공장에서 버린 폐수를 실어서 하구까지 나릅니다. 이런 물은 깨끗한 물이 아닙니다. 원래 하천에는 미생물들이 많이 있어서 이들이 오염 물질을 분해해서 물을 깨끗이 만드는 정화 작용을 합니다. 하지만 강에 더러운 물이 너무 많거나 화학 약품이 섞인 폐수가 흘러들 때는 미생물들이 활동을 하지 못합니다. 또한 하구에 쌓인 오염 물질이 질퍽질퍽한 땅이 되면 사람의 힘으로도 어떻게 하기가 매우 힘듭니다. 이런 더러운 토질을 깨끗하게 만들어 주는 것이 개펄에 사는 생물들입니다. 특히 갯지렁이의 역할이 이만저만 큰 것이 아닙니다. 이렇게 보면 갯지렁이는 사람에게 정말 고마운 생물입니다.

갯지렁이

개펄에는 갯지렁이 말고도 조개, 새우, 실지렁이 등이 있습니다. 갯지렁이는 기다란 구멍을 파고 그 안에 들어가서 사는데, 한쪽 구멍으로 먹이를 잡아먹고 다른 구멍으로 배설물을 내보냅니다. 이때 갯지렁이는 박테리아 등을 먹으면서 하수구에서 나오는 더러운 것들도 먹어 치워서 자연을 정화하는 좋은 일을 하고 있는 것입니다.

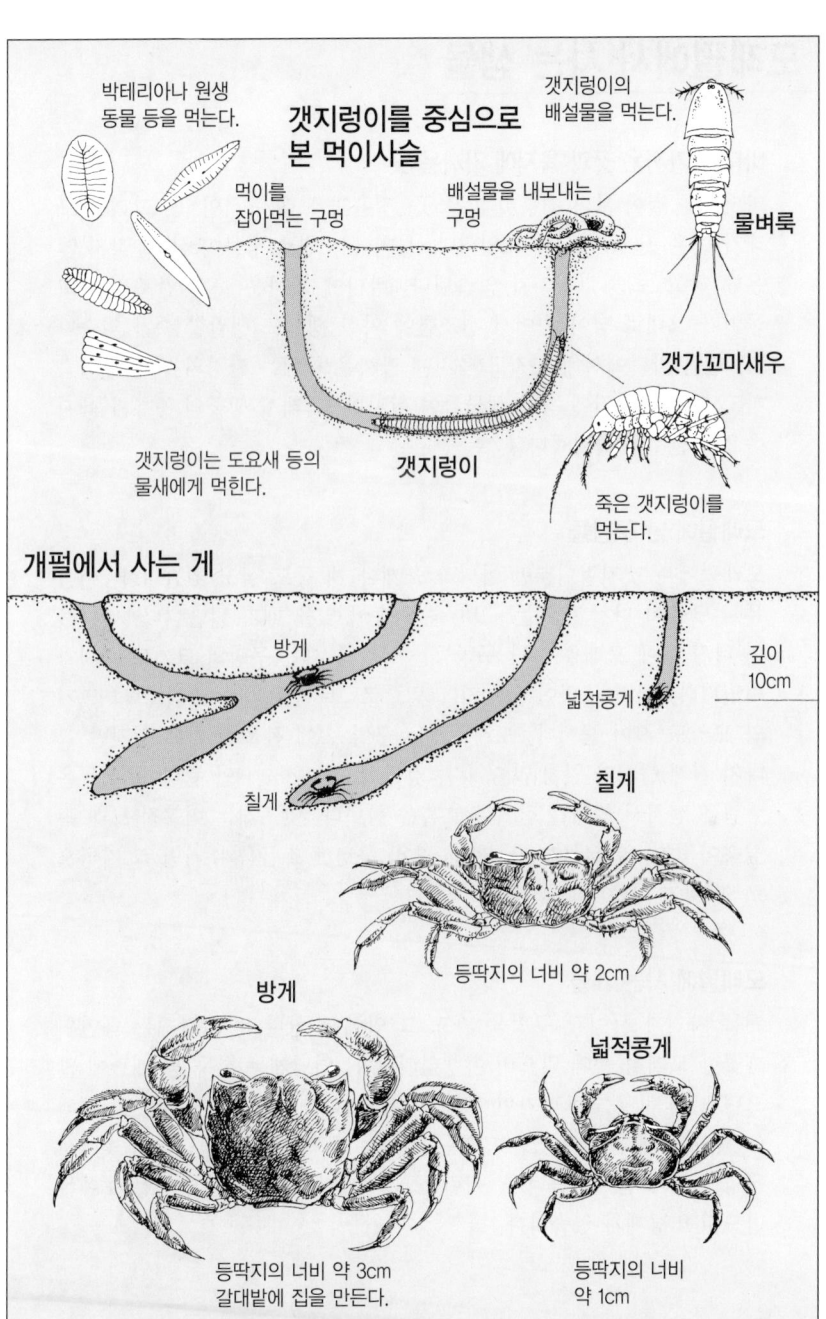

모래펄에서 사는 생물

바다에 가까운 곳과 육지에 가까운 곳
바닷가를 걸어 보면 진흙이 많은 곳, 진흙과 모래가 섞인 곳, 그리고 모래가 많은 곳 등이 눈에 뜨입니다. 보기에는 별로 생물이 살 것 같지 않은데 알고 보면 그렇지가 않습니다. 바다에 가까운 곳은 간조 때에도 물기가 그대로 남아 있어서 건조함에 약한 생물도 생활할 수가 있습니다. 한편 바다에서 떨어지고 육지에 가까운 곳에는 환경의 변화에 익숙하고 건조한 조건에 강한 생물들이 삽니다. 그래서 생물의 종류가 육지 쪽으로 갈수록 줄어듭니다.

모래펄에 난 구멍들
모래펄에는 갯지렁이뿐만 아니라 조개나 게 등도 살고 있습니다. 이들은 바닷물이 나간 뒤에는 구멍 속에 숨어 있을 때가 많습니다. 바닷물이 나간 뒤에 모래펄에 난 구멍들을 살펴봅시다. 구멍의 크기도 가지가지입니다. 어떤 구멍이 있는지 그림으로 그려 봅시다. 그리고 그 크기와 모양도 적어 둡시다. 모시조개는 구멍 속에 몸을 숨기고 있지만 그다지 깊게 들어가 있지 않습니다. 깊어 봐야 10cm가 안 됩니다. 이들은 수관을 뻗쳐서 먹이를 잡거나 호흡을 합니다. 맛조개는 비교적 모래 속 깊숙이 숨어 있으나(약 20~30cm 깊이) 구멍에 소금을 뿌리면 그 자극으로 쑥 빠져 나옵니다.

모래펄에 사는 게들
게는 자기가 들어갈 구멍을 파고 그 안에서 삽니다. 달랑게는 해안의 깨끗한 모래펄 속에 많으며 야행성입니다. 엽낭게는 하구 등 개펄에 많으며 낮에 바닷물이 나가면 모습을 나타냅니다. 집게로 모래를 떠서 입에 넣고 모래에 섞여 있는 영양분을 먹은 뒤 찌꺼기를 경단처럼 빚어서 구멍 주위에 늘어놓습니다. 이런 모래 경단이 많이 흩어져 있는 곳에는 반드시 엽낭게가 있습니다.

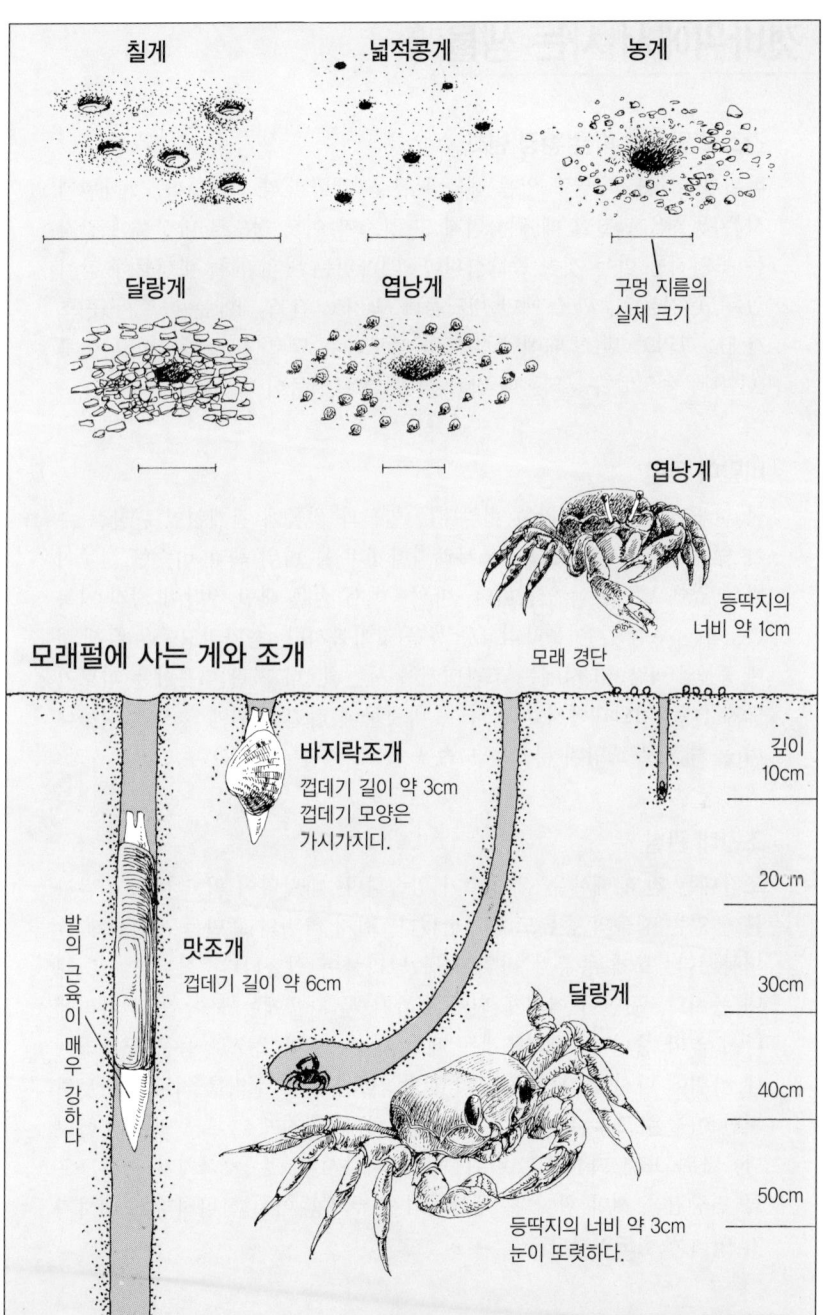

갯바위에서 사는 생물

간조와 만조에 따른 환경 변화

바위가 머리를 내밀고 있는 해안 부분을 '갯바위'라고 합니다. 갯바위에 사는 생물을 관찰할 때에는 먼저 그 장소가 어느 정도로 바닷물에 잠기는 곳인지를 아는 것이 중요합니다. 갯바위는 바위가 늘 바닷물에 잠겨 있는 곳(점심대), 만조 때만 바닷물에 잠기고 간조 때에는 마르는 곳(조간대), 그리고 만조 때에만 파도의 물보라가 닿고 간조에는 마르는 곳(비말대) 등으로 구분되는데 각각 살고 있는 생물이 다릅니다.

비말대 관찰

큰 파도가 밀려오지 않는 비말대는 밀물과 썰물에 관계없이 관찰할 수가 있습니다. 테두리고둥, 조무래기따개비 등 바위 색과 비슷한 생물이 바위 겉에 달라붙어 있습니다. 바위틈에서 손을 내민 것같이 생긴 거북손, 작은 우렁 같은 울타리고둥 등을 찾아봅시다. 울타리고둥은 유생(변태 동물의 어릴 때) 시에는 조간대에서 사는데, 다 자란 다음에는 파도가 닿지 않는 비말대에서 지냅니다. 바닷물에 잠긴 바위에 놓으면 허둥대며 물 밖으로 도망쳐 나오는 모습을 볼 수 있습니다.

조간대 관찰

조간대는 간조 때에는 걸을 수가 있습니다. 바닷말이 많고 바위에 달라붙어 있는 생물의 종류도 풍부합니다. 먼저 바위의 표면을 세밀하게 살펴봅시다. 조개 종류가 바위에 꼭 달라붙어 있습니다. 쇠꼬챙이로 떼내 봅시다. 뒷면이 어떻게 되어 있는지 본 다음에는 붙어 있던 자리에 다시 놓아 줍니다. 딱지조개는 떼어 내면 곧 배 쪽으로 몸을 구부리는데 바위에 다시 놓으면 몸을 펴고 달라붙습니다. 소리를 지르지는 못하지만 이들은 모두 살아 있는 생물들입니다. 거칠게 다루지 말아야 합니다. 바위 표면 다음에는 바위틈을 살펴봅시다. 손을 다치기 쉬우므로 꼭 면장갑을 껴야 합니다. 생물들의 종류가 많아서 하나하나 소개하기가 어려울 정도입니다.

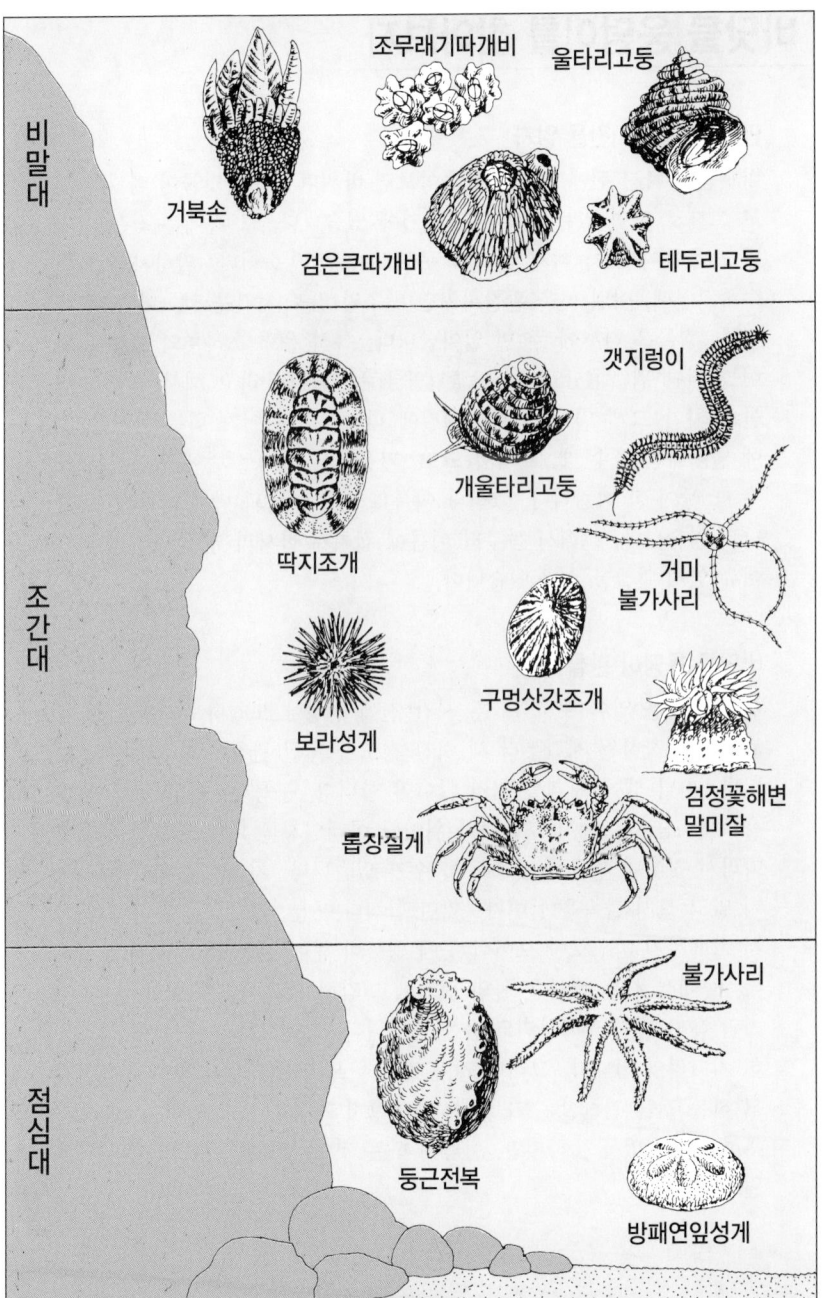

바닷물 웅덩이를 찾아보자

만조와 간조 시간을 알자

바닷물이 빠진 뒤에 바닷가를 돌아보면 바위너설에 바닷물이 빠지지 않고 그대로 고여 있는 곳이 여기저기에 있습니다. 그 속에는 작은 고기나 새우들이 미처 빠져 나가지 못하고 갇혀 있습니다. 말하자면 자연 수족관인데, 이런 곳을 관찰하려면 만조와 간조 시간을 알아야 합니다. 밀물, 썰물은 하루에 두 번 일어납니다. 특히 음력 초하루와 보름이 한 이틀 지난 뒤(보름달일 때와 초승달일 때)는 '한사리'라고 해서 밀물과 썰물의 차가 크게 일어납니다. 계절에 따라서도 차이가 나는데 봄은 낮에 일어나는 조수 때 그 차가 크고, 가을에는 반대로 밤에 일어나는 조수 때 물이 잘 빠집니다. 그러나 여름과 겨울은 낮과 밤에 따라 큰 차가 나지 않습니다. 그래서 봄부터 여름에 걸쳐서 한사리 때에 나가면 가장 여유 있게 관찰할 수가 있습니다.

바닷물 웅덩이 관찰

썰물 시간을 알아 보고 그 두 시간 전에 현장에 도착하도록 띠납시다. 썰물이 시작하는 시간부터 세 시간 정도가 제일 관찰하기 좋은 시간입니다. 떠날 때에 시계를 잊지 않아야 합니다. 물웅덩이를 찾았으면 다음 쪽을 참고로 해서 조간대의 위인지 아래인지를 확인합시다. 위치에 따라서 찾아낸 생물을 비교해 볼 수가 있습니다. 처음에는 아무것도 하지 말고 그저 물속을 들여다보기만 합시다. 5분 정도 지나면 눈에 익어서 그때까지 바위로만 보이던 곳에 생물이 붙어 있는 것이 눈에 뜨입니다. 물에서 사는 생물은 물의 변화에 민감하므로 사람이 물에 손을 대기만 해도 벌써 알아차리고 몸을 숨깁니다. 그러므로 그대로 두고 조용히 기다려야 합니다. 그러면 게가 기어 나오고 말미잘이 촉수를 움직이고 하는 것을 관찰할 수가 있습니다. 그저 가만히 보고만 있는 것이 지루하고 재미없을 듯하지만, 이렇게 하는 것이 생물을 관찰할 때의 기본 원칙입니다.

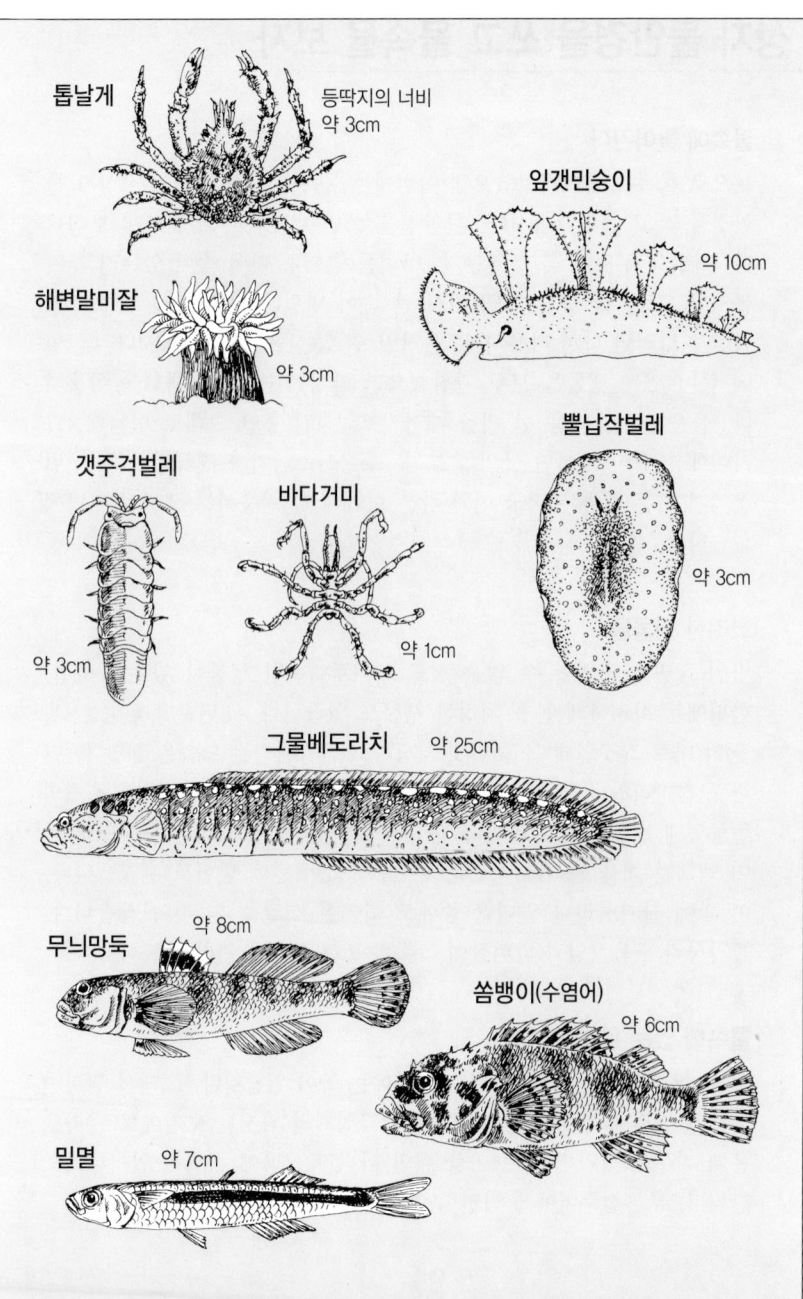

상자 물안경을 쓰고 물속을 보자

물속에 들어간다
눈으로 물속을 들여다보았으면 이번에는 물속에 직접 들어가서 상자 물안경을 쓰고 들여다봅시다. 물안경을 쓰면 바닷속이 뚜렷하게 보입니다. 바위에 무엇이 붙어 있는지, 바위틈에 어떤 것이 숨어 있는지 찾아봅시다. 작은 물고기는 재빨라서 곧 숨어 버립니다. 그러나 그대로 조금만 기다리면 다시 나옵니다. 움직일 수 있는 돌은 치워 봅시다. 돌 밑에 붙어 있는 생물을 모두 관찰했으면 다시 원래 있던 대로 놓아둡니다. 물웅덩이는 다음 번 밀물 때까지 몇 시간 동안 그대로 있는데, 그 사이에 햇볕이 쪼이면 물의 온도가 오르고 소금기가 진해집니다. 이런 곳에서 사는 생물은 결국 이와 같은 변화에 잘 적응하는 생물일 수밖에 없습니다.

화려한 생물들
바위 표면과 구별할 수 없을 정도로 거무죽죽한 생물이 있는가 하면, 한편에는 화려하게 몸을 치장한 생물도 있습니다. 갯민숭달팽이(연체동물)가 바로 그것인데 몸을 한껏 치장하고 꿈틀거리는 모습은 정말 볼 만한 구경거리입니다. 군소도 갯민숭달팽이처럼 껍데기가 퇴화한 조개의 일종인데 손으로 건드리면 붉은 보라색 액체를 뿌리면서 도망칩니다. 이 액체는 적을 놀라게 하는 것뿐 독이 없어 살에 닿아도 괜찮습니다. 이 밖에 불가사리나 말미잘 중에도 화려한 색깔을 한 것이 많습니다. 불가사리의 움직임과 말미잘이 촉수를 쓰는 모습을 관찰해 봅시다.

물속에 있는 위험한 생물
쏠종개와 독가시치의 지느러미 가시에는 독이 있습니다. 그래서 찔리면 아프고 벌겋게 부어오릅니다. 흰줄긴극성게의 가시는 보기에도 날카로운데 피부에 박히면 몹시 아플 뿐만 아니라 근육에 경련이 일어나기도 합니다. 푸른점문어에 물리면 구역질이나 경련이 나기도 합니다.

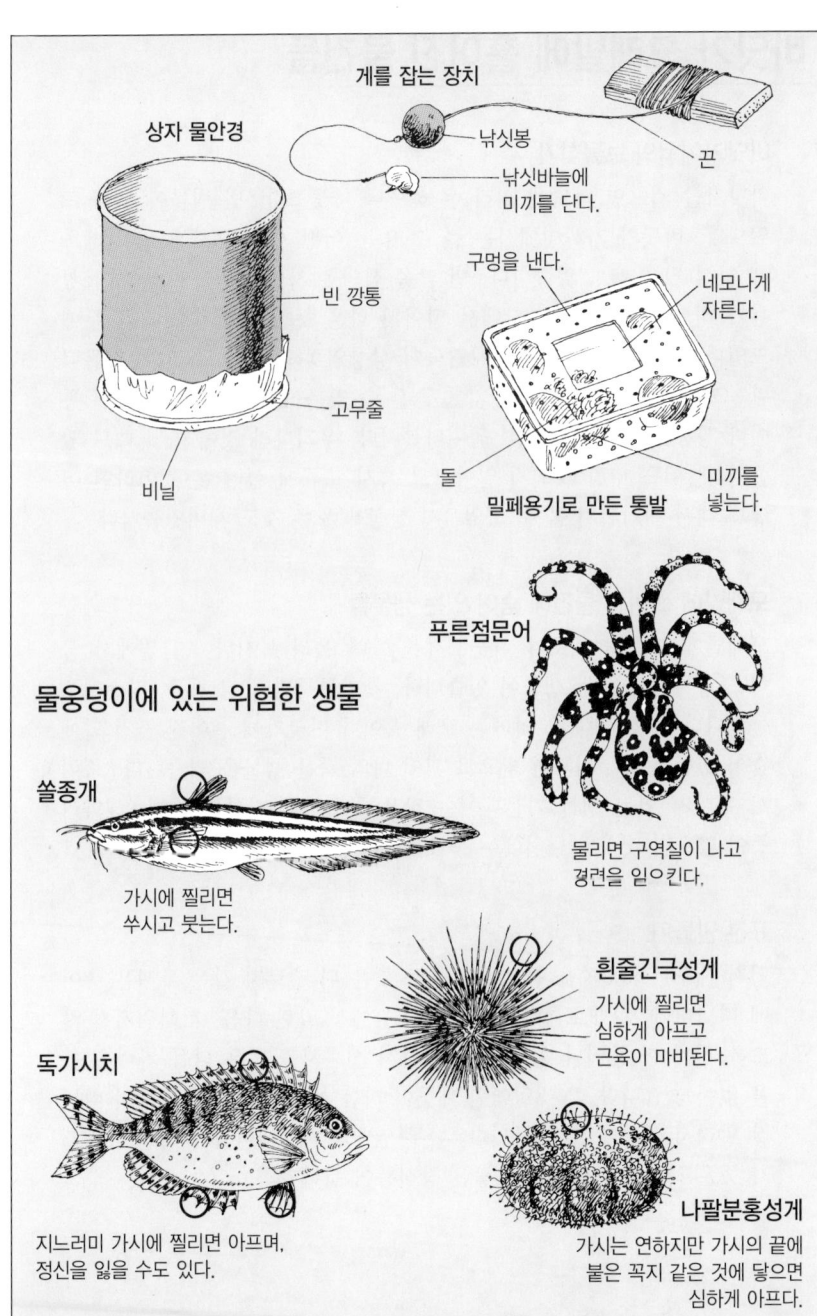

바닷가 모래밭에 흩어진 물건들

바닷가에서의 보물찾기

바닷가를 걸으면 파도에 실려 온 해초나 나뭇조각, 빈 병들이 눈에 뜨입니다. 바닷가 가까이에서는 볼 수 없는 어떤 생물의 사체 등이 해초에 얽혀 있을 때도 있습니다. 먼 남쪽 섬의 야자열매나 동물의 뼈가 있는가 하면 난파된 배 조각에서 떨어져 나온 듯한 널빤지도 가끔 눈에 뜨입니다. 바닷가 모래밭은 사람들이 상상의 나래를 펼 수 있게 만듭니다. 그리고 바닷가는 보물찾기를 즐길 수 있는 곳이기도 합니다. 빈 통이나 깡통이 있으면 자세히 들여다봅시다. 우리나라 것이 아닐 때도 있습니다. 어느 나라 것인지 알아보고 혹시 조류에 실려 온 것이라면 어떻게 해서 여기까지 올 수 있었을까 상상해 보는 것도 재미있습니다.

모래밭에 흩어진 물건에 숨어 있는 생물들

모래밭에 파묻힌 해초나 나뭇조각을 들어 올려 봅시다. 그 밑에서 급히 도망치거나 숨는 생물이 있습니다. 갯가톡톡벌레, 갯강구, 딱총새우들입니다. 이들 생물은 낮에는 모래 속이나 바닷가에 흩어진 물건 밑에 숨어 있다가 어두워지면 밖으로 기어 나와 죽은 생물을 먹습니다. 죽어서 흩어져 있는 생물 가운데에는 작은 물고기를 비롯해서 게, 해파리 등이 많으며 갯바위 근처에는 불가사리나 군소 종류의 알이 있습니다.

표본 만들기

먼저 해초는 300쪽을 참고해서 물로 씻은 뒤 켄트지 같은 두꺼운 종이에 떠냅니다. 그대로 한 시간 정도 그늘에서 말린 다음, 더러워지지 않도록 위에 흰 종이나 헝겊을 놓고 다시 신문지를 덮은 다음 가벼운 돌을 얹어 놓습니다. 2~3일이면 깨끗이 마릅니다. 물고기나 동물의 뼈는 잘 말려서 상자에 모아 둡니다. 나무 열매나 씨, 재미있게 생긴 나뭇조각 등은 책상에 올려놓으면 좋은 장식품이 됩니다.

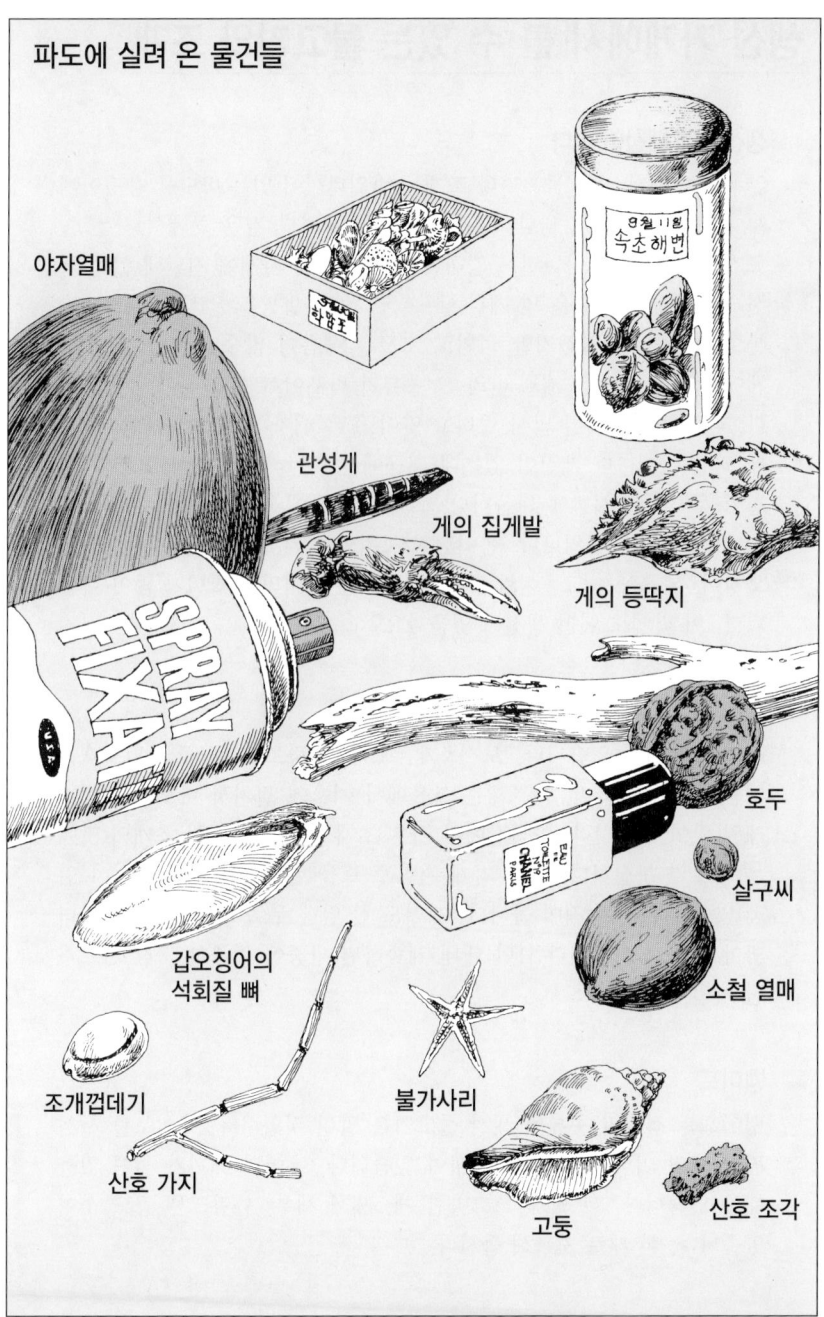

생선 가게에서 볼 수 있는 물고기와 조개

생선마다 제철이 있다

얕은 바다에서 사는 물고기나 조개는 바위너설이 있는 바닷물 웅덩이에서 관찰할 수가 있습니다. 그러나 난바다나 바다 깊은 곳에서 사는 물고기는 생선 가게 아니면 구경하기가 힘듭니다. 가게에 진열돼 있는 생선 가운데에서 이름을 몇 개나 댈 수 있나요? 생선을 살 때마다 따라가 본 사람이면 꽤 알겠지만 의외로 모르는 이름이 많습니다. 게다가 가게에 나오는 생선은 계절 따라 그 종류가 바뀌어서 더욱 알기가 힘듭니다. 물고기마다 제일 많이 잡히고 맛이 좋은 때가 따로 있습니다. 채소나 과일도 저마다 제철이 있는데 최근에는 비닐하우스 재배로 거의 제철이 무시되고 시장에 나옵니다. 그래도 채소에 비하면 생선은 비교적 철 따라 나오는 편입니다. 봄이면 학공치와 삼치, 여름이면 가다랭이와 오징어, 가을에는 고등어와 꽁치, 겨울에는 정어리와 방어가 많이 나옵니다. 이 밖에도 어떤 생선이 있을까요?

생선 가게를 견학하자

조개도 제철이 있습니다. 보시조개, 소라, 개량조개는 봄철, 떡조개는 여름철, 굴, 가리비, 피조개는 가을에서 겨울에 걸쳐서 나오며 그때가 제일 맛이 좋습니다. 양식장에서 키운 조개도 있지만 천연 조개의 맛에는 따르지 못합니다. 생선 가게 관찰 노트를 만들어서 어떤 생선이 언제 많이 나오는지 적어 둡니다. 적어도 한 달에 두 번은 정해 놓고 둘러봐야 윤곽이 잡힙니다. 1년 내내 계속하면 나중에 귀중한 도감 자료가 될 것입니다.

뱅어포

뱅어포는 정어리 종류의 새끼 물고기를 말린 것입니다. 뱅어포를 사서 펼쳐 보면 여러 가지 생물이 섞여 있습니다. 은어의 새끼가 섞여 있을 때도 있습니다. 그 밖에 조그마한 게, 새끼 새우, 플랑크톤 등도 섞여 있습니다. 본 대로 기록해 둡시다.

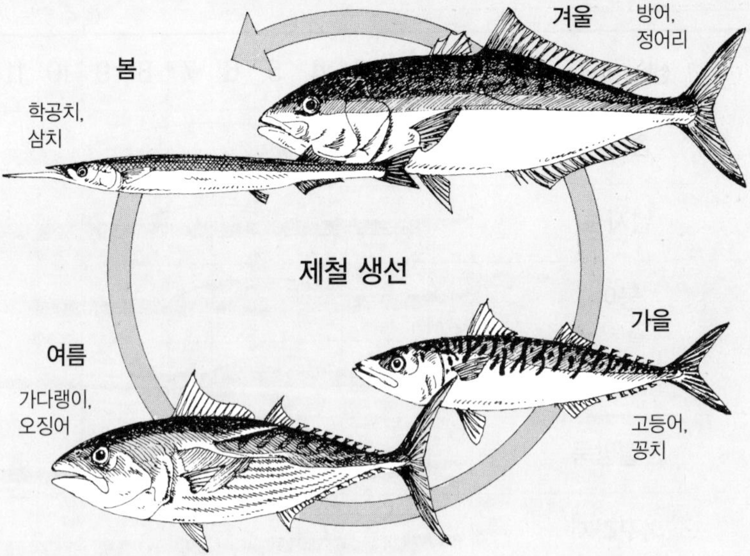

제철 생선

- **봄**: 학공치, 삼치
- **여름**: 가다랭이, 오징어
- **가을**: 고등어, 꽁치
- **겨울**: 방어, 정어리

뱅어포에 섞여 있는 생물들

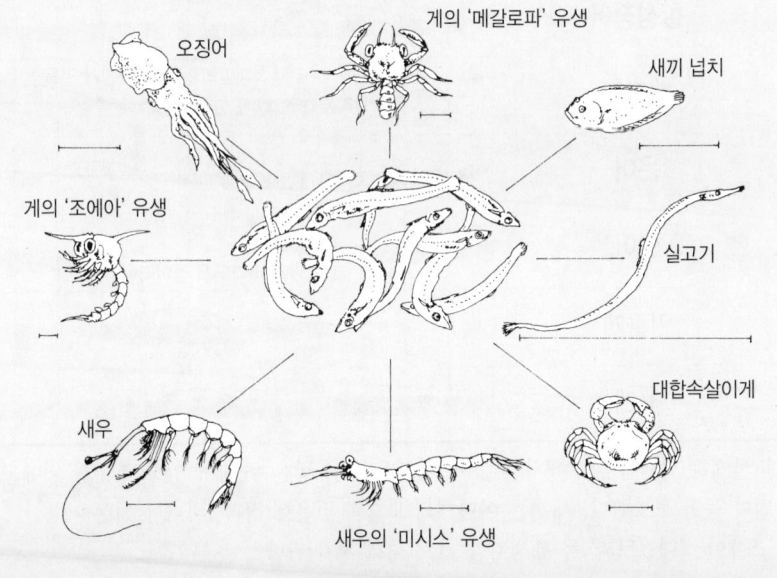

- 오징어
- 게의 '메갈로파' 유생
- 새끼 넙치
- 게의 '조에아' 유생
- 실고기
- 새우
- 새우의 '미시스' 유생
- 대합속살이게

생물 달력

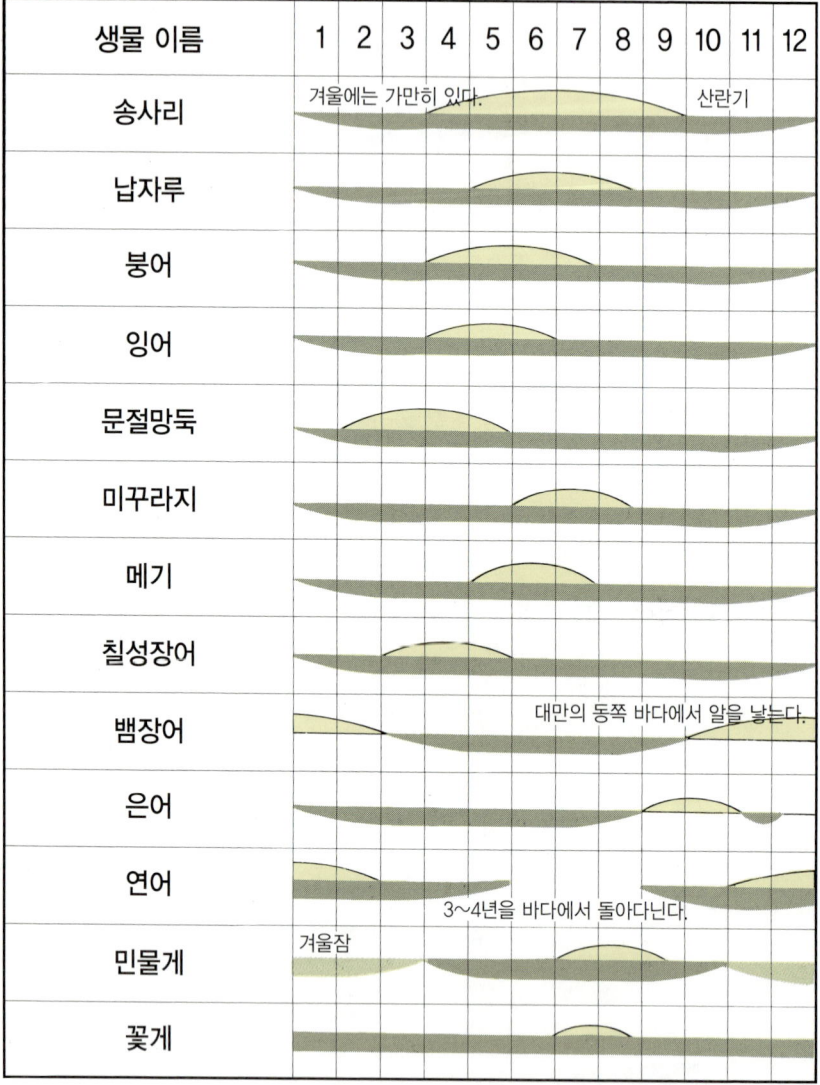

민물게는 일생을 담수에서 지내며, 암컷은 알을 낳은 뒤 배에 안고 부화한 뒤에도 얼마 동안 보호한다. 새끼는 어미게의 모습과 같은데 작다. 바다에 사는 게는 '조에아', '메갈로파' 등 유생기를 거쳐 새끼 게가 된다.

갯바위에 있는 생물을 보자

관찰하기 좋은 옷차림과 도구(258쪽)

바닷가 모래밭에 흩어진 물건들(286쪽)

모래펄에서 사는 생물(278쪽)

상자 물안경을 쓰고 물속을 보자(284쪽)

갯바위에서 사는 생물(280쪽)

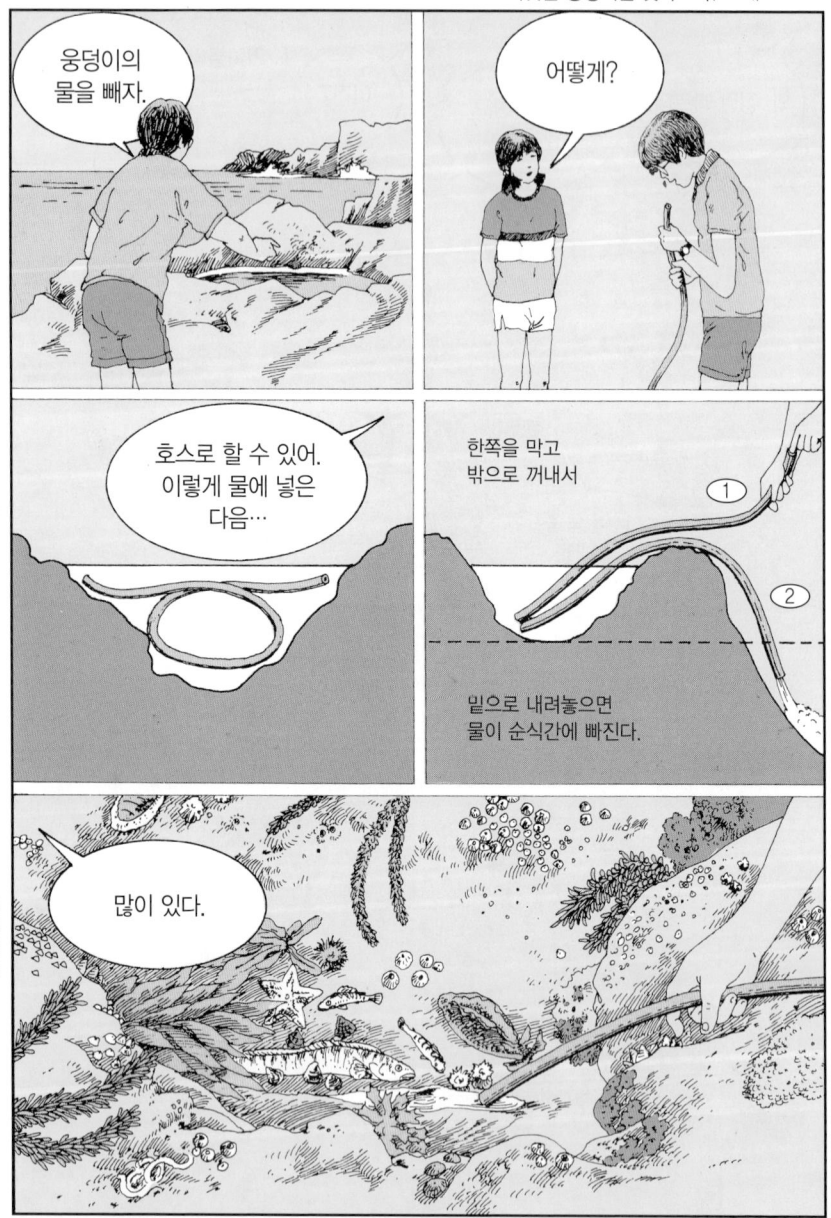

상자 물안경을 쓰고 물속을 보자(284쪽)

바닷물 웅덩이를 찾아보자(282쪽)

바닷가 모래밭에 흩어진 물건들(286쪽)

생물의 보물창고, 아마존 강

온도와 습도가 높을수록 거기서 사는 생물의 종류가 많아지고 그 수도 불어납니다. 세계에서 제일 생물이 풍부한 곳은 어디일까요? 바로 남아메리카의 열대우림이 펼쳐져 있는 아마존 지역입니다. 아마존 강은 안데스 산맥에서부터 시작해서 200개 이상의 지류가 모여 거대한 물줄기를 이루고 마침내 대서양에 흘러드는 세계 제2의 강(6,437km)입니다. 물빛이 갈색이며 흐려서 헤엄치는 물고기들의 모습을 보기는 어렵지만 그 안에 사는 민물고기(담수어)의 수는 어마어마합니다. 피라냐(떼를 지어 사람이나 동물을 잡아먹는 담수 열대어)나 메기의 종류도 많은데, '타이거쇼벨'이라는 메기는 길이가 1m가 넘습니다. 이 밖에도 아마존 강에는 길이가 2m에서 5m에 이르는 민물고기들이 수두룩한데 그중의 하나가 '피라루쿠'입니다. 알려진 바로 이 물고기는 1억 년 동안이나 자기의 원 모습을 바꾸지 않은 고대어라고 합니다. 피라루쿠는 물속의 풀이나 조류를 먹고 사는 초식어이며 물살이 빠르지 않은 지류에서 삽니다. 아마존 강 유역에 사는 사람들은 이 물고기가 그들에게 푸짐한 식탁을 제공해 주는 데 대해서 아마존 강에게 감사하며 살고 있다고 합니다.

식물

관찰하기 좋은 옷차림과 도구

걷기 편한 차림으로

걷기 편한 신발과 소매가 긴 옷 그리고 입던 바지가 좋습니다. 도구는 우선 노트와 연필만 있으면 됩니다. 식물을 관찰할 때는 가벼운 차림이 좋습니다. 물론 계절에 따라서 스웨터를 입는다든가 장소에 따라서 장화를 신는 것 등은 그때그때 생각해야 합니다. 동물과 달리 식물은 자기가 있는 자리를 옮기지 않습니다. 그래서 동물보다 관찰하기가 매우 편합니다. '보고, 듣고, 냄새를 맡고, 만져 보고, 맛보는' 모든 감각을 충분히 활용할 수 있는 것이 식물 관찰입니다.

자세히 관찰하려면

식물은 계절이나 환경의 변화에 따라 성장에 큰 영향을 받습니다. 그러므로 노트에 스케치하는 경우에는 날짜, 장소와 함께 어떤 상태였는지를 자세히 적어 두는 일이 중요합니다. 아침, 낮, 저녁, 밤 등의 구체적 시간과 날씨에 대해서도 될 수 있으면 전날 것까지 기록해 두면 좋습니다. 주위에 인가가 있는지부터 주위 자연 환경의 특징 등을 되도록 자세히 적습니다. 이처럼 환경을 기록하는 방법 가운데 하나가 사진 촬영입니다. 식물을 더 잘 이해하기 위해서는 사진보다 스케치하는 것이 훨씬 기억에 남아서 좋은 방법입니다. 다만 그 식물을 둘러싼 조건과 환경 상태를 기록하기 위해서는 사진이 크게 도움이 됩니다. 사진을 스케치 옆에 붙여 두면 더욱 훌륭하고 쓸모 있는 관찰 노트가 됩니다.

식물을 채집할 때

야생식물이나 열매 등을 채집하러 갈 때에는 칼, 신문지, 비닐 주머니 등이 있어야 합니다. 이때 먹을 만큼만 딴다는 원칙을 꼭 지킵시다. 다음 해를 위해서, 다른 사람들을 위해서, 그 식물이 잘 자라고 번식하기 위해서 뿌리째 뽑아서는 절대로 안 됩니다.

집 주위에 있는 잡초

굳세게 자라는 잡초

집 주위의 빈터나 길가에는 갖가지 잡초들이 자라고 있습니다. 가끔 콘크리트의 틈이나 돌담 틈에서도 풀이 돋아나고 있어 그 끈질긴 생명력에 놀랄 때가 있습니다. 우리가 집을 짓거나 밭을 일구어서 토지의 환경이 아주 바뀌더라도 그런 환경에 맞춰서 잡초들은 다시 돋아나서 자랍니다. 집 주위에서 자라는 잡초를 조사하는 일은 바로 자기가 살고 있는 데가 어떤 토질인지를 아는 일과 깊은 관련이 있습니다.

환경에 따라 종류가 다르다

마른 곳, 축축한 곳, 돌이 있는 곳, 거무튀튀한 흙, 붉은 흙, 양지 바른 곳, 그늘진 곳…. 이런 환경의 차이에 따라 자라는 식물이 각각 다릅니다. 그러므로 거꾸로 이곳과 저곳에서 같은 식물이 자라고 있다면 바로 그 흙의 성질이 비슷하다는 뜻이 됩니다. 잡초의 종류는 매우 많습니다. 그런데 여기서 말하는 잡초란 어떤 식물을 가리키는 것일까요? 사람들이 거두어들이기 위해서 재배하는 식물을 '농작물'이라고 하는데, 이와는 달리 자연 상태인 숲이나 하천과 바닷가 등에 나서 자라는 식물을 '야생식물'이라고 부릅니다. 야생식물 중에서도 저절로 나서 자라는 여러 가지 풀이 잡초입니다.

잡초의 분포 지도를 만들자

먼저 집 주위에 대한 간단한 지도를 그립니다. 그리고 지도를 들고 어떤 잡초가 자라고 있는지를 살펴보러 밖으로 나갑시다. 잡초 관찰은 1년 내내 할 수 있지만 봄에서 여름 사이에 특히 잡초의 종류가 많습니다. 색연필로 칠하거나 그림 기호를 따로 만들어서 지도에 하나하나 적어 넣어 봅시다. 이름을 알 수 없는 잡초는 도감을 펼쳐서 알아봅시다.

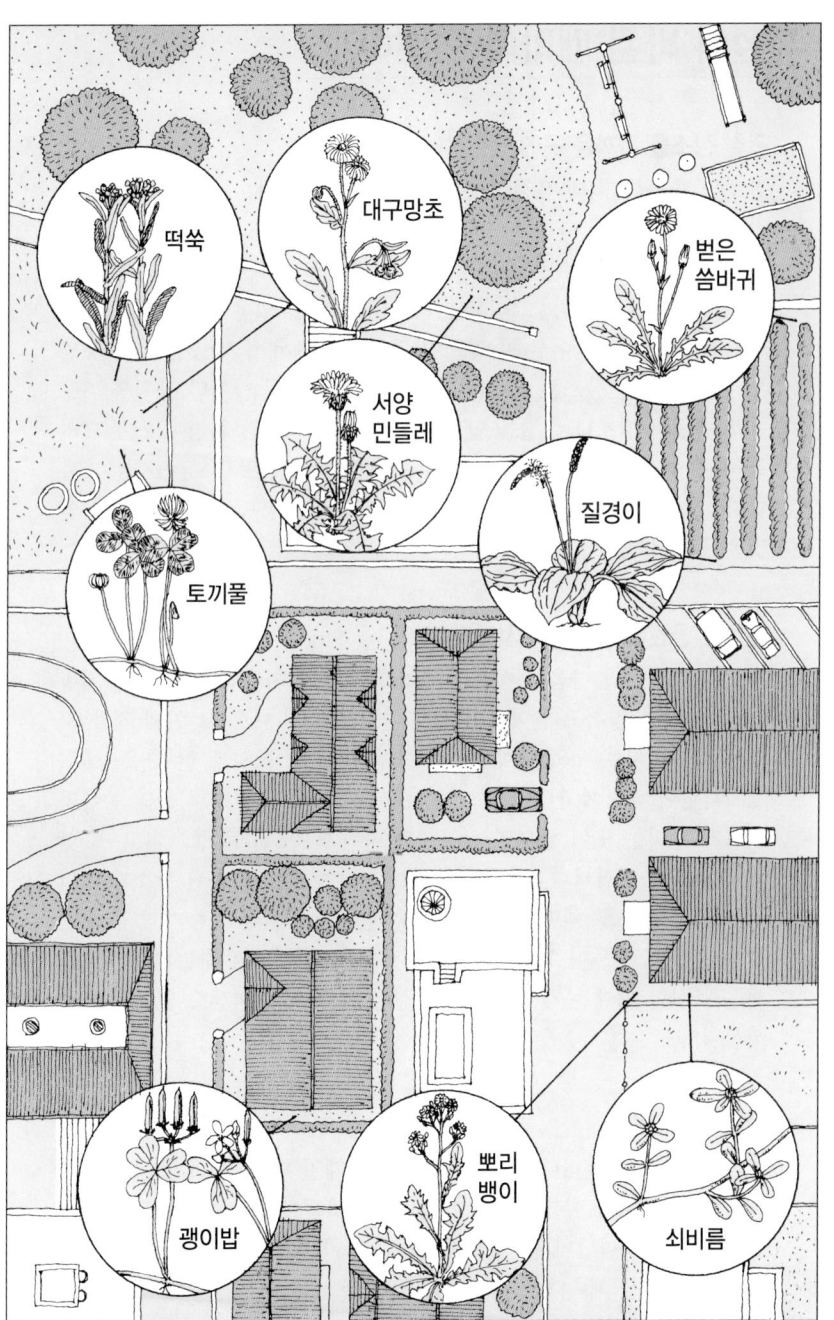

계절이 바뀔 때마다 관찰하자

관찰 장소를 가까운 곳에 정한다

잡초를 조사하다 보면 재미있는 것을 알게 되는데, 그것은 계절에 따라서 같은 장소에 나는 잡초의 종류가 달라진다는 사실입니다. 한 번이 아니고 1년이나 2년에 걸쳐서 오래 관찰을 계속하려면 가 보기 편리한 곳이라야 합니다. 그리고 미리 생각해야 할 일은 지금은 공터지만 머지않아서 집이 들어설 곳 같으면 관찰 장소로서 좋지 않습니다. 공원도 관찰에 좋은 장소는 아닙니다. 공원에는 식물이 많지만 공원을 가꾸는 사람들이 벌초나 손질을 할지도 모릅니다. 이처럼 환경이 쉽게 달라질 곳은 피해야 합니다. 그러므로 관찰 장소를 찾는 일도 쉽지는 않습니다. 오래 빈터로 있는 장소, 길가, 밭이나 논두렁 등이 관찰하기가 알맞은 곳입니다.

일정한 공간을 정하고 조사한다

장소가 정해지면 다음은 식물의 종류를 알아볼 차례입니다. 이때 사방 1m의 공간을 정하고 알아보기 쉽게 줄을 둘러친 다음 그 안의 것을 모두 조사합니다. 4m의 줄에 1m마다 매직펜으로 표시를 한 다음, 줄이 정사각형이 되도록 관찰 장소에 두릅니다. 자라고 있는 식물의 종류가 다르게 보이는 곳이 있으면 그곳에도 마찬가지로 줄을 둘러치고 그 안의 식물을 조사합니다. 건물이 들어설 터나 특별히 금지된 장소가 아니면 이런 방법으로 해마다 정확히 같은 장소에서 관찰할 수가 있습니다. 같은 종류의 식물이 모여서 자라는 것을 '군락'이라고 하는데, 이런 군락을 조사할 때에는 사방 1m 안에 같은 식물이 몇 퍼센트 있는지를 알아봅니다.

달라지는 군락

풀을 방금 자른 자리나 땅을 일군 곳에는 제일 먼저 1년초가 자랍니다. 예를 들어 봄이나 여름이면 강아지풀이나 바랭이가, 가을이면 실망초나 개망초 등이 돋아납니다. 그러다가 시간이 지나면 다년초의 군락으로 바뀝니다. 관찰을 계속해야만 이런 모습을 잘 알 수가 있습니다.

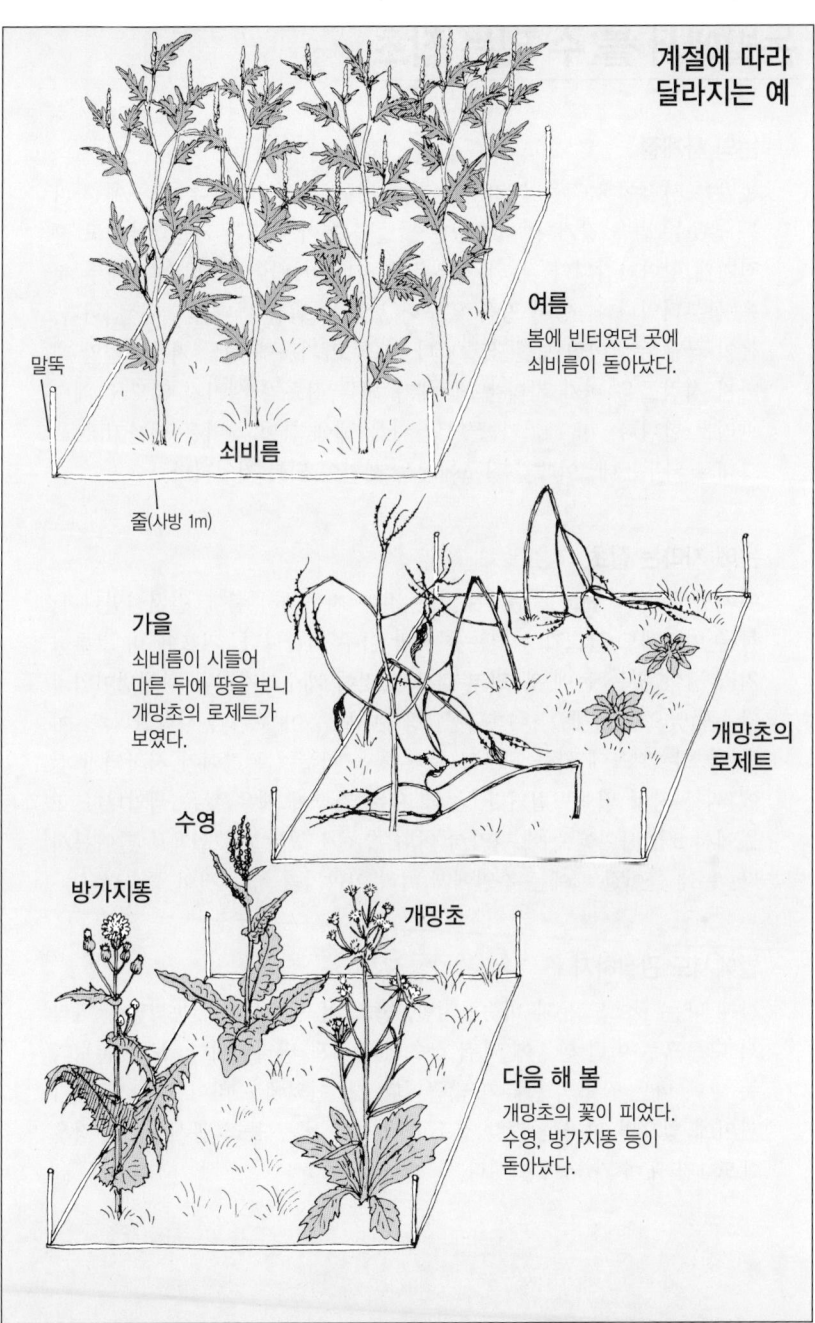

논밭에서 볼 수 있는 잡초

논의 사계절
논밭은 사람이 농작물을 키우기 위해 만든 경작지입니다. 그곳에 자라는 잡초는 밭을 갈거나 필요 없는 풀들을 뽑아 버리는 가운데에서도 끈질기게 살아나갑니다. 논의 경우를 봅시다. 사람이 논에 손을 대는 것은 봄부터입니다. 먼저 땅을 일구어 잡초를 뒤집은 다음 물을 댑니다. 봄이 끝날 무렵이면 모를 심습니다. 그리고 가을에 벼를 거두어들일 때까지 사람들은 벼가 자라는 데 해가 되는 잡초가 생기지 않도록 계속 관리를 합니다. 벼 베기가 끝나면 다음 해에 봄이 찾아올 때까지 논을 그대로 놔두는데, 이때가 잡초에게는 제철이 되는 것입니다.

논에 자라는 잡초
이처럼 논에서 잡초를 볼 수 있는 것은 겨울에서 봄에 걸쳐서입니다. 물론 여름에도 잡초가 있기는 하지만 아주 적습니다. 겨울에 벼 그루터기가 남아 있는 논에 맨 먼저 나오는 것이 개구리자리나 황새냉이입니다. 좀 있으면 뚝새풀, 벼룩나물, 광대나물 등이 보이기 시작합니다. 이들 잡초는 겨울에 싹을 틔우고 봄에 꽃을 피우며 논갈이가 시작되기 전에 씨를 땅에 떨어뜨립니다. 결국 사는 기간이 매우 짧은 셈입니다. 2월에서 5월 사이에 논에 나가서 어떤 잡초가 있는지를 실제로 알아봅시다. 논에 들어갈 때에는 주인에게 미리 이야기를 하는 것이 좋습니다.

밭에서도 관찰하자
밭에 나는 잡초도 논과 비슷하지만, 밭을 일구는 시기가 농작물에 따라서 다르므로 이런 환경에 맞춰 잡초의 종류도 달라집니다. 보통 논보다는 밭에 나는 잡초의 종류가 많습니다. 밭 이외에도 비어 있는 땅이 가까이에 있으면 그곳을 관찰 장소로 정하고 계속 들러 봅시다. 이 경우에도 1년 내내 가 봐야 합니다.

식물 스케치를 위해서

잎 모양

한눈에 볼 수 있도록 여러 가지 모양의 잎을 한 가지에 배열하였다.

마디에 잎이 셋 이상 달리는 것은 '돌려나기'

마디에 잎이 둘 달린 것은 '마주나기'

마디에 잎이 하나 달린 것은 '어긋나기'

식물을 스케치할 때는 보이는 대로 특징을 정확히 그리는 것이 중요합니다. 잎, 줄기, 꽃 모양의 특징을 아래 그림을 참고로 그려 봅시다.

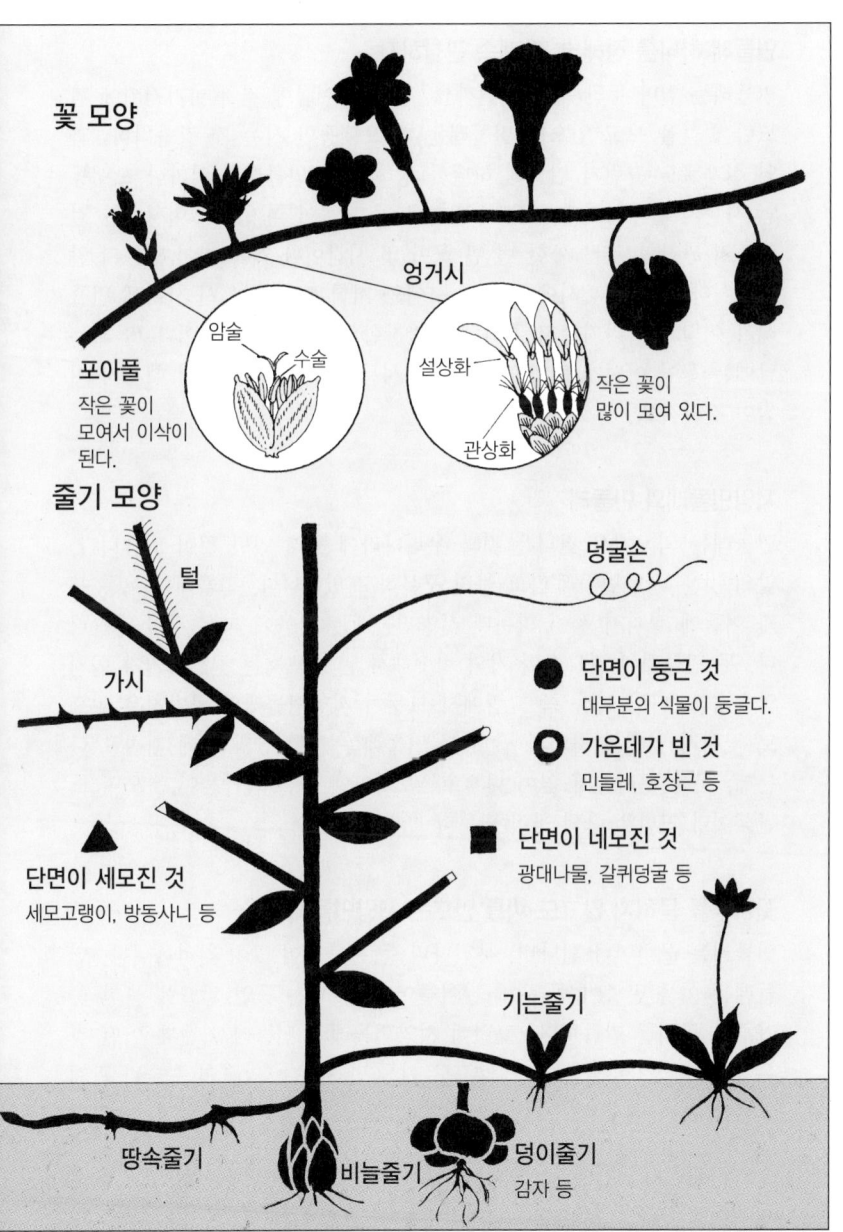

민들레 - 우리 가까이에 있는 다정한 꽃

민들레 하나를 정해 놓고 계속 관찰하자

민들레는 얼마 동안 사는 것일까요? 봄부터 여름에 걸쳐 여기저기에 핀 노란 꽃들을 보고 있으면 민들레는 꽤 오랫동안 사는 것 같습니다. 과연 실제로도 그런지 민들레 하나를 정해 놓고 민들레가 얼마나 오랫동안 사는지 살펴봅시다. ①봉오리가 생기고 꽃이 피기까지 며칠이나 걸리는지 관찰합시다. ②한 번 핀 꽃이 몇 시간이나 계속 피어 있는지 알아봅시다. ③아침 8시에서 10시 사이와 저녁 4시에서 6시 사이에 민들레가 어떻게 달라지는지 주의해서 관찰합니다. ④흐린 날이나 비 오는 날에는 꽃이 어떻게 될까요? ⑤꽃이 시든 뒤부터 솜털이 될 때까지 며칠이 걸릴까요?

서양민들레와 민들레

민들레는 외국에서 건너온 것과 우리나라에 원래 있던 것이 있습니다. 앞의 것은 '서양민들레'라고 불러 구분하고 있습니다. 민들레는 보통 봄과 여름에 걸쳐서 꽃이 피는데 서양민들레는 가을에 피는 것이 많습니다. 두 민들레의 겉모습이 거의 비슷해서 얼핏 봐서는 구별하기가 쉽지 않습니다. 다만 다음 쪽 그림에서 보듯이 서양민들레의 꽃받침은 밑으로 젖혀져 있어서 차이가 납니다. 민들레는 보통 산과 들에 저절로 나는데, 묵은 뿌리에서 잎이 나오고 잎 사이에 꽃줄기가 높이 솟으며 노란색이나 연한 노란색 꽃이 핍니다.

꽃가루를 묻히지 않고도 씨를 만드는 서양민들레

민들레는 꿀벌이나 흰나비, 부전나비 등 곤충들이 많이 찾아옵니다. 민들레는 이들 곤충이 꽃 속에 날아들어 꿀을 먹는 동안 암술에 묻힌 꽃가루로 꽃씨를 만듭니다. 그런데 서양민들레와 민들레 가운데 어떤 것은 암술에 꽃가루를 묻히지 않고도 씨를 만듭니다. 암술이 수술과 관계없이 혼자서 씨를 만드는 것입니다. 그래서 한 포기만 있으면 그 주위에 민들레가 자꾸 퍼져 나갑니다.

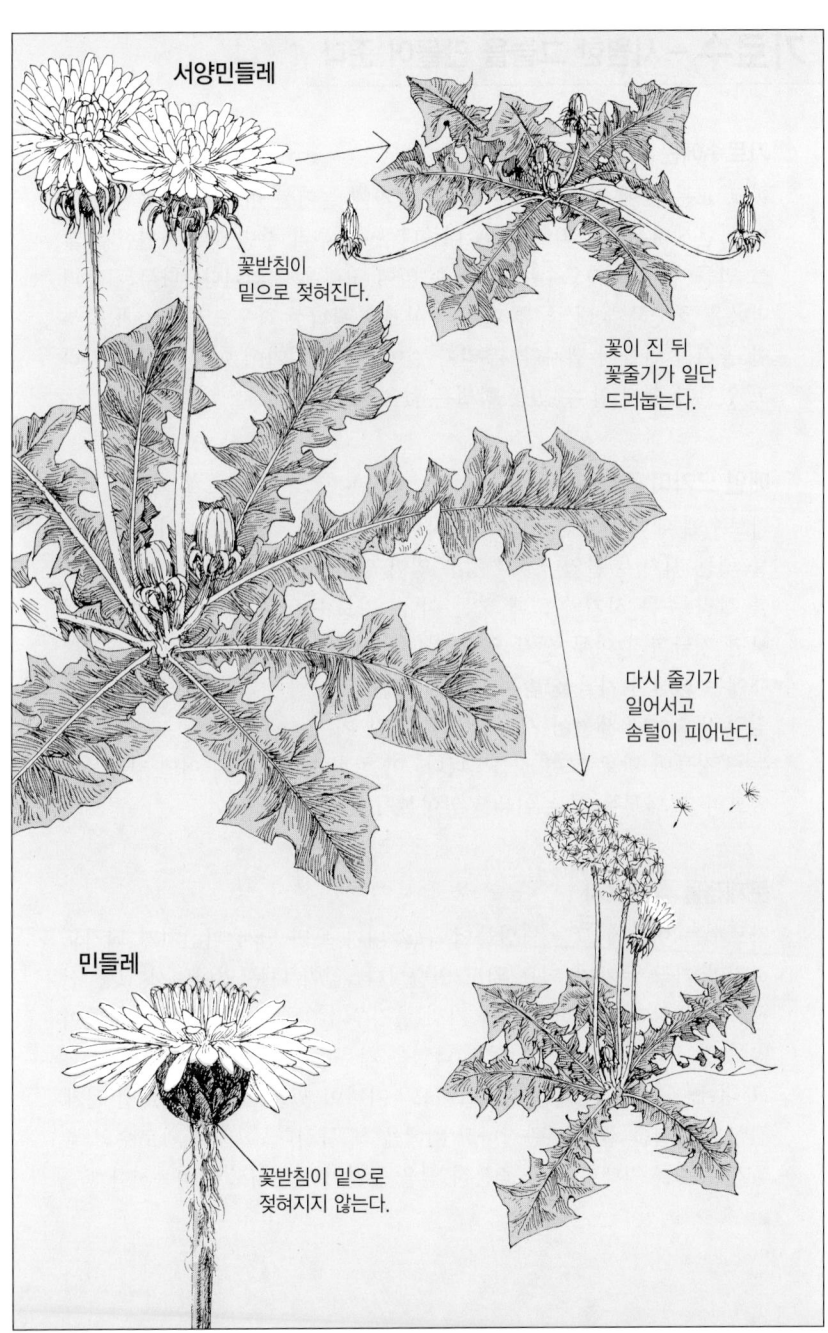

가로수 - 시원한 그늘을 만들어 준다

가로수에는 어떤 나무가 있는가
학교 교문 앞에 서 있는 미루나무, 냇가에 늘어선 버드나무, 공원 안에 있는 은행나무, 길 따라 심은 버즘나무…. 우리 주변에서 시원한 그늘을 만들어 주는 가로수는 말할 수 없이 고마운 것입니다. 나무는 우리 마음을 흐뭇하게 해 줄 뿐 아니라 실제로 광합성 작용으로 산소가 풍부한 공기를 만들어 냅니다. 우리가 걸어다니는 길가에 어떤 나무가 자라고 있는지 쉽게 알 수 있는 방법은 없을까요?

매일 오가며 관찰한다
가로수에 대해서 다음 것들을 조사해 봅시다. ①꽃이 피는 시기와 열매를 맺는 시기 ②갈잎나무일 경우 잎이 떨어지기 시작하는 시기 ③가지를 잘라 주는 시기와 그때 하는 이유. 가로수 옆을 지나가며 주의해서 보면 지금까지 아무 생각 없이 지나쳐 버렸던 것들이 눈에 띄고 어떤 때에는 신선한 자극을 받는 경우가 있습니다. 물이 오르기 시작한 나뭇잎의 모습이나 새들이 사람의 눈을 피해 가며 나무 열매를 따 먹고 있는 광경들이 바로 그런 것들입니다. 이 기회에 가로수에 어떤 나무들이 있으며 그 나무를 심는 이유를 알아봅시다.

문제점을 찾아보자
가로수는 여름에 그늘을 만들어 주고 비가 오면 임시 피신처가 되기도 하지만 가끔 문제가 되는 일도 있습니다. 잎이 너무 많아져서 교통 신호등이나 길가의 상점 간판을 가리는 경우가 있습니다. 또 가을에 잎이 많이 떨어지면 환경미화원들이 낙엽을 치우는 데 꽤 힘이 들 것입니다. 그 밖에 또 어떤 문제들이 있을까요? 가까이 있는 가로수에 어떤 문제점이 있는지를 실제로 관찰하고 기록을 해 둡시다. 그리고 가로수의 뿌리가 나무를 지탱할 만큼 충분히 뻗을 공간이 있는지도 살펴봅시다.

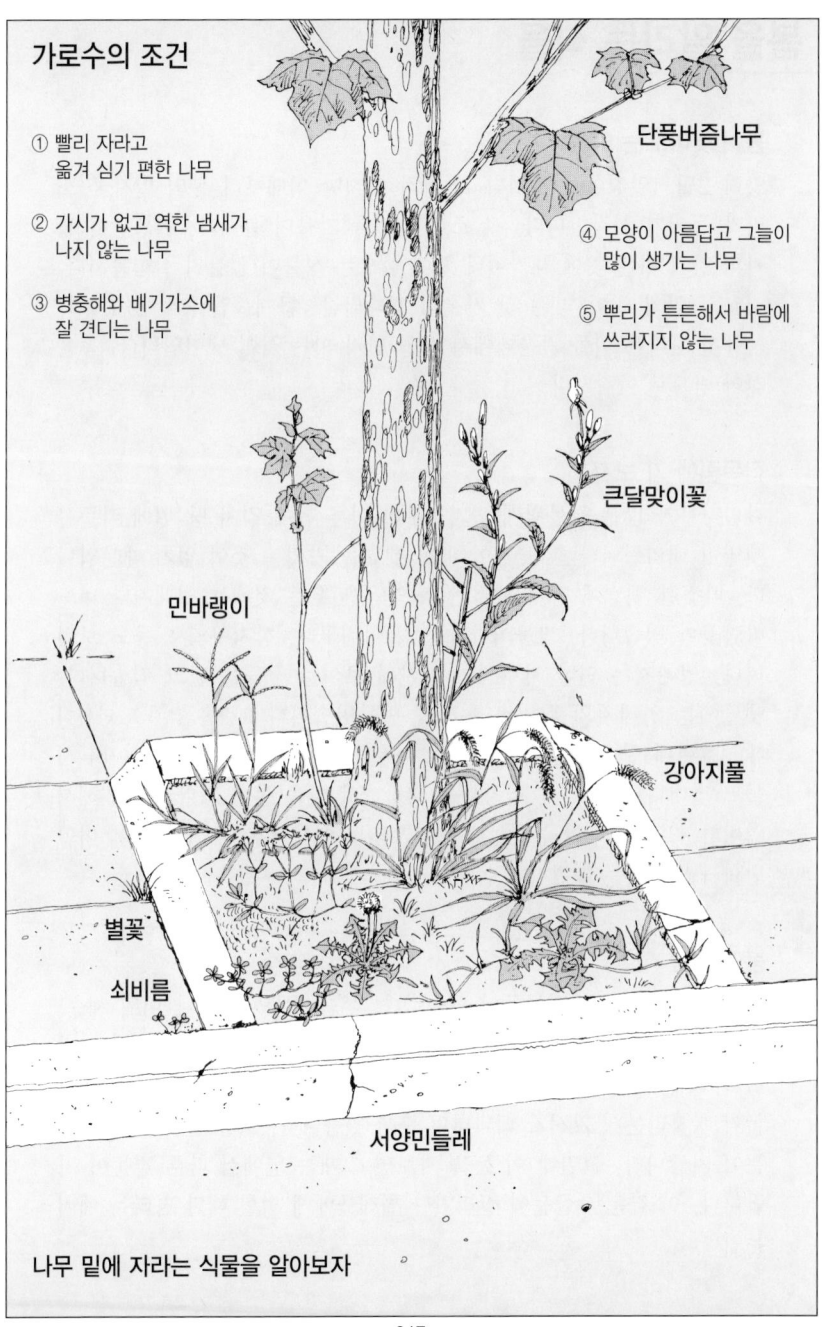

봄을 알리는 식물

봄이 찾아오는 모습

양력 2월 4일경이 입춘입니다. 아직 춥지만 이때부터 봄의 발자국 소리가 들리기 시작합니다. 그 소리에 귀를 기울여 봅시다. 걸으면서 길가의 양지 바른 곳에 새싹이나 꽃이 나오는 식물이 없는지 살펴봅시다. 비교적 일찍 꽃이 피는 것 가운데 광대나물, 큰개불알풀이 있습니다. 둑에서 자라는 식물 가운데에서 제일 먼저 피는 꽃이 냉이입니다. 봄을 찾아 밖으로 나갑시다.

잡목림에 가 보자

갈잎나무가 많은 잡목림에는 겨울부터 이른 봄에 걸쳐 땅 위에 따뜻한 햇볕이 내리쬡니다. 나뭇잎이 없어 햇볕을 가리는 것이 없기 때문입니다. 따뜻한 햇볕에 잠이 깨어 일찍 꽃을 피우는 것에는 얼레지나 너도바람꽃이 있습니다. 쌍둥이바람꽃, 홀아비꽃대, 삼지구엽초 등도 보입니다. 얼레지는 연한 자주색의 가련해 보이는 꽃들을 달고 있습니다. 옛날에는 얼레지의 뿌리로 녹말을 만들었습니다(요즘은 감자로 만듭니다). 그런데 얼레지는 이른 여름에 나무들이 잎으로 덮일 무렵 이미 시들고 맙니다. 알뿌리에 영양분을 저장해서 다음 봄을 기다리기 위해서입니다. 얼레지의 꽃을 찾았으면 봄부터 초여름에 걸쳐 그 주변에 어떤 변화가 일어나는지 관찰해 봅시다.

봄에 먹는 식물

봄에 먹을 수 있는 식물들이 있습니다. 두릅나무의 눈이나 머위 새순, 쇠뜨기 등입니다. 두릅나무는 숲의 주변이나 산에 오르는 길가에 자랍니다. 두릅나무는 가지를 거의 치지 않고 밑동에서 줄기 끝까지 같은 굵기로 자라는데 가시가 더덕더덕 붙어 있습니다. 보통 줄기 끝에서 새 눈이 자랍니다. 그런데 이 눈을 자르면 그때는 옆에서 다른 곁눈이 자랍니다. 이 곁눈은 끝눈이 잘리거나 벌레들에게 먹힐 때만 자라는 예비 눈입니다.

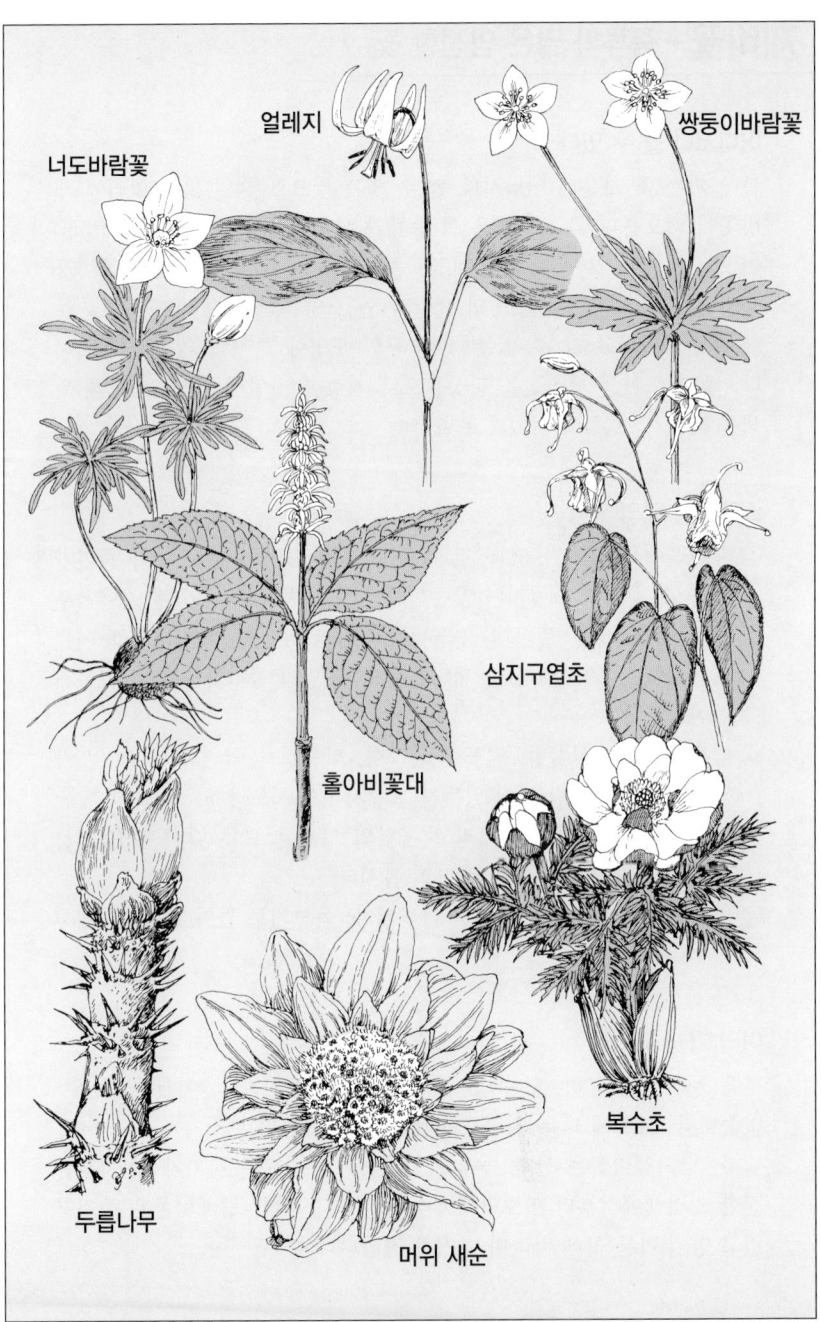

제비꽃 - 종류가 많은 얌전한 꽃

어디서나 볼 수 있다

봄에 피는 꽃 가운데 어디서나 볼 수 있는 것으로 제일 먼저 머리에 제비꽃이 떠오릅니다. 제비꽃은 그 종류가 아주 많습니다. 전 세계에 550여 종, 우리나라에는 고깔제비꽃, 졸방제비꽃, 털제비꽃, 알록제비꽃 등 40여 종이 있습니다. 꽃의 색깔과 잎 모양은 조금씩 다르지만 한눈에 제비꽃이라고 알 수 있는 것은 꽃의 모양에 특징이 있기 때문입니다. 팬지는 야생 제비꽃을 관상용으로 개량한 것인데, 꽃의 색깔은 녹색을 빼고서 모든 색이 있다고 합니다.

스케치할 때의 요령

① 제비꽃에는 줄기가 있는 것과 없는 것이 있습니다. 당연히 줄기가 있을 것 같지만 그렇지가 않습니다. 민들레처럼 뿌리 있는 곳에서부터 잎이 나 있는 것은 땅속줄기를 가지고 있으며, 줄기처럼 보이는 것은 실은 잎자루입니다. 제비꽃을 보면 먼저 줄기가 있는지 없는지 알아봅시다.
② 잎은 하트형, 삼각형, 길쭉한 삼각형, 타원형 등이 있습니다. 잎 가장자리가 톱니처럼 되어 있는지 그렇지 않은지도 살펴봅시다.
③ 꽃은 좌우대칭입니다. 그리고 꽃잎의 크기는 모두 같지 않습니다. 크고 작은 꽃잎을 비례대로 그려 봅시다.
④ 암술머리의 모양도 종류마다 다릅니다. 돋보기로 들여다보며 스케치를 해 봅시다.

여러 가지 제비꽃

마을에서 제일 흔히 볼 수 있는 것이 호제비꽃입니다. 이것은 줄기가 없습니다. 야산에 나는 제비꽃과 비슷하지만 꽃 피는 시기가 약간 빠릅니다. 낚시제비꽃은 산과 들에서 쉽게 볼 수 있으며 줄기가 있습니다. 진한 보라색에서부터 연보라색까지 모두 있습니다. 털제비꽃은 줄기가 없고 양지 바른 곳에 자라며 향기가 진합니다.

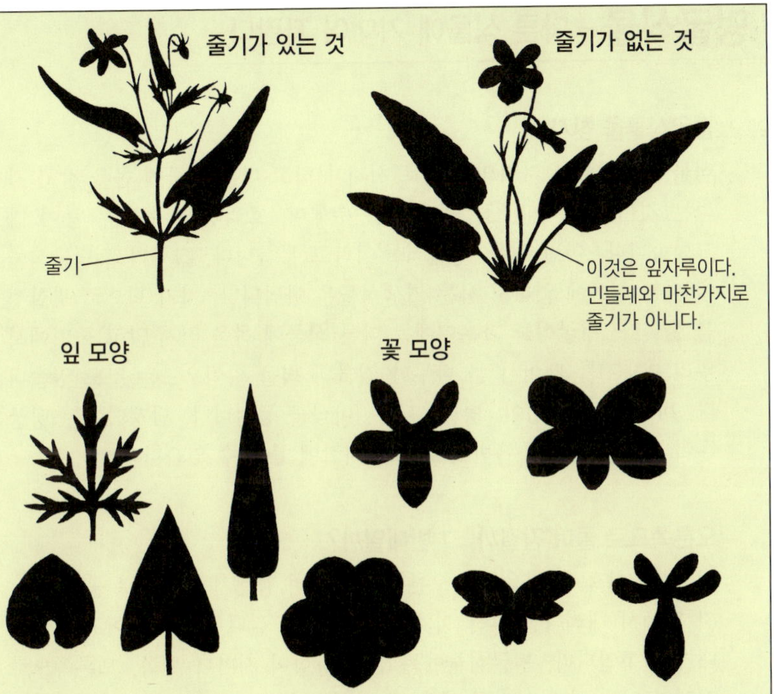

줄기가 있는 것   줄기가 없는 것

줄기

이것은 잎자루이다.
민들레와 마찬가지로
줄기가 아니다.

잎 모양   꽃 모양

기록하는 예

5월 3일
낚시제비꽃
장소 남한산성
꽃색깔은 보라빛 높이 12cm

수술   암술

열매
수술
암술

덩굴식물 – 다른 식물에 기대어 자란다

덩굴식물을 찾자

식물 가운데에는 자기의 줄기로 서지 못하고 다른 식물에 몸을 감고 자라는 것이 있습니다. 집 뜰에 심은 수세미, 호리병박, 등나무 등이 다 그렇습니다. 이런 것을 '덩굴식물'이라고 부릅니다. 그렇다고 덩굴식물이 다른 식물에 얹혀서 사는 기생식물은 아닙니다. 자기 힘으로 광합성을 합니다. 덩굴식물 가운데에는 다른 식물에 몸을 감지 않고 줄기에서 뿌리(부착근)를 뻗어서 큰 나무나 건물의 벽을 기어오르는 것도 있습니다. 바위수국, 담쟁이, 덩굴옻나무, 마삭줄 등입니다. 담쟁이에는 덩굴손이 있는데 손끝에 흡반이 있어 담벼락에 붙을 수 있습니다.

오른쪽으로 돌며 감길까, 그 반대일까?

덩굴식물이 몸을 감을 때, 오른쪽으로 돌며 감는지 왼쪽으로 돌며 감는지 위에서 내려다봅시다. 시계 바늘 방향과 같다면 오른쪽이고, 그 반대가 왼쪽입니다. 덩굴식물에는 감는 방향이 저마다 왼쪽, 오른쪽으로 정해져 있는 것과 일정치 않은 것이 있습니다. 같은 종류의 식물이라도 여러 번 관찰해 봅시다. 그런데 달라붙는 부분도 저마다 다릅니다. 칡이나 참마는 줄기를 돌려서 감습니다. 머루나 까마귀머루, 거지덩굴 등은 줄기에서 나온 덩굴손을 써서 감습니다. 살갈퀴나 갯완두의 덩굴손은 잎의 끝에서 뻗어 나옵니다.

겨울에 땅속으로 파고드는 식물

교외의 숲에서 자라는 돌외와 쥐참외는 덩굴식물 중에서도 묘한 성질을 가지고 있습니다. 봄에서 여름에 걸쳐 줄기가 위로 뻗어 나가다가 가을에서 겨울에 걸쳐서는 위로 뻗는 것을 멈추고 이번에는 밑으로 늘어집니다. 그러다가 그 끝이 땅에 닿으면 땅속으로 파고듭니다. 땅속에서 덩이뿌리를 만들고 겨울을 나는데 봄이 오면 다시 싹이 돋아납니다.

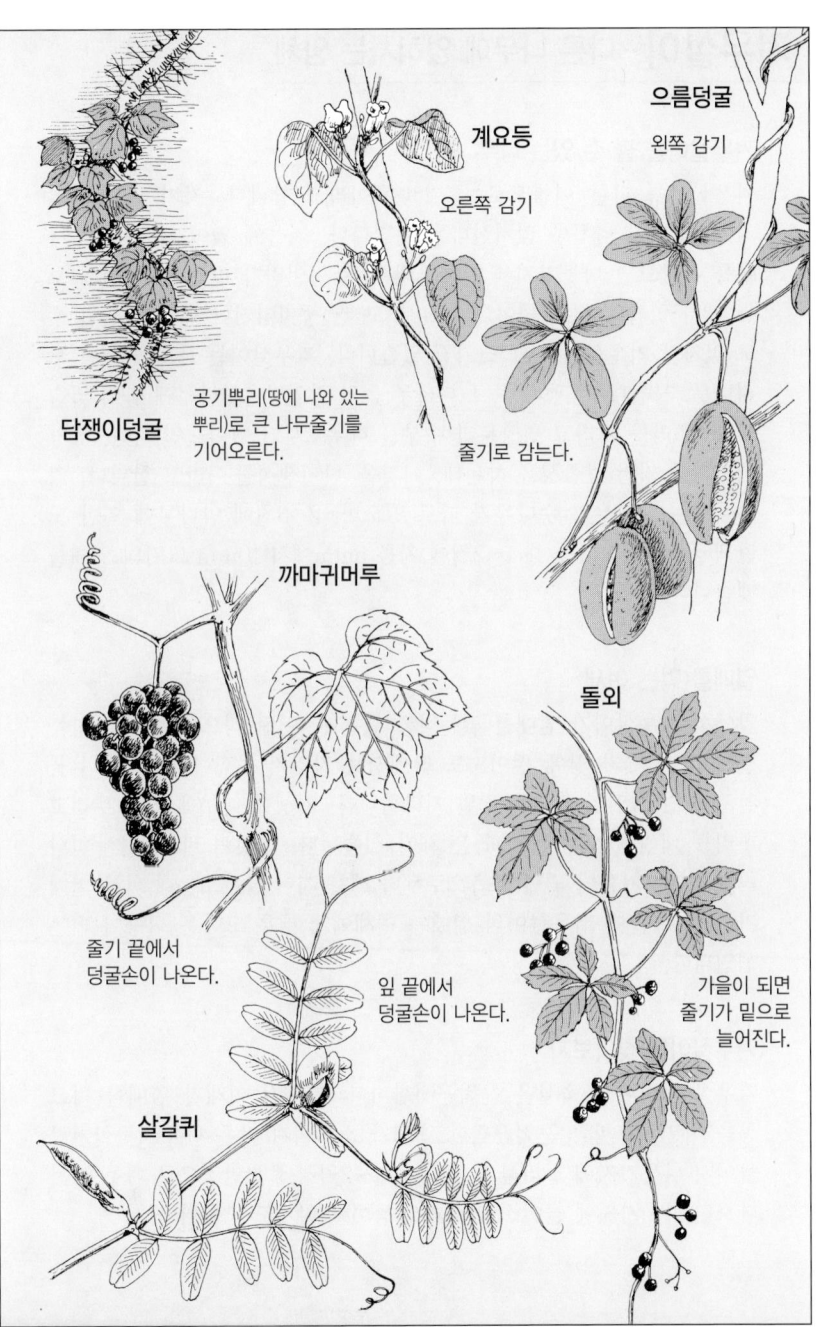

겨우살이 - 다른 나무에 얹혀사는 얌체

겨우살이를 볼 수 있는 나무

겨우살이를 다른 이름으로는 '기생목'이라고 합니다. 자기 힘으로 살지 않고 다른 나무에 얹혀산다는 뜻입니다. 겨울에 잎이 다 떨어진 나무를 쳐다보면 나뭇가지에 군데군데 어떤 덩어리가 걸려 있는 것이 보일 때가 있습니다. 새들이 살다 버리고 간 둥지이거나 말벌의 집일 수도 있지만 겨우살이일 때도 가끔 있습니다. 겨우살이는 너도밤나무, 오리나무, 물참나무, 팽나무, 느티나무 등의 갈잎넓은잎나무에 붙어 있습니다. 뿌리를 내리고 영양분과 수분을 나무로부터 빨아들인 다음, 태양 에너지를 써서 광합성을 하는데, 이것을 '반기생식물'이라고 합니다. 겨우살이는 암나무와 수나무가 따로 있으며, 2~3월에 암나무에 연한 노란색 꽃이 피고 다음 해 1~2월에 지름 5mm에서 10mm 크기의 열매를 맺습니다.

열매를 먹는 여새

앞에서 겨우살이가 열매를 맺는다고 했는데, 어떤 식으로 번식을 하는 걸까요? 열매가 땅에 떨어져도 땅에서는 자라지 못할 텐데 말입니다. 알고 보면 자연의 조화는 정말 기막힙니다. 기생할 나무에 씨를 뿌리고 뿌리를 내리게 하는 일을 돕는 새가 있습니다. 그것이 바로 '여새'입니다. 여새는 겨울이 되면 북쪽으로부터 떼를 지어 날아오는데 나무 열매가 적은 겨울에 겨우살이의 열매는 여새에게 매우 고마운 식량이 되는 셈입니다.

겨우살이를 찾아보자

겨우살이 열매의 속살은 끈적끈적합니다. 그래서 여새가 열매를 먹고 똥을 싸면 그 씨와 끈적끈적한 액체가 소화되지 않은 채로 긴 실처럼 늘어져 나뭇가지에 달라붙게 됩니다. 1~2월경에 쌍안경으로 나무를 쳐다보면 나뭇가지에 늘어진 여새의 실똥이 보일지도 모릅니다.

동물이나 사람이 옮기는 씨

새들이 열매를 먹고 씨를 나른다

겨우살이와 여새에서 보듯이 새와 식물은 서로 돕는 관계에 있습니다. 식물은 맛있는 열매를 새에게 주고 그 대신 자기의 씨를 먼 곳까지 운반하게 만듭니다. 가막살나무, 작살나무, 노박덩굴 등 빨간색이나 보라색 열매가 달리는 식물의 대부분이 새나 다른 동물에게 열매를 먹히고, 새는 그 대신 씨를 먼 곳으로 운반합니다. 씨는 여기저기에 새똥과 함께 떨어져 넓은 지역까지 퍼집니다. 그런데 새 가운데에는 열매를 통째로 삼키지 않고 과육(과일의 살)만을 갉아 먹거나 부리로 씨를 쪼아서 안의 것마저 먹어치우는 새도 있습니다. 콩새, 밀화부리, 되새 등이 그렇습니다.

몸에 붙어서 옮겨진다

식물이 번식하는 방법 가운데에는 놀랄 만큼 교묘한 것들이 있습니다. 다른 물체에 달라붙어서 운반되는 방법이 그중의 하나입니다. 도꼬마리의 씨를 던지며 놀던 기억이 있는 사람이면 그 씨가 한번 옷에 붙었다 하면 좀처럼 떨어지지 않는 것을 알고 있을 것입니다. 달라붙는 방법도 가지가지입니다. 도꼬마리나 이삭여뀌는 쇠갈퀴처럼 굽은 끝으로 겁니다. 털도깨비바늘, 쇠무릎, 수크령은 뾰족하게 생긴 끝으로 찔러서 떨어지지 않습니다. 도둑놈의갈고리와 큰도둑놈의갈고리는 모두 끝에 잔털이 붙어 있어 이것으로 옷에 붙으며, 멸가치나 털진득찰 등은 끈적끈적한 점액으로 달라붙습니다.

달라붙는 열매나 씨를 모아 보자

가을에 들이나 둑에 나가서 달라붙는 씨를 모아 봅시다. 머플러나 스웨터를 가지고 걸으면 어느새 잔뜩 붙습니다. 입고 있는 옷에 붙으면 떼기 힘들므로 바지는 청바지처럼 잘 붙지 않는 것이 좋습니다. 씨를 모은 다음은 같은 것끼리 수를 세어 봅시다. 그리고 씨의 모양을 그려 둡시다.

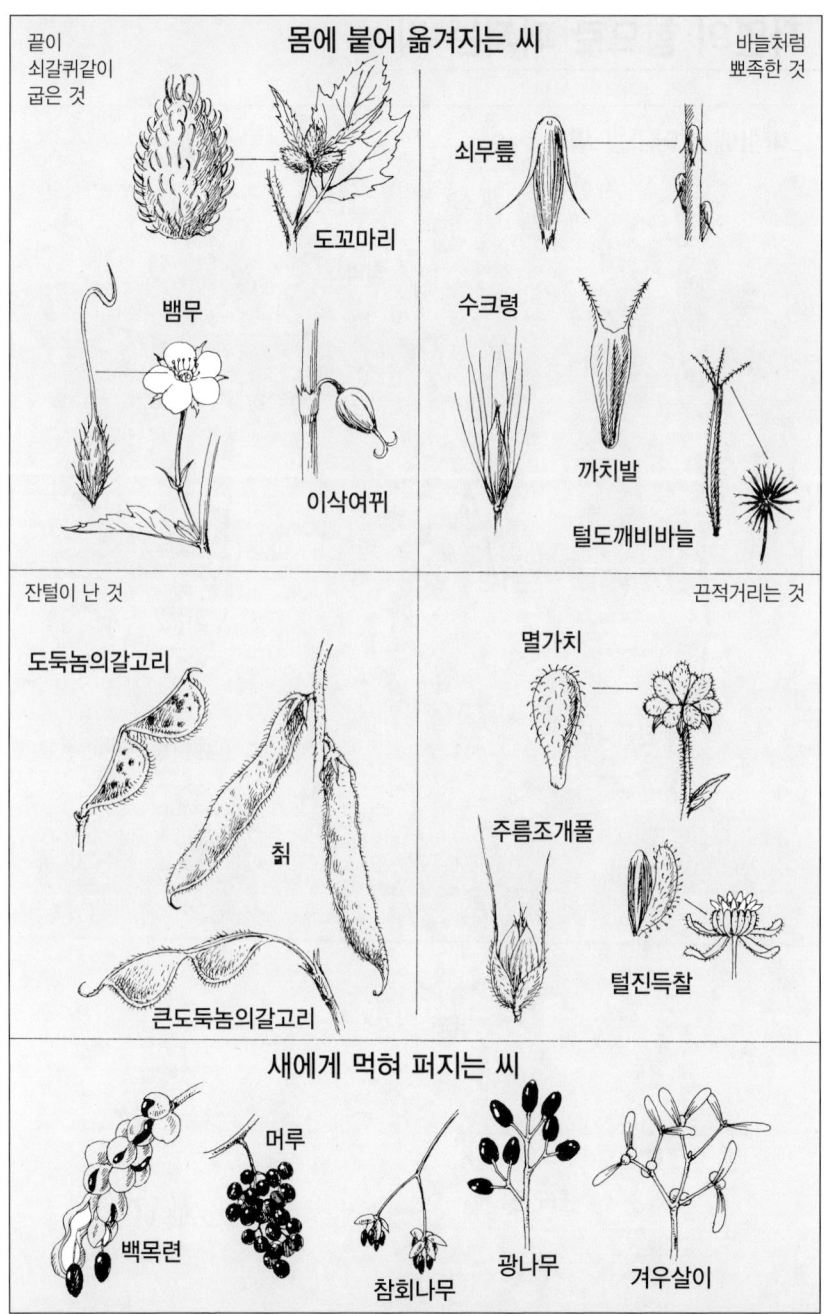

자연의 힘으로 퍼지는 씨

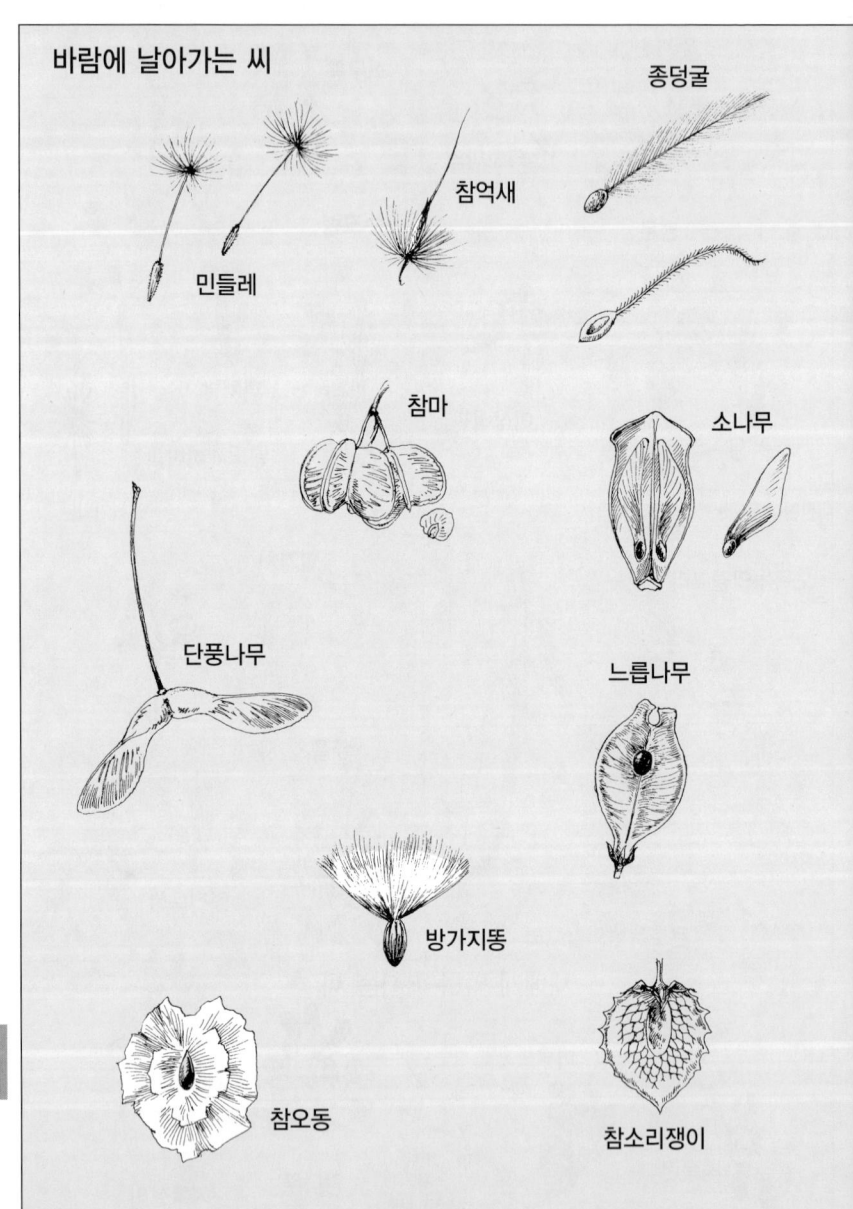

식물의 씨는 바람에 날리거나 튀어서 멀리 퍼집니다. 이렇게 땅에 떨어진 씨 중에 봄에 싹이 나오는 것은 얼마나 될까요?

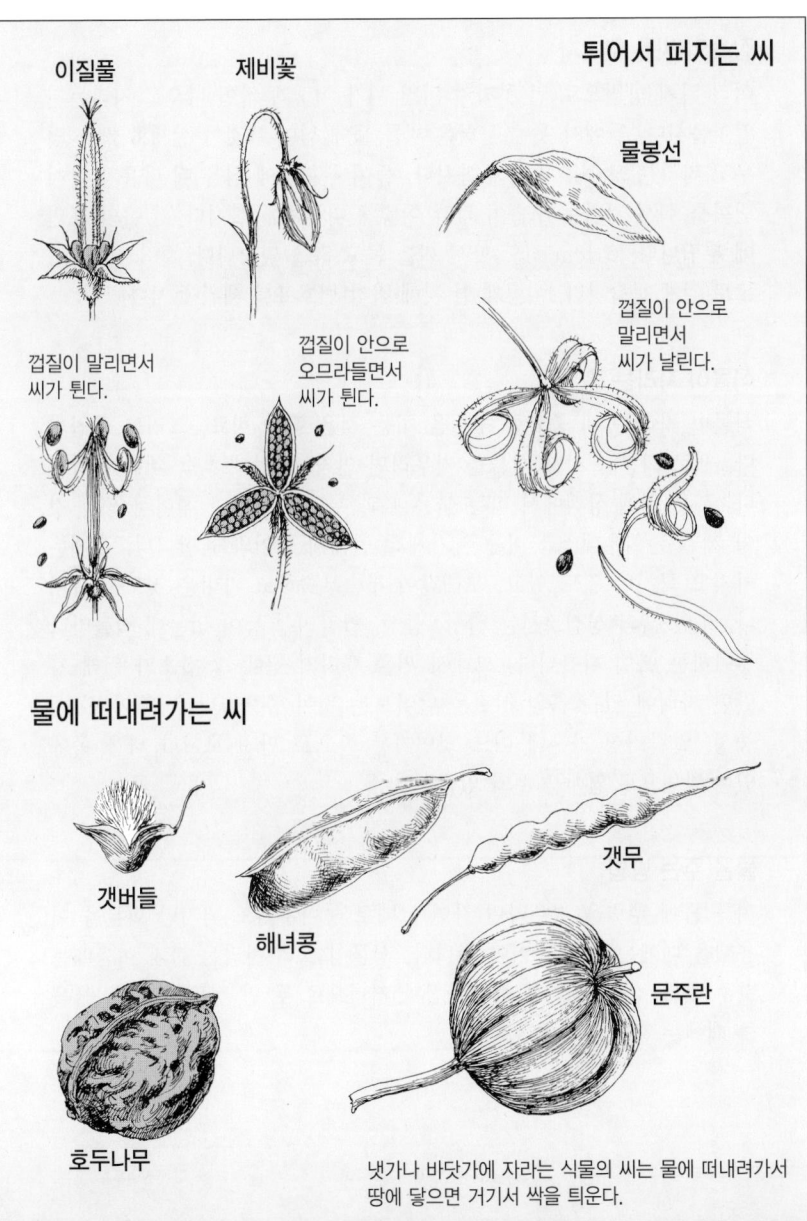

씨를 뿌려서 키워 보자

잡초의 씨를 뿌리자
여러 가지 방법으로 먼 곳까지 퍼진 씨가 어떻게 싹이 나오고 자라는지 알아봅시다. 들에서 옷에 묻혀온 씨를 뜰에 심어 그것이 실제로 싹을 틔우고 자라는 모습을 관찰해 봅시다. 뜰이나 화분에 심을 때 다음과 같이 변화를 줘서 자라는 모습이 각각 어떻게 다른지를 봅시다. ①흙의 표면에 뿌립니다. ②1cm 정도 파서 씨를 묻고 흙을 덮습니다. ③3~4cm 정도로 깊게 묻습니다. 이렇게 한 것에 각각 번호표를 세워 둡시다.

식물이 자라는 흙
식물이 자라는 데 중요한 구실을 하는 것은 흙과 비료, 그리고 물입니다. 새로 화분을 사서 식물을 키우려면 먼저 그 안에 흙을 채워야 합니다. 흙은 원예 상점에서 파는 붉은 흙과 부엽토를 사다 섞어서 쓰는 것이 제일 손쉬운데, 그 비율은 가게 주인에게 물어봐야 합니다. 흙에는 차지고 묵직한 것도 있고, 모래같이 부슬부슬하고 가벼운 것도 있습니다. 또한 흙의 성질로서는 산성, 중성, 알칼리성 등이 있는데 식물마다 좋아하는 흙이 다릅니다. 그래서 씨를 뿌리기 전에 그 잡초가 원래 자랐던 자리에 있는 흙의 성질을 알아보는 것이 중요합니다. 흙이 산성, 중성, 알칼리성 가운데 어느 것인가는 손으로 만져 보거나 다음 쪽에 있는 방법으로 알아볼 수가 있습니다.

물을 주는 방법
씨를 뜰에 뿌렸을 경우라면 자연 그대로 놓아두어도 되지만 화분을 이용했을 때에는 물을 주어야 합니다. 식물이 빨리 자라는 봄과 여름에는 자주 주고, 가을과 겨울에는 아침과 저녁으로 두 번 정도 줍니다. 물을 줄 때에는 흠뻑 주어야 합니다.

화분에 씨를 뿌리자

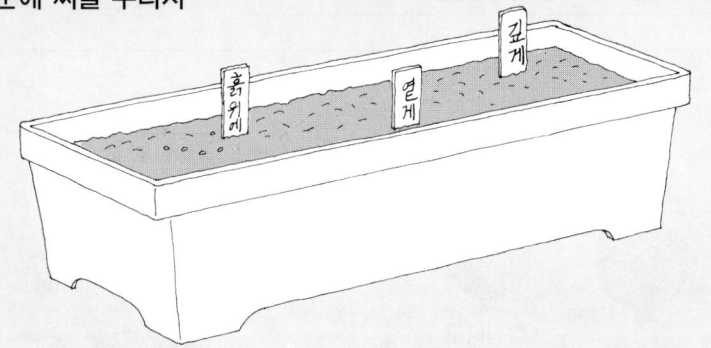

흙의 성질을 알아보자

컵에 흙을 조금 담고 물을 부은 다음 섞는다.
얼마 있다가 리트머스 시험지를 담가 본다.

곧 빨개지면 – 강한 산성
서서히 빨개지면 – 약한 산성
색이 달라지지 않으면 – 중성 또는 알칼리성

물을 주자

뜰에 심었으면 물은 별로 주지 않아도 된다.
화분일 때는 여름은 아침저녁 두 번, 겨울은 한 번 준다.

도토리와 나뭇잎을 모아 보자

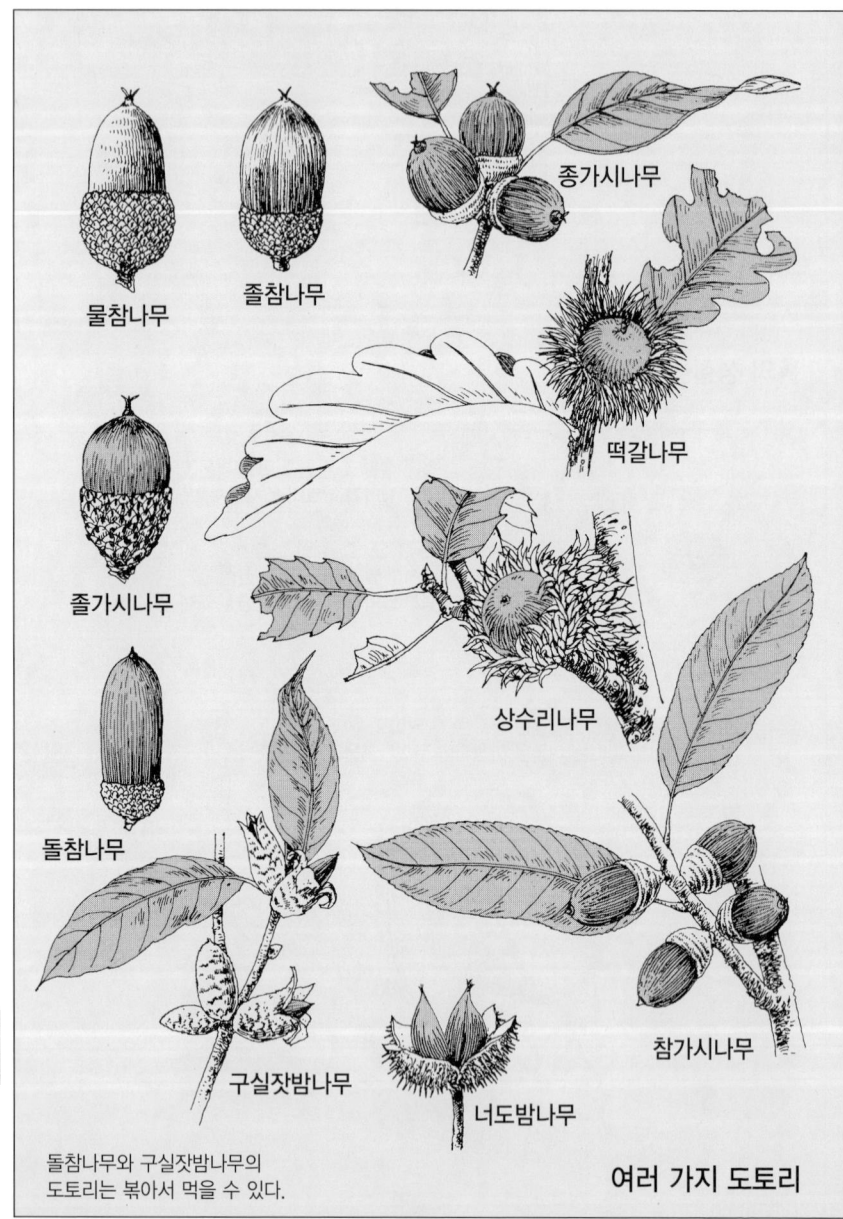

돌참나무와 구실잣밤나무의
도토리는 볶아서 먹을 수 있다.

여러 가지 도토리

가을에 숲 속을 걸으면 낙엽을 밟는 소리가 마음을 한가롭게 합니다. 잎을 줍다 보면 도토리도 눈에 뜨입니다. 그것을 모아 봅시다.

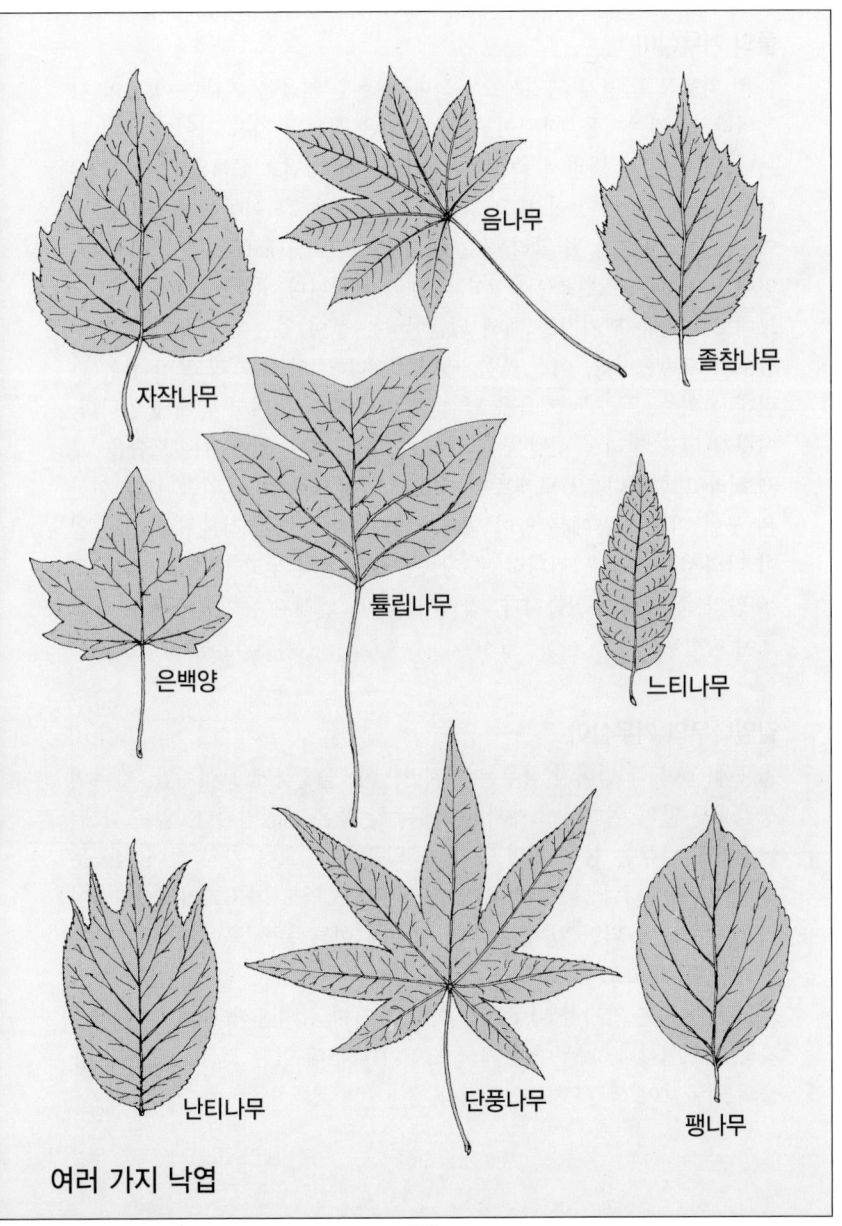

여러 가지 낙엽

겨울을 나는 식물들

풀의 겨우살이

풀은 겨울을 어떻게 넘길까요? 풀마다 추운 겨울을 지내는 방법이 다릅니다. ①강아지풀, 바랭이, 쇠비름 등은 봄부터 가을 사이에 꽃이 피는데 그 뒤에 곧 말라서 죽습니다. 이런 풀을 '1년초(한해살이 식물)'라고 합니다. ②가을에 눈이 트고 겨울을 넘긴 다음 그 이듬해에 자라서 꽃이 피고 씨가 생긴 뒤 말라 죽는 풀이 있습니다. 대표적인 것이 개망초인데 이런 풀을 '2년초(두해살이 식물)'라고 합니다. ③가을에 눈이 트고 그대로 겨울을 넘기기를 매해 되풀이하는 풀이 있는데, 민들레나 대구망초가 그렇습니다. 이런 풀을 '다년초(여러해살이 식물)'라고 합니다. 그런데 ②와 ③은 모두 겨울을 넘길 때 잎을 활짝 벌려서 땅에 붙입니다. 이렇게 잎을 벌려서 햇볕을 될 수 있는 대로 많이 받으려는 모습을 '로제트'라고 합니다. ④로제트를 만들지 않는 다년초도 있습니다. 석산은 꽃이 피는 가을에는 잎이 없다가 꽃이 질 무렵에 리본처럼 생긴 잎이 나와서 겨울을 넘깁니다. ⑤땅속줄기만 남겨 두고 땅 위의 풀은 모두 말라 죽는 것도 있습니다. 참억새, 갈대, 얼레지 등인데 이들도 다년초에 속합니다.

갈잎나무의 겨우살이

겨울에 잎이 다 떨어진 나무는 가지만 남아 쓸쓸하게 보이지만, 나무의 생김새를 알기 위해서 스케치하기에는 참 좋은 계절입니다. 잎은 다 떨어졌어도 나무는 봄이 되면 곧 싹을 틔울 수 있도록 가지 끝에 겨울눈을 달고 있습니다. 나무에 따라 겨울눈의 모양도 가지가지입니다. 이 겨울눈은 봄이 되면 잎이 됩니다. 그런데 이른 봄에 꽃이 피는 나무에는 겨울눈 말고도 꽃눈이 붙어 있습니다. 동백나무, 말오줌나무 등의 겨울눈이 붙은 가지를 나무줄기 쪽으로 가며 살펴봅시다. 잎이 떨어진 자국이 보입니다. 나무마다 자국 모양이 다른데 어떤 것은 사람이나 동물의 얼굴같이 생긴 것도 있습니다.

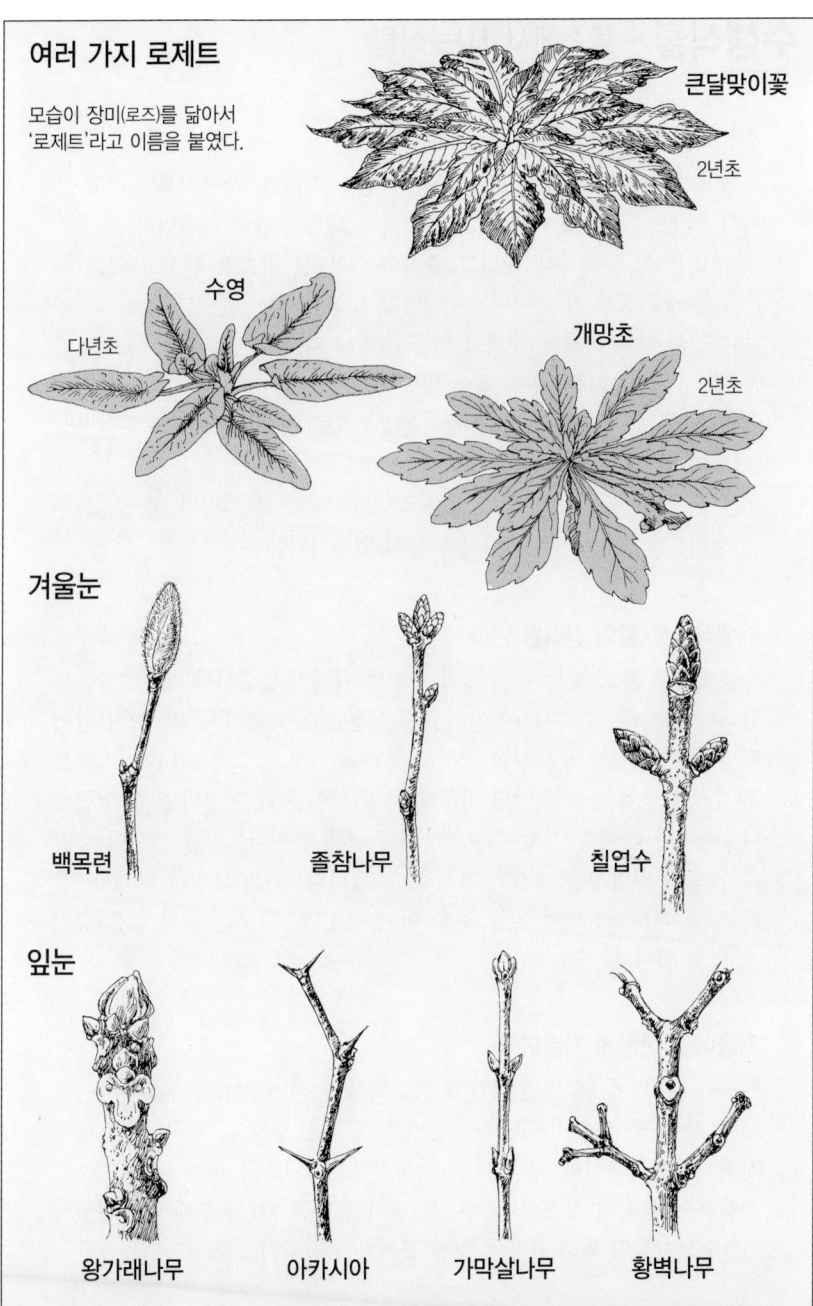

수생식물 - 물속에서 사는 식물

수생식물의 종류
식물체의 전부나 일부가 물속에 잠겨 있는 식물을 '수생식물'이라고 합니다. 수생식물은 그 자라는 모습에 따라 다음과 같이 나뉩니다.
① 뿌리를 물속 바닥에 내리고 줄기와 잎은 물 밖으로 뻗치고 있는 것(정수식물)으로 갈대, 부들, 줄, 연꽃 등입니다.
② 뿌리를 물속 바닥에 내리고 잎은 수면에 떠 있는 것(부엽식물)으로 마름, 순채, 자라풀, 수련 등이 있습니다.
③ 몸을 물 위에 띄우고 생활하는 것(부유식물)은 개구리밥, 좀개구리밥, 생이가래 등입니다.
④ 모든 부분이 물속에 잠겨 있는 것(침수식물)으로 검정말, 통발, 물수세미, 붕어마름, 말즘, 나사말 등이 있습니다.

수생식물로 물의 깊이를 안다
수생식물이 살고 있는 곳은 물의 깊이와 관계가 있습니다. 못, 호수, 늪 등의 가장자리, 즉 기슭에 가까운 곳에는 정수식물이 살고, 물이 깊어지면서 부엽식물, 부유식물, 침수식물의 순서로 살고 있습니다. 그러므로 수생식물의 종류를 알면 거꾸로 물의 깊이를 대충 알아낼 수 있습니다. 못이나 늪에 나가서 수생식물을 관찰해 봅시다. 식물 가까이에 갈 수 없으면 쌍안경을 가지고 가서 봐도 됩니다. 못의 그림을 그리고, 같은 수생식물끼리 모여 있는 곳을 이어 봅시다. 그곳은 거의 같은 깊이로 봐도 됩니다.

겨울에는 어떻게 지낼까
여름에 물 위에 떠 있던 수생식물도 겨울이 되면 모습을 감춥니다. 갈대나 부들 등 정수식물은 땅속줄기로 겨울을 넘기고, 다음 해에 눈이 자랍니다. 정수식물 외의 다른 수생식물은 1년초와 다년초가 있는데, 겨울눈이 물속에 잠겼다가 겨울을 넘기고 다음 해 봄에 다시 자라납니다. 수생식물의 씨는 물새의 깃에 붙어서 운반되기도 합니다.

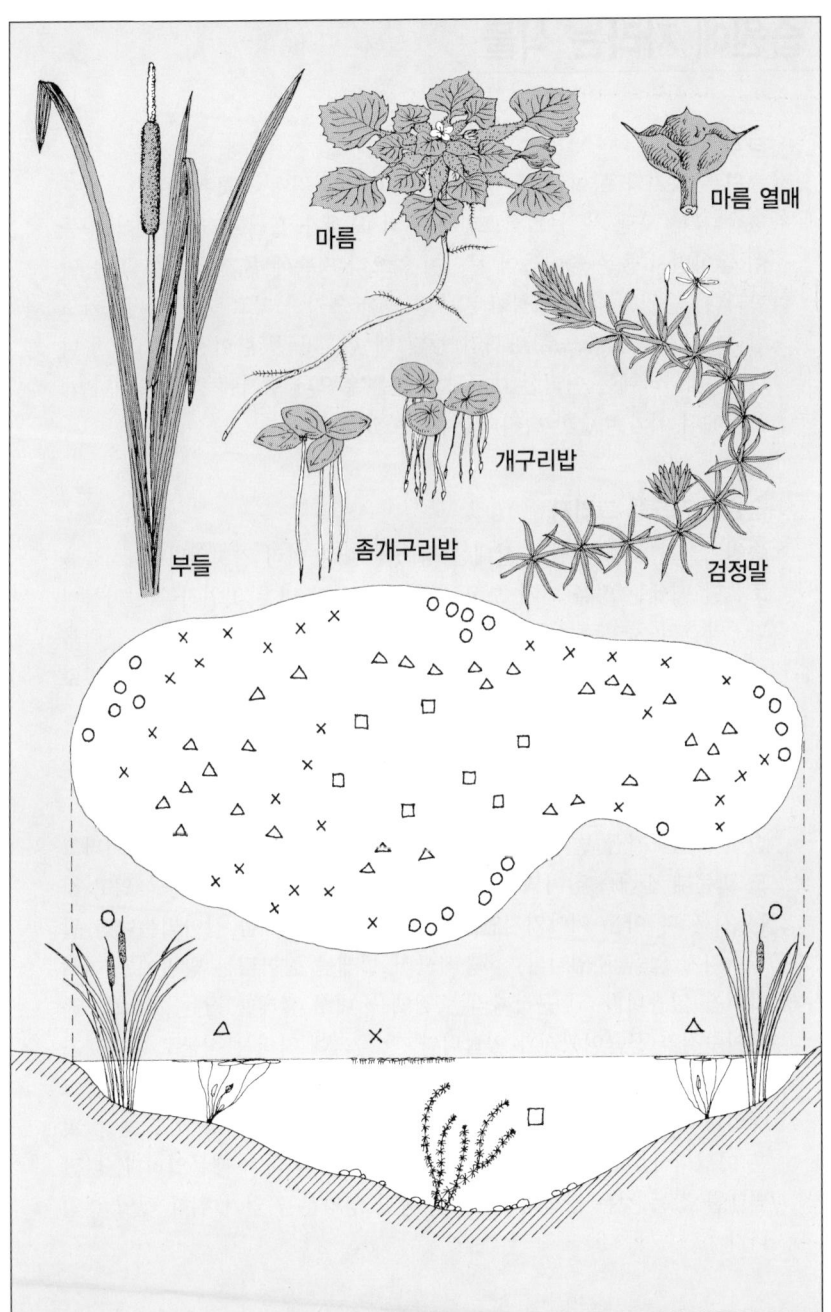

습원에 자라는 식물

습원이란

습원은 육지와 물이 있는 곳의 중간지대로, 원래 그곳은 못이나 호수였습니다. 오랜 세월이 흐르면서 흙과 모래가 흘러들고 죽은 식물 등이 쌓이면서 물은 줄어들어 보이지 않으나 땅속에 물기가 많은 곳을 말합니다. 습원은 다시 세월이 지나면 습한 초지가 되고 숲으로 변하기도 합니다. 호수가 숲으로 바뀌려면 몇 백 년, 몇 천 년이 걸리기도 합니다. 우리나라에는 이러한 대규모 습원은 없으나 평지에 있는 늪이나 개울가에서 이와 비슷한 습지대를 볼 수 있습니다.

습원의 지도를 그리자

습원이라고 하지만 땅의 상태는 장소에 따라 여러 가지입니다. 식물을 조사할 때에는 땅을 만져 보고 축축한 곳인지 마른 곳인지를 알아봅니다. 약간의 차이로 식물의 종류가 달라집니다. 습원의 나무는 군락을 이루고 있는 경우가 많습니다. 간단한 지형도를 그린 다음 식물의 분포를 적어 넣읍시다.

벌레잡이 식물의 관찰

습원에서는 가끔 벌레잡이 식물을 볼 수가 있습니다. '식충식물'이라고도 하는데 벌레를 잡아먹는 식물을 가리킵니다. 동물이 식물을 먹고 사는 것은 다 아는 이야기지만, 거꾸로 식물이 벌레를 잡아먹는다면 잘 믿어지지 않을 것입니다. 식충식물이 벌레를 잡아먹는 방법에는 여러 가지가 있습니다. ①끈적거리는 점액을 내서 벌레를 잡는 것으로, 끈끈이주걱과 끈끈이귀개가 있습니다. ②물속에 자라는 식물로 주머니가 있어 그 안에 벌레를 빨아들이는 것이 있는데, 통발이나 땅귀개가 그 예입니다. 그런데 식충식물이 벌레를 잡아먹지 않는다고 해도 죽는 것은 아닙니다. 다른 식물과 마찬가지로 광합성을 하기 때문입니다. 다만 벌레를 잡는 것은 광합성으로는 부족한 영양분을 얻기 위한 것일 뿐입니다.

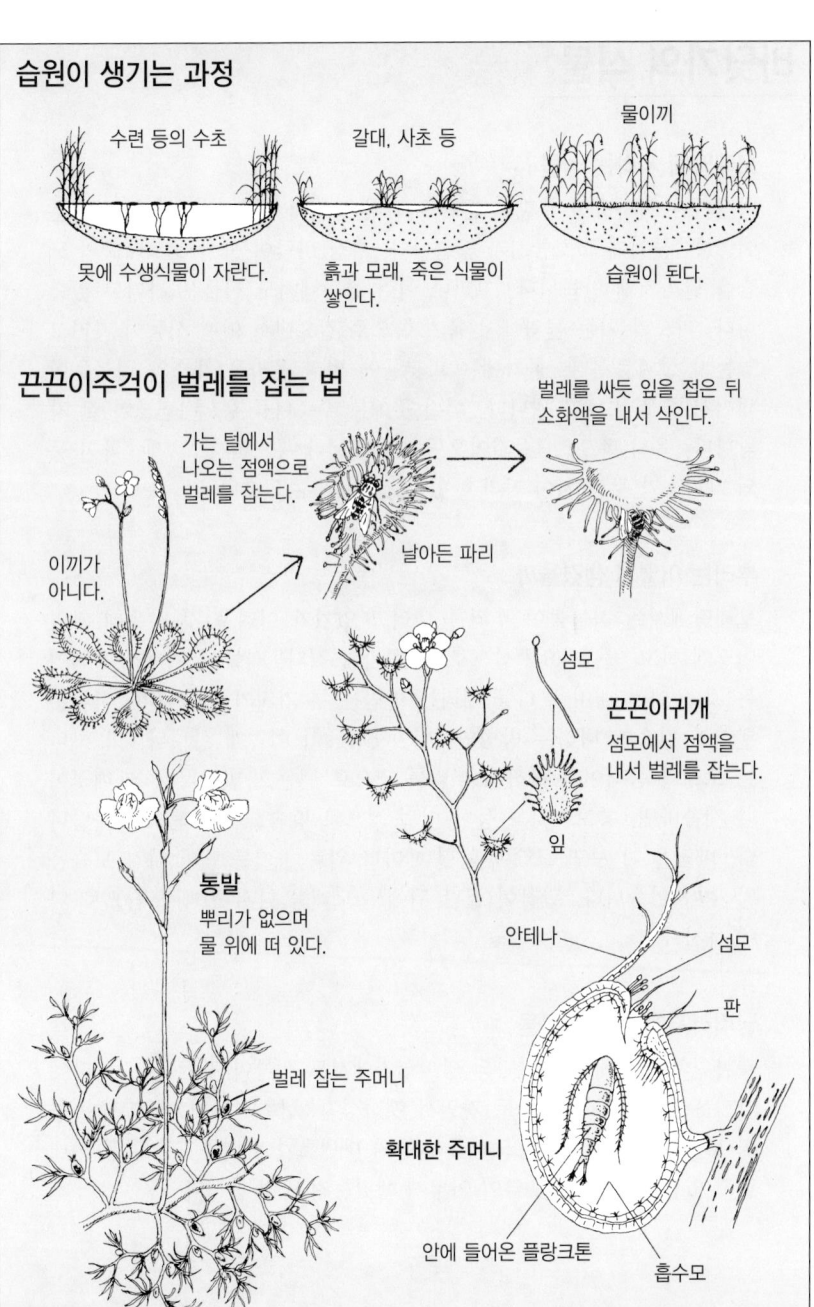

바닷가의 식물

모래땅에 자라는 식물

바닷가는 직사광선이 강할 뿐만 아니라 공기가 매우 건조합니다. 수분이 있는 물체에도 소금기가 많습니다. 항상 바람이 불어서 모래땅의 모습을 달라지게 만듭니다. 그러나 이런 환경에서도 식물은 자라고 있습니다. 파도가 치는 물가에서 육지 쪽으로 걸으면서 어떤 식물이 자라고 있는지 살펴봅시다. 물가에는 바닷물에 밀려 올라온 해초와 검불들이 썩어서 좋은 비료가 됩니다. 이런 곳에는 수송나물 등의 1년초가 잘 자랍니다. 육지 쪽으로 더 걸어오면 갯메꽃이나 통보리사초, 갯씀바귀 등의 다년초가 무리 지어 자라고 있는 것을 볼 수 있습니다.

뿌리는 어떻게 생겼을까

모래땅에서는 식물들이 뿌리를 내리고 있기가 어려울 것 같은데 과연 어떻게 하고 있을까요? 삽으로 한번 파 봅시다. 식물이 모래가 움직이는 것을 이겨 내며 뿌리를 내리는 방법은 두 가지가 있습니다. 하나는 뿌리를 깊숙이 내리는 방법입니다. 갯방풍이 이렇게 합니다. 또 하나는 모래가 움직이지 못하게 뿌리를 옆으로 뻗는 방법입니다. 갯메꽃이나 갯씀바귀, 통보리사초 등이 이런 식으로 땅속줄기를 뻗으며 자랍니다. 바닥을 파 보면 모래에 묻힐 때마다 위로 줄기를 뻗어 나간 모습을 알 수가 있습니다. 관찰이 끝난 뒤에는 모래를 다시 원래 모습으로 덮어 둡시다.

낭떠러지에 자라는 식물

갯바위와 이어지는 바닷가의 낭떠러지에서도 식물이 자랍니다. 바다에 가까운 쪽에서부터 안으로 가면서 갯사상자(2년초), 땅채송화(1년초) 등이 보이며, 울릉국화, 홍도원추리 등의 다년초가 바위틈에서 얼굴을 내밀고 있습니다. 식물의 잎이 어떻게 생겼는지 만져 봅시다.

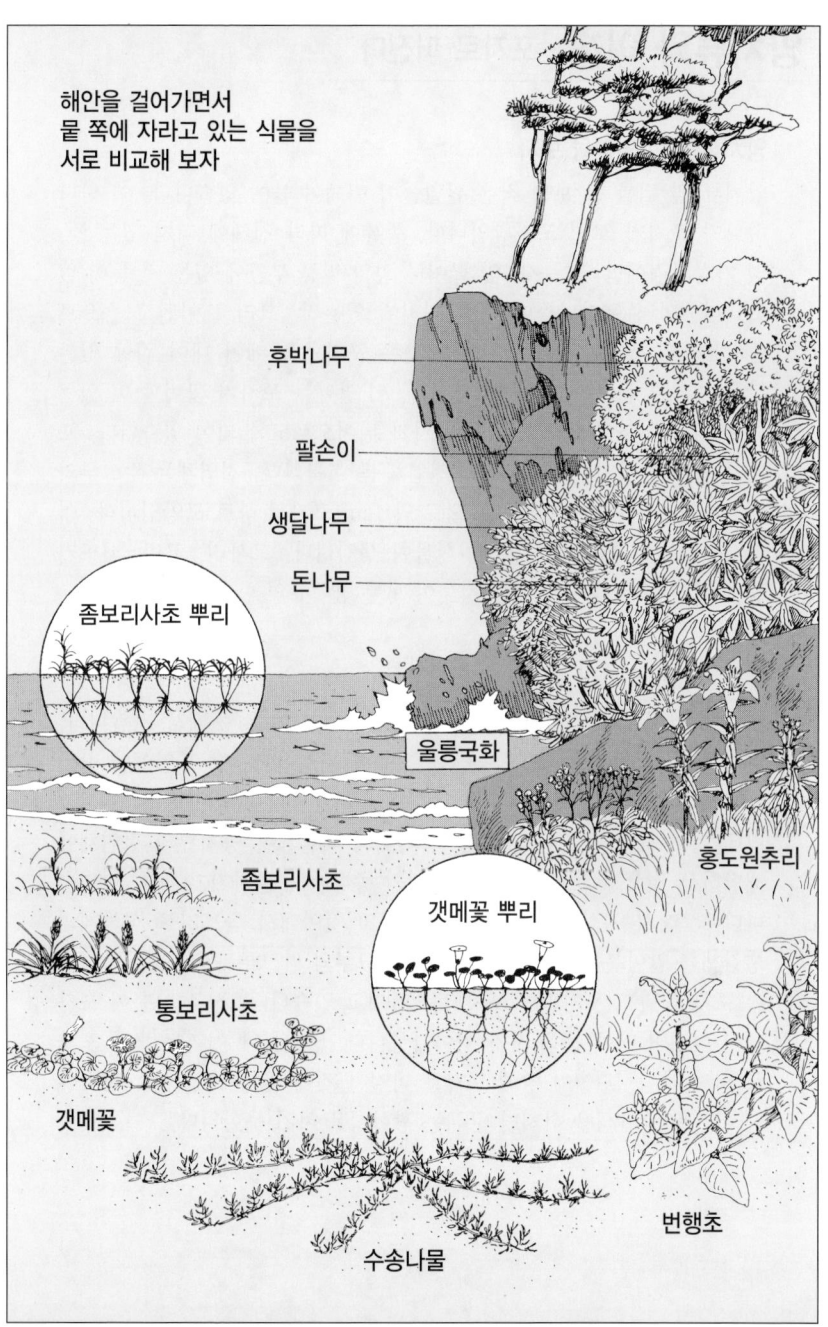

양치류와 이끼 - 포자로 퍼진다

양치류 잎의 뒷면을 보자

양치류 잎 뒤를 잘 보면 작은 낱알들이 빽빽이 붙어 있습니다. 이 하나하나가 포자가 모인 포자낭입니다. 종류에 따라 전체에 퍼져 있는 것, 잎 가장자리에만 있는 것, 잎 끝이나 잎의 밑동 부근에 있는 것 등이 있습니다. 먼저 포자낭들이 어떤 위치에 있는지, 그리고 어떤 모습으로 줄 지어 있는지를 관찰합시다. 다음은 포자낭을 떼어 내어 겉에 있는 막을 벗기고 돋보기로 들여다봅시다. 이 안에는 포자가 많이 들어 있는데 공기가 건조하면 안에 있는 포자가 튀어오르도록 되어 있습니다. 포자가 땅에 떨어지면 싹이 트고 '전엽체'를 이룹니다. 전엽체는 수그루와 암그루의 기관이 한데 붙은 것으로 약 1cm 크기의 하트 모양입니다. 여기서 씨가 생기고 새로운 양치식물이 생깁니다. 고사리, 고비, 쇠뜨기 등 우리가 봄에 뜯어서 먹는 것들이 모두 양치류의 한 종류들입니다.

우산이끼와 솔이끼

이끼도 양치류와 마찬가지로 그늘지고 습도가 높은 곳에서 자랍니다. 양치류는 이끼보다는 보통 식물의 모습에 가까운데, 땅 표면이나 땅속에 있는 줄기에는 양분이나 수분이 지나가는 관(유관속)이 있습니다. 그런데 이끼에는 이 관이 없습니다. 이끼의 식물체는 양치류의 전엽체에 해당하는 것으로 보면 됩니다. 이끼의 종류는 구분하기가 매우 어렵습니다. 그래서 우산이끼와 솔이끼를 먼저 찾아내서 돋보기로 식물체의 생김새를 알아봅시다. 우산이끼에는 수그루와 암그루가 있으며, 암그루는 포자를 만드는 기관인 포자낭을 가지고 있습니다. 건조하면 이 포자낭이 터지며 안에 든 포자가 튀어나옵니다. 양치류나 이끼는 모두 포자로 퍼져 나갑니다. 이 밖에 포자로 퍼지는 것에 균류가 있는데, 양치류나 이끼는 광합성을 하지만 균류는 광합성을 하지 못합니다.

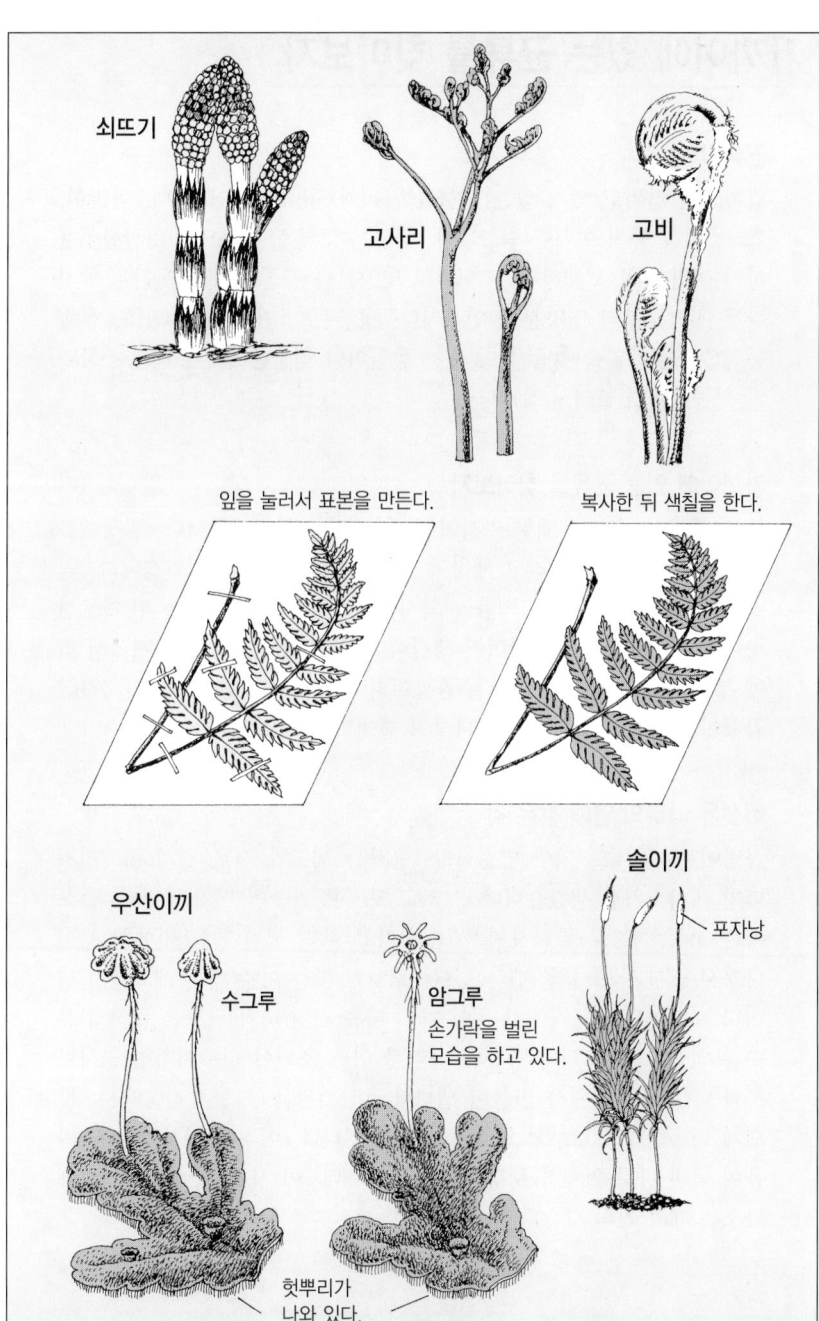

가까이에 있는 균류를 찾아보자

균류란
엽록소를 가지고 있지 않은 식물을 가리켜 '균류'라고 하는데, 곰팡이, 효모, 버섯 등이 여기에 속합니다. 균류는 엽록소가 없으므로 광합성을 하지 못합니다. 그래서 자기 힘으로 영양분을 만들어 내지 못하는 대신 다른 것으로부터 영양분을 얻습니다. 균류는 공기 속이나 땅속, 물속 등 없는 곳이 없습니다. 살아 있는 동물이나 식물은 물론, 죽은 동물이나 식물에까지 붙어서 삽니다.

가까이에 있는 균류를 찾아보자
균류 중에서 우리와 제일 가까이에 있는 것이 곰팡이입니다. 곰팡이는 오래된 채소나 빵, 그리고 냉장고 안의 오래된 음식에도 있습니다. 곰팡이를 관찰하고 싶으면 빵을 사와서 비닐 주머니를 꼭 묶은 뒤 따뜻한 곳에 얼마 동안 두면 곰팡이가 생깁니다. 치즈를 냉장고에서 꺼내서 밖에 두어도 곰팡이가 생깁니다. 곰팡이의 색깔에는 어떤 것이 있을까요? 곰팡이 모습을 돋보기로 들여다보고 냄새도 맡아 봅시다.

버섯은 나무의 열매 같은 것
곰팡이는 '균사'로 되어 있습니다. 균사는 세포가 서로 길게 이어져서 마치 레이스처럼 생겼습니다. 그리고 포자를 만들어 퍼져 나갑니다. 포자는 보통 식물로 말하자면 씨(종자)라고 보면 됩니다. 포자에서 눈이 나와서 균사가 됩니다. 맨눈으로는 보이지 않는 아주 작은 세계에서 벌어지는 일이므로 포자에서 눈이 나고 계속 퍼져 나가는 모습을 직접 볼 수는 없습니다. 그러나 종류에 따라서 어떤 조건이 갖추어지면 균사가 포자를 만드는 기관을 만들어 냅니다. 이 기관을 '자실체'라고 하는데, 쉽게 비유한다면 나무의 열매와 같은 것입니다. 이것이 버섯입니다. 가을이 되면 나무 열매가 주렁주렁 매달리는데, 이 시기는 버섯이 시장에 나오는 때와 거의 같습니다.

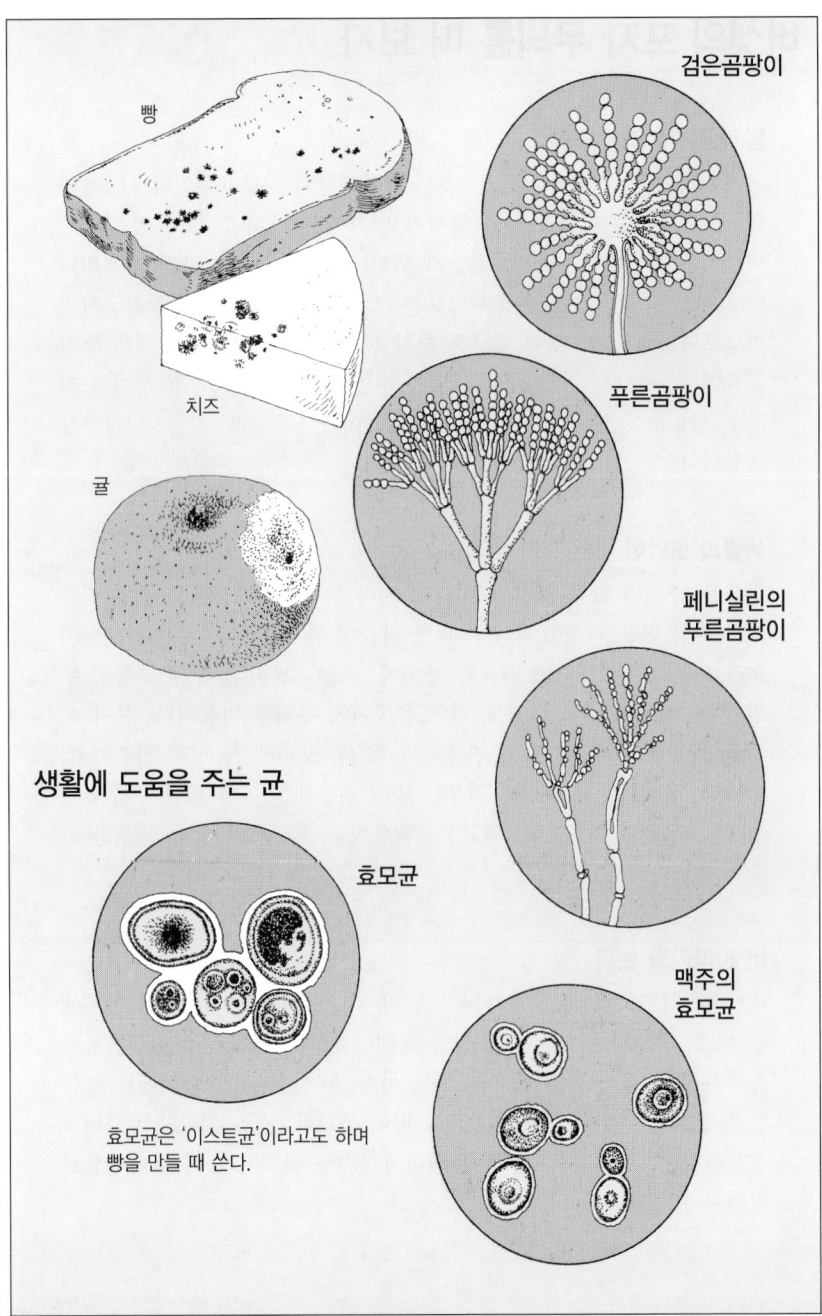

버섯의 포자 무늬를 떠 보자

담자균류와 자낭균류

균류 가운데서 버섯을 만드는 것은 담자균류와 자낭균류입니다. 그 밖의 것은 버섯을 만들지 않고 균사가 널려 있는 상태로 살아 있습니다. 버섯, 즉 자실체는 자손을 만들기 위한(종자를 퍼뜨리기 위한) 기관입니다. 이 안에 암컷과 수컷에 해당하는 포자들이 함께 있어서 담자포자나 자낭포자를 만들어 내어 새로운 균사를 퍼뜨립니다. 버섯은 거의 담자균류에 속하는데, 버섯갓(균모) 밑에 수많은 주름이 있고 그 사이에 담자포자가 들어 있습니다. 그러나 효모균이나 누룩곰팡이는 자낭균류에 속합니다.

색깔과 모양이 다른 포자 무늬

버섯은 종류에 따라 포자의 색깔이 저마다 다릅니다. 다음 쪽 그림을 보고 방금 따온 버섯의 포자 무늬를 만들어 봅시다. 버섯갓을 자루에서 잘라 낸 뒤 주름이 밑에 가도록 종이에 놓습니다. 이렇게 얼마 동안 두면 주름 속의 포자가 밑으로 떨어져 종이에 무늬를 만듭니다. 포자 무늬의 색깔은 흰색, 검은색, 연분홍색, 갈색, 보라색 등 여러 가지가 있습니다. 흰색과 연분홍색의 경우는 밑에 검은색 종이를 쓰면 무늬가 더욱 잘 보입니다. 이 밖에도 다양한 색종이를 써서 예쁜 기록 노트를 만들어 봅시다.

버섯 따기와 보관

버섯은 연하게 생겼으므로 마구 만지면 부스러집니다. 버섯을 딸 때에는 바구니 안에 종이를 깔고 살짝 넣어야 합니다. 비닐 주머니에 넣어 공기가 통하지 않으면 곧 색이 변합니다. 버섯을 가져온 뒤에는 깡통 같은 밀폐된 그릇에 건조제와 함께 넣어 둡니다. 건조제는 많이 넣어야 효과가 있습니다. 1~2일 후에 꺼내서 헤어드라이어의 더운 바람으로 말려서 완성합니다.

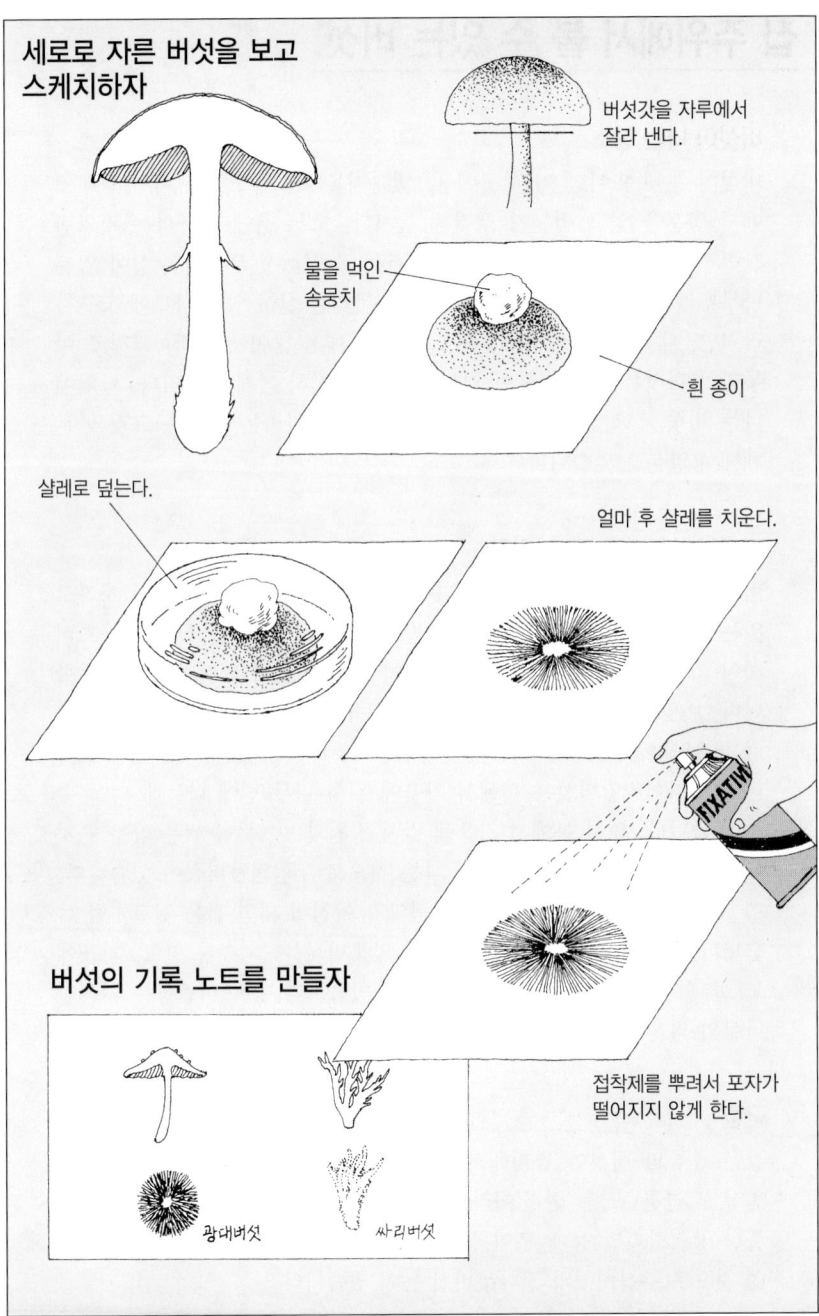

집 주위에서 볼 수 있는 버섯

버섯이 나는 장소

버섯이 눈에 뜨이면 어떤 곳에 나 있는지를 확인하고, 그 버섯이 무엇에서 양분을 얻고 있는지 생각해 봅시다. 모두 흙에서 자라는 것처럼 보이지만 송이버섯, 나팔버섯, 광대버섯, 그물버섯 무리들은 살아 있는 나무뿌리에서 돋아납니다. 잔나비걸상 무리는 살아 있는 나무에서도 자라지만, 대개 썩은 나무나 나무 그루터기에서 많이 납니다. 그리고 이 무리의 버섯은 자기가 붙어 있는 나무를 천천히 썩게 만듭니다. 낙엽에 나는 버섯, 그리고 퇴비나 동물 똥에 붙어서 자라는 버섯은 그것을 분해해서 양분을 얻습니다.

버섯은 1년 내내 볼 수 있다

버섯은 가을에만 있는 것이 아닙니다. 주의해서 보면 1년 내내 자라고 있는 것을 볼 수 있습니다. 봄에 뜰이나 풀밭, 숲 등을 살피면 곰보버섯이 있습니다. 머리 부분이 곰보같이 생긴 버섯이며 자낭균류에 속합니다. 바닷가 소나무 숲에는 '송로'라고 하는 동글동글한 버섯이 있습니다. 4~5월에 딸 수 있으며 맛이 좋습니다. 자루가 없는 버섯 가운데 하나인 양파어리알버섯은 봄에서 가을에 걸쳐 나무 밑에 나는데 먹을 수는 없습니다. 역시 봄에서 가을에 걸쳐 정원과 밭, 특히 썩은 나무 근처에 여러 개가 한 군데에 모여서 나는 것으로 두엄먹물버섯이 있습니다. 이 버섯은 밤에 버섯갓(균모)이 퍼졌다가 아침이 되면 검은 잉크처럼 녹습니다. 여름이면 뜰이나 숲 속에서 말뚝버섯을 볼 수가 있고, 겨울에도 볼 수 있는 버섯으로 잔나비걸상이 있습니다. 잔나비걸상은 넓은잎나무의 썩은 나무나 살아 있는 나무에 1년 내내 자랍니다.

균륜

같은 종류의 버섯이 평지에서 둥근 고리 모양으로 배열되어 돋아나는 현상을 '균륜' 또는 '균환'이라고 합니다. 이처럼 여름에서 가을 사이에 풀밭이나 잔디밭 등에 모여 살면서 균륜을 만드는 버섯 가운데 대표적인 것으로 주름버섯과 전나무버섯 등이 있습니다.

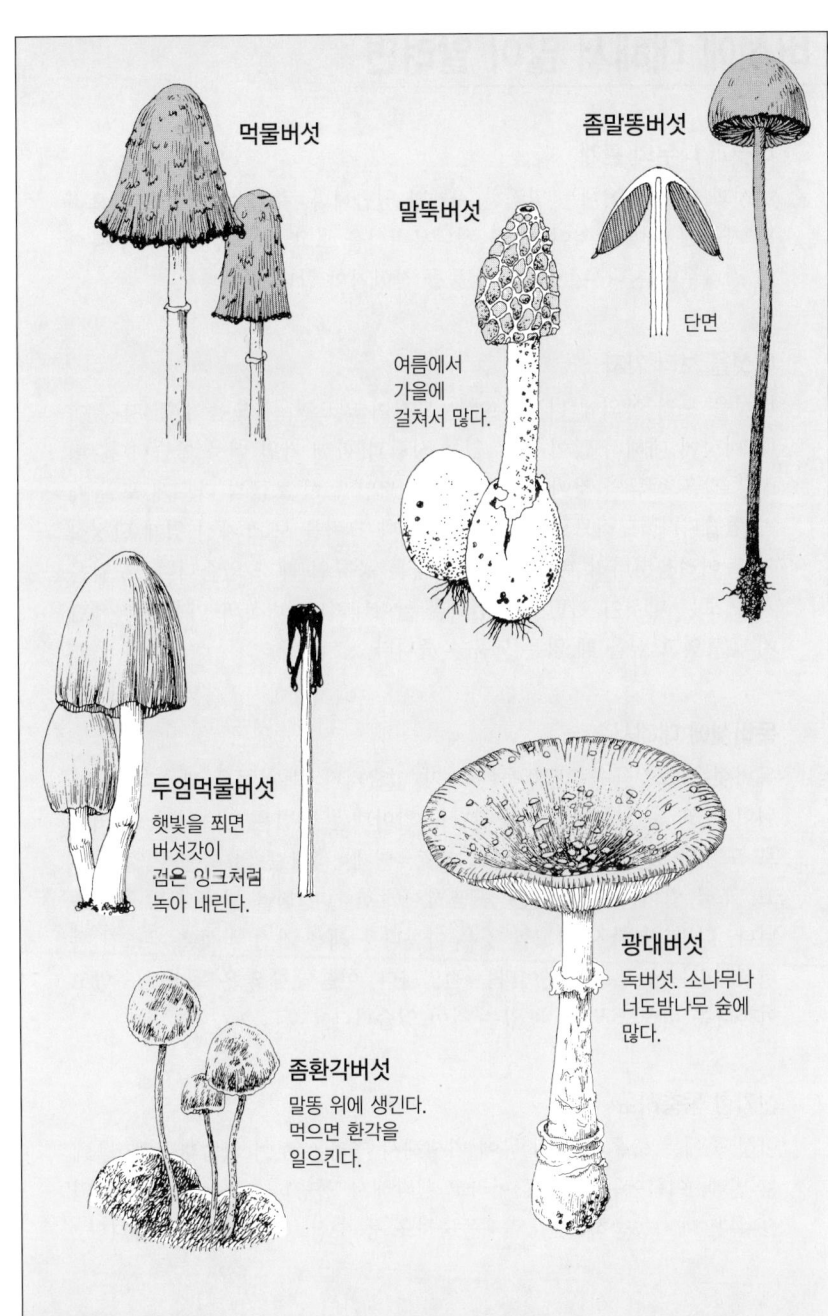

버섯에 대해서 많이 알려면

버섯과 나무의 관계
버섯과 나무 사이에는 밀접한 관계가 있습니다. 즉, 송이버섯을 찾으려면 가을에 솔밭에 가야 하고, 팽나무버섯을 보고 싶으면 가을부터 봄까지 팽나무나 참나무, 미루나무 등을 찾아가야 합니다.

버섯을 보러 가자
버섯을 보러 야외에 나갈 때에는 도감이 있으면 큰 도움이 됩니다. 이때 버섯에 대해서 많이 알고 있는 사람과 함께 가면 더욱 좋습니다. 버섯은 같은 종류의 것이라도 색깔이나 모양 등이 조금씩 다르게 보일 때가 있습니다. 그러므로 버섯을 사진이나 그림을 보고 자신 있게 단정하기도 어려울뿐더러 비슷하면서도 다른 종류일 때가 있습니다. 도감은 처음 보는 버섯이 어떤 종류인지를 알아내거나, 버섯의 이름과 자세한 지식을 얻고 싶을 때 많은 도움을 줍니다.

독버섯에 대해서
독버섯은 그것들을 한데 묶는 과가 없습니다. 독버섯은 많은 과로 나뉘어 있고 독성분도 달라서 간단히 알아내는 방법은 없습니다. 그러므로 도감에 있는 내용을 토대로 색깔, 냄새, 촉각 등의 특징을 알아 두고, 조금 씹어서 맛을 보는 등(곧 뱉어야 한다) 경험을 쌓는 수밖에 없습니다. 다만 한 가지 참고할 것은 아름다운 색을 가진 버섯은 무조건 독버섯이라는 생각은 잘못이라는 점입니다. 아름답지 않은 독버섯도 있고 아름다운 버섯도 먹을 수 있는 것이 있습니다.

신기한 동충하초
버섯 중에는 죽은 곤충의 몸에 기생해서 자라는 것이 있습니다. 겨울에는 벌레, 여름에는 버섯(풀)이라고 생각해서 '동충하초'라는 이름이 붙었습니다. 매미동충하초, 노린재동충하초 등 수십 종이 알려져 있습니다.

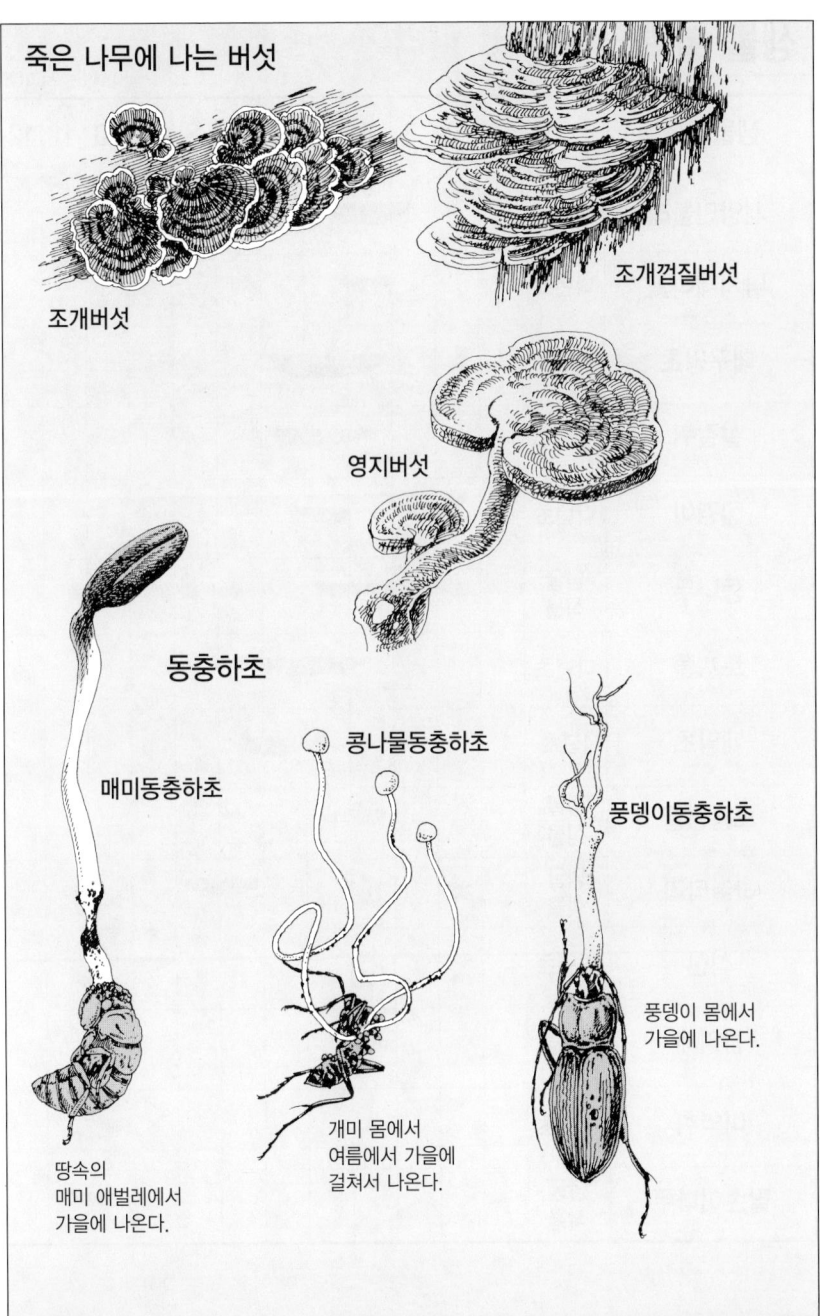

생물 달력

꽃이 피는 시기(월)

생물 이름		1	2	3	4	5	6	7	8	9	10	11	12
서양민들레	다년초				■	■	■	■	■				
낚시제비꽃	다년초				■								
대구망초	다년초				■	■							
살갈퀴	다년초				■	■							
질경이	다년초					■							
등나무	덩굴식물				■	■							
토끼풀	다년초				■	■	■						
개망초	1년초					■	■	■					
으름덩굴	덩굴식물				■								
하늘타리	덩굴식물							■	■				
석산	다년초									■			
참억새	다년초										■		
미역취	다년초										■		
팔손이나무	덩굴식물										■		

가을에 식물 관찰을 하자

관찰하기 좋은 옷차림과 도구(304쪽)

민들레-우리 가까이에 있는 다정한 꽃(314쪽)

동물이나 사람이 옮기는 씨(326쪽)

겨우살이 - 다른 나무에 얹혀사는 얌체(324쪽)

덩굴식물 - 다른 식물에 기대어 자란다(322쪽)

다람쥐-도토리와의 관계(200쪽)

여러 가지 구멍을 살펴보자(226쪽)

도토리와 나뭇잎을 모아 보자(332쪽)

동물과 식물의 분류

계	문	강	목	과	속	종
동물계	척추동물문	포유류	영장목	사람과	사람속	사람
			토끼목	토끼과		토끼
		조류	참새목	참새과		참새
		파충류	거북목	남생이과	남생이속	남생이
		양서류	개구리목	청개구리과	청개구리속	청개구리
		어류	바다빙어목	바다빙어과		은어
	절지동물문	곤충류	나비목	뿔나방과		뿔나방
		거미류	거미목	염낭거미과		염낭거미
		갑각류	등각목	쥐며느리과		쥐며느리
	연체동물문	복족류	병안목	달팽이과		달팽이

지구에는 100만 종이 넘는 동물과 37만 종이 넘는 식물이 있습니다.
아래의 표는 몇몇 생물들을 계통별로 분류한 것입니다.

계	문	강	목	과	속	종
식물계	양치식물문	석송류	석송목	석송과		석송
		고사리류	고사리목	고비과	고비속	고비
	겉씨식물문	구과식물류	구과목	소나무과		전나무
	속씨식물문	쌍떡잎식물류	초롱꽃목	국화과		민들레
		외떡잎식물류	벼목	벼과		바랭이
			백합목	수선화과		문주란
	갈조식물문	갈조식물류	다시마목	미역과		미역
	진균문	담자균류	주름버섯목	송이과		송이
		자낭균류	주발버섯목	접시버섯과	접시버섯속	접시버섯

자연 관찰의 기준이 되는 생물

대표적인 동물	알려 주는 일들	
흰나비 제비 두꺼비	봄 소식	처음 모습을 나타낸 날 처음 모습을 나타낸 날 처음 우는 소리를 들은 날
유지매미	여름 소식	처음 우는 소리를 들은 날
고추좀잠자리 때까치	가을 소식	처음 모습을 나타낸 날 처음 우는 소리를 들은 날
개똥지빠귀	겨울 소식	처음 모습을 나타낸 날
패각	대기 오염	오염이 심할수록 많이 보인다.
매미	숲이 가까이 있는가	숲이 있어야 살 수 있는 곤충이므로 큰 나무가 없으면 보기 어렵다.
수서곤충	물의 오염	종류에 따라 물의 오염 상태를 안다(262쪽 참조).
저녁매미, 털매미	날이 밝았다	날이 밝자마자 울기 시작한다. 저녁매미는 낮에는 거의 울지 않는다.
귀뚜라미	날이 저물었다	해가 지면 울기 시작한다.
솔부엉이	오래된 숲이 있는가	고목이 있는 숲에서 운다.
참새, 비둘기	사람이 살고 있는가	사람이 사는 곳 가까이에서 산다.
도마뱀붙이	오래된 집이 많은가	곤충이 많고 숨을 곳이 적당한 곳에서 산다.
청개구리	곧 비가 온다	습도의 변화에 민감하게 운다.
붕어, 미꾸라지	물의 오염	물이 꽤 오염되었음을 나타낸다.
송사리, 메기, 버들개	물의 오염	물이 비교적 깨끗하다는 것을 나타낸다.
곤들매기, 산천어	물의 오염	물이 아주 깨끗하다는 것을 나타낸다.

생물들은 계절의 변화, 공기와 물의 오염 등을 우리보다 빨리 알아차립니다. 우리는 이를 통해서 자연의 변화를 알 수 있습니다.

대표적인 동물	알려 주는 일들	
백목련, 후박, 얼레지	봄 소식	처음 꽃이 핀 날
자귀나무, 배롱나무	여름 소식	처음 꽃이 핀 날
싸리, 참억새	가을 소식	참억새 이삭이 피어나고 싸리 꽃이 핀 날
팔손이, 애기동백	겨울 소식	처음 꽃이 핀 날
민들레	도시화	서양민들레가 많을수록 도시화되고 있다.
질경이	사람이 많이 다니는가	사람이나 차에 밟히면서 자란다. 땅이 단단하다.
가로수	대기 오염	나뭇가지의 모양이나 잎의 상태 등으로 대기 오염 정도를 알 수 있다.
나무의 자란 모습	바람의 방향과 세기	느티나무, 감나무, 포플러, 낙엽송, 해송 등은 바람을 맞으면 가시가 뭔다.
갈대 물억새 참억새	땅의 축축한 정도	꽤 축축한 곳 약간 축축한 곳 약간 마른 곳
양치식물	땅의 축축한 정도	숲 속에 양치식물이 많으면 그곳은 습기가 많다.
물냉이	물의 오염	정수식물이며 깨끗한 물에서 자란다.
수생식물	물의 깊이 (336쪽 참조)	정수식물이면 수심 0.5~1m 부엽식물이면 수심 1~1.5m 침수식물이면 수심 1.5~2m

세계에서 제일 큰 꽃, 라플레시아

지름이 1~2m나 되는 큰 꽃을 피우는 식물이 있습니다. '라플레시아'라고 하는데, 인도네시아의 수마트라 섬이나 필리핀 등지의 산림 속에 자랍니다. 잎이나 줄기가 없고 꼭 양배추를 닮았는데, 수개월 동안 자란 뒤에 다섯 잎으로 된 꽃이 피었다가 3~7일 만에 시듭니다. 꽃잎이 과일의 살처럼 두툼하고 겉에는 그림 같은 무늬가 있으며 꽃에서는 고기 썩는 냄새가 나서 곤충이 많이 모여듭니다. 라플레시아는 포도과 나무의 뿌리에 기생하는 기생식물이며 지금까지 알려진 것으로는 10여 종류가 있습니다. 제일 큰 꽃을 피우는 식물이 바로 기생식물이라니 참 재미있습니다.

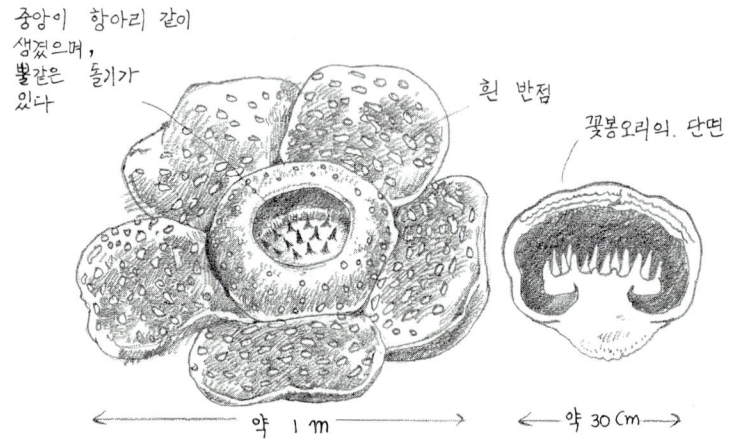

찾아보기

ㄱ

가마우지 121
가막살나무 335
가재 273
각다귀 29
갈거미 33
갈고리게벌레 81
갈매기 157
갈문망둑 271
강도래 91
강도래 애벌레 91
강아지풀 317
강우렁이 263
개개비 127
개구리밥 337
개꿩 153
개망초 309, 335
개미 21
개미허리왕잠자리 애벌레 93
개암나무 333
개울타리고둥 281
갯가꼬마새우 277
갯메꽃 341
갯무 329
갯버들 329
갯주걱벌레 283
갯지렁이 277, 281
거머리 27, 263
거미불가사리 281
거북손 281
거지덩굴 67
검은곰팡이 345
검은등할미새 149
검은딱새 125
검은머리흰죽지 151
검은큰따개비 281
검정꽃해변말미잘 281
검정말 19, 337
검정송장벌레 81, 109
검정파리 31

계아재비 91
겨우살이 325, 327
계요등 323
고마리 355
고방오리 151
고비 343
고사리 343
곤봉딱정벌레 85
곤줄박이 143
곰개미 37, 41
곰쥐 195
관박쥐 205
관성게 287
관중 237
광나무 327
광대꽃하늘소 67
광대버섯 349
괭이갈매기 119, 157
괭이밥 307
구렁이 249
구름표범나비 67
구멍삿갓조개 281
구슬노래기 41, 105
구실잣밤나무 332
귀뚜라미 87
그늘나비 101
그물베도라치 283
극남노랑나비 49, 85
금강산녹색무전나비 84
긴가락박쥐 205
긴꼬리산누에나방 43
긴날개여치 89
길발줄새우 298
까마귀 125, 129, 133, 137
까마귀머루 323
까치발 327
깔따구 애벌레 263
꼬까도요 155
꼬마검정송장벌레 41, 109
꼬마뒤흰나방 83
꼬마물떼새 127, 153
꼽등이 29

꽃등에 47, 49
꿀벌 27, 47, 49, 57
꿩 121
끈끈이귀개 339
끈끈이주걱 339
끝검은말매미충 85
끝동매미충 27

ㄴ

나나니 55, 67
나무발발이 123, 147
나팔분홍성게 285
난티나무 333
날다람쥐 193, 203
날도래 애벌레 263
남방제비나비 49
남방제비나비 애벌레 49
남색부전나비 67
남생이 251
납자루 19
납작벌레 263
낯표스라소니거미 35
너구리 193, 209
너도바람꽃 319
너도밤나무 332
넓적부리도요 155
넓적콩게 277, 279
네눈박이나무밑쑤시기 69
네눈박이하늘소 75
노랑나비 101
노랑발도요 155
노랑벌꿀넓적꽃등에 알 65
노랑쐐기나방 85
노랑쐐기나방 애벌레 27
노랑톡토기 81
노랑할미새 123, 149
노박덩굴 165
논병아리 121
농게 279
농발거미 29, 33
누룩뱀 249
눈박이알노린재 65

느릅나무 328
느리장나무 67
느티나무 333

ㄷ

다람쥐 193, 201, 225
단풍나무 328, 333
단풍버즘나무 317
달랑게 279
달팽이 39
담쟁이덩굴 323
대구망초 307
대륙밭쥐 199
대모벌 27, 35
대벌레 83
대수리 298
대합속살이게 289
댕기흰죽지 151
덤불해오라기 149, 179
도꼬마리 327
도둑놈의갈고리 327, 357
도롱뇽 243
도마뱀 245
도마뱀붙이 29, 247
독가시치 285
독나방 27, 247
독미나리 357
독활(멧두릅) 67
돈나무 341
돌거머리 263
돌려나기 312
돌외 323
돌잉어 271
돌참나무 332
동고비 123, 145
동박새 141
동백나무 165
동사리 271
동충하초 351
두견이 141
두꺼비 243, 253
두꺼비의 알 255

두더지 195
두릅나무 319
두엄먹물버섯 349
둑중개 265
둥근전복 281
뒷부리도요 123
들쥐 193, 225
등각류 263
등검정쌍살벌 47, 59
등딱지하루살이 애벌레 263
등빨간먼지벌레 107
등에모기 27
등해파리 299
등황등에 27
딱따구리 121
딱지조개 281
땅거미 21, 35
때까치 125
떡갈나무 332, 137
떡쑥 307
뚝새풀 311
띠호리병벌 55

ㅁ

마도요 119, 155
마름 337
마주나기 312
말뚝버섯 349
말매미 61
맛조개 279
매(송골매) 119, 159
매미 21
매미동충하초 351
매붙이 89
맥주의 효모균 345
맴돌이거저리 69
머루 327
머위 새순 319
먹그림나비 85
먹나비 101
먹물버섯 349
먼지벌레 29, 41

멋쟁이새 147
메기 271
메뚜기 89
메추라기 137
멧돼지 215
멧밭쥐 197
멧비둘기 129, 141
멧새 141
멧토끼 207, 225
멸가치 327
명주우렁이 19, 263
모대가리귀뚜라미 41, 87
모시나비 101
목매붙이 89
몸큰가지나방 83
무늬망둑 283
무늬하루살이 91
무자치 249
문주란 329
물까마귀 149
물까치 137, 143
물땡땡이 91
물떼새 123
물방개 91
물방개 애벌레 91
물벼룩 277
물봉선 329
물수리 159
물참나무 332
물총새 119, 127, 149
미나리 355, 357
민달팽이(괄태충) 41
민들레 315, 328
민물게 265
민물도요 155
민바랭이 317
민호리병벌 55, 59
밀멸 283
밀어 265
밀잠자리 95
밀화부리 141, 143

ㅂ

바다거미 283
바지락조개 279
바퀴 29
박각시 85
박각시 애벌레 65
박새 21, 127, 143, 144, 147
박쥐 193
반딧불 75
반시뱀 243
밤나무 79
밤나무산누에나방 45, 84
밤나무혹벌 79
밤나방 애벌레 47
방가지똥 309, 328
방게 277
방아벌레 105
방울벌레 87
방울새 129
방패연잎성게 281
밭종다리 139
밭쥐 197
배넓적사마귀 43
배자바구미 65
배추흰나비 49
백로(해오라기) 121
백목련 327, 335
백할미새 149
뱀무 327
뱀잠자리 43
뱀잠자리 애벌레 263
뱀장어 267
뱅어 267
뱅어포 289
버들개 265
번행초 341
벋음씀바귀 307, 311
벚나무 79
벚잎혹진딧물 79
베짱이 89, 108
벼룩나물 311
벼잎벌레 83

별꽃 317
보라색잎벌레 65
보라색잎벌레 애벌레 65
보라색잎벌레의 알 65
보라성게 281
복수초 319
부들 337
부엉이 121
부처나비 101
북방여우 213
불가사리 281, 287, 299
붉은귀거북 251
붉은부리갈매기 157
붉은어깨도요 155
붕어 273
붕어마름 19
비단노린재 49
비단벌레 21
뻐꾸기 127, 137, 163
뽀리뱅이 307
뿔납작벌레 283
뿔노린재 43
뿔매 121
뿔소똥구리 77

ㅅ

사백어 267
사슴 193, 217
사슴벌레 73
사향제비나비 67
산개구리 253
산네발나비 47, 69
산무애뱀 249
산양 219
산천어 265
산청개구리 253, 255
산청개구리의 알주머니 255
살갈퀴 311, 323
살무사 243, 249
삼지구엽초 319
상모솔새 147
상수리나무 67, 79, 332

상오리 181
새끼 남생이 251
생달나무 341
생쥐 195
서양민들레 307, 315, 317
선녀벌레 47
세가락도요 121
세줄박각시 107
소금쟁이 91
소나무 328
소라게 298
소쩍새 141
소철 열매 287
솔개 147, 159
솔귀뚜라미 87
솔나방 애벌레 27
솔딱새 147
솔부엉이 159
솔송나무 237
솔이끼 343
솔잣새 119
송사리 19
송장헤엄치개 27, 91
쇠딱따구리 143
쇠뜨기 311, 343
쇠무릎 79, 327, 357
쇠박새 145
쇠백로 137
쇠비름 307, 309, 317
수벌 57
수송나물 341
수영 309, 335
수크령 327, 355
시궁쥐 195
시이볼드방아벌레 69
식나무 165
실고기 289
실지렁이 263
쌍둥이바람꽃 319
쌍살벌 27
쏙독새 119, 121
쏠종개 285, 299

쏨뱅이(수염어) 283
쑥 355
쑥새 139
쑥잎벌레 47

ㅇ

아기집파리 31
아카시아 335
알락그늘나비 69
알락꼬리마도요 155, 182
알락도요 182
알락하늘소 애벌레 49
알락할미새 123
압동갈베도라치 298
애매미 61
애물결나비 101
애사슴벌레 43
애어리염낭거미 27, 35
어긋나기 312
어리상수리혹벌 79
어리여치 85
어리장미가위벌 59
어리장수잠자리 애벌레 91
어리톡토기 81
얼레지 319
얼룩장다리파리 69
엉겅퀴 67, 311
여왕벌 57
여우 213
연어 269
엽낭게 279
영지버섯 351
오리 121
오리나무풍뎅이 47, 65
오목눈이 143, 145
오색딱따구리 119, 127, 143
오소리 209
오징어 289
올빼미 159
왕가래나무 335
왕거미 33
왕귀뚜라미 43, 87

왕눈물떼새 153
왕바구미 69
왕사슴벌레 105
왕소등에 83
왕오색나비 67, 69, 84
왕잠자리 95
왕잠자리 애벌레 91
왕풍뎅이 75
왜콩풍뎅이 47, 67
외뿔장수 풍뎅이 107
용치 299
우단박각시 애벌레 67
우단풍뎅이 29
우렁이 19
우산이끼 343
울릉국화 341
울타리고둥 281
원숭이 193, 221
원앙 151
유지매미 21, 61, 84
유혈목이 243, 249
으름덩굴 323
으름덩굴큰나방 43
은백양 333
은어 267
은점박쥐나방 45
음나무 333
이삭여뀌 327
이질풀 329
일곱동갈망둑 299
일벌 57
일본왕개미 37
잎갯민숭이 283
잎벌레 49

ㅈ

자귀나무 67
자실잠자리 애벌레 93
자작나무 333
작은주홍부전나비 47, 101
작은주홍부전나비 애벌레 65
장미 47

장수말벌 59
장수잠자리 95
장수풍뎅이 43, 67, 69, 73, 84, 107
장지뱀 245
재갈매기 157
저녁매미 61
점망둑 298
점박이꽃무지 69
제비 129, 135, 141, 163
제비갈매기 157
제비꽃 329
제비나방붙이 45
제비나비 67
제주꼬마팔랑나비 101
조개껍질버섯 351
조개버섯 351
조릿대 79, 237
조무래기따개비 281
족제비 211
졸가시나무 332
졸참나무 332, 335
졸참나무하늘소 75, 105
좀개구리밥 337
좀도요 155
좀망똥버섯 349
좀보리사초 341
좀환각버섯 349
종가시나무 332
종다리 139
종덩굴 328
주둥치 299
주름조개풀 327
주홍박각시 45
줄녹색박각시 45
줄무늬감탕벌 59
중베짱이 89
중부리도요 155
지네 27
지렁이 41
직박구리 119, 129
진드기 27
진딧물 37, 65

진박새 145
질경이 307
집모기 29
집박쥐 205
집파리 29
찌르레기 21, 137, 147

ㅊ

차독나방 43
차독나방 애벌레 27
참가시나무 332
참개구리 253
참게 267
참금풍뎅이 109
참나무산누에나방 45
참다람쥐 201
참마 328
참비둘기 129
참새 129, 131
참소리쟁이 328
참억새 328
참오동 328
참회나무 327
창질경이 355
철써기 89
청개구리 253, 265
청개구리의 알 255
청둥오리 151
청딱지개미반날개 27, 107
청베도라치 298
청복 299
청색하늘소붙이 27
청솔귀뚜라미 43, 87
청풍이 69
칠게 277, 279
칠성무당벌레 75
칠성무당벌레 애벌레 65
칠엽수 335
칡 327

ㅋ

칼새 121

콩나물동충하초 351
콩새 119
큰개불알풀 311
큰넓적송장벌레 41, 81, 109
큰넓적송장벌레 애벌레 41
큰달맞이꽃 317, 335
큰도둑놈의갈고리 327
큰뒷부리도요 155, 182
큰멋장이나비 47
큰물떼새 153
큰부리까마귀 133
큰부리밀화부리 119
큰소쩍새 159
큰유리새 149, 163
큰허리노린재 67

ㅌ

털개구리미나리 311
털도깨비바늘 327, 357
털매미 61
털진드기 27
털진득찰 327
테두리고둥 281
텐트나방 84
토끼풀 307
톱날게 283
톱사슴벌레 69, 107
톱장절게 281
통발 339
통보리사초 341
튤립나무 333

ㅍ

파랑쐐기나방 43
파리잡이거거미(깡충거미) 33
팔손이 341
팽나무 333
페니실린의 푸른곰팡이 345
푸른곰팡이 345
푸른점문어 285
풀무치 84
풀색꽃무지 47

풀색노린재 47, 49
풀색먼지벌레 109
풀색명주딱정벌레 109
풍뎅이 75
풍뎅이동충하초 351
풍이 67, 75
플라나리아 263
피라미 265

ㅎ

하늘다람쥐 203
하늘소 227
해녀콩 329
해변말미잘 283
해삼 299
호두나무 329
호랑거미 33
호랑나비 49, 85, 101
호랑나비 애벌레 49
호박벌 49
홀아비꽃대 319
홍도원추리 341
홍머리오리 181
홍송어 265, 275
화백 237
황말벌 27, 55
황벽나무 335
황새냉이 311
황소개구리 253
황여새 325
회색붉은뒷날개나방 107
효모균 345
후박나무 341
휘파람새 119, 121, 123, 141, 143, 147, 163
흰넓적다리붉은쥐 199
흰독나방 43
흰띠길쭉바구미 47, 65
흰물떼새 153
흰뺨검둥오리 151
흰뺨오리 151
흰여뀌 355
흰죽지 151

흰줄긴극성게 285
흰줄숲모기 27

이 책을 옮긴 **김창원** 선생님은 고려대학교 대학원 정외과를 수료하였으며, 자유 번역가로서 여러 책을 번역하였다.
주요 번역서로는 《모험도감》, 《자유연구도감》, 《생활도감》, 《원예도감》, 《세계 동물기》, 《놀이도감》, 《공작도감》, 《식물일기》, 《곤충일기》, 《바다일기》, 《신기한 곤충 도감》, 《숲 속 수의사의 자연일기》 등이 있으며, 저서로는 《할아버지 아주 어렸을 적에》, 《할아버지가 보내는 편지》가 있습니다.

자연도감

1쇄 – 2010년 4월 20일
9쇄 – 2024년 4월 2일
지은이 – 사토우치 아이
그린이 – 마쓰오카 다쓰히데
옮긴이 – 김창원
발행인 – 허진
발행처 – 진선출판사(주)
편집 – 김경미, 최윤선, 최지혜
디자인 – 고은정
총무·마케팅 – 유재수, 나미영, 허인화
주소 – 서울시 종로구 삼일대로 457 (경운동 88번지) 수운회관 15층
　　　전화 (02)720-5990　팩스 (02)739-2129
　　　홈페이지 www.jinsun.co.kr
등록 – 1975년 9월 3일 10-92

*책값은 뒤표지에 있습니다.

ISBN 978-89-7221-646-9 76400
ISBN 978-89-7221-626-1 (세트)

Text ⓒ Ai Satouchi, 1986.
Illustration ⓒ Tatsuhide Matsuoka, 1986
Printed in Seoul, Korea

Korean translation rights arranged with FUKUINKAN SHOTEN PUBLISHERS Inc.
through PYUNGHWA CHOOLPANSA, SEOUL

관찰한 것을 기록해 두자

노트는 윗옷 주머니에 들어갈 크기가 좋다.
연필은 HB에서 2B 사이의 것이 쓰기 적당하다.
여유 있게 두세 자루를 더 가져가자.

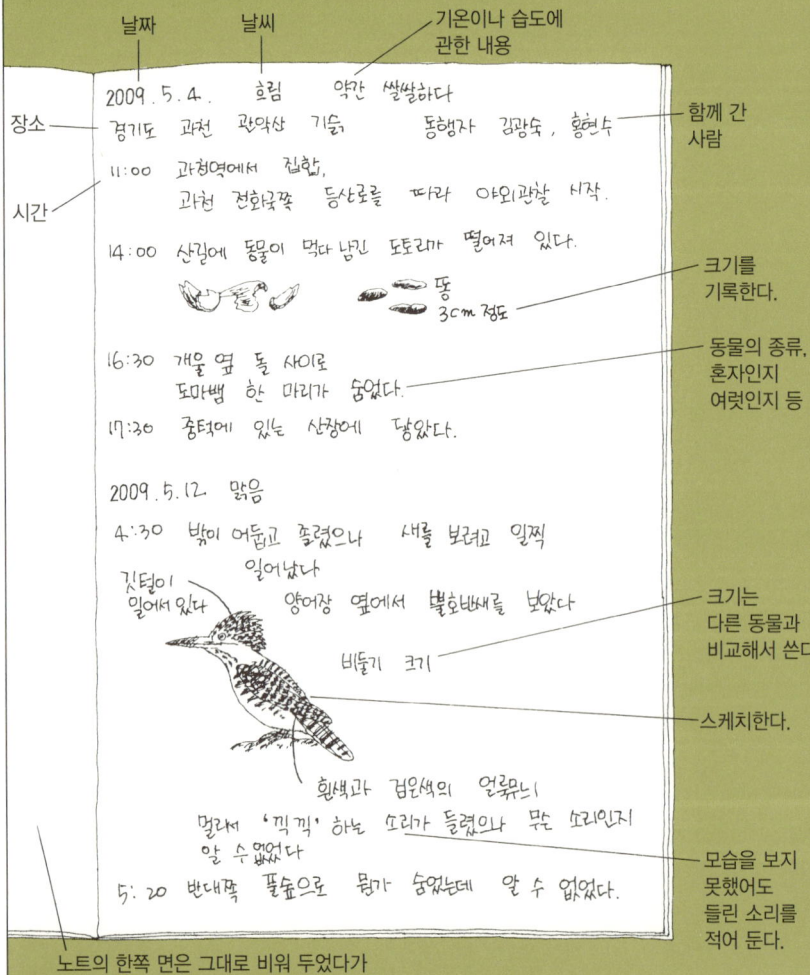

날짜 / 날씨 / 기온이나 습도에 관한 내용

장소 / 시간 / 함께 간 사람 / 크기를 기록한다. / 동물의 종류, 혼자인지 여럿인지 등 / 크기는 다른 동물과 비교해서 쓴다. / 스케치한다. / 모습을 보지 못했어도 들린 소리를 적어 둔다.

노트의 한쪽 면은 그대로 비워 두었다가
돌아와서 알아본 내용을 기록하는 데 쓰자.

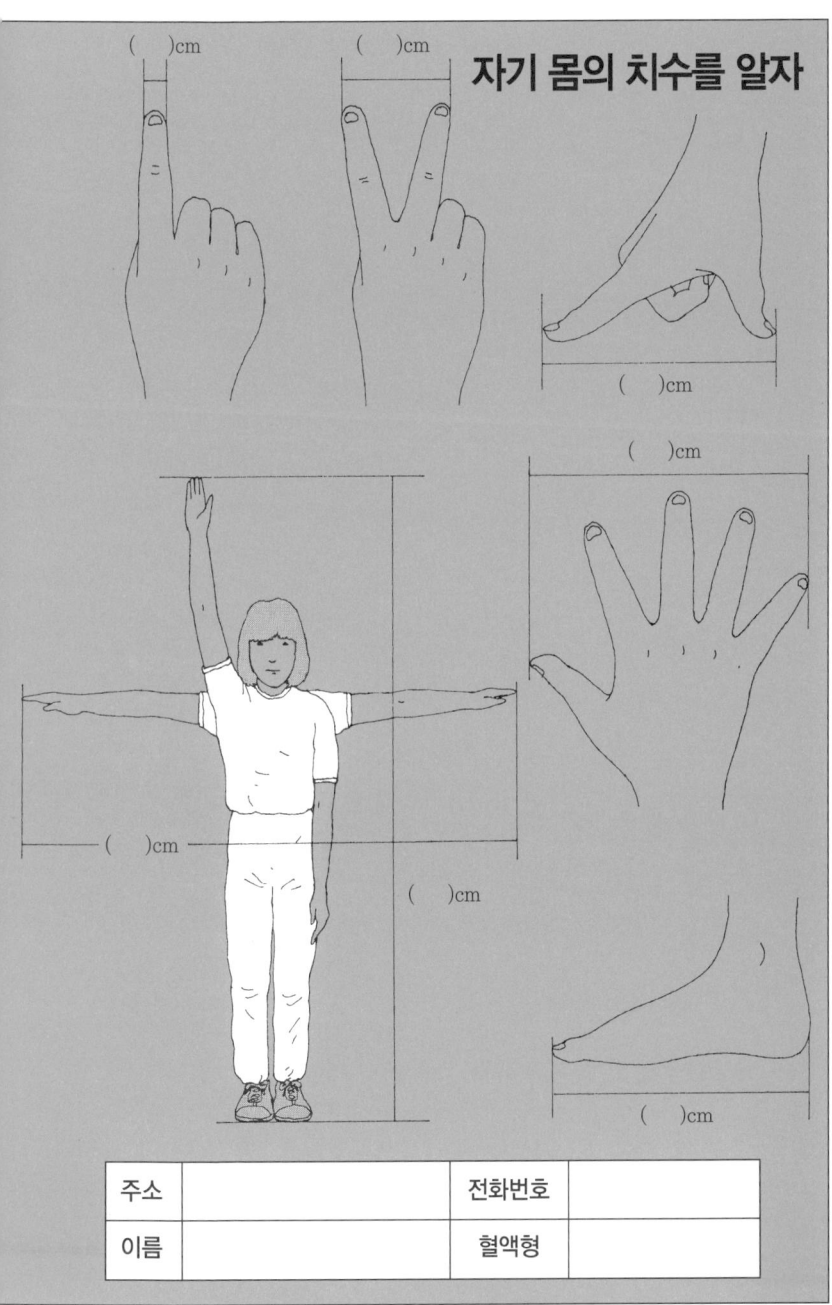